Was dich in deutsch ideen noch erwartet:

TESTE dich ✓

Hier kannst du selbst überprüfen und einschätzen, wie sicher du die Inhalte und Fähigkeiten beherrschst, die du im Kapitel erlernt und behandelt hast.
Wenn du noch unsicher bist, wirst du direkt auf die Seite im Buch verwiesen, auf der du die Kompetenzen noch einmal nacharbeiten kannst. Außerdem findest du Hinweise, wo du im Buch und im Arbeitsheft weiter üben kannst.

TRAINING ✎

Mit dem Training kannst du gezielt die Kompetenzen selbstständig üben und dich auf eine Klassenarbeit vorbereiten.

EXTRA Projekt 💬

An geeigneten Stellen findest du Anregungen, Projekte durchzuführen.

Modalität erkennen und unterscheiden → S. 233

Diese Verweise führen dich an eine andere Stelle im Buch, die dir f[ür die] Bearbeitung der Seite hilfreich ist.

Nachschlagen: Merkwissen → S. 300

Diese Verweise führen dich zum Merkwissen.

Einzelarbeit 👤: Diese Aufgaben musst du alleine lösen.
Partnerarbeit 👥: Diese Aufgaben löst du zusammen mit einem Partner.
Gruppenarbeit 👥👥: Bei diesen Aufgaben arbeitet ihr in der Gruppe.
Wahlaufgaben 123: Hier hast du die Möglichkeit, unter verschiedenen Aufgaben zu wählen.
Reflexionsaufgabe ?↺: Bei diesen Aufgaben denkst du über das gerade Gelernte noch einmal nach und fasst dies zusammen.
Zusatzaufgabe ➤: Hast du die anderen Aufgaben schon gelöst? Dann kannst du hier weiterarbeiten.
Hörtexte 🔊: Aufgaben, bei denen du dieses Symbol siehst, findest du im Internet. Du musst dazu nur folgende Internetadresse eingeben: www.westermann.de/48603-hoerproben
Folientechnik 📱: Wenn du dieses Zeichen findest, kannst du die Aufgabe mit Hilfe einer Folie, die du über den Text legst, und Folienstiften bearbeiten.

Folgende Hilfen bietet dir deutsch ideen in den Randspalten:

Info

In den Infokästen findest du Begriffserläuterungen sowie Merkwissen ganz kurz gefasst, das dir hilft, die Aufgaben auf der Seite zu lösen.

Tipp

Hier gibt es Tipps oder Ideen, die weiterführen.

Online-Schlüssel
6EKK-5QK9-0T02

westermann

deutsch ideen

Gymnasium
Baden-Württemberg

Mareike Hümmer-Fuhr,
Angela Müller, Dr. Alexander Reck,
Nicole Reed, Gerda Richter,
Thomas Rudel

8

deutsch ideen

Gymnasium
Baden-Württemberg
8. Jahrgangsstufe

Erarbeitet von
Mareike Hümmer-Fuhr, Angela Müller,
Dr. Alexander Reck, Nicole Reed,
Gerda Richter, Thomas Rudel

Mit Beiträgen von
Ulla Ewald-Spiller, Christian Fabritz,
Martina Geiger, Doris Hoyer,
Frauke Mühle-Bohlen, Ina Rogge,
Regina Sang-Quaiser, Torsten Zander

westermann GRUPPE

© 2018 Bildungshaus Schulbuchverlage
Westermann Schroedel Diesterweg Schöningh Winklers GmbH, Braunschweig
www.schroedel.de

Das Werk und seine Teile sind urheberrechtlich geschützt. Jede Nutzung in anderen als den gesetzlich zugelassenen Fällen bedarf der vorherigen schriftlichen Einwilligung des Verlages.

Hinweis zu § 52a UrhG: Weder das Werk noch seine Teile dürfen ohne Einwilligung gescannt und in ein Netzwerk eingestellt werden. Dies gilt auch für Intranets von Schulen und sonstigen Bildungseinrichtungen. Für Verweise (Links) auf Internet-Adressen gilt folgender Haftungshinweis: Trotz sorgfältiger inhaltlicher Kontrolle wird die Haftung für die Inhalte der externen Seiten ausgeschlossen. Für den Inhalt dieser externen Seiten sind ausschließlich deren Betreiber verantwortlich. Sollten Sie daher auf kostenpflichtige, illegale oder anstößige Inhalte treffen, so bedauern wir dies ausdrücklich und bitten Sie, uns umgehend per E-Mail davon in Kenntnis zu setzen, damit beim Nachdruck der Verweis gelöscht wird.

Druck A[1] / Jahr 2018
Alle Drucke der Serie A sind im Unterricht parallel verwendbar.

Redaktion Sandra Wuttke-Baschek, Recklinghausen
Illustrationen Angela Citak, heimlichstillundleise, Katrin Willuhn
Umschlaggestaltung und Layout Visuelle Lebensfreude, Hannover

Druck und Bindung westermann druck GmbH, Braunschweig

ISBN 978-3-507-48603-4

Inhalt

Kompetenzen

Sprechen und Zuhören – Schreiben – Lesen

Zocken & Co: Harmlos oder schädlich?
10–35

Argumentieren und linear erörtern

Machen uns Computerspiele dumm? 11

Über ein Streitthema diskutieren 11

Argumentationsstrategien
Thomas Lindemann: Videospiele machen schlau – und fett 12
Übungen zum mündlichen Argumentieren 14
Beobachtungsbogen 15
Diskutieren oder Debattieren? 16
Wer kennt „Jugend debattiert"? 16
Ablauf einer Debatte bei Jugend debattiert 17
Übung: Mikrodebatte 18
Übung: Debatte im Uhrzeigersinn 19

Eine Argumentation untersuchen 12
Eine eigene Position vertreten 14
Debattieren lernen 16
Aufbau und Ablauf einer Debatte kennenlernen 17
Eine Mikrodebatte durchführen 18
Für eine Debatte trainieren 19

Die lineare Erörterung
Methoden zur Ideenfindung 20
Ergebnisse einer Recherche „Jugendliche und Computerspiele" 21
Eine Mindmap als Gliederung 22
Eine Dezimalgliederung 23
So fängt es an 24
Schreibtricks zum Argumentieren 25
Gliederungen – zwei Anordnungen 26
Schluss mit Spielen 27

Eine Stoffsammlung anlegen 20
Den Stoff gliedern 22
Eine Einleitung verfassen 24
Argumente entfalten 25
Einen Schluss verfassen 27

Materialgestützt Argumentieren: Literatur im Wandel der Zeit
Klassiker der Kinderliteratur 28
„Die kleine Hexe" in verschiedenen Ausgaben 29
M1 Political Correctness / Politische Korrektheit 30
M2 Verlag streicht „Neger" und „Zigeuner" aus Kinderbuch 30
M3 Peter Hahn: Rettet die Kinderbücher vor der Sprachpolizei! 31
M4 David Hugendick: Von Zensur kann keine Rede sein 31

Sich mit Klassikern der Kinderliteratur beschäftigen 28
Eine Fragestellung ermitteln 29
Materialien erschließen 30
Informationen organisieren und Argumente sortieren 33

TESTE dich 34   **TRAINING** 35

Gedanken sichtbar machen 36–47

Erzählen

Max Ernst: Eine Vision im Halbschlaf 36
Assoziationen und Wortketten 38
Joan Miro: Frauen, Mond, Stern 39

Mit dem Erzählen anfangen 37
Erzählideen entwickeln 38
Erzählideen in einem Cluster festhalten 39

Erzähltechniken
Marlene Röder: Schwarzfahren für Anfänger 41
Das Baumhaus 47

Gedanken und Gefühle einer Figur zum Ausdruck bringen 40
Einen literarischen Text mit Hilfe der Fünf-Schritt-Lesemethode erschließen 41
Erzähltechniken untersuchen: Zeitgestaltung, innere und äußere Handlung 44
Texte überarbeiten 46

Inhalt

Inhalt	Kompetenzen
Von „Nachmittagsmördern" und anderen „Teilzeit-Indianern" 48–61	**Die erweiterte Inhaltsangabe**
Wolfdietrich Schnurre: Kultivierung 48 Franz Hohler: Die ungleichen Regenwürmer 49 Outcast zwischen zwei Kulturen 49	Texte vergleichen 49
Kurzprosa verstehen Franz Hohler: Mord in Saarbrücken 50 Martin Suter: At the top 51 Christine Nöstlinger: Morgenworte 53 Heinrich Böll: Anekdote zur Senkung der Arbeitsmoral 54	Das Thema erkennen 50 Merkmale einer Kurzgeschichte erkennen 51 Die Redewiedergabe üben 53 Textverständnis entwickeln 54
Eine erweiterte Inhaltsangabe schreiben Methoden der Textmarkierung 56 Handlungsschritte ordnen 56 Die Inhaltsangabe erweitern 57 Clemens J. Setz: Eine sehr kurze Geschichte 58 Überarbeitungsbogen zur erweiterten Inhaltsangabe 59	Die Inhaltsangabe vorbereiten 56 Den Erweiterungsteil formulieren 57 Die erweiterte Inhaltsangabe überarbeiten 59
TESTE dich 60 **TRAINING** 61	
Die Interpretation in Szene setzen 62–71	**Szenisches Spiel**
Sportstatuen 62	
Figuren und Handlungen Körperbeherrschung 63 Szenen 64 Bild + Spiel = Bildspiel 65	Bewegungsarten ausprobieren 63 Gefühle und Handlungen pantomimisch darstellen 64 Sich in Figuren einfühlen 65
Szenische Interpretation Helga M. Novak: Eis 66 Ein Figureninterview durchführen 69 Eine Rollenbiografie verfassen 69 Leerstellen szenisch ausgestalten 70 Leerstellen gestaltend interpretieren 71	Sprechweisen erproben 66 Subtexte szenisch gestalten 68 Rollenbiografien entwickeln 69 Leerstellen ausgestalten 70 Gestaltend interpretieren 71
Fake News – Lügenmärchen im Netz erkennen 72–83	**Lesen**
Kristin Becker: Die Mär vom „schlimmsten Winter" 73	Lesetechniken und -strategien wiederholen 73
Sachtexte lesen und verstehen Fake News als Schulfach? 74 Fake News 75 Fake News: Der Lackmustest für die politische Öffentlichkeit 76	Meldungen untersuchen und bewerten 74 Informationen aus Texten entnehmen und visualisieren 75
Statistiken und Schaubilder auswerten „Traue keiner Statistik, die du nicht selber gefälscht hast" 78 Die Taschengeldtabelle 2017 79 Die Entwicklung des Kindergeldes 80	Statistiken und Schaubilder auswerten und vergleichen 78 Mit manipulierten Schaubildern umgehen 80
TESTE dich 82 **TRAINING** 83	

Inhalt

Kompetenzen

Texte und Medien

„Du bist alles, was ich brauche" 84–91

Kurzgeschichten

Bertolt Brecht: Wiedersehen 84
Marie-Luise Kaschnitz: Hobbyraum 85

Merkmale der Kurzgeschichte wiederholen 85

Figuren charakterisieren
Christa Reinig: Skorpion 86
Reiner Kunze: Fünfzehn 87
Irmela Brender: Eine 89
David Bischoff: „Du bist alles, was ich brauche" 90
Wolfgang Borchert: Nachts schlafen die Ratten doch 92
Das Schicksal von Kindern im Trümmerdeutschland 95
Katrin Laskowski: About a girl 96
Merkblatt zur Figurencharakterisierung 99

Die äußere Erscheinung beschreiben 86
Äußeres und Inneres unterscheiden 87
Die innere Verfassung einer Figur erschließen 89
Explizite und implizite Charakterisierung unterscheiden 90
Die Beziehung zwischen Figuren untersuchen 92
Geschichtliche Hintergründe einbeziehen 95
Eine Figurencharakterisierung schreiben 96

TESTE dich 100   **TRAINING** 101

Das Haus gegenüber 102–113

Novelle

Joseph Roth: Das reiche Haus gegenüber 103

Novellenmerkmale wiederholen 103

Die Novelle lesen und verstehen
Joseph Roth: Das reiche Haus gegenüber [Auszug 1] 104
Joseph Roth: Das reiche Haus gegenüber [Auszug 2] 105
Joseph Roth: Das reiche Haus gegenüber [Auszug 3] 106
Joseph Roth: Das reiche Haus gegenüber [Auszug 4] 107
Theodor Storm: Der Schimmelreiter 108
Wie baut man ein Haus? 109
Hugo von Hofmannsthal: Sünde des Lebens 112
Der Falke 112
Deutungshypothesen zu „Das reiche Haus gegenüber" 113

Den Inhalt erfassen 104
Die Raumgestaltung untersuchen 105
Literarische Figuren charakerisieren 106
Das Ende einer Novelle schreiben 107
Erzählzeit und erzählte Zeit unterscheiden 108
Den Bauplan einer Novelle untersuchen 109
Merkmale der Novelle untersuchen 110
Symbole und Leitmotive im Text erkennen 111
Eine Deutungshypothese formulieren und bewerten 113

„Schlaft gut, ihr fiesen Gedanken" 114–127

Jugendliteratur

Bücher sind wie Geschenkkartons 115

Klappentexte zur Information nutzen 115

Unboxing: Jugendbücher
Unboxing-Video oder Unboxing live 117

Jugendbücher vorstellen 116
Ein Unboxing-Proekt vorstellen 117

Unboxing I: Anfänge
John Green: Schlaft gut, ihr fiesen Gedanken 118
Stefanie Höfler: Tanz der Tiefseequalle 118
Becky Albertelli: Nur drei Worte 119

Romananfänge kennenlernen 118

Unboxing II: Ort, Zeit und Handlung
John Green: 100 000 Dollar! 120
Stefanie Höfler: Die Arschbombe 120
Becky Albertelli: Die Erpressung 121

Grundlegende Aspekte literarischer Texte klären 120

Unboxing III: Figurencharakterisierung
John Green: Aza Holmes und das Doppel-Date 122
Stefanie Höfler: Niko und Frau Mast 123
Stefanie Höfler: Sera und Marko 124
Becky Albertelli: Simon, Simon und Blue 124

Literarische Figuren charakterisieren 122

Inhalt

Inhalt	Kompetenzen
Unboxing IV: Symbole Aza, Sera und Niko, Simon und Blue 126	Symbole erkennen und deuten 126
Unboxing V: Das abschließende Urteil Rezensionen 127	Eine Rezension verfassen 127

Von Unaussprechlichem 128–143

Liebeslyrik

Dû bist mîn, ich bin dîn 128 Rose Ausländer: Das Schönste 129	Stilmittel wiederholen 129
Erkläre mir, was Liebe ist Walther von der Vogelweide: Saget mir ieman, waz ist minne? 130 Ernst Cristoph Homburg: Was ist Liebe? 130 Philipp Poisel: Erkläre mir die Liebe 131 Robert Gernhardt: Ebbe und Flut 131 Reinmar von Zweter: Schule der Minne 132 Helmut de Boor: Minnedienst 132 Reinmar von Hagenau: Hohe Minne 133 Walther von der Vogelweide: Unter der linden 134 Heinrich Heine: Minnegruß 135	Unterschiedliche Texte thematisch untersuchen 130 Den ritterlichen Minnedienst kennenlernen 132 Hohe Minne untersuchen 133 Situation und Rolle des lyrischen Sprechers erschließen 134 Eine Parodie erkennen 135
Neue Liebe Rainer Maria Rilke: Ich liebe! 136 Joseph von Eichendorff: Neue Liebe 137 Johann Wolfgang von Goethe: Neue Liebe, neues Leben 137	Eine Deutungshypothese erstellen 136 Gedichte vergleichen 137
Bildlich gesprochen Ulla Hahn: Bildlich gesprochen 138 Jo-Achim Wulf: Teddybären küssen nicht 138 Dörte Müller: Ich möchte dein Navi sein 138 Jo-Achim Wulf: Du Wasser 139 Conrad Ferdinand Meyer: Zwei Segel 139	Bildlichkeit untersuchen 138
Moderne Beziehungen Nicole Hänisch: Schnelle Liebe 140 Michael Seiterle: Liebeskummer 1.0 140 Checkliste: Ein Gedicht beschreiben 141	Moderne Gedichte vergleichen 140 Ein Gedicht beschreiben 141
TESTE dich 142 **TRAINING** 143	

„Die Mitternacht zog näher schon …" 144–159

Balladen

Die Ballade – das Ur-Ei der Dichtung 144 A. H. H. von Fallersleben: Der kleine Vogelfänger 145	Balladenmerkmale wiederholen 145
Klassische Balladen Heinrich Heine: Belsazar 146 Belsazar in der Bibel 148 Friedrich Schiller: Die Bürgschaft 149	Inhalt und Aussage einer Ballade erfassen 146 Die geschichtlichen Hintergründe einer Ballade erkennen 148 Balladenfiguren untersuchen 149
Moderne Balladen Bodo Wartke: Die Bürgschaft 153 Bertolt Brecht: Der Schneider von Ulm 156 … und was ist in der Wirklichkeit passiert? 157	Balladen vergleichen 153 Sachtext und literarischen Text vergleichen 156
TESTE dich 158 **TRAINING** 159	

Inhalt

„Das Herz eines Boxers" 160–179
Kompetenzen: Drama

Marionettentheater 161 — Gefühl im Spiel darstellen 161

Ein Drama untersuchen
- „Das Herz eines Boxers" – das Personenverzeichnis 163 — Sich mit dem Begriff „Held" auseinandersetzen 162
- Lutz Hübner: Das Herz eines Boxers: Szene 1 164 — Das Personenverzeichnis untersuchen 163
- Eine Rollenbiografie zu Leo und Jojo 167 — Regieanweisungen untersuchen 164
- Lutz Hübner: Das Herz eines Boxers: Szene 3 169 — Eine Rollenbiografie zu einer Dramenfigur verfassen 167
- Falk Osterloh: Gewalt gegen alte Menschen 171 — Eine Figur erarbeiten 168
- Lutz Hübner: Das Herz eines Boxers: Szene 3 172 — Über die Namensgebung nachdenken 169
- Lutz Hübner: Das Herz eines Boxers: Szene 5 173 — Den Schauplatz untersuchen 171
- Lutz Hübner: Das Herz eines Boxers: Szene 6 175 — Mit einem Dramentext kreativ umgehen 173
- Lutz Hübner: Das Herz eines Boxers: Szene 7 176 — Einen Dramentext szenisch interpretieren 176
- Ein Drama als Boxkampf 179 — Das Drama als Boxkampf verstehen 179

Rund um den Sport 180–193
Kompetenzen: Sachtexte

Die Fünf-Schritt-Lesemethode 181 — Lesestrategien wiederholen 181

Sachtexte lesen und verstehen
- Nachwuchstalente im Fußball 182 — Lesestrategien anwenden 182
- Juniorsportler des Jahres 184 — Berichte untersuchen 184
- Schwerer Unfall beim Training für Raabs Turmspringen 184 — Interviews untersuchen 185
- Teamärztin: „So einen Unfall habe ich …" 185
- Wasserspringen: „Artistik im Grenzbereich" 186

Sport baut Brücken
- Christian Wulff: Jugend trainiert für Olympia 187 — Einen appellativen Text untersuchen 187

Tabellen und Diagramme lesen und verstehen
- Womit verbringen Jugendliche ihre Freizeit? 189 — Informationen visualisieren 189
- Onlinezeit von Jugendlichen hat sich mehr als verdoppelt 190

TESTE dich 191   **TRAINING** 193

Von Stars und Sternchen 194–205
Kompetenzen: Realitätsdarstellung in den Medien

- YouTube: Nutzung 2017 195 — Sich über Mediennutzung austauschen 195
- YouTube und seine Stars 196 — Sich über Videokanäle und ihre Angebote informieren 196
- Liebes Tagebuch … 197 — Vor- und Nachteile von öffentlichen Online-Tagebüchern kennen 197
- Francesco Giammarco: Instagram 198 — Meinungsbildung in sozialen Netzwerken verstehen 198
- Schokolade macht schön! 203 — Glaubwürdigkeit im Internet bewerten 203
- Eike Kühl: YouTube: Spaß so lange, bis einer stirbt 204 — Verantwortung in den Medien hinterfragen 204

Öffentlich ganz privat 206–217
Kompetenzen: Kommunikation im Digitalzeitalter

- Die beliebtesten Internetangebote 207 — Über die Funktion und Nutzung von Medien nachdenken 207
- Soziale Netzwerke 208 — Die Bedeutung sozialer Netzwerke verstehen 208
- Social-Media-Nutzung schadet den Schulnoten nicht 210 — Chancen und Risiken sozialer Medien reflektieren 210
- Josefa Raschendorfer: Gefällt euch, wer ich bin? 211 — Selbstdarstellung im Internet hinterfragen 211
- Alway on und up to date? 212 — Die eigene Mediennutzung reflektieren 212
- Dabeisein ist nicht alles! 213
- Spuren im Netz 214 — Die Auswirkungen von Internetaktivitäten erkennen 214
- Digitale Selbstverteidigung 215 — Die Privatsphäre schützen 215
- Medien – eine fast unendliche Geschichte 216 — Die Mediengeschichte kennenlernen 216
- Die Zukunft der Medien – die Medien der Zukunft 217 — Über die Zukunft der Kommunikation nachdenken 217

Inhalt

Kompetenzen

Sprachgebrauch und Sprachreflexion

Rückblicke und stilistische Ausblicke 218–233

Sätze und Satzglieder

Wolf Schneider: Wo liegt das Problem? 219

Sätze und Satzglieder wiederholen 219

Sätze und Satzglieder
- Was wissen wir alles? 220
- Smart ist Trumpf 221
- Anekdoten berühmter Personen 222
- Das Vorfeld-Quiz 223

- Verbergänzungen als Satzglieder erkennen 220
- Satzgliedteile (Attribute) erkennen 221
- Satzglieder und Gliedsätze wiederholen 222
- Adverbiale unterscheiden 223

Schreibstile in der Literatur: Schachtelsätze oder einzigartige Kunstwerke?
- Heinrich von Kleist: Anekdote 224
- Ulrich Greiner: Kleists Sprache 226
- Kleist über das Glück 226
- Franz Mon: man muss was tun 227

- Parataxe und Hypotaxe unterscheiden 224
- Eingebettete Sätze erkennen und darstellen 225
- Über komplexe Sätze nachdenken und Zeichen setzen 226
- Unmarkierte und markierte Sätze erkennen 227

Schreibstile in einem modernen Jugendbuch
- Stefanie Höfler: Sera über Sera, Niko über Sera 228
- Das Nähe-Distanz-Modell 229
- Raymond Queneau: Stilübungen 230

- Mündlichkeit und Schriftlichkeit unterscheiden 228
- Mit dem Stil spielen 230
- Erzählenswertes entdecken 231

TESTE dich 232 **TRAINING** 233

Von Gedanken und Wörtern 234–243

Wortarten

- Facebook will Gedanken lesen 234
- Hilde Domin: Unaufhaltsam 235

- Wortarten und ihre Funktion wiederholen 235

Modalität
- Eugen Roth: Der eingebildete Kranke 236
- Nocebo-Effekt 236
- Bastian Sick: Der traurige Konjunktiv 237

- Formen der Modalität wiederholen 236
- Den Konjunktiv II und die würde-Umschreibung reflektieren 237

Gedanken und Vorstellungen in Jugendbüchern
- John Green: Schlaft gut, ihr fiesen Gedanken 238
- John Green: Gedankenspirale 239
- Susan Kreller: Schneeriese 240

- Den Konjunktiv I der indirekten Rede verwenden 238
- Den Konjunktiv II verwenden 239
- Die Funktionen des Konjunktiv II erkennen und nutzen 240

TESTE dich 242 **TRAINING** 243

Wörter im Wandel 244–255

Wortkunde

- Was heißt denn das? 244
- Rot oder Blau? – Wenn Sportreporter fragen ... 245

- Fremdwörter richtig verwenden 245

Wortbedeutungen klären
- Friedrich Kluge: Etymologisches Wörterbuch 246
- Jacob und Wilhelm Grimm: Deutsches Wörterbuch 246
- Das Herkunftswörterbuch 246
- Verschiedene Wörterbücher 247
- Von Affe bis Tier 248

- Verschiedene Wörterbücher kennenlernen 246
- Lehn- und Erbwörter erkennen 248

Inhalt

Kompetenzen

Sprachliche Bilder
Antonio Skarmeta: Der Dichter Don Pablo ... 249
Joseph von Eichendorff: Aus dem Leben eines Taugenichts 249
John Steinbeck: Jenseits von Eden 249
Mit harten Bandagen kämpfen 250

Sprachliche Bilder in literarischen Texten untersuchen 249
Sprachliche Bilder in der Alltagssprache untersuchen 250

Wörter bilden und verstehen
Heinrich Heine: Der Tee 251
Zum Wortfeld „sagen" 252
Denotat und Konnotat 254
Wie sich die Zeiten ändern ... 255

Mit Wortfeldern und Wortfamilien umgehen 251
Denotation und Konnotation unterscheiden 254
Synonyme und Antonyme unterscheiden 255

Mythen und Legenden 256–273

Das Geheimnis von „Loch Ness" 256

Groß- und Kleinschreibung
Rätsel, Mythen und Legenden 258
Legendäre Reiseziele 259

Rechtschreibung

Die Rechtschreibstrategien wiederholen 257
Verben und Adjektive nominalisieren 258
Groß- und Kleinschreibung bei Länderbezeichnungen 259

Getrennt- und Zusammenschreibung
Drei passen zusammen! 260
Auf den Spuren von Siegfried 261
Aus der griechischen Mythologie 262

Verbindungen von Nomen und Verb richtig schreiben 260
Subjunktionen und Fügungen mit so unterscheiden 261
Verbindungen mit Adjektiv richtig schreiben 262

Rechtschreibregeln
Steinfiguren „Mohai" 264
Abendstimmung am Uluru 265
Wo kommen die Fremdwörter her? 266
Knifflige Pluralformen im Deutschen 257
Der Dreamcatcher 268
Der Mythos Titanic 270
Übungsdiktate zur Groß- und Kleinschreibung 271

s-Laute richtig schreiben 264
Das und dass unterscheiden 265
Fremdwörter richtig schreiben 266
Schwierige Pluralformen bilden 267
Das Rechtschreibprogramm des Computers nutzen 268
Rechtschreibfehler analysieren 270

TESTE dich 272   **TRAINING** 273

Rollenbilder 274–283

Let's Play, Klischees & Vorurteile 275

Rollenbilder untersuchen
Digitale Spiele: Nutzungsfrequenz 276
Ein typisches Frauenspiel: „Lady Popular" 276
Ein typisches Männerspiel: „Fire Emblem Fates" 276
Ein Spiel für Jungen und Mädchen: „Mount & Blade: Warband" 277

Sprache und Identität

Fachbegriffe klären 275
Ein Diagramm und Testberichte auswerten 276
Ein Projekt zu Rollenbildern in Computerspielen durchführen 278

Zeichensprachen
Hieroglyphen von heute 279
Silke Weber: Emojis 279
Klaus Lüber: Emojis – wie Bildzeichen die Kommunikation verändern 281
„Komplexer als Sprache" – Emoji-Dolmetscher gesucht 283

Zeichen als Form von Sprache begreifen 279
Sachtexte zum Thema „Kommunikation" lesen und verstehen 281

Nachschlagen

Merkwissen 284
Sachregister 320
Lösungshinweise 310
Textsortenverzeichnis 321
Übersicht über die Infokästen 320
Verzeichnisse 323

Sprechen und Zuhören – Schreiben – Lesen

Zocken & Co: Harmlos oder schädlich?

Argumentieren und linear erörtern

1. Lege ein Spieletagebuch an und notiere täglich deinen Spielekonsum.
2. Welche Video- und Computerspiele spielst du? Erkläre, was dir daran gefällt.
3. Begründe, warum du manchmal lieber Computerspiele spielst als andere Spiele.
4. Besprecht, welche Begründung überzeugend ist und warum.
   Denke an die drei „B": Behauptung, Begründung und Beispiel.

Argumentieren und linear erörtern | Über ein Streitthema diskutieren

Machen uns Computerspiele dumm?

Manfred Spitzer: Wer am Nachmittag vor dem Computer drei Stunden herumballert, hat das meiste, was er vormittags in der Schule gelernt hat, wieder vergessen. Denn das Geschehen am Bildschirm verdrängt die Gedächtnisinhalte aus dem Unterricht. *Quelle: Zeitonline, 6. September 2012*

Peter Vorderer: Digitale Medien wie Computerspiele können positive [...] Wirkungen haben. Jeder Pädagoge weiß zum Beispiel, dass er an einem großen Teil seiner Schüler vorbeiredet, entweder weil er sie über- oder unterfordert. Hier setzt gute Lernsoftware an, die sich auf das Niveau des Einzelnen einstellt. Für die einen liefert das Programm zusätzliche Erklärungen, für die anderen anspruchsvollere Aufgaben. Es gibt Hunderte solcher Programme, etwa zum Vokabeltraining oder zum besseren Leseverständnis von Hauptschülern. *Quelle: Zeitonline, 6. September 2012*

Prof. Dietrich Dörner: Im Gegensatz zum Fernsehen [...] kann ich beim Spielen selbst aktiv sein. Ich [...] knüpfe Beziehungen, gestalte die Handlung, bin sehr aktiv. *Quelle: Welt.de, 20.08.2008*

Prof. Dr. Pfeiffer: Wer aus einer Sportaktivität heraus Mathematikaufgaben löst, kann sich darauf wesentlich besser konzentrieren als jemand, der nach dem Konsum eines First-Person-Shooters in so etwas einsteigt. *Quelle: Computerbild, 4.1.2009*

1. Lest die Zitate in der Klasse vor und besprecht, was sie über die Haltung der jeweiligen Person zum Thema aussagen.
Wer vertritt eine ähnliche Meinung?
2. Bildet Vierergruppen und teilt euch in Gruppentandems.
 3. Sucht zu zweit Argumente für jeweils einen Standpunkt.
 4. Diskutiert anschließend die Argumente in eurer Vierergruppe.
Nach drei Minuten wechselt ihr die Positionen und argumentiert aus der anderen Sicht.
5. Haltet eine gemeinsame Antwort auf die Frage, ob Computerspiele dumm machen, fest und präsentiert diese vor der Klasse.

> **Info**
>
> Bei der **Konstruktiven Kontroverse** wird ein Thema innerhalb der Gruppe aus verschiedenen Perspektiven kontrovers (also mit gegensätzlichen Standpunkten) diskutiert, wobei die Diskussionsrollen wechseln. Am Ende soll eine gemeinsame Lösung entwickelt werden.

Das kannst du jetzt lernen!

▸ Argumentationen zu untersuchen .... S. 12
▸ Mündlich zu argumentieren .... S. 14
▸ Eine Debatte durchzuführen .... S. 16
▸ Eine Stoffsammlung anzulegen und den Stoff zu gliedern .... S. 20
▸ Eine lineare Erörterung zu verfassen .... S. 20
▸ Materialgestützt zu argumentieren .... S. 28
▸ Eine Stellungnahme zu überarbeiten .... S. 33

Argumentationsstrategien

Videospiele machen schlau – und fett
Thomas Lindemann

Es ist eine weit verbreitete These: Killerspiele fördern die reale Gewalt. Doch diese Behauptung ist falsch, sagt der Psychologe Dietrich Dörner. Er glaubt vielmehr, dass Spiele beim Abbau von Aggressionen helfen und dass sie intelligent machen.

WELT ONLINE: Die Wissenschaft diskutiert derzeit viel über Videospiele, meist aber als Gefahr. Wieso eigentlich?
Dietrich Dörner: Diejenigen Leute, die das empfinden, sehen dort Dinge, die sie schockierend finden. Sie sehen Killerspiele oder Strategiespiele, bei denen ganze Heere einander abmurksen. [...]
WELT ONLINE: Hat die Forschung, etwa in Ihrem Fach Psychologie, Negatives über Spielen herausgefunden?
Dörner: Im Moment findet sie viel Positives heraus. Es ist eher so, dass Menschen mit komplexen Spielen auch sehr viel lernen können. Die These des amerikanischen Autors Steven Johnson ist, dass Spiele uns intelligenter machen.
Die übliche These, dass wir beim Spielen verdummen, ist Unsinn. Spiele können in uns Fähigkeiten wecken, die auch im normalen Leben helfen. [...] Im Gegensatz zu Fernsehen und auch Fußball ansehen kann ich beim Spielen selbst aktiv werden. Ich schreibe quasi meinen Roman selbst bei einem komplexen Spielen, knüpfe Beziehungen, gestalte die Handlung, bin sehr aktiv. [...] Die Intensivspieler, die ich kenne, lesen auch. [...] Die wenigen, die nur spielen und gar nicht lesen, die haben auch früher nicht gelesen.
WELT ONLINE: Spielen Sie selbst?
Dörner: Ja, natürlich. Ich hab seit jeher gespielt, [...]. Ich spiele gern Medieval 2 Total War, wo es um Schlachten des Mittelalters geht. [...]
WELT ONLINE: Manche Kritiker behaupten letztlich: Wer so etwas spielt, kann selbst zum Mörder werden.
Dörner: Entscheidend ist: Diese Spiele sind realistisch, aber nicht real. Das wissen die Leute sehr, sehr genau. [...]
WELT ONLINE: Es gibt extreme Spielegegner, die in den Medien sehr präsent sind, etwa den Expolitiker und Jura-Professor Christian Pfeiffer aus Hannover. Wie beurteilen Sie das wissenschaftlich?
Dörner: Das ist nicht der Wissenschaft, sondern dem politischen Bereich zuzurechnen. Pfeiffer verwechselt Korrelation[1] mit Kausalursache und Symptom mit Ursache. Leute, die im wirklichen Leben eher zu Gewalt neigen, spielen auch Gewaltspiele, sagt er. Aber er vergisst die Frage, was ist Ursache und was Wirkung. Womöglich reagieren sich auch Leute im Spiel ab, die sonst gewalttätige Neigungen haben. Der eigentliche Hintergrund der Gewalt ist ein ganz anderer, meist familiär. Diese Leute neigen dazu, ihr geringes Selbstwertgefühl in solchen

---
[1] **Korrelation** = wechselseitige Beziehung

Machtspielen mal auszuleben. Man könnte auch sagen, es ist ja geradezu heilsam, dass sie das im Spiel tun und nicht in der U-Bahn.
WELT ONLINE: Was würden Sie ihnen entgegnen?
Dörner: Real und realistisch ist das entscheidende. Kein Mensch, der bei „Doom" mit einer Kettensäge Monstren zerlegt, nimmt sich deswegen eine echte Kettensäge aus dem Keller und zersägt seinen Nachbarn. Wer das behauptet, kennt Spiele nicht. Diese Kritiker sind dazu auch viel zu humorlos.
WELT ONLINE: Woher kommt der Hass auf Spiele bei einigen Ihrer Kollegen aus der Forschung?
Dörner: Das größte Problem ist: Die Kritiker fragen die Spieler ja gar nicht, warum die das tun. Gerade hat der große Harvard-Kinderpsychologe Lawrence Kutner der Kritikerszene all diese Fehler in einem Buch nachgewiesen. Sie vermischen Ursachen und Wirkungen, sehen nicht die vielen positiven Aspekte, sehen sich die Spiele gar nicht selbst an. Seit der Einführung der Spiele gibt es einen Rückgang der Jugendkriminalität in den USA. Das dürfte ja nicht so sein, bei den Massen, die Gewaltspiele spielen. Nun sollten wir den Rückgang auch nicht kausal interpretieren, aber er ist doch interessant. […]

1. Lest den Text und besprecht, welche Aussagen euch zum Nachdenken anregen.
2. Klärt die Argumentationsstrategien in der Marginalspalte und gebt sie in eigenen Worten wieder.
3. Lies den Text. Markiere dabei Thesen, Argumente und Beispiele.
4. Übertragt die Tabelle in euer Heft und ergänzt sie. Ordnet jeder Strategie eine Textstelle zu.

> **Info**
>
> **Argumentations-**
> **strategien**
> 1. Durch Beispiele veranschaulichen
> 2. Auf Autoritäten berufen
> 3. Gegenargumente abschwächen und widerlegen
> 4. Argumente infrage stellen
> 5. Statistiken zitieren

Argumentationsstrategie	Textbeispiel
Durch Beispiele veranschaulichen	*Diejenigen Leute, die das empfinden, sehen dort Dinge, die sie schockierend finden. Sie sehen Killerspiele oder Strategiespiele, bei denen ganze Heere einander abmurksen. (Z. 3ff.)*
Gegenargumente abschwächen und widerlegen	*Die übliche These, dass wir beim Spielen verdummen, ist Unsinn. Spiele können in uns Fähigkeiten wecken, die auch im normalen Leben helfen. (Z. 11f.)*
Argumente infrage stellen	…
…	…

5. Vergleicht eure Ergebnisse und besprecht, wie der Text mit Sachargumenten umgeht, die seiner Meinung widersprechen.
6. Diskutiert, welche Argumentationsstrategien einen seriösen Text kennzeichnen. Begründet eure Meinung.

Übungen zum mündlichen Argumentieren

Bildet für die Übungen Spielergruppen und Beobachtergruppen. Wechselt ab, welche Gruppen die Spieler und welche die Beobachter stellen.

Ballon

Stellt euch folgende Situation vor: Ihr befindet euch zu fünft in einem Heißluftballon. Ihr seid alle berühmte Leute. Leider ist der Ballon leicht beschädigt, verliert an Höhe und droht, ins Meer zu stürzen. Einer von euch muss abspringen und sich opfern, um die anderen zu retten. Ihr diskutiert nun darüber, wer abspringen muss und wer im Ballon bleiben darf. Lost aus, welche berühmte Persönlichkeit aus der nachfolgenden Liste ihr spielt. Es spielt keine Rolle, ob die Person in Wirklichkeit noch lebt oder nicht. Jeder sollte versuchen, in der Rolle des/der Prominenten die anderen davon zu überzeugen, warum er/sie unbedingt im Ballon bleiben muss. Am Ende beschließt die Beobachtergruppe, wer am wenigsten überzeugend war und abspringen muss.

> **Tipp**
> Recherchiere zu deiner Person. Ihre Biografie kann dir starke Argumente liefern, um die Beobachtergruppe zu überzeugen.

Albert Einstein ▪ Papst Franziskus ▪ Angela Merkel ▪ Queen Elisabeth II. ▪ Christoph Kolumbus ▪ Wolfgang Amadeus Mozart ▪ Abraham Lincoln ▪ William Shakespeare ▪ Dalai Lama ▪ Nelson Mandela ▪ Bill Gates ▪ Michael Jackson ▪ Larry Page ▪ Michelangelo ▪ Marie Curie ▪ Manuel Neuer ▪ Wilhelm Conrad Röntgen ▪ Goethe

Pingpong

Bildet Sechsergruppen. In jeder Gruppe muss je eine Person für und eine gegen einen der nachfolgenden Gesetzesvorschläge sein. Lost aus, wer aus eurer Gruppe welchen der Vorschläge befürwortet und wer ihn ablehnt. Ihr habt dann fünf Minuten Zeit, um eine Stellungnahme zu eurer Position vorzubereiten. Danach treten ein Befürworter und ein Gegner gegeneinander an und diskutieren über einen der Vorschläge. Zuerst stellt der eine Sprecher seine Position mit einem Argument dar, danach der andere, dann nennt der erste Sprecher sein zweites Argument usw. – wie beim Pingpong.
Am Ende entscheidet die Beobachtergruppe, wer am überzeugendsten war.

▸ **Vorschlag 1:** Schulunterricht soll nur noch zu Hause durch Erklärvideos stattfinden.
▸ **Vorschlag 2:** Statt Schuhen tragen alle Lappen, die sie sich um die Füße wickeln.

Wenn es beim Argumentieren darum geht, jemanden, der eine andere Meinung hat, von der eigenen Ansicht zu überzeugen, ist es hilfreich, zunächst zu versuchen, die Argumente des Gegenübers zu entkräften. Dann hat man die eigenen Argumente immer noch als Reserve.

Preisverleihung
Ihr seid ein Dreier- oder Viererteam, das sich einer Jury stellt. Ein Mitglied eurer Gruppe soll einen Preis erhalten, z. B. für den schönsten Hut, das
5 bezauberndste Lächeln, die originellste Frisur …
Jeder muss für jemand anderen in der Gruppe (nicht für sich selbst!) argumentieren und begründen, warum
10 derjenige den Preis erhalten soll. Also: Einigt euch auf einen Preis, der verliehen werden soll, und auf die Person, für die ihr sprecht. Nach einer kurzen Vorbereitungszeit tritt jeder vor die
15 Gruppe und preist seinen Bewerber in einem kurzen Vortrag an. Die Beobachtergruppe entscheidet, wer am überzeugendsten argumentiert hat und wem der Preis gebührt.

Beobachtungsbogen

	überzeugend ++	gut +	akzeptabel o	wenig gelungen −	schlecht −−
Körpersprache (Mimik/Gestik)					
Argumentationsstrategien verwendet (s. S. 13)					
Sachlich argumentiert					

1. Führt die Übungen durch und sprecht über eure Erfahrungen: Welches Argumentationsverhalten hat euch in der jeweiligen Situation am meisten überzeugt?

Diskutieren oder Debattieren?

Diskussion (lat. *discutere* = untersuchen)	Debatte (franz. *débattre* = (nieder-)schlagen
freies Gespräch, in dem gewöhnliche Gesprächsregeln gelten	formalisiertes Gespräch, nach ausdrücklich formulierten Regeln (Rederechte, Redezeiten)
Mehrere Personen („Diskutanten") sprechen („diskutieren") über ein konkretes Thema.	Mindestens zwei Personen („Pro" und „Kontra") versuchen, Zuhörer von ihren Argumenten zu überzeugen.
Thema: Klärungsfrage (W-Frage), auf die mehrere Antworten möglich sind	Thema: Frage, die nur mit Ja oder Nein beantwortet werden kann (Entscheidungsfrage)
Ziel: verschiedene Ansichten zusammentragen, verschiedene Meinungen hören	Ziel: Argumente darstellen und abwägen, die für die Entscheidung ausschlaggebend sind

1. Vergleicht die Spalten und erklärt in eigenen Worten den Unterschied zwischen einer Diskussion und einer Debatte.
2. Tauscht euch darüber aus, wo und über welche Themen diskutiert bzw. debattiert werden kann.

Wer kennt „Jugend debattiert"?

Jugend debattiert

> **Tipp**
> Mehr Informationen: www.jugend-debattiert.de.

Jugend debattiert ist ein Wettbewerb ab Klasse 8, an dem jedes Jahr etwa 200.000 Schülerinnen und Schüler teilnehmen. Man kann teilnehmen, wenn sich die eigene Schule bei Jugend debattiert angemeldet hat und dazu Unterricht anbietet. Das bringt dir eine Teilnahme:

Du hast bessere Chancen im Unterricht und bei Referaten!
Du hörst genauer zu!
Du bist konfliktfähig!
Du überzeugst bei Auftritten, Prüfungen und Bewerbungen!
Du gehörst dazu!

Du mischst dich ein!
Du redest mit!
Du lernst von anderen!

3. Besprich mit einem Partner, was unter den einzelnen Kompetenzen zu verstehen ist. Inwiefern könnt ihr von diesen Fähigkeiten profitieren?

Ablauf einer Debatte bei Jugend debattiert

Eröffnungsrunde: Position beziehen	Debattiert wird eine Soll-Frage. Zwei Personen sprechen pro, zwei Personen sprechen kontra. Jeder hat maximal zwei Minuten Redezeit, ohne Unterbrechung. Pro- und Kontra-Redner wechseln einander ab. Pro beginnt.
	Leitgedanken: ▸ Was ist jetzt? Was soll sein? Was genau soll dazu geschehen? ▸ Vorschlag (Pro) oder Kritik (Kontra), mit Bezugnahme auf Vorredner ▸ Wenn man genug zu sagen hat: Redezeit ausschöpfen! ▸ Zielsatz = Antwort auf die Streitfrage: [Deshalb] soll ... / soll ... nicht
Freie Aussprache: Abgleich und Klärung	Zwölf Minuten, ohne Gesprächsleiter, in freiem Wechsel. Die Redner fassen sich kurz und gehen genau aufeinander ein.
	Leitgedanken: ▸ Worüber sind wir uns einig? ▸ Worüber streiten wir? ▸ Inwiefern geht die Streitfrage alle an? ▸ Was soll in diesem Streit letztlich entscheiden? (Interessen-/Werte-/Güterabwägung, Kosten, Dringlichkeit)
Schlussrunde: erneut Position beziehen	Jeder hat maximal eine Minute Redezeit, ohne Unterbrechung. Die Redner sprechen in der gleichen Reihenfolge wie in der Eröffnungsrunde. Sie beantworten die Streitfrage ein zweites Mal, jetzt mit dem für sie wichtigsten Argument aus der Debatte. Es werden keine neuen Argumente vorgetragen.
	Leitgedanken: ▸ Inwiefern hat diese Debatte meine Position bestätigt/verändert? ▸ Was war für mich wichtig? Warum? ▸ Zielsatz: „Deshalb (ausschlaggebender Grund) bin ich für / bin ich gegen ..."
	Ein einmaliges Klingelzeichen kündigt die bald endende Redezeit an. Das Überschreiten der Redezeit wird durch zweimaliges Klingelzeichen angezeigt und anschließend durch dauerndes Klingelzeichen unterbunden.
Bewertungskriterien:	Sachkenntnis: Wie gut weiß der Redner, was er sagt? Ausdrucksvermögen: Wie gut sagt er, was er meint? Gesprächsfähigkeit: Wie gut geht er auf andere ein? Überzeugungskraft: Wie gut begründet er, was er meint?

© Jugend debattiert

1. Untersucht den Debattenablauf und besprecht, welchen Vorteil es hat, die Eröffnungs- und Schlussreden mit der Antwort als Zielsatz zu schließen.

Eine Mikrodebatte durchführen | **Argumentieren und linear erörtern**

1. Findet ein Thema für eine Debatte. Geht dabei so vor:
   - In der Schule kommt es immer wieder zu Ärger und Konflikten. Worüber hast du dich in letzter Zeit geärgert? Notiere drei solche Probleme, Stichwort genügt. Nimm ein Blatt in DIN A4, zerschneide es in drei gleich große Streifen. Auf jeden Streifen schreibst du ein Problem.
   - Setzt euch zu zweit zusammen. Vergleicht eure Streifen und überlegt gemeinsam, wie man die Probleme lösen kann. Notiert zu jedem Problem eine Lösung. Einigt euch auf drei Vorschläge, für die sich auch die anderen am meisten interessieren werden.
   - Jeweils zwei Paare bilden eine Gruppe. Vergleicht die drei Lösungsvorschläge, die jedes Paar mitgebracht hat, und wählt die zwei interessantesten aus. Formuliert diese beiden Lösungsvorschläge als Soll-Fragen auf der Rückseite der Streifen.
   - Anschließend stellen alle Gruppen nacheinander ihre Themen der Klasse vor. Die Papierstreifen werden an die Tafel gehängt. Jeder markiert das Thema, das er als erstes debattieren möchte, mit einem Punkt.
2. Hängt die Papierstreifen der Rangfolge nach auf und nutzt sie als Themenspeicher.

Übung: Mikrodebatte

Eröffnungsrede (3 Sätze) → Freie Aussprache (3 Minuten) → Schlussrede (3 Sätze)

Die Mikrodebatte ist eine Debatte in kleinster Form. Die Reden beginnen mit einer Frage und enden mit der Antwort auf diese Frage. Die Antwort wird durch eine Begründung vorbereitet.

Struktur der Eröffnungsrede		Struktur der Schlussrede	
Frage:	Wir stellen uns heute die Frage: Soll …?	Frage:	Wir haben uns gefragt: Soll …?
Grund:	Dafür/Dagegen spricht …	Grund:	Der wichtigste Grund war für mich …
Antwort:	Deshalb bin ich dafür/dagegen, dass …	Antwort:	Deshalb sage ich: …

Scherzthemen

Im Training macht es viel Spaß, hin und wieder auch eine Scherzfrage zu debattieren:
- Soll die Schulpflicht auch für Gummibärchen gelten?
- Sollen Fernsehnachrichten gesungen werden?
- Soll Frankreich mit Käse überbacken werden?

3. Führt eine Mikrodebatte unter Anwendung der dargestellten Regeln und Redewendungen durch.

Übung: Debatte im Uhrzeigersinn

Soll an unserer Schule der Verkauf von Süßigkeiten verboten werden?

Setzt euch zu viert zusammen und untersucht, ob es sich bei dieser Frage um eine Streitfrage (s. Infokasten) handelt. Führt eine Debatte zu dieser Frage durch. Zwei Personen debattieren auf der Pro-Seite, zwei debattieren kontra. Jeder Redner stellt zunächst seine Position vor. Pro und Kontra sprechen im Wechsel. Jeder gliedert er seinen Redebeitrag so:

Frage: *Soll an unserer Schule der Verkauf von Süßigkeiten verboten werden?*
Grund: *Dafür/Dagegen spricht …*
Antwort: *Deshalb soll …*

Wenn jeder Redner seine Eröffnungsrede gehalten hat, beginnt ihr mit der Freien Aussprache. Haltet dabei die gleiche Reihenfolge ein. Pro und Kontra sprechen im Wechsel, immer reihum: Pro1, Kontra 1, Pro 2, Kontra 2 (= „im Uhrzeigersinn"). Nach sechs Minuten beginnt ihr mit der Schlussrunde. Haltet euch dabei wieder an die Gliederung **Frage – Grund – Antwort**.

> **Info**
>
> Eine **Streitfrage** erfüllt folgende Kriterien:
> - Sie fängt mit „Soll" an;
> - sie enthält einen Vorschlag;
> - sie kann nur mit „Ja" oder „Nein" beantwortet werden;
> - es gibt für beide Seiten Redner und Gründe.

Zum Punkt kommen

Mit dieser Übung lernt ihr, Position zu beziehen und nach einer einfachen Strukturvorlage frei zu sprechen.

Setzt euch zu viert zusammen. Sucht euch ein Thema und führt eine Debatte durch. Haltet euch ganz genau an die Redevorgaben. Jeder Redebeitrag besteht aus drei Teilen. Die Formulierungen sind Vorschläge. Ihr dürft sie auch variieren.

Redeteil	Formulierungsvorschlag
Eröffnungsrede: Fragestellung	Wir stellen uns die Frage: Soll …?
Eröffnungsrede: Grund	Für/Gegen … spricht, dass …
Eröffnungsrede: Antwort	Deshalb bin ich dafür/dagegen, dass …
Freie Aussprache: Anknüpfung	Du hast gesagt, dass …
Freie Aussprache: Kommentar	Dazu meine ich: …
Freie Aussprache: Weiterführung	Daraus folgt für mich …
Schlussrede: Anknüpfung	Wir haben uns gefragt: Soll …?
Schlussrede: Hauptgrund	Aus meiner Sicht ist entscheidend, dass …
Schlussrede: Antwort	Deshalb sage ich: …

Eine Stoffsammlung anlegen | Argumentieren und linear erörtern

Die lineare Erörterung

Welcher Art?   Welche Altersstufe?   Was bedeutet „sinnvoll"?
↑ ↑ ↑

Warum sind Computerspiele für Kinder und Jugendliche sinnvoll?

Info

Eine schriftliche Argumentation nennt man auch **Erörterung**. Handelt es sich bei der Erörterungsfrage um eine Fragestellung, die bereits einen klaren Standpunkt bezieht, spricht man von einer **linearen Erörterung**. Argumentiere dann nur für diese Position. Beispiel: Warum ist es sinnvoll, wenn junge Leute sparen? Warum ist gesunde Ernährung sinnvoll? Warum sollte man Sport treiben?

1. Bevor ihr mit der Diskussion beginnt, klärt die drei markierten Wortgruppen.
2. Einiges wisst ihr bereits zum Thema. Verwendet eine der drei nachfolgend vorgestellten Methoden, um eure eigenen Ideen zum Thema zu sammeln:
   ▸ Teilt eure Klasse in drei Gruppen auf. Jede Gruppe probiert eine Methode aus.
   ▸ Vergleicht eure Ergebnisse und diskutiert über die verschiedenen Möglichkeiten, eine Stoffsammlung anzulegen.

Methoden zur Ideenfindung

Brainstorming

Schreibe auf ein Blatt Papier alles auf, was dir zum Thema „Warum sind Computerspiele für Kinder und Jugendliche sinnvoll?" einfällt. Dies kann ein ganzer Satz sein oder nur ein Stichwort. Wichtig ist, dass du alles notierst, was dir einfällt, ohne zu werten. Später kannst du weglassen, was du nicht in deinen Text aufnehmen möchtest. Du hast drei Minuten Zeit.
Nach Ablauf der Zeit geht ihr bei den Ergebnissen eurer Mitschüler auf Ideenklau.

Zettellawine

Schreibe auf ein Blatt Papier einen Einfall zum Thema „Warum sind Computerspiele für Kinder und Jugendliche sinnvoll?". Dies kann ein ganzer Satz sein oder ein Stichwort.
Reicht eure Blätter an den linken Nachbarn weiter. Nun schreibt jeder einen neuen Gedanken auf und reicht das Blatt wieder weiter. So wandert jedes Blatt durch eure Gruppe, bis es wieder zu seinem ursprünglichen Besitzer zurückkehrt.

Abcdarium

Schreibe auf ein Blatt Papier die Buchstaben des ABC von oben nach unten. Hinter jeden Buchstaben notierst du einen Einfall zum Thema „Warum sind Computerspiele für Kinder und Jugendliche sinnvoll?", der mit diesem Buchstaben beginnt. Dies kann ein ganzer Satz sein oder ein Stichwort. Versuche, für alle Buchstaben einen Gedanken zu notieren.
Vergleicht eure Ergebnisse und ergänzt Lücken in euren Abcdarien.

Ergebnisse einer Recherche „Jugendliche und Computerspiele"

A Medial vermittelte Gewalt ist nicht die Ursache für Gewalt. Die Ursachen liegen im „wirklichen Leben". Kinder mit stabilen sozialen Bezügen (Familie, Lehrer/-innen, andere Erwachsene, Freunde) werden weder durch Gewaltdarstellungen in Film und Fernsehen noch durch Computerspiele mit aggressivem Inhalt gewalttätig. *(Quelle: neukoelln-jugend.de)*

B Lernprogramme sind sehr beliebt und meistens auch wirklich hilfreich, aber auch bei „normalen" Spielen werden Reaktion und Konzentration verlangt. *(Quelle: schuelerseite.otto-triebes.de, Isabel, 17 Jahre)*

C Kinder und Jugendliche messen sich miteinander und vergleichen ihr Können in einem spielerischen Rahmen oder spielen kooperativ zusammen und lösen gemeinsam Aufgaben. *(Quelle: https://www.medienpass.nrw.de/de/inhalt/was-fasziniert-viele-kinder-und-jugendliche-computerspielen)*

D Selbst das Rumdaddeln am Computer kann etwas bringen. Es gibt eine Menge Spiele, bei denen man sich etwas einfallen lassen muss, um weiterzukommen. Oder bei denen Konzentration gefragt ist. *(Quelle: Dein Spiegel 1/2015)*

E Kinder und Jugendliche in Deutschland verbringen täglich fast zwei Stunden mit Computer- und Videospielen. 117 Minuten zocken die 10- bis 18-Jährigen im Schnitt am Computer, an der Spielekonsole, am Smartphone oder Tablet. [...] Die Mehrheit der Kinder und Jugendlichen (53 Prozent) spielt lieber gemeinsam als allein. *(Quelle: www.bitcom.org, 12. Mai 2017)*

F Auf der einen Seite werden dem Computerspielen positive Effekte zugemessen wie die Förderung des logischen Denkens und des räumlichen Vorstellungsvermögens, die Kommunikation mit Gleichgesinnten, eine motivierende Wirkung und nicht zuletzt Spaß an der Tätigkeit. *(Quelle: Olivier Steiner, Fachhochschule Nordwestschweiz, Dezember 2008, zitiert nach pegi.info)*

G Spiele haben etwas mit der Lebenswelt der Spielenden zu tun! Wenn ein Kind ein Spiel faszinierend findet, so sagt uns das etwas über die Lebenssituation dieses Kindes bzw. dieses Jugendlichen. *(Quelle: neukoelln-jugend.de)*

1. Lies dir die Rechercheergebnisse durch. Welche Informationen zum Thema „Warum sind Computerspiele für Kinder und Jugendliche sinnvoll?" kannst du dem Material noch entnehmen? Ergänze deine Stoffsammlung.

Rollenbilder untersuchen → S. 276 ff.

Eine Mindmap als Gliederung

Die gefundenen Ideen aus der Stoffsammlung lassen sich auf verschiedene Weise strukturieren und gliedern. Hier findest du zwei Möglichkeiten:

Eine Dezimalgliederung

„Warum sind Computerspiele für Kinder und Jugendliche sinnvoll?"
1. Wissen spielerisch aneignen
    1.1 Mittelalter
    1.2 Weltkriege

2. Persönliche Fähigkeiten ausbauen
    2.1 Konzentrationsfähigkeit
    2.2 Logisches Denken
    2.3 …

3. Kommunikationskompetenz schulen
    3.1 Teambildung
    3.2 Gemeinschaftserlebnis
    3.3 …

4. …
    4.1 Stressbewältigung
    4.2 Aggressionsabbau

5. Spaß und Unterhaltung
    …

6. Jugendkultur
    …

Naturwissenschaftliches Fachwissen

Teamfähigkeit

Reaktionsgeschwindigkeit

Sich und andere informieren

Level-up

Bestätigung

1. Beschreibe die beiden Formen der Gliederung.
2. Wähle eine Gliederung aus und ergänze sie mit Begriffen am Rand und mit Aspekten aus deiner Stoffsammlung.
3. Formuliere aus deiner Stoffsammlung heraus Argumente zum Thema.
4. Gewichte deine Argumente und nummeriere sie wie in der Grafik.

So fängt es an

1946 wurde das erste Computerspiel entwickelt. In den 1970er-Jahren gab es dann mit Pong das erste erfolgreiche Spiel. Mit der Verbreitung der Heimcomputer in den 80ern entwickelten sich die Spiele durch die Verbreitung des Homecomputers rasant weiter. Heute hat jeder die Möglichkeit, raffinierte Spiele auf dem Smartphone zu spielen.

„Schalt endlich das Ding aus. Du spielst schon den halben Nachmittag!" Das muss ich mir ständig von meinen Eltern anhören, wenn ich mitten im Spielen bin. Aber ich kann nicht anders. Computerspiele spielen in meinem Leben eine wichtige Rolle wie bei vielen anderen Jugendlichen auch.

1. Diskutiert darüber, was eine Einleitung zu einem Erörterungsaufsatz leisten muss.
2. Prüfe, welche der folgenden Elemente in den Einleitungen enthalten sind. Ordne zu: Zitat, persönliches Erlebnis, Hintergrundinformation, geschichtlicher Überblick, Definition eines Begriffes, Bezug auf Autoritäten, verbreitete Ansichten.
3. Schreibe eine eigene Einleitung zum Thema: „Warum Computerspiele für Kinder und Jugendliche sinnvoll sind". So kannst du beginnen:

   – *Ich behandle/thematisiere/diskutiere im Folgenden die Frage …*
   – *Der folgende Text behandelt/thematisiert/diskutiert die Frage …*
   – *Mein Text behandelt/thematisiert/diskutiert/ die Frage …*
   – *Behandelt/Thematisiert/Diskutiert wird die Frage …*

4. Zwei Überleitungen verweisen auf den Verfasser. Welche?
5. Wie wirken diese unterschiedlichen Stile?
6. Ergänze deine Einleitung und leite zum Hauptteil über.

> **Info**
>
> Zur Einleitung gehört auch die **Überleitung** zum Hauptteil. Hier musst du benennen, was du in deinem Text tun wirst. Dabei kannst du mittels *ich* und *mein* auf dich verweisen oder eine andere Formulierung wählen.

Gute Gründe für die eigene Position: Schreibtricks zum Argumentieren

Der Begründungstrick
Um euren Standpunkt möglichst überzeugend darzustellen, müsst ihr eure Behauptung mit Argumenten begründen. Dabei helfen folgende Wörter:

Computerspiele sind sinnvoll, ...
- **weil** sie die Konzentrationsfähigkeit steigern.
- **denn** sie steigern die Konzentrationsfähigkeit.

Angesichts der Möglichkeit individuellen Lernens sind Computerspiele sinnvoll.
Aufgrund ihrer Wirkung auf die Konzentrationsfähigkeit sind Computerspiele sinnvoll.

> **Tipp**
>
> Um sprachlich für Abwechslung zu sorgen, sollte hin und wieder erst der Grund und dann die These genannt werden.
> *Computerspiele vermitteln Wissen.* **Deshalb** *ist Computerspielen sinnvoll.*

Der „Daran sieht man"-Trick
Um deine Stoffsammlung für eine Argumentation zu nutzen, muss der Leser die Bedeutung einzelner Informationen erkennen. Dabei helfen die blau markierten Objektsätze und Partikel:

Lernspiele passen ihr Niveau an.
- **Daran** sieht man, dass sie sich für individuelles Lernen eignen.
- **Das zeigt klar,** ...
- **Das belegt,** ...
- **Das ist ein Hinweis darauf,** ...

Computerspiele sind also sinnvoll für individuelles Lernen.

Der „Obwohl"-Trick
Informationen, die sich nicht besonders gut als Beleg eignen, kannst du für deine Argumentation nutzen, indem du ihnen eine andere, wichtige Information gegenüberstellst:

Obwohl manche Spieler sich noch isolieren, sind Computerspiele sinnvoll, weil die Zahl der Multiplayer viel größer ist.
Es gibt Spieler, die sich isolieren. **Trotzdem** sind Computerspiele sinnvoll, weil die Zahl der Multiplayer viel größer ist.
Zwar isolieren sich einige Spieler, **aber** Computerspiele sind sinnvoll, weil die Zahl der Multiplayer viel größer ist.

Argumente entfalten | Argumentieren und linear erörtern

Gliederungen – zwei Anordnungen

Zwei Schüler haben sich überlegt, wie sie die inhaltlichen Aspekte ihrer Gliederung anordnen wollen, und dazu passende sprachliche Formulierungen gesucht.

Fabian
Zunächst steht für mich fest, dass … Außerdem ist zu sagen, dass … Dann kann festgestellt werden … Weiterhin möchte ich anmerken … Zudem will ich darauf hinweisen … Ferner gebe ich zu bedenken … Schließlich bin ich der Meinung …

Sabrina
Unwesentlich ist für mich der Gesichtspunkt, dass … Wichtiger erscheint mir allerdings die Tatsache … Die bislang genannten Aspekte fallen jedoch kaum ins Gewicht gegenüber dem Umstand, dass … Für noch bedeutsamer halte ich … Entscheidend für unsere Überlegung ist jedoch … Am stärksten allerdings fällt das folgende Argument ins Gewicht …

1. Erläutere, wie die Schüler bei ihrer Anordnung der inhaltlichen Aspekte jeweils vorgegangen sind. Fertige zu beiden Möglichkeiten eine Skizze an, die die jeweilige Anordnung verdeutlicht.
2. Welche Anordnung überzeugt dich eher? Warum?

Behauptung, Begründung, Beispiel

Behauptung	Begründung	Beipiel/Beleg
1 Ich melde mich nicht bei Facebook an,	weil ich keine Lust habe, persönliche Daten für alle zugänglich ins Netz zu stellen.	Neulich wollte ein Mädchen ein paar Freunde über Facebook zu seiner Geburtstagsparty einladen und dann kamen 3000 Leute und haben den Garten und das Haus total verwüstet.
2 Ich werde mir nie eine Smartwatch kaufen,	denn sie ist so auffällig.	?
3 ?	dort kann ich nämlich mit Freunden aus aller Welt kommunizieren.	Kürzlich hatte ich Kontakt zu einem Mädchen aus Tahiti. Sie hat mir viel über ihr Leben auf einer Südseeinsel erzählt. Das war richtig interessant.
4 Ich lese gern die Schülerzeitung	?	In der letzten Ausgabe wurden unsere neuen Lehrer in einem Steckbrief vorgestellt.
5 Ich schaue am liebsten Serien an,	weil die so spannend sind,	wie z. B. CSI ?

3. Fülle die leeren Kästchen mit den Fragezeichen in der Tabelle auf. Achte darauf, dass du bei der Entfaltung des Arguments das Beispiel nicht nur nennst, sondern auch erläuterst (z. B.: Inwiefern ist die Serie CSI spannend?).

Schluss mit Spielen

Sebastian, Timon und Can haben drei unterschiedliche Schlüsse geschrieben.

Sebastian:
Zusammenfassend lässt sich sagen, dass Computerspiele eine wichtige Rolle für Jugendliche spielen. Hier ist vor allem die Kommunikation wichtig, die beim Spielen auf vielen Ebenen stattfindet. Außerdem ist entscheidend, dass das Spielen lernförderlich wirken kann.

Timon:
Aus alldem geht für mich klar hervor, Rechner an und zocken! Jugendliche können Computerspiele sinnvoll nutzen und sollen dies auch tun!

Can:
Die Erörterung hat gezeigt, dass Computerspiele für Jugendliche sehr sinnvoll sind, weil sie die Reaktionsfähigkeit trainieren. Dasselbe gilt für die Konzentrationsfähigkeit. Sinnvoll eingesetzt können Computerspiele das Leben erleichtern und persönliche Fähigkeiten ausbauen.

1. Vergleiche die Texte und beschreibe das jeweilige Vorgehen bei den Schlusstypen.
2. Erstelle eine Liste mit Formulierungen, die im Schlussteil einer Erörterung auftauchen können.

   Meines Erachtens … Festzuhalten ist … Man kommt zu dem Schluss … Ich meine … Meiner Meinung nach …

3. Schreibe einen Hauptteil auf Grundlage deiner Gliederung.
4. Markiere im Anschluss alle Behauptungen rot, alle Begründungen blau, Beispiele und Belege grün. Wo hast du die Formulierungshilfen angewendet?
5. Verfasse einen Schluss, in dem deine Position deutlich zum Ausdruck kommt.

Info

Als Ergebnis deiner Erörterung formulierst du im **Schluss** noch einmal die eigene Position. Auch hier sind Formulierungen mit und ohne Bezug auf den Verfasser möglich.

Materialgestützt Argumentieren: Literatur im Wandel der Zeit

Klassiker der Kinderliteratur

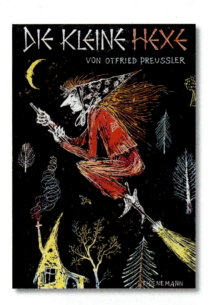

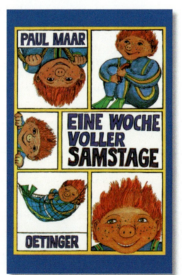

1. Diese Buchcover stellen Klassiker der Kinderliteratur dar. Welche Kinderbücher habt ihr gerne gelesen und warum?
2. Benennt die Figuren auf den Covern. Was wisst ihr über sie?
3. Stellt euch vor, ihr sollt eine zeitgemäße Illustration zu einem Kinderklassiker anfertigen. Was wäre dabei wichtig?
4. Besprecht, warum die Figuren seit Jahrzehnten von Kindern geliebt werden.

„Die kleine Hexe" in verschiedenen Ausgaben

127 Jahre ist die kleine Hexe leider erst alt. Deshalb wird sie von den großen Hexen nicht für voll genommen. Da sie keine große Hexe ist, will sie wenigstens eine gute sein. Mit diesem Entschluss beginnt das Abenteuer. Otfried Preußlers Kinderbuchklassiker wurde 1958 mit dem Deutschen Jugendliteraturpreis ausgezeichnet.

Erstausgabe von 1957 im Thienemann-Verlag

„Wie kamen die beiden Negerlein auf die verschneite Dorfstraße? Und seit wann gab es Türken und Indianer in dieser Gegend? Türken mit roten Mützen und weiten Pluderhosen – und Indianer, die gräulich bemalte Gesichter hatten und lange Speere über den Köpfen schwangen?
‚Sie werden vom Zirkus sein', meinte der Rabe Abraxas.
Aber die beiden Negerlein waren nicht vom Zirkus und ebenso wenig die Türken und Indianer. Auch die kleinen Chinesinnen und der Menschenfresser, die Eskimofrauen, der Wüstenscheich und der Hottentottenhäuptling stammten nicht aus der Schaubude. Nein, es war Fastnacht im Dorf! Und weil Fastnacht war, hatten die Kinder am Nachmittag schulfrei bekommen und tollten verkleidet über den Dorfplatz.
Die kleinen Türken warfen Papierschlangen. Der Hottentottenhäuptling brüllte: ‚Uaaah! Uaah!' Der Menschenfresser schrie: ‚Hungärrr! Hungärrr! Wer will sich frrressen lassen?'"

Neuausgabe von 2013 im Thienemann-Verlag

„Wie kamen die beiden Messerwerfer auf die verschneite Dorfstraße? Und seit wann gab es Cowboys und Indianer in dieser Gegend? Messerwerfer mit roten Mützen und weiten Pluderhosen – und Indianer, die gräulich bemalte Gesichter hatten und lange Speere über den Köpfen schwangen?
‚Sie werden vom Zirkus sein', meinte der Rabe Abraxas.
Aber die beiden Messerwerfer waren nicht vom Zirkus und ebenso wenig die Cowboys und Indianer. Auch die kleinen Chinesinnen und der Menschenfresser, die Indianerinnen, der Wüstenscheich und der Seeräuber stammten nicht aus der Schaubude. Nein, es war Fastnacht im Dorf! Und weil Fastnacht war, hatten die Kinder am Nachnittag schulfrei bekommen und tollten verkleidet über den Dorfplatz.
Die kleinen Messerwerfer warfen Papierschlangen. Der Seeräuber brüllte. ‚Uaaah! Uaah!' Der Menschenfresser schrie: ‚Hungärrr! Hungärrr! Wer will sich frrressen lassen?'"

1. Lies die Texte aufmerksam durch.
2. Unterstreiche Abweichungen und fasse deine Beobachtung in einem Satz zusammen.

3. Vergleicht eure Unterstreichungen.

4. Diskutiert eure Beobachtungen und stellt Vermutungen an, weshalb die Veränderungen für die Neuausgabe vorgenommen wurden.
5. Erstellt ein Meinungsbild in der Klasse darüber, wie sinnvoll diese Veränderungen sind.

1. Du sollst dich mit folgender Fragestellung beschäftigen:
Sollen sprachliche Formulierungen, die heute als politisch unkorrekt gelten, in Kinderbuchklassikern verändert werden?
Lies die folgenden Materialien zu dem Thema.

M1 Political Correctness / Politische Korrektheit

In einem alten englischen Kindervers heißt es tröstend: „Sticks and stones may hurt my bones, but words can never harm me." Die Verfechter einer „politisch korrekten" Sprache würden sich einer solchen Auffassung nicht anschließen. Sie argumentieren, „Worte" – also die Sprache – könnten in bestimmten Situationen ein weitaus wirkungsmächtigeres Instrument als physische Gewalt sein. Sprache spiegle nicht nur die Weltsicht des jeweiligen Sprechers wider, sondern darüber hinaus lasse sich über „Worte" sogar eine bestimmte Weltsicht konstruieren. Diese bestimme wiederum konkretes politisches Handeln im Alltag. Als „politically correct" und damit wünschenswert wird eine Sprachverwendung tituliert, bei der die Sprecher einen aktuellen Sprachgebrauch auf Grundlage bestimmter Normen kritisch hinterfragen. Mit Blick auf die gesellschaftlichen Verhältnisse sowie auf historische Verwendungszusammenhänge können dann einzelne Wörter, Redewendungen oder Denkfiguren als unangemessen verworfen und gegebenenfalls durch Alternativen ersetzt werden.

2. Notiere in eigenen Worten, was unter dem Begriff „politische Korrektheit" zu verstehen ist.

M2 Verlag streicht „Neger" und „Zigeuner" aus Kinderbuch

Wörter wie „Neger" und „Zigeuner" haben in Kinderbüchern nichts verloren. Das findet nicht nur Familienministerin Schröder, sondern auch der Stuttgarter Thienemann Verlag: Er streicht sie aus zukünftigen Auflagen von Otfried Preußlers „Kleiner Hexe". Der Kinderbuchklassiker „Die kleine Hexe" von Otfried Preußler wird künftig ohne diskriminierende Worte wie „Neger" oder „Negerlein" erscheinen. Das kündigte der Stuttgarter Thienemann Verlag in der Berliner Tageszeitung „taz" vom Samstag an. Die umstrittenen Ausdrücke würden dabei nicht ersetzt, sondern ganz gestrichen. Dies sei notwendig, um Bücher an den sprachlichen und politischen Wandel anzupassen, sagte Verleger Klaus Willberg. „Wir werden alle unsere Klassiker durchforsten."
Der Thienemann Verlag folgt damit dem Verlag Friedrich Oetinger aus Hamburg, der veraltete Worte wie „Neger" und „Zigeuner" bereits vor vier Jahren aus seinen aktuellen Übersetzungen von „Pippi Langstrumpf" und anderen Büchern von Astrid Lindgren gestrichen hatte. Kurz vor Weihnachten hatte Familienministerin Kristina Schröder (CDU) für Aufsehen gesorgt, als sie in einem

„Zeit"-Interview bekannte, diskriminierende Begriffe wie „Neger" auszulassen, wenn sie ihrer kleinen Tochter aus Kinderbuchklassikern wie Jim Knopf oder Pippi Langstrumpf vorlese.

Der 89-jährige Otfried Preußler schrieb mit seiner „Räuber Hotzenplotz"-Trilogie und „Krabat" Klassiker der deutschen Kinderbuchliteratur. Er hatte sich laut Bericht lange gegen jede Änderung seines Klassikers „Die kleine Hexe" gestemmt, der 1958 mit dem Deutschen Jugendbuchpreis ausgezeichnet und seitdem in 47 Sprachen übersetzt wurde. „Mit der Zeit ist aber die Einsicht gewachsen, dass die Authentizität des Werks der sprachlichen Weiterentwicklung untergeordnet werden muss", sagte Willberg.

> **3.** Schreibe die Argumente heraus, mit denen der Thienemann Verlag die Änderungen in Otfried Preußlers „Die kleine Hexe" begründet.

M3 Rettet die Kinderbücher vor der Sprachpolizei!
Peter Hahn

Müssen Kinderbücher umgeschrieben werden? Gehören alte Ausgaben, die von Generation zu Generation weitergegeben werden, auf den Müll?
Aus Otfried Preußlers 1957 erschienenem und in 47 Sprachen übersetztem preisgekröntem Bestseller „Die kleine Hexe" soll jetzt die Fastnachtsszene gestrichen werden, in der sich die Kinder als „Negerlein, Türken mit weiten Pluderhosen, Hottentotten-Häuptlinge und Eskimofrauen" verkleiden. Und bei „Pippi Langstrumpf" wird der „Negerkönig" in „Südseekönig" umbenannt.
Der Räuber-Hotzenplotz-Verlag begründet das offiziell damit, die Bücher „dem sprachlichen und politischen Wandel anzupassen. Nur so bleiben sie zeitlos".
Was für ein Unsinn! Das ist doch das Schöne an Märchen, dass sie eben nicht zeitlos sind, sondern unsere Fantasie bewusst in andere Epochen mit ihrem zeittypischen Milieu reisen lassen. Auch Kinderbuchklassiker sind Kunst und Kultur. Sie zu korrigieren ist dumme Zensur, sie zu interpretieren intelligente Pflicht. Wer zu faul ist, Kindern beim Vorlesen die Zeitbezüge zu erklären, sollte sich schämen.

> **4.** Notiere, mit welchen Argumenten Peter Hahn in M3 sich gegen ein Umschreiben der Kinderbücher ausspricht.

M4 Von Zensur kann keine Rede sein
David Hugendick

Wenn man „Neger" ins iPhone eingibt, korrigiert das Sprachprogramm es zum englischen *never*, zu „niemals". Man kann das für einen lustigen Zufall halten. Man kann jedoch auch zwei Dinge daraus ableiten: dass der Neger aus unserem Sprachgebrauch weitgehend (und glücklicherweise) verschwunden ist. Oder dass dort, wenn nicht gleich eine Zensur, so zumindest eine Ermahnung stattfindet, das Wort niemals zu benutzen. Beide Deutungen spiegeln ganz gut die Gemütslagen, die der-

zeit in der Diskussion um mehrere Kinderbücher auftauchen: In Astrid Lindgrens Pippi Langstrumpf und Otfried Preußlers Die kleine Hexe wurden unter anderem Variationen des Worts Neger durch ein anderes, zeitgemäßeres, ersetzt. [...]
Wenn man die Diskussion zum Ausgangspunkt zurückholen möchte, wäre die Frage, ob die Sprache der Literatur nicht auch etwas mit unserer unmittelbaren Gegenwart zu tun hat. Oder ob sie vielleicht enthoben von Raum und Zeit existiert, ganz gleich, ob sie noch dem moralischen Reflexionsniveau einer Gesellschaft standhält. Die Antwort macht es erst einmal nicht einfacher: Für Literatur gilt beides. Sie besitzt obendrein die Freiheit, dass in ihr Moral nicht existieren muss, dass sie das Abgründige beschreiben und ausfantasieren darf und sich dabei der Wertung enthalten kann. Diese Freiheit ist schützenswert, in ihr unterscheidet sie sich zum realen Leben. Es können in ihr die größten Verbrecher auftauchen und die schlimmsten Rassisten die abscheulichsten Taten begehen. Ödön von Horvath etwa darf selbstverständlich seine teutschen Würstchen so entsetzlich brutal reden lassen, wie sie reden. Jonathan Littell darf mehr als tausend Seiten mit der Innenansicht eines SS-Obersturmbannführers füllen und dafür Preise bekommen, ob man das nun mag oder nicht.
Entspringt das Wort, das uns irritiert, einer literarischen Intention?
Da können auch Wörter fallen, die man heute verdammt: In den USA wird seit Jahrzehnten gestritten, ob das Wort „Nigger" aus den Werken Mark Twains entfernt werden soll. Zu Twains Zeiten wurde das Wort andauernd verwendet, es gehörte zum Alltag, den er porträtierte. Eine Anpassung nach heutigen Maßstäben verfälschte damit den Charakter der Gesellschaft, den der Schriftsteller damit explizit zeigen wollte. Kurzum: Bei Twain hat dieses Wort also einen literarischen Zweck. Der Eingriff veränderte also ein Motiv des Textes und wäre ebenso töricht wie Apples automatische Tilgung des Begriffs „Sperm Whale" in Melvilles Moby Dick.
Aber da muss man schon genau bleiben: Es kann nämlich durchaus gefragt werden, ob das Wort, das uns politisch oder moralisch irritiert, tatsächlich einer erkennbaren literarischen Intention entspringt (Rollenprosa, Figurenrede, Protokoll etc.). Oder ob es bloß dem Autor unterlaufen ist und einer veralteten Sprachmode gehorcht, deren Blüten heute als verletzend oder rassistisch wahrgenommen werden. Auch aus so einem Fall entsteht noch lange keine Regel, kein Imperativ, dass alle Bücher umgeschrieben werden müssen, um einem gesellschaftlichen Sprachkonsens zu entsprechen. Die aktuellen Kinderbücher sind in dieser Hinsicht eine Ausnahme. Sie waren Fallentscheidungen, die keine äußere Instanz erzwungen hat. Von einer Zensur kann also keine Rede sein. Die Verlage haben sich in Übereinkunft mit dem Autor oder dessen Nachkommen zu einer Überarbeitung entschlossen. Man kann die Änderungen somit als freiwillige Übersetzungsleistung betrachten: Wörter, die wir nicht (mehr) sprechen, werden übertragen in eine Sprache, die wir sprechen.

5. Halte in Stichworten fest, in welchen Fällen M4 eine Veränderung literarischer Werke für möglich hält.

Eine Argumentation untersuchen → S. 12 f.
Sachtexte lesen und verstehen → S. 182 ff.

Nachdem alle Materialien ausgewertet sind, geht es darum, die Informationen in geeigneter Form zu sammeln und für die eigene Stellungnahme (Rede) vorzubereiten. Dabei geht es nicht darum, alle Informationen aus den Texten zu verwenden. Vielmehr ist eine kriteriengeleitete Auswahl nötig, d.h. nur Argumente, die zur eigenen Argumentation passen, werden berücksichtigt. Das Sammeln der Informationen und das Gewichten von Argumenten geht z.B. mit Hilfe einer Mindmap.

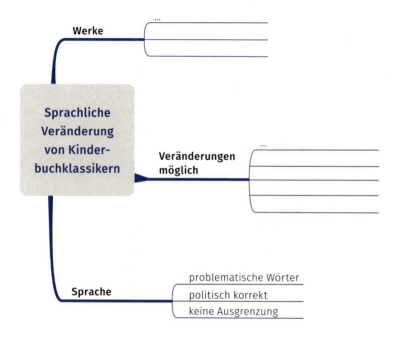

1. Übertrage die Mindmap in dein Heft und vervollständige sie durch weitere Ergebnisse deiner Auswertung.
2. Markiere darin Aspekte, die du in deinem Beitrag ansprechen möchtest.
3. Gewichte die Argumente nach dem Sanduhrprinzip, d.h., du ...
   ▸ stellst erst absteigend die Argumente der Gegenposition vor.
   ▸ Dann leitest du zum zweiten Teil über, indem du deine eigene Position formulierst.
   ▸ Anschließend erläuterst du deine Argumente und ordnest sie dabei aufsteigend an.
   ▸ Das letzte Argument ist also auch das stärkste für deine Position.
4. Hört euch einige Reden in der Klasse an und bewertet sie mit Hilfe der Informationen oben.

TESTE dich

Überprüfe dein Wissen und Können, indem du hier die Testaufgaben bearbeitest.

Ich kann ...	Können	Hilfe	Training
eine Einleitung verfassen.	😀 😉 😳	S. 24	AH S. 12

Testaufgabe 1
Prüfe, aus welchen Elementen die Einleitung besteht, und schreibe eine verbesserte Einleitung in dein Heft.

> **Sind elektronische Spiele schädlich?**
> Immer mehr Menschen in Deutschland sind süchtig nach Spielen am PC oder auf der Spielkonsole. Manche Ärzte und Wissenschaftler warnen vor diesen Spielen. Doch sind die Spiele wirklich so schädlich?

Ich kann ...	Können	Hilfe	Training
den Stoff gliedern.	😀 😉 😳	S. 22 f.	AH S. 10

Testaufgabe 2
Benenne die Gliederungsform und ihre Vorteile.
Beschreibe andere mögliche Gliederungsformen.

Gliederung

1. Finanzielle Folgen
   1.1. Zusatzinhalte (add-ons) sollen zum Kauf anregen, Abzocke
   1.2. Spiele sind teuer
2. Gesundheitliche Folgen
   2.1. Sehstörungen, Kopfweh
   2.2. Bewegungsmangel
   2.3. keine Zeit zum Essen
3. Soziale Vereinsamung
   3.1. keine Zeit für Freunde
   3.2. nur virtuelle Freundschaften
   3.3. Abkehr von der normalen, echten Welt
4. Gefahren für Persönlichkeit
   4.1. Wahrnehmungsstörungen
   4.2. Aggressivität

Ich kann ...	Können	Hilfe	Training
Argumente entfalten.	😀 😉 😳	S. 25 f.	S. 35, AH S. 13

Testaufgabe 3
Formuliere die Gliederung aus Testaufgabe 2 aus zu einer Argumentation. Achte auf den Dreischritt: Behauptung, Begründung, Beispiel/Beleg.

Ich kann ...	Können	Hilfe	Training
einen Schluss schreiben.	😀 😉 😳	S. 27	S. 35, AH S. 14

Testaufgabe 4
Verfasse einen Schluss, der den Aufsatz abrundet.

So kannst du dein Wissen anwenden und deine Fähigkeiten trainieren:

Bestes Kinderspiel: She Remembered Caterpillars: Begründung der Preisjury
(Jumpsuit Entertainment / Ysbryd Games)

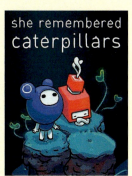

Im besten Kinderspiel des Jahres 2017, „She Remembered Caterpillars", muss der Spieler die Gammies, eine Art kleine Pilzfigur, zu einem bestimmten Punkt bringen. Dabei stellen sich einem aber Rätsel und Hindernisse in den Weg, die man überwinden muss. Gefahr geht auch von kleinen, farbigen Raupen aus.

Als herausfordernd, märchenhaft und voller Tiefe beeindruckt auf den ersten Blick das traumgleiche Spiel des in Kassel ansässigen Studios jumpsuit entertainment. Das Spiel hat eine fantastische Ästhetik, zeigt viel Liebe zum Detail und eine exzellente Artdirection. Ungewöhnliche Charaktere, traumgleiche Schauplätze und ein atmosphärischer Soundtrack entführen in eine mikroskopische Welt voller Geheimnisse und Rätsel. Das farbenbasierte Puzzlespiel mit den bunten Raupen funktioniert intuitiv, ist gekonnt gestaltet und ausbalanciert. *She Remembered Caterpillars* beginnt kinderleicht und wird zunehmend kniffliger. Komponiert werden die puzzligen Level mit einer narrativen Erzählebene, die eine Geschichte über Liebe, Trauer und Akzeptanz erzählt. Ein ungewöhnliches Kinderspiel, das Kindern etwas zutraut.
Es müssen Strategien entwickelt, Grundprinzipien der subtraktiven Farbmischung (z. B. Rot und Blau ergibt Violett) verinnerlicht und kognitive Fähigkeiten trainiert werden, um das Grundsätzliche zu erfahren: Nur in Symbiose kommen wir weiter. Die Welt, in der wir uns befinden, bleibt interpretierfähig, warum und wohin wir wollen, legt sich nicht offen dar. Es lehrt uns, neugierig zu bleiben, diese faszinierend fremdartige Kultur begreifen zu wollen, sich zu verbünden und nicht aufzugeben.

1. Schreibe die Behauptungen, Begründungen und Beispiele aus dem Text heraus.
2. Verfasse selbst einen Text, der ein Computer- oder Handyspiel deiner Wahl bewertet. Achte auf die Mittel der Argumentation.

Sprechen und Zuhören – Schreiben – Lesen

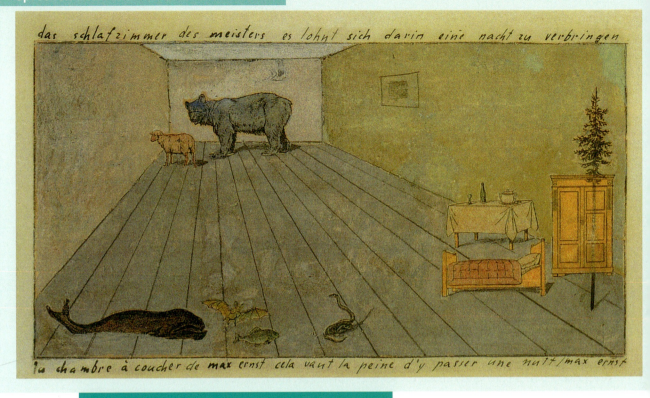

Gedanken sichtbar machen

Erzählen

Zum Bild:
Max Ernst: *Das Schlafzimmer des Meisters*, um 1920

Eine Vision im Halbschlaf
Max Ernst

Es begann mit einer Erinnerung aus der Kindheit. Eine Vertäfelung aus nachgemachtem Mahagoniholz, die sich gegenüber von meinem Bett befand, hatte eine Vision im Halbschlaf hervorgezaubert. [...] Meine Neugierde erwachte, und staunend begann ich unbekümmert und voller Erwartung zu experimentieren. Ich benutzte dazu die gleichen Mittel, alle Arten von Materialien, die ich in mein Blickfeld bekam: Blätter und ihre Adern, die rauen Kanten eines Leinenläppchens, die Pinselstriche eines modernen Gemäldes, den abgewickelten Faden einer Spule usw. Da taten sich vor meinen Augen auf: menschliche Köpfe, Tiere ...

1. Welche Visionen hat der Maler Max Ernst hier gestaltet?
2. „Da taten sich vor meinen Augen auf ..." – Lasse deine Fantasie spielen und verändere dein vertrautes Zimmer in ein ungewöhnliches, fremdes, geheimnisvolles. Schreibe.

Einstiege in das Erzählen

Spurensuche

Dinge um deinen Sitzplatz
Schreibe zehn Sachen über den Ort auf, an dem du gerade sitzt, die dir nicht aufgefallen sind, als du dich dort hingesetzt hast.

Ein Fundstück
Suche dir einen alltäglichen Gegenstand aus, etwas, das du auf der Straße findest, oder etwas, das du besitzt. Betrachte für drei Minuten nur die obere Hälfte des Gegenstandes, decke die andere ab. Mache dann das Gleiche mit der unteren Hälfte. Je länger du hinschaust, umso mehr wirst du sehen. Notiere alles, was du siehst, auf einem Zettel.

Der akustische Stadtplan
Setze oder stelle dich für dreißig Minuten draußen an einen Ort. Schreibe alle Geräusche auf, die du hörst, und notiere sie. Zeichne auf einer Karte (z. B. Stadtplan oder eigene Ortsskizze) ein, wo du bist und woher die Geräusche in etwa kommen. Probiere das noch einmal an einem ganz anderen Ort aus.

Gefundene Wörter
Sammle Wörter, die dir gefallen oder die du interessant findest. Zeichne einen Wörterbaum, in den du die Wörter wie Blätter aufhängst.

Beobachtung von Menschen
Setze oder stelle dich für eine Viertelstunde auf einen öffentlichen Platz in deiner Umgebung. Mache Notizen zu den Menschen, die du siehst. Konzentriere dich dabei auf das, was bei den Personen jeweils am meisten auffällt (Kleidung, Frisur, Gesichtsausdruck, Gangart, Sprechweise, Gegenstände).

Erinnerungsstücke
Suche Dinge (z. B. Fotos, Gegenstände, Kleidungsstücke), die mit deiner Familie zu tun haben. Welche Geschichten erzählen sie?

1. Wähle von den Anregungen zwei aus und probiere sie.
2. Betrachte deine Sammlung und lasse die Fantasie spielen: Wo ist eine Geschichte verborgen? Notiere Einzelheiten, die dir dazu einfallen.

Das kannst du jetzt lernen!

- Erzählideen zu entwickeln und in einem Cluster festzuhalten .... S. 38
- Gedanken und Gefühle einer Figur zu entwickeln .... S. 40
- Einen literarischen Text mit Hilfe der Fünf-Schritt-Lesemethode zu erschließen .... S. 41
- Die Funktion der inneren und äußeren Handlung eines Textes zu erkennen .... S. 44
- Texte zu überarbeiten .... S. 46

Erzählideen entwickeln | Erzählen

Assoziationen und Wortketten

Du bist allein zu Hause. Draußen beginnt es zu dämmern. Du hast Ruhe und erinnerst dich an Augenblicke, die du besonders intensiv erlebt hast. Lasse deine Gedanken schweifen. Erinnere dich: Wer oder was war damals zu sehen, zu hören – und wo? Wie ging es dir dabei? Welche Stimmung herrschte?

1. Notiere stichwortartig Gedanken, so wie sie dir in den Kopf kommen.
2. Bilde zu einzelnen Gedanken Wortketten wie z. B.:

> **Affengekreische**
> flink ▪ Zaunrütteln ▪ Bananenschalen ▪ Affenbaby ▪ Menschengesichter ▪ Flucht

Ideen herausfiltern

Eine Schülerin hat sich daran erinnert, wie sie einmal weinen musste. Dazu hat sie folgende Wortkette assoziiert:

> Taschentuch ▪ Tränen ▪ klein ▪ schwach ▪ Angst ▪ dunkel ▪ allein ▪ Wutgefühle ▪ älterer Bruder ▪ Geburtstagsfest ▪ Apfelkuchen ▪ frieren ▪ Scheune ▪ Wind ▪ Streit ▪ Käuzchen

Aus dieser Wortkette hat die Schülerin einzelne Wörter herausgefiltert und mit ihnen jeweils einen Satz gebildet.

> Der kleine Tim war immer im Weg ... ▪ Der ältere Bruder hatte nie Angst, war nie schwach. ▪ Der Apfelkuchen auf dem Fensterbrett war noch warm. ▪ Damals beim Geburtstagsfest strich der Wind um die Scheune. ▪ Es wurde dunkel. ▪ Tim fror. ▪ Draußen rief das Käuzchen. – Alles war dunkel.

3. Welche Wörter aus der Wortkette wurden herausgefiltert und in diesen Sätzen verarbeitet?
4. Schaue auf deine Assoziationen und Wortketten aus Aufgabe 1 und 2 und filtere mehrere Wörter heraus. Formuliere mit diesen Wörtern ebenfalls einzelne Sätze und schreibe sie untereinander.
5. Tausche deine Sätze mit denen einer Partnerin oder eines Partners: Welche Idee für eine Geschichte könnt ihr jeweils in den Sätzen erkennen?
6. Wähle den Satz aus, mit dem du beginnen möchtest, und erzähle deine Geschichte.

Erzählen | Erzählideen in einem Cluster festhalten

Frauen, Mond, Stern
Joan Miro

Zum Bild:
Joan Miro: *Frauen, Mond, Stern*, 1949. Öl auf Leinwand. Sammlung Francis Roux, St.-Paul-de-Vence

1. Betrachte das Bild einige Zeit aufmerksam:
   Was ist für dich der stärkste Eindruck?
   Finde ein Wort dafür und schreibe es in die Mitte eines Blattes.
2. Schreibe jetzt alle Einfälle, die durch dieses zentrale Wort ausgelöst werden, in einem Cluster auf. **Beispiel:**

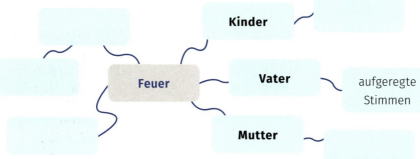

Info

Clustering
Mit einem Cluster (engl.: *cluster* = Gruppe, Traube) lassen sich Einfälle zu einem bestimmten Begriff oder Thema sammeln.

3. Der Schüler, der dieses Cluster entworfen hat, ist bei seiner Bildbetrachtung von dem zentralen Wort „Feuer" ausgegangen. Welche Einfälle könnten in seinem Cluster enthalten sein? Drei Einfälle sind bereits mit dem zentralen Wort verbunden. Ergänze weitere Ideen und verknüpfe sie.
4. Schreibe einen Erzähltext zu deinem Cluster.
5. Setzt euch in Kleingruppen zusammen: Lest euch gegenseitig eure Texte vor und vergleicht diese mit dem Bild.

Gedanken und Gefühle einer Figur zum Ausdruck bringen | Erzählen

Erzähltechniken

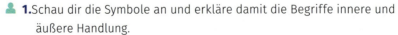

1. Schau dir die Symbole an und erkläre damit die Begriffe innere und äußere Handlung.

2. Sucht euch eines der Bilder aus und erzählt gemeinsam eine Geschichte dazu. Beantwortet dazu die Fragen:
- ▸ Was sehen wir?
- ▸ Was hören wir?
- ▸ Was denken die Menschen auf dem Bild?

Erzählen | Einen literarischen Text mit Hilfe der Fünf-Schritt-Lesemethode erschließen

1. Bearbeite die Kurzgeschichte mit Hilfe der Fünf-Schritt-Lesemethode.

Schwarzfahren für Anfänger (2011)
Marlene Röder

Die gelben Halteschlaufen der S-Bahn schwingen hin und her. An manchen Schlaufen hängen Menschen und halten sich fest. Josefine sieht aus dem Fenster: Draußen ist es finstere Nacht.

Sie hat gesagt: Ich ruf dich an. Dann die ausgetretenen Treppen runter, zweiter Stock, erster Stock, Erdgeschoss, raus. Kein Blick hoch zu seinem Fenster. Vorbei am Bäcker, bei dem er neulich Brötchen geholt hat, Stefans Eltern waren nicht da, und der Honig ist aufs Bettlaken getropft. Die Rosenstraße lang, dann rechts. Der Eingang zum S-Bahnhof, Stufen hoch, Gleis 1, die nächstbeste S-Bahn. Jetzt ist Josefine wieder dort, denn die S-Bahn fährt im Kreis. Sie blinzelt, bis Gleis 1 zwischen ihren Wimpern verschwimmt. Wie gerne wäre sie jetzt woanders, in einer Stadt, die sie nicht kennt.

Endlich fährt die S-Bahn weiter. Ein paar Leute sind zugestiegen, auch eine Frau um die vierzig. Sie trägt normale Kleidung, aber dann holt sie ein Klemmbrett aus der Tasche und sagt: „Fahrgastbefragung." Drinnen Neonlicht, draußen Schwärze.

Josefine ist eine Schwarzfahrerin.

Normalerweise erkennt sie Kontrolleure schon aus zwanzig Metern Entfernung und verdrückt sich rechtzeitig. Aber heute war sie wohl abgelenkt, wegen der Sache mit Stefan. Stefan gehört zu den Leuten, die immer ein Ticket haben und auch sonst alles richtig machen.

In der spiegelnden Scheibe beobachtet Josefine, wie die Frau in ihre Richtung läuft. Neben ihrem Sitz bleibt sie stehen. Josefine muss wohl oder übel zu ihr aufschauen.

„Hallo. Kann ich dir ein paar Fragen stellen?" Josefine nickt so halb und starrt auf die polierten Schuhe der Frau.

Die zückt ihren Stift. „Alter?"

„Sechzehn", murmelt Josefine.

„Wo bist du eingestiegen?"

Da, wo Stefan wohnt. Josefine wünscht sich dorthin zurück, ihren Kopf zurück in Stefans Schoß. Sie haben Musik gehört und Gummibärchen gegessen. Vor einer Stunde war noch alles okay.

„Rosenstraße", antwortet Josefine.

Die Frau kritzelt etwas auf ihr Klemmbrett. „Und wo willst du hin?", fragt sie, ohne den Blick zu heben.

Wo will man hin, wenn man mit der S-Bahn im Kreis fährt? Die Frage ist wohl eher, wo man nicht hinwill.

Das ungeduldige Klicken des Kulis reißt Josefine aus den Gedanken. „Wo willst du aussteigen?"

Info

Die Fünf-Schritt-Lesemethode
- Schritt 1: Einen Überblick gewinnen
- Schritt 2: Fragen an den Text stellen
- Schritt 3: Den Text gründlich lesen und bearbeiten
- Schritt 4: Fragen beantworten und Wichtiges zusammenfassen
- Schritt 5: Rückblick und Endkontrolle

„Keine Ahnung", stammelt Josefine. „Ich ... ich mach das manchmal gerne, einfach so rumfahren." Warum hat sie nicht irgendeine blöde Haltestelle genannt? Aber da ist der Satz schon raus. Die Frau sagt: „Aha", und mustert Josefine abschätzig.

Josefine ist gerade ziemlich neben der Spur. Aber das ist doch noch lange kein Grund, sie so anzusehen. Schließlich hat es genau so angefangen mit Stefan und ihr. Mit dem Rumfahren.

Manchmal hat Josefine keinen Bock auf ihre Mutter, keinen Bock auf zu Hause. Dann fährt sie rum und schaut raus auf ihre Stadt. Oder sie guckt sich die Leute in der S-Bahn an und malt sich aus, wie diese Leute wohl leben.

So war es auch an dem Tag, an dem sie Stefan zum ersten Mal traf.

Da wusste Josefine natürlich noch nicht, dass er Stefan heißt, da war er nur irgend so ein Typ für sie, der sich auf den Sitz gegenüber fallen ließ. Ungefähr in ihrem Alter, obwohl das nicht leicht zu erkennen war, weil er die Kapuze seines Pullis tief ins Gesicht gezogen hatte. Außerdem hielt er irgendwas in der Hand. Josefine versuchte zu erkennen, was es war. Vielleicht eine Handtasche, die er einer Omi entrissen hatte ...

„Willst du eins?", fragte der Typ, der vielleicht ein Handtaschenräuber war.

„Was?", fragte sie.

„Ob du ein Gummibärchen willst. Weil du dauernd auf die Packung starrst, dachte ich ..."

„Oh. 'tschuldigung ... Darf ich wirklich?"

„Klar. Welche Farbe?"

„Egal, Hauptsache kein rotes."

„Die meisten mögen die roten am liebsten." „Mir schmecken die nicht. Ich wette, die Leute nehmen sie nur wegen der Farbe. Rot wie rote Rosen, wie Liebe ... Das ganze Herz-Schmerz-Zeug. Nee, danke. Ich bin kuriert von roten Gummibärchen."

So haben Josefine und Stefan sich kennen gelernt. Sie haben die Gummibärchenfrage ausdiskutiert, und nachdem sie zweimal im Kreis gefahren waren, haben sie Handynummern ausgetauscht. Danach haben sie sich noch oft getroffen, nicht nur in der S-Bahn. Aber jetzt ...

Josefine merkt plötzlich, dass ihr etwas das Gesicht runterläuft, und dreht sich zum Fenster. Die Frau mit dem Klemmbrett starrt sie an, das spürt sie. Kann die nicht endlich abhauen?

Sie wünscht sich eine Stunde zurück, ihren Kopf wieder in Stefans Schoß, seine streichelnden Finger in ihrem kurzen, stacheligen Haar.

„Erinnerst du dich noch an den Tag, an dem wir uns kennen gelernt haben?", hat er gefragt. „Ich musste eigentlich zum Basketballtraining. Aber als die Haltestelle kam, bin ich einfach weitergefahren."

„Warum das denn?", hat sie gefragt und sich im nächsten Moment gewünscht, sie könnte die Worte wieder zurück in ihren Mund stopfen und sie könnten einfach liegen bleiben und Musik hören.

Doch es war zu spät, Stefan nahm ihr Gesicht in seine Hände und küsste Josefine auf den Mund. Er schmeckte nach roten Gummibärchen und jeder Menge Herz-Schmerz-Zeug. „Darum", sagte er. „Ich ... ich glaub, ich bin in dich verliebt."

So was hatte er noch nie zu ihr gesagt, so was sagten sie nicht zueinander, das machte alles kaputt!

Josefine rückte von Stefan ab, wischte sich über den Mund, aber das Gefühl an ihren Lippen ging nicht weg und ihr Herz hämmerte, hämmerte. Wie eine S-Bahn, die zu schnell fährt, eine S-Bahn, die gleich entgleist.

Sein warmer Atem auf ihrer Haut. Sein fragender Blick.

Josefine dachte daran, wie sie einmal nachts S-Bahn gefahren waren. Sie waren die Letzten im Abteil gewesen und hatten auf die Lichter draußen geschaut. Und es war so ein Gefühl, als würde die Stadt ihnen ganz allein gehören.

Als ob alles möglich wäre.

Doch dann musste Josefine an ihre Mutter denken, die sich auf den Boden geworfen hatte, als Papa wegging, einfach auf den Boden, und geschluchzt hatte: Es tut so weh, so weh ...

„Sag was, Fine", bat Stefan.

Aber Josefine sagte nichts. Sie war stumm vor Wut. Wie konnte Stefan sich so sicher sein?

Was ist das eigentlich, Liebe? Und woher weiß man, dass man sie hat? Woher weiß man, dass es kein schrecklicher Irrtum ist? Josefine sagte nichts. Und dann: Ich muss jetzt los. Ich ... ich ruf dich an.

Danach ging sie. Zweiter Stock, erster Stock, Erdgeschoss, raus. Kein Blick hoch zu seinem Fenster. Nächstbeste S-Bahn. Und jetzt sitzt sie hier. Fühlt sich irgendwie beschissen. Von Stefan. Von der Bahn. Vom Leben, von sich selbst.

„Mädchen, ich weiß ja nicht, was mit dir los ist, aber ich würde gerne mal deinen Fahrschein sehen", fordert die Frau. Josefine zuckt die Achseln. „Hab keinen Fahrschein", murmelt sie, zu erschöpft, um zu lügen. Anscheinend ist sie sogar zu blöd zum Schwarzfahren. Die Frau presst die Lippen zusammen. „Dann hätte ich jetzt gerne deinen Personalausweis." Josefine kramt nach ihrem Portemonnaie, den Kopf gesenkt, sodass sie die Kontrolleurin nicht ansehen muss, sondern nur ihre polierten Schuhe. Plötzlich gerät ein Paar Turnschuhe in Josefines Blickfeld. Nicht irgendwelche Turnschuhe – die da kennt sie!

„Da haben Sie ihren Fahrschein", sagt Stefan. Dann hält er der Frau ein Ticket unter die Nase.

Sie prüft es sorgfältig auf Gültigkeit und nickt dann. „Könnte ich bitte auch deinen Fahrschein sehen, junger Mann?" „Ich hab keinen", entgegnet Stefan und schaut der Kontrolleurin gelassen in die Augen. Ihre Lippen verziehen sich zu einem kurzen Lächeln. Aber vielleicht hat Josefine sich das nur eingebildet. Anschließend stellt die Kontrolleurin Stefan einen Bußgeldbescheid aus. Die ganze Zeit über muss Josefine ihn anstarren wie ein Wunder. „Was machst du denn hier?", platzt es aus ihr raus, kaum dass die Kontrolleurin gegangen ist. „War klar, dass du in die nächste S-Bahn steigst", antwortet Stefan und lässt sich auf

Erzähltechniken untersuchen: Zeitgestaltung, innere und äußere Handlung — Erzählen

den Sitz neben ihr fallen. „Ich musste einfach nur am Bahnsteig stehen bleiben und warten, bis du irgendwann vorbeigefahren kommst. War Glück, dass ich dich gesehen hab." Dann schweigen sie und trauen sich beide nicht, sich richtig anzusehen. Josefine weiß nicht, was sie sagen soll. Also sagt sie: „Mit dem Schwarzfahren, das hast du irgendwie noch nicht so richtig drauf." „Dann musst du wohl noch ganz viel mit mir üben", antwortet Stefan und grinst sie an. Gemeinsam betrachten sie die Halteschlaufe, die in den Kurven hin und her schwingen. Stefan fragt leise: „Hast du Angst, Fine?" „Ja", flüstert sie. „Ein bisschen." Sie fahren durch die schwarze Nacht, Josefine und ihr Schwarzfahrer, da nimmt er ihre Hand. Seine Hand ist warm.

2. Tauscht euch darüber aus, welches die zentralen Situationen in der Geschichte sind? Begründet.

3. Josefine verlässt Stefan ganz plötzlich. Sie sitzt in der S-Bahn und fühlt sich „beschissen" (Z. 106). Warum verhält Josefine sich so?

4. Dass sie Stefan verlässt, erfährt der Leser durch eine Rückblende. Solche Zeitsprünge gibt es in der Kurzgeschichte immer wieder. Übertrage das Schaubild in dein Heft und vervollständige es mit den Sinnabschnitten aus 1.

5. Untersuche, mit welchem sprachlichen Signal Marlene Röder den Wechsel gestaltet.

6. Legt einen Zeitstrahl der Ereignisse in der richtigen Reihenfolge an. Erzählt euch die Geschichte chronologisch. Wie verändert sich die Wirkung?

> **Info**
> Die **Rückblende** unterbricht den Fortgang der Erzählung und zeigt ein zurückliegendes Geschehen an einem bestimmten Punkt der Handlung.

Zeitebene	Ereignis
1. Zeitebene	Kontrolle / Josefine fährt Bahn
2. Zeitebene	Josefine läuft zur Bahn / Der Nachmittag
3. Zeitebene	Kennenlernen S + J
4. Zeitebene	Vater verlässt Mutter

7. Untersuche die markierten Zeilen und bestimme, ob es sich um äußere oder innere Handlung handelt. Übertrage sie in die entsprechende Spalte der Tabelle.

8. Suche im weiteren Text selbstständig Beispiele für die innere und äußere Handlung und ergänze die Tabelle.

> **Info**
> Eine Geschichte muss verständlich darstellen, was passiert. Das nennt man die **äußere Handlung**.
> Für eine spannende Geschichte ist es wichtig, dass auch die Gedanken und Gefühle der Figuren deutlich werden, also auch eine **innere Handlung** erzählt wird.

Äußere Handlung	Zeilen	Innere Handlung	Zeilen
„Die gelben Halteschlaufen der S-Bahn schwingen hin und her."	Z. 1f.		
		„Wie gerne wäre sie jetzt woanders, in einer Stadt, die sie nicht kennt."	

9. Untersuche die Textstellen. Wo werden Eigenschaften und Merkmale von Josefine deutlich?

10. Charakterisiere Josefine und beschreibe ihre Beziehung zu Stefan.

Die innere Verfassung einer Figur erschließen → S. 89
Eine Figurencharakterisierung schreiben → S. 99

Erzählen | Erzähltechniken untersuchen: Zeitgestaltung, innere und äußere Handlung

1. Suche aus dem Wortgitter fünf Begriffe heraus, mit denen du über Stefan sprechen könntest.
2. Tauscht euch darüber aus und begründet eure Wahl mit dem Text.
3. Sammle jetzt alle Befunde eurer Textuntersuchung zur inneren und äußeren Handlung, zur Zeitgestaltung und zur Charakterisierung.
4. Wähle eine der beiden Aufgabenstellungen:
   - Nachdem Josefine Stefan verlassen hat, gehen diesem viele Gedanken im Kopf herum. Verfasse einen inneren Monolog für diese Situation.
   - Während Stefan mit der Kontrolleurin spricht, „… muss Josefine ihn anstarren wie ein Wunder". Mehr erfährt der Leser von Josefine nicht. Verfasse einen inneren Monolog, der Josefines Gedanken und Gefühle deutlich macht.

Gehe bei der Bearbeitung der Aufgabe wie folgt vor:

Vor dem Schreiben:
Notiere dir auf einem Extrablatt, was du über Stefan weißt, indem du folgende Fragen beantwortest: Was ist bisher passiert? Wie kam Stefan in diese Lage? Was weiß ich über Stefans Verhalten? Wie spricht er? Mit welchen Problemen hat er zu kämpfen? Was könnte er in der aktuellen Situation denken? Welche Anhaltspunkte gibt mir die Textstelle?

Während des Schreibens:
Gedanken sind häufig unstrukturiert, unvollständig und unkontrollierbar. So sollst du auch schreiben. Verwende nicht nur vollständige Sätze, kennzeichne fehlende Satzenden mit … Orientiere deinen Sprachstil an der Figur und bringe die Gefühlslage deutlich zum Ausdruck.

Nach dem Schreiben:
Überprüfe deinen inneren Monolog anhand der nebenstehenden Checkliste.

Info

Ein wichtiger Bestandteil der inneren Handlung ist der **innere Monolog.** Er macht Gedanken und Gefühle einer literarischen Figur für den Leser deutlich. Man spricht auch von der **Gedankenrede**. Da aus Sicht einer bestimmten Figur geschrieben wird, steht der innere Monolog in der Ich-Form. Für aktuelle Gedanken und Gefühle benutzt man dabei das Präsens, von vergangenen Ereignissen berichtet man im Perfekt.

Checkliste für den inneren Monolog:
- Wurde die Ausgangssituation aus Sicht der Figur verständlich dargestellt?
- Kann man sich gut in die Gefühlswelt der Figur hineinversetzen?
- Entspricht die Gefühlslage der ausgewählten Textstelle?
- Passt der Sprachstil zur Figur?
- Kommen unvollständige Sätze und Ausrufe vor?
- Ist der innere Monolog insgesamt nachvollziehbar?

Texte überarbeiten | **Erzählen**

Eine Methode, die viele Schriftsteller zur Überarbeitung ihrer Texte anwenden, ist „Zeit verstreichen lassen". Der Text wird beiseitegelegt und mit etwas Abstand überarbeitet.

1. Lies noch einmal die Geschichte vom Anfang des Kapitels und beantworte dir die folgenden Fragen:
   ▸ Worum geht es in meinem Text?
   ▸ Welche zentrale Geschichte möchte ich erzählen?
2. Überprüfe, an welchen Stellen eine innere Handlung eingefügt werden könnte, die den Schwerpunkt der Geschichte deutlicher macht.
3. Ergänze die äußere Handlung um Details, die den Charakter der Figuren konkretisieren.
4. Gibt es Stellen in deinem Text, wo dir Rückblenden helfen könnten, das zu erzählen, was dir wichtig ist. Ergänze sie.

In einer Schreibkonferenz bekommst du die Möglichkeit, mehrere Meinungen zu deinem Text einzuholen. Dazu gibst du den Text an mindestens drei Mitschüler, die dir eine Rückmeldung geben. Übertrage zunächst den Fragebogen auf ein leeres Blatt. Dieses wandert mit deiner Geschichte von einem Leser zum nächsten. Die Beschäftigung mit den Geschichten deiner Mitschüler gibt dir die Möglichkeit, deine Sinne auch für den eigenen Text zu schärfen.

Autor: _____		Titel: _____		
	Rechtschreibung + Grammatik	Drei Dinge, die mir besonders gut gefallen haben.	Drei Dinge, die ich verbessern würde.	Meine Note mit Begründung.
Rückmeldung von:	...	...	...	...

> **Tipp**
> Die entstandenen Erzählungen eurer Klasse könnt ihr in einem gemeinsamen Geschichtenheft zusammenfassen.

5. Setzt euch in Gruppen zusammen und gebt euch gegenseitig in einer Schreibkonferenz mit Hilfe des Musters Rückmeldung zu den Geschichten. Hinweis zu Spalte 2: Streiche nicht jeden einzelnen Fehler an, sondern notiere sprachliche Auffälligkeiten, z. B. Groß- und Kleinschreibung beachten oder einseitige Verben (8x machen) verwendet.
6. Entscheide, welche Anregungen du aufnimmst, und verändere deine Geschichte.

Das Baumhaus
Schülertext

Der Junge, der am Fenster steht, ist vierzehn Jahre alt. Er lebt mit seiner Mutter in einem kleinen Haus am Stadtrand. Seinen Vater besucht er dann und wann. Die Fensterflügel
5 sind weit geöffnet, sein Blick fällt auf den alten Ahorn hinten im Garten. Alles verschwimmt wieder vor seinen Augen. Er sieht dort zwischen Laub und Ästen den kleinen Jungen oben in seinem Baumhaus stehen. Der Vater
10 hat es ihm zu seinem dritten Geburtstag gebaut. Jetzt ist der Junge vier, trägt einen Ritterhelm und eine silberglänzende Rüstung. Ein Schwert lehnt an der Bretterwand. Ich ergreife das Schwert, umklammere es fest, Tränen schießen mir in die Augen. Dann rutsche ich auf die Holzplanken, kauere eingerollt, die Ellbogen auf
15 den Knien, und starre durch die Öffnung rüber zur Terrasse. Zwei Schatten stehen sich gegenüber in heftigen Bewegungen. Arme werden in die Luft geworfen, Hände durchfahren die Luft, Fäuste geballt, Köpfe überschneiden sich, werden ruckartig nach hinten geworfen, fahren wieder aufeinander zu. Sie kämpfen, vor und zurück. Ich halte mir die Ohren zu. Ich will das Gebrüll nicht hören,
20 das immer lauter wird, immer lauter, lauter, dann ein Knall, der in der Luft zerplatzt – ich will wegrennen, verfehle die Sprossen und falle.
Der Junge am Fenster schließt die Augen: Der Vierjährige rutscht immer tiefer, die Füße finden keinen Halt mehr, der Helm schlägt scheppernd auf Holz und kollert über den Rasen. Dann liegt der Ritter im Gras regungslos.
25 Er wacht im Krankenhaus auf und sieht in die besorgten Gesichter seiner Eltern. Brüllen sie noch, Kampfhaltung, Fäuste geballt? Zwei Gesichter beugen sich über ihn. Was ist denn passiert? Warum fällt der kleine Ritter aus seiner hohen Burg? Gegen wen hat er so heftig gekämpft? – Er gibt keine Antwort. Er schließt die Augen. Nichts hat er gehört und gesehen.
30 In sein Baumhaus ist er niemals wieder hochgeklettert. Die Zeiten der Ritterspiele waren vorbei.
Einige Zeit später haben sich seine Eltern getrennt.
Der Junge steht noch immer am Fenster. Er ist vierzehn Jahre alt. Er wischt sich die Augen. Er schließt das Fenster und schaltet das Licht an. Draußen wird es
35 Abend.

> **7.** Lies die Erzählung des Schülers: Was hat dir gefallen? Was löst bei dir Fragen aus?
>
> **8.** Untersuche, wie die Erzähltechniken (vgl. Tipp) in dieser Geschichte umgesetzt werden.

Tipp

Vorrat mit Erzähltechniken
- personaler Erzähler
- Atmosphäre
- gedehnte Zeit
- direkte Charakterisierung
- Dialog
- innere Handlung
- Adjektive
- Zeitdeckung
- Ich-Perspektive
- auktorialer Erzähler

Sprechen und Zuhören – Schreiben – Lesen

Von „Nachmittagsmördern" und anderen „Teilzeit-Indianern"

Die erweiterte Inhaltsangabe

Kultivierung[1]
Wolfdietrich Schnurre

Ein Faultier hatte es sich in den Kopf gesetzt, eine Uhr zu erwerben. Zögernd legte der Uhrmacher ihm eine Kollektion vor. „Unter uns: ist das nicht sinnlos für dich? Du tust doch nichts; was brauchst du da zu wissen, um wie viel Uhr du nichts tust?" Das Faultier gähnte genüsslich: „Es erhöht das Wohlbehagen, täglich zu wissen, was man hinter sich bringt."

[1] **Kultur** = alles, was der Mensch gestaltend erschafft (im Gegensatz zur Natur)

Kultivierung (hier) = Anpassung an eine an menschlichen Werten orientierte Lebensführung

1. Sprecht über eure ersten Eindrücke zu diesem Text.
2. Stellt Fragen und haltet sie an der Tafel fest.
3. Kläre für dich, ob du eine Uhr brauchst.
4. Stelle dir vor, du bist der Uhrmacher. Antworte dem Faultier am Ende.
5. Spielt den Dialog mit eurem Schluss vor. Vergleicht die unterschiedlichen Schlüsse.

Die ungleichen Regenwürmer
Franz Hohler

Tief unter einem Sauerampferfeld lebten einmal zwei Regenwürmer und ernährten sich von Sauerampferwurzeln.
Eines Tages sagte der erste Regenwurm: „Wohlan, ich bin es satt, hier unten zu leben, ich will eine Reise machen und die Welt kennenlernen." Er packte sein Köfferchen und bohrte sich nach oben, und als er sah, wie die Sonne schien und der Wind über das Sauerampferfeld strich, wurde es ihm leicht ums Herz, und er schlängelte sich fröhlich zwischen den Stängeln durch. Doch er war kaum drei Fuß weit gekommen, da entdeckte ihn eine Amsel und fraß ihn auf.
Der zweite Regenwurm hingegen blieb immer in seinem Loch unter dem Boden, fraß jeden Tag seine Sauerampferwurzeln und blieb die längste Zeit am Leben. Aber sagt mir selbst – ist das ein Leben?

Outcast[1] zwischen zwei Kulturen

[1] **Outcast** = Außenseiter

Arnold Spirit, genannt Junior, wächst im Reservat auf. Weil er stottert, lispelt und eine überdimensionale Brille trägt, wird er verprügelt und gehänselt als „der niedrigste Indianer am Totempfahl". Als er mit 14 Jahren beschließt, als Erster seines Stammes auf eine „weiße" Highschool außerhalb des Reservats zu gehen, hat dies weitreichende Folgen. Mit Galgenhumor und Ausdauer schlägt Junior sich durch sein erstes Jahr. Er entdeckt sein Zeichentalent, wird Basketballstar seines Schulteams, verliebt sich in die schöne Penelope – und muss sich irgendwann auch seinen früheren Freunden aus dem Reservat stellen ... Der autobiografische Jugendroman von Sherman Alexie, einer der wichtigsten Stimmen des „anderen" Amerikas: „Das absolut wahre Tagebuch eines Teilzeitindianers".

1. Lest die Texte und klärt die Inhalte.
2. Wo könnt ihr solche Texte finden? An wen richten sie sich?
3. Vergleiche die Texte und sammle Unterschiede.
   Folgende Vergleichskriterien können dir helfen:
   Umfang des Textes, Sprache und Stil, Tempus, Redewiedergabe, Aufbau des Textes, Funktion des Textes.

Das kannst du jetzt lernen!

- Eine Kurzgeschichte zu erschließen .... S. 50
- Merkmale der Kurzgeschichte zu erkennen .... S. 51
- Die indirekte Rede zu wiederholen .... S. 53
- Deutungen eines Textes zu entwickeln .... S. 54
- Den Erweiterungsteil einer Inhaltsangabe zu gestalten .... S. 56
- Die erweiterte Inhaltsangabe zu überarbeiten .... S. 59

Kurzprosa verstehen

Mord in Saarbrücken
Franz Hohler

Heute habe ich einen Nachmittag getötet.
Mit einem Agentenfilm habe ich ihn umgebracht, einem Agentenfilm, in dem böse Menschen andere, gute Menschen, achtlos abgeknallt haben, und manchmal haben auch gute Menschen böse abgeknallt, aber nur wenn es sein musste, und immer zur Musik von Morricone[1].
Auf der Rückfahrt im Bus zum Hotel saß vor mir ein kurz geschorener Jugendlicher, der sein Gehör vorsätzlich mit einem Walkman[2] misshandelte.
Als ich dann im Hotel ankam, um mich hinzulegen, war der Nachmittag tot und wurde nicht lebendig.
Vielleicht hätte er einen Flussuferspaziergang für mich bereit gehabt, oder ein Gedichtbuch, oder ein Gespräch mit einem unbekannten Menschen, einem Engel womöglich.
Es ist kein gutes Gefühl, ein Nachmittagsmörder zu sein.

[1] **Morricone** = Ennio Morricone (geb. 1928) ist italienischer Komponist von Filmmusik, v. a. von Westernfilmen

[2] **Walkman** = tragbares Abspielgerät von Musik

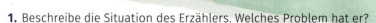

1. Beschreibe die Situation des Erzählers. Welches Problem hat er?
2. Kläre das Thema der Geschichte. Welches der folgenden Themen passt für dich am besten? Begründe, indem du Textbelege anführst.
   - Agentenfilme am Nachmittag
   - Sinnvolle Freizeitgestaltung
   - Zeitverschwendung
3. Diskutiert, ob es so etwas wie einen „Nachmittagsmörder" geben kann.
4. Kläre schriftlich die Frage, warum der Erzähler am Ende der Geschichte „kein gutes Gefühl hat" (Z. 13). Belege mit Textstellen.

Du kannst so beginnen:

Am Abend im Hotel hat der Erzähler in Franz Hohlers Kurzgeschichte „kein gutes Gefühl" (Z. 13), wie er den Nachmittag verbracht hat. Für ihn erscheint der Nachmittag „tot" (Z. 8), weil …

At the top
Martin Suter

Im Eckbüro im Achtundzwanzigsten brennt noch Licht. An einem der Panoramafenster steht Sander. Hände auf dem Rücken, Schultern zurück, Hals gereckt. Über ihm nichts als die Dachterrasse, auf der bei schönem Wetter der Verwaltungsrat in der Sitzungspause einen kleinen Imbiss nimmt. Vor ihm die Lichter der Vorstadt. Unter ihm die Werkhallen eins bis sieben, dazwischen die Verwaltungsgebäude B und C.

In den dunklen Fassaden leuchtet da und dort ein Fenster. Manchmal bewegt sich eine Gestalt hinter den Scheiben, geht von einem Gestell zu einem Schreibtisch und verharrt dort, reglos.

Auf dem Parkplatz bilden ein paar Autos ein karges Muster. Ein Mann geht schnell über den Platz. Bei einem der Autos leuchten kurz die Stopplichter auf, wie zur Begrüßung. Der Mann setzt sich hinters Steuer. Wenn die Fenster nicht schallisoliert wären, würde Sander jetzt den Motor hören. So sieht er nur die Abblendlichter, die sich den Weg aus dem Parkplatz und zum Werkstor suchen.

Sander wendet sich ab. Tief in Gedanken geht er die zehn, zwölf Schritte über den schokoladenbraunen Baumwollvelours zum gläsernen Schreibtisch. Mit einem tiefen Seufzer lässt er sich auf dem Sessel nieder und greift an den Verstellhebel. Lautlos gleitet die Rückenlehne nach hinten. Er legt den Kopf zurück, starrt an die schallschluckenden Deckenlamellen und atmet den Duft des neuen Leders ein.

Ein verdammt gutes Gefühl, hier oben zu sitzen und einen harten Arbeitstag ausklingen zu lassen. Sich ein paar Minuten der Einkehr zu gönnen zwischen den Verpflichtungen des Berufslebens und des Privaten.

1. Notiere deinen ersten Eindruck zu dieser Geschichte.
2. Wer ist Sander? Beschreibe die Hauptfigur.

Merkmale einer Kurzgeschichte erkennen | **Die erweiterte Inhaltsangabe**

Sander schließt die Augen. Wie viel würden die, die morgen wieder zum Werk strömen, darum geben, auch nur ein einziges Mal zu erleben, wie es sich anfühlt, hier oben zu sitzen. Wie es ist, der Mann ganz zuoberst zu sein. Die dünne Luft der Macht zu atmen und in den weichen Polstern der harten Entscheidungen zu ruhen.

Aber keinem wird es vergönnt sein. Keinem der Kader, die irgendwo dort unten ihre sinnlosen Überstunden absolvieren oder beim Apéro ihre erfolglosen Intrigen aushecken oder keinen Schlaf finden bei der Planung ihres nächsten Karriereschritts.

Nur er, Sander, ist in einer Position, in der er jeden Abend dieses unvergleichliche Gefühl auskosten kann.

Er beglückwünscht sich zu seinem Job, steht auf, schiebt den Putzwagen hinaus und löscht das Licht.

3. Beantworte folgende W-Fragen für diesen Text. Zwei Antworten findest du bereits in den Sprechblasen.

> Die Überschrift deutet darauf hin, dass es um jemanden geht, der an der Spitze oder oben steht.

> Sander scheint sich überlegen zu fühlen, wenn er z. B. auf die „Kader" (S. 50, Z. 29) hinunterschaut.

1. Worauf deutet die Überschrift hin?
2. Wie ist die Ausgangssituation?
3. Welche Figuren werden auffällig charakterisiert?
4. Wie stehen die Figuren zueinander?
5. Welche Handlungsvorgänge sind wichtig?
6. Welche überraschenden Wendungen gibt es?
7. Wie endet der Text?
8. Was ist die Aussage des Textes?

Info

Merkmale einer Kurzgeschichte
- Situationen und Ereignisse alltäglichen Lebens
- keine Einleitung
- geradlinig erzählt ohne Nebenhandlungen
- oft nur ein Ort, wenige Figuren, eine kurze Zeitspanne
- offener Schluss (oft mit Pointe)

 4. Schreibe eine Parallelgeschichte aus der Sicht des Managers, der vom Parkplatz aus zu seinem Büro hinaufsieht. Du kannst so beginnen:

Als Bergmann das Gelände verließ, glitt sein Blick noch einmal die gläserne Fassade hinauf bis zu seinem Büro im achtundzwanzigsten Stock …

5. Wolfdietrich Schnurre hat die Kurzgeschichte als „ein Stück herausgerissenes Leben" definiert. Inwiefern trifft das auf „At the top" zu?
6. Weise in Martin Suters Text typische Merkmale einer Kurzgeschichte nach (vgl. Infokasten).

Literarische Figuren charakterisieren → S. 106

Die erweiterte Inhaltsangabe | **Die Redewiedergabe üben**

Morgenworte
Christine Nöstlinger

„Zeit ist Geld! Zeit ist jede Menge Geld!", sprach Meier senior tagtäglich zu Meier junior, und dann machte er sich an die Arbeit.
Vom frühen Morgen bis in die späte Nacht hinein arbeitete er und gönnte sich kein bisschen Zeit für andere Dinge als für Arbeit. Und so hatte er keine Zeit zum
5 Geldausgeben. Reich und immer reicher wurde er. Dann starb er eines Tages, und Meier junior erbte das ganze Geld.
„Ich will es meinem Vater gleichtun", sprach Meier junior.
„Wie hat er doch tagtäglich zu mir gesagt?" Lange dachte Meier junior nach, denn leider war er ein Morgenmuffel und hatte seines Vaters Morgenworte nie so recht
10 mitbekommen. Endlich meinte er, sich genau erinnern zu können. „Ach ja", rief er, „Geld ist Zeit! Das hat der gute Alte immer gesagt! Geld ist jede Menge Zeit!"
Und dann kündigte Meier junior seinen Job und lebte vom Geld, das ihm Meier senior hinterlassen hatte, und er hatte tatsächlich jede Menge Zeit für andere Dinge als Arbeit.

1. Diskutiert über den Inhalt der Geschichte. Wer zeigt die richtige Einstellung zur Arbeit?
2. Formuliert das Gespräch zwischen Vater und Sohn aus, indem ihr den Sohn Fragen stellen lasst und der Vater das Sprichwort genauer erklärt.
3. Stell dir vor, die Mutter hat das morgendliche Gespräch mitgehört. Als der Vater tot ist, schärft sie dem Sohn dessen Worte ein.
   Gib ihre Rede wieder. Beginne so:

   Dein Vater hat dir immer gesagt, dass Zeit Geld sei. Damit hat er gemeint, man solle …

4. Forme folgende Sätze in die indirekte Rede um. Verwende verschiedene Formen der Redewiedergabe und passende redeeinleitende Verben (Sprechhandlungsverben). Nutze die Info-Kästen.

direkte Rede	indirekte Rede
„Zeit ist Geld! Zeit ist jede Menge Geld!", sprach Meier senior tagtäglich zu Meier junior.	Zeit sei Geld, predigt Meier senior jeden Morgen seinem Sohn.
„Ich will es meinem Vater gleichtun", sprach Meier junior.	
„Wie hat er doch tagtäglich zu mir gesagt?"	
„Ach ja", rief er, „Geld ist Zeit! Das hat der gute Alte immer gesagt! Geld ist jede Menge Zeit!"	

Info

Direkte Rede in der Inhaltsangabe:
- Die direkte Rede wird mit der **indirekten Rede (Konjunktiv I bzw. Konjunktiv II)** oder mit einer Umschreibung durch Hilfsverben (z. B. *sollen*) wiedergegeben.
- Die **geraffte Redewiedergabe** dient der Zusammenfassung längerer Redepassagen in eigenen Worten.

Info

Redeeinleitende Verben (Sprechhandlungsverben): *fragen, sich erkundigen, antworten, erwidern, versichern, warnen, drohen, berichten, erklären, zugeben, verneinen, bejahen, erläutern usw.*

Den Konjunktiv I der indirekten Rede verwenden → S. 238 ff.
Nachschlagen: Merkwissen → S. 287

Anekdote zur Senkung der Arbeitsmoral
Heinrich Böll

In einem Hafen an der westlichen Küste Europas liegt ein ärmlich gekleideter Mann in seinem Fischerboot und döst. Ein schick angezogener Tourist legt eben einen neuen Farbfilm in seinen Fotoapparat, um das idyllische Bild zu fotografieren: blauer Himmel, grüne See mit friedlichen schneeweißen Wellenkämmen, schwarzes Boot, rote Fischermütze. Klick. Noch einmal: klick. Und da aller guten Dinge drei sind und sicher sicher ist, ein drittes Mal: klick. Das spröde, fast feindselige Geräusch weckt den dösenden Fischer, der sich schläfrig aufrichtet, schläfrig nach seiner Zigarettenschachtel angelt, aber bevor er das Gesuchte gefunden, hat ihm der eifrige Tourist schon eine Schachtel vor die Nase gehalten, ihm die Zigarette nicht gerade in den Mund gesteckt, aber in die Hand gelegt, und ein viertes Klick, das des Feuerzeugs, schließt die eilfertige Höflichkeit ab. Durch jenes kaum messbare, nie nachweisbare Zuviel an flinker Höflichkeit ist eine gereizte Verlegenheit entstanden, die der Tourist – der Landessprache mächtig – durch ein Gespräch zu überbrücken versucht.
„Sie werden heute einen guten Fang machen."
Kopfschütteln des Fischers.
„Aber man hat mir gesagt, dass das Wetter günstig ist."
Kopfnicken des Fischers.
„Sie werden also nicht ausfahren?"
Kopfschütteln des Fischers, steigende Nervosität des Touristen. Gewiss liegt ihm das Wohl des ärmlich gekleideten Menschen am Herzen, nagt an ihm die Trauer über die verpasste Gelegenheit.
„Oh, Sie fühlen sich nicht wohl?"
Endlich geht der Fischer von der Zeichensprache zum wahrhaft gesprochenen Wort über. „Ich fühle mich großartig", sagt er. „Ich habe mich nie besser gefühlt." Er steht auf, reckt sich, als wolle er demonstrieren, wie athletisch er gebaut ist. „Ich fühle mich fantastisch."
Der Gesichtsausdruck des Touristen wird immer unglücklicher, er kann die Frage nicht unterdrücken, die ihm sozusagen das Herz zu sprengen droht: „Aber warum fahren Sie dann nicht aus?"
Die Antwort kommt prompt und knapp. „Weil ich heute Morgen schon ausgefahren bin."
„War der Fang gut?"
„Er war so gut, dass ich nicht noch einmal auszufahren brauche, ich habe vier Hummer in meinen Körben gehabt, fast zwei Dutzend Makrelen gefangen …"
Der Fischer, endlich erwacht, taut jetzt auf und klopft dem Touristen beruhigend auf die Schultern. Dessen besorgter Gesichtsausdruck erscheint ihm als ein Ausdruck zwar unangebrachter, doch rührender Kümmernis.
„Ich habe sogar für morgen und übermorgen genug", sagt er, um des Fremden Seele zu erleichtern. „Rauchen Sie eine von meinen?"

„Ja, danke."
Zigaretten werden in Münder gesteckt, ein fünftes Klick, der Fremde setzt sich kopfschüttelnd auf den Bootsrand, legt die Kamera aus der Hand, denn er braucht jetzt beide Hände, um seiner Rede Nachdruck zu verleihen.

„Ich will mich ja nicht in Ihre persönlichen Angelegenheiten mischen", sagt er, „aber stellen Sie sich mal vor, Sie führen heute ein zweites, ein drittes, vielleicht sogar ein viertes Mal aus und Sie würden drei, vier, fünf, vielleicht gar zehn Dutzend Makrelen fangen ... stellen Sie sich das mal vor."
Der Fischer nickt.

„Sie würden", fährt der Tourist fort, „nicht nur heute, sondern morgen, übermorgen, ja, an jedem günstigen Tag zwei-, dreimal, vielleicht viermal ausfahren – wissen Sie, was geschehen würde?"
Der Fischer schüttelt den Kopf.

„Sie würden sich spätestens in einem Jahr einen Motor kaufen können, in zwei Jahren ein zweites Boot, in drei oder vier Jahren könnten Sie vielleicht einen kleinen Kutter haben, mit zwei Booten oder dem Kutter würden Sie natürlich viel mehr fangen – eines Tages würden Sie zwei Kutter haben, Sie würden ...", die Begeisterung verschlägt ihm für ein paar Augenblicke die Stimme, „Sie würden ein kleines Kühlhaus bauen, vielleicht eine Räucherei, später eine Marinadenfabrik, mit einem eigenen Hubschrauber rundfliegen, die Fischschwärme ausmachen und Ihren Kuttern per Funk Anweisung geben. Sie könnten die Lachsrechte erwerben, ein Fischrestaurant eröffnen, den Hummer ohne Zwischenhändler direkt nach Paris exportieren – und dann ...", wieder verschlägt die Begeisterung dem Fremden die Sprache. Kopfschüttelnd, im tiefsten Herzen betrübt, seiner Urlaubsfreude schon fast verlustig, blickt er auf die friedlich hereinrollende Flut, in der die ungefangenen Fische munter springen.

„Und dann", sagt er, aber wieder verschlägt ihm die Erregung die Sprache. Der Fischer klopft ihm auf den Rücken, wie einem Kind, das sich verschluckt hat.
„Was dann?", fragt er leise.

„Dann", sagt der Fremde mit stiller Begeisterung, „dann könnten Sie beruhigt hier im Hafen sitzen, in der Sonne dösen – und auf das herrliche Meer blicken."
„Aber das tu ich ja schon jetzt", sagt der Fischer, „ich sitze beruhigt am Hafen und döse, nur Ihr Klicken hat mich dabei gestört."
Tatsächlich zog der solcherlei belehrte Tourist nachdenklich von dannen, denn früher hatte er auch einmal geglaubt, er arbeite, um eines Tages einmal nicht mehr arbeiten zu müssen, und es blieb keine Spur von Mitleid mit dem ärmlich gekleideten Fischer in ihm zurück, nur ein wenig Neid.

1. Untersuche, wie sich das Gespräch zwischen dem Fischer und dem Touristen entwickelt. Unterteile dazu den Text in drei Abschnitte.
2. Erarbeitet zu jedem Abschnitt ein Standbild.

Die Inhaltsangabe vorbereiten | Die erweiterte Inhaltsangabe

Eine erweiterte Inhaltsangabe schreiben

Methoden der Textmarkierung

Ein Schüler hat den Anfang der Kurzgeschichte folgendermaßen markiert:

In einem <u>Hafen</u> an der <u>westlichen Küste Europas</u> liegt ein <u>ärmlich gekleideter Mann</u> in seinem <u>Fischerboot</u> und <u>döst</u>. Ein <u>schick angezogener Tourist</u> legt eben einen neuen Farbfilm in seinen Fotoapparat, um das <u>idyllische Bild</u> zu <u>fotografieren</u>: blauer Himmel, grüne See mit friedlichen schneeweißen Wellenkämmen, schwarzes Boot, rote Fischermütze. <u>Klick. Noch einmal: klick</u>. Und da aller guten Dinge drei sind und sicher sicher ist, ein drittes Mal: klick. Das spröde, fast feindselige Geräusch <u>weckt</u> den dösenden Fischer, der sich schläfrig aufrichtet, schläfrig nach seiner Zigarettenschachtel angelt, aber bevor er das Gesuchte gefunden, hat ihm der eifrige Tourist schon eine Schachtel vor die Nase gehalten, ihm die Zigarette nicht gerade in den Mund gesteckt, aber in die Hand gelegt, und ein viertes Klick, das des Feuerzeugs, schließt die eilfertige Höflichkeit ab. Durch jenes kaum messbare, nie nachweisbare Zuviel an flinker Höflichkeit ist eine gereizte Verlegenheit entstanden, die der Tourist – der Landessprache mächtig – durch ein Gespräch zu überbrücken versucht.

> **Info**
>
> **Checkliste Inhaltsangabe**
> **Einleitung:**
> **Basissatz** mit Autor, Titel und Textart sowie Thema des Textes
> **Hauptteil:**
> • Klärung der W-Fragen
> • Darstellung der Handlung ohne Nebensächliches
> • Klärung von Zusammenhängen und Motiven
> • sachlicher Stil
> • Präsens

1. Prüfe, inwiefern die Unterstreichungen die wesentlichen Aussagen der ersten beiden Abschnitte kennzeichnen.
2. Was leisten die anderen Textpassagen?
3. Markiere entsprechend den weiteren Text.

Handlungsschritte ordnen

- In einem Hafen an der Westküste Europas döst ein Fischer nach erfolgreichem Fang am Morgen vor sich hin.
- Der Tourist geht nachdenklich weg, nicht ohne ein Gefühl des Neids.
- Im Alter könne er sich zur Ruhe setzen und aufs Meer schauen.
- Der Fremde kann nicht verstehen, weshalb der Fischer bei den guten Fangbedingungen nicht zum Fischen ausfährt.
- Der Fischer weist ihn darauf hin, dass er schon jetzt sorglos sei.
- Der Tourist belehrt den Fischer, dass er bei größerem Arbeitseifer bald seine Fangflotte vergrößern und zu Wohlstand kommen könne.
- Der Fischer beruhigt ihn mit der Information, dass er von dem Fang am Morgen mehrere Tage leben kann.
- Ein Tourist stört den Fischer mit dem Klicken seines Auslösers.

4. Bringe die Handlungsabschnitte in die richtige Reihenfolge. Ordne sie den Textabschnitten der Kurzgeschichte mit Zeilenangaben zu.
5. Schreibe mit Hilfe der Handlungsschritte eine Inhaltsangabe. Beginne mit dem Basissatz.

Die Inhaltsangabe erweitern

Hier findest du das Ende einer Inhaltsangabe von Heinrich Bölls „Anekdote zur Senkung der Arbeitsmoral", wie du es in Klasse 7 gelernt hast:

Schließlich legt der Tourist dem Fischer anschaulich dar, dass er sich eines Tages nach einem derart erfolgreichen Berufsleben ganz beruhigt zur Ruhe setzen könnte. Doch der Fischer bleibt unbeeindruckt und weist ihn darauf hin, dass er schon jetzt sorglos sei. Daraufhin geht der Tourist nachdenklich weg, nicht ohne ein Gefühl des Neids.

Leerstellen = das, was „zwischen den Zeilen" steht, was unausgesprochen bleibt im Text. Diese Leerstellen müssen vom Leser gefüllt werden.

Die Klasse 8c findet, dass die Inhaltsangabe viele Fragen offen lässt, weil sie in der Geschichte nicht ausdrücklich geklärt werden. Sie stellen Fragen zu diesen Leerstellen:

- Warum ist der Tourist plötzlich neidisch, obwohl er den Fischer doch so armselig findet?
- Worüber denkt der Tourist nach?
- Wieso ist der Tourist eigentlich so nervös zu Beginn der Geschichte?
- Ist der Tourist nicht etwas übertrieben dargestellt?

1. Sammelt weitere Fragen zum Text und notiert sie.
2. Suche dir eine Frage aus und versuche, sie schriftlich zu beantworten. Formuliere vorsichtig, indem du folgende Bausteine verwendest.

- „Der Tourist ist *wohl* nicht mehr ..."
- „Es *scheint*, dass ..."
- „*Vielleicht* wird dem Touristen ..."
- „*Möglicherweise* erscheint dem Touristen das Leben ..."

3. Vergleicht eure Deutungen. Prüft dabei, ob sie zur Charakterisierung der Figuren und zur Situationsbeschreibung im Text passen.
4. Verfasse einen Schlussteil zu folgender Frage:
Beschreibe knapp das Verhalten des Touristen und bewerte es aus deiner Sicht. Belege am Text.

Info

Die erweiterte Inhaltsangabe
Bei der erweiterten Inhaltsangabe wird zusätzlich zur Einleitung und zum Hauptteil noch ein Schlussteil von dir verlangt, in dem du auf offene Fragen des Textes begründet eingehst und am Text belegst.
Erweiterungsteil: Deutung einer selbst gewählten Leerstelle oder eigenständige Bewertung einer Figur oder Beantwortung einer Frage zum Text

| Den Erweiterungsteil üben | Die erweiterte Inhaltsangabe |

Eine sehr kurze Geschichte
Clemens J. Setz

Nach einem langen und harten Arbeitstag im Büro stellte Lilly fest, dass auf ihren Schulterblättern kleine Flügel gewachsen waren: schmutzig rosafarbene, verletzlich wirkende Hautgebilde, die wie Gelsenstiche[1] juckten und sich von ihr mit einiger Willensanstrengung sogar ein wenig hin und her bewegen ließen. Vor lauter Angst schnitt Lilly die Flügel mit einer Schere ab und spülte sie im Klo hinunter. Sie überlegte, ob sie vielleicht nachwachsen würden, aber diese Sorge erwies sich als unbegründet. Die Flügel kamen nie mehr wieder, egal wie lang und hart Lillys Arbeitstage auch waren, bis ans Ende ihres kurzen Lebens.

[1] **Gelsen** (österreichisch) = Stechmücken

1. Lies die Geschichte mehrfach.
2. Markiere Wichtiges und notiere deine Fragen.
3. Kläre das Thema der Geschichte.
4. Verfasse eine Inhaltsangabe mit Basissatz.
5. Erweitere die Inhaltsangabe und wähle eine der folgenden Aufgabenstellungen:
   - Du kannst deine eigenen Fragen zu Leerstellen beantworten.
   - Du kannst eine der folgenden Fragen für die Erweiterung deiner Inhaltsangabe nutzen.
     Was ist Lilly für eine Frau?
     Wofür könnten Lillys Flügel stehen?
     Warum schneidet Lilly die rosafarbenen Flügel ab?
     Warum wachsen ihr nie mehr Flügel?
     Wieso ist Lillys Leben so kurz?

Leerstellen ausgestalten → S. 70

Überarbeitungsbogen zur erweiterten Inhaltsangabe

Verfasser der Inhaltsangabe: _____

Textgrundlage/Titel: _____

Textredakteur: _____ Datum: _____

Kriterium	in Ordnung	kann verbessert werden	Vorschläge, Bemerkungen, Hinweise
Einleitung			
Werden am Anfang **Autor, Titel, Erscheinungsjahr** (soweit möglich) und **Textsorte** genannt?			
Wird im **Basissatz** formuliert, worum es geht bzw. welches **Thema** die Textgrundlage hat?			
Hauptteil			
Ist der Text so zusammengefasst, dass auch jemand, der den Originaltext nicht kennt, nun den Inhalt versteht? (**W-Fragen geklärt?**)			
Wird die Handlung **knapp** zusammengefasst?			
Sind die Aussagen korrekt/mit dem Inhalt deckungsgleich?			
Werden **Zusammenhänge** und **Handlungsmotive** klar?			
Schluss			
Ist die **Deutung** einer selbst gewählten Leerstelle oder die eigenständige Bewertung einer Figur oder die Beantwortung einer Frage zum Text (je nach Aufgabenstellung) **überzeugend**?			
Werden **Textbelege** angeführt? (Zitate)			
Stil/Sprache			
Ist die Inhaltsangabe **sachlich** formuliert?			
Ist die Inhaltsangabe im **Präsens** verfasst?			
Enthält die Inhaltsangabe keine wörtliche Rede, sondern **indirekte Rede und/oder geraffte Redewiedergabe**?			
Ist der **Text sprachlich fehlerfrei**? (Satzbau, Grammatik, Rechtschreibung, Zeichensetzung)			

Was ich sonst noch sagen möchte: _____

TESTE dich ✓

Überprüfe dein Wissen und Können, indem du hier die Testaufgaben bearbeitest.

Ich kann …	Können	Hilfe	Training
das Thema eines Textes erkennen.	😊 😏 😳	S. 50	S. 61 (2)

Testaufgabe 1
Welcher Satz trifft das Thema des Textes „Mein Schrank" von J. Walser für dich am besten? Begründe.

- Im Text „Mein Schrank" von Johanna Walser hat der Ich-Erzähler Angst vor dem Dunkel des geöffneten Schranks.
- Im Text „Mein Schrank" von Johanna Walser geht es darum, dass der Ich-Erzähler dem Alltag entfliehen möchte.
- Der Ich-Erzähler im Text „Mein Schrank" von Johanna Walser hat beim Blick in einen geöffneten Schrank gemischte Gefühle.

Mein Schrank
Johanna Walser

Mein Schrank ist einen Spalt weit geöffnet, und wenn ich hineinschaue ins Dunkel, bilde ich mir ein, es könnte dort eine Höhle sein, ein Gang vielleicht, der irgendwohin führe. So nah bei mir. Aber solche Gedanken möchte ich mir, weil sie mich immer von etwas weglocken, gerne verbieten können. Ist das vielleicht Feigheit, dass ich abhauen möchte, ins Dunkel? Manchmal schaut mich etwas unheimlich genau an.

Ich kann …	Können	Hilfe	Training
eine Inhaltsangabe verfassen.	😊 😏 😳	S. 56 ff.	S. 61

Testaufgabe 2
Verfasse eine Inhaltsangabe zur Kurzgeschichte „Mein Schrank".

Ich kann …	Können	Hilfe	Training
Leerstellen erkennen.	😊 😏 😳	S. 57	S. 61

Testaufgabe 3
Welche Leerstellen weist der Text „Mein Schrank" auf? Formuliere Fragen.

Ich kann …	Können	Hilfe	Training
einen Erweiterungsteil einer Inhaltsangabe schreiben.	😊 😏 😳	S. 57 ff.	S. 61

Testaufgabe 4
„Ist das vielleicht Feigheit […]" (Z. 4). Deute diesen Satz im Kontext der Kurzgeschichte „Mein Schrank", indem du den Erweiterungsteil einer Inhaltsangabe (vgl. Testaufgabe 2) formulierst.

So kannst du dein Wissen anwenden und deine Fähigkeiten trainieren:

Der Pressluftbohrer und das Ei
Franz Hohler

Ein Pressluftbohrer und ein Ei stritten sich einmal, wer von ihnen der stärkere sei.
„Natürlich ich!", renommierte der Pressluftbohrer.
„Ha!", krächzte das Ei, „ich bin viel stärker."
Der Pressluftbohrer zuckte überlegen die Achseln: „Wie du meinst. Ich bohre dich in tausend Stücke."
„Und ich schlag dir den Schädel ein!", quietschte das Ei.
„Ei, du dummes Ding", sagte der Pressluftbohrer und schüttelte den Kopf, „wie soll das zugehen?"
„Wirst schon sehen", prahlte das Ei und warf sich in die Brust.
„Ich brauche nur den kleinen Finger zu rühren", lachte der Pressluftbohrer.
„Ich mache dich mit meinem Dotter zu Brei!", krähte das Ei und trat kampflustig von einem Bein aufs andere.
Da ward es dem Pressluftbohrer zu dumm, und er bohrte, wie er schon zu Beginn betont hatte, das Ei in tausend Stücke.

1. Fasse den Inhalt des Textes knapp zusammen.
2. Formuliere das Thema der Geschichte.
3. Forme die fett gedruckten Sätze in die indirekte Rede um. Verwende verschiedene Formen der Redewiedergabe und passende redeeinleitende Verben (Sprechhandlungsverben).

Planlos strukturiert
René Oberholzer

Mein Morgen ist genau strukturiert. Zumindest bis zum Aufstehen. Der Wecker meines Handys klingelt um 5 Uhr, dann jede Viertelstunde wieder bis um 7 Uhr. Durch das Klingeln wache ich kurz auf, stelle den Klingelton ab, drehe mich auf die andere Seite und schlafe weiter bis zum nächsten Klingelton.

Neulich hat der Wecker wieder um 5 Uhr geklingelt, und ich konnte nicht mehr einschlafen. Ich lag wach im Bett und fragte mich nach jeder Viertelstunde bis um 7 Uhr, wie ich die Zeit sinnvoll totschlagen könnte.

4. Stelle Fragen an den Text „Planlos strukturiert".
5. Verfasse eine erweiterte Inhaltsangabe des Textes.

Sprechen und Zuhören – Schreiben – Lesen

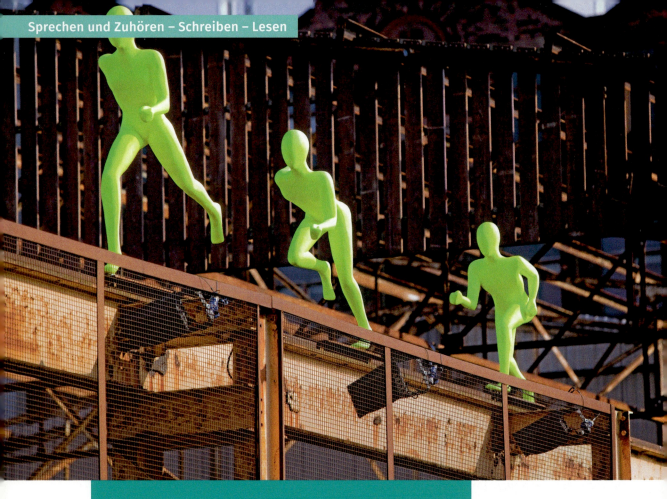

Die Interpretation in Szene setzen

Zum Bild:
The Runner, Skulptur von Faith Bebbington, Liverpool (England)

Szenisches Spiel

Sportstatuen

Nach und nach soll ein Spieler in Körperhaltung und Mimik zur Sportlerstatue werden. Die Sportart soll dabei klar erkennbar sein. Der „Baumeister" beginnt die Formung bei der Arm- und Beinhaltung. Der Gesichtsausdruck wird nicht geformt, sondern vom Baumeister vorgemacht, indem er sich vor sein Standbild stellt und den Ausdruck vorgibt. Wenn er zufrieden ist, fährt er einmal mit seiner Hand in etwa 30 cm Entfernung vom Kopf bis zum Fuß seines Gegenübers.

Tipp
Bei der Formung ist auf behutsames Gestalten zu achten, keine ruppigen Bewegungen, kein Zerren am Mitspieler!

1. Jeweils zwei Spieler wählen eine Figur aus (s. Bild) und bauen sie nach der oben gezeigten Methode auf. Vorher wird bestimmt, wer von den Spielern Baumeister und wer die Figur ist.
2. Stellt weitere Sportlerstatuen dar. Achtet darauf, dass in der Körperhaltung die Sportart deutlich wird.

| Szenisches Spiel | Bewegungsarten ausprobieren |

Figuren und Handlungen

Körperbeherrschung

Ihr braucht Platz zum Theaterspielen! Schiebt alle Tische und Stühle zur Seite, bevor ihr mit den Übungen anfangt.

Von null auf hundert

Ihr geht durch den Raum, der Blick kann in die Ferne schweifen. Ihr befindet euch in einer ganz besonderen Atmosphäre: Der „Luftdruck", der euch auf den Boden zieht und langsam werden lässt bzw. eure Schritte erleichtert und beschwingt werden lässt, wechselt von der Stärke 0 bis 100. Der Druck wird immer stärker, bis man sich bei 100 nicht mehr bewegen kann. Beginnt bei der Stärke 50 als Normalposition. Bei Ankündigung der Luftdruckstärke wechselt ihr in die entsprechende Bewegungsart.

> **Tipp**
>
> Achtet zu Beginn darauf, dass der Bewegungsunterschied allmählich angepasst werden kann, indem die Zahl 50 als Normalposition immer wieder einmal vorkommt (z. B. 50 – 20 – 10 – 50 – 60 – 70 – 100 usw.).

Gangarten

Bildet zwei Gruppen: Eine Gruppe spielt, eine schaut zu. – Die Spieler gehen ohne Blickkontakt durch den Raum. Jeder denkt sich drei verschiedene Robotergangarten aus und führt sie durch. Achtung: Die Roboter können keine Kurven gehen! Nach kurzer Zeit darf die Zuschauergruppe sich an einzelne Roboterbewegungen anhängen, indem sie diese kopiert. Dann wechseln die Gruppen.

Bildet Paare: Ein Roboter und ein Roboterlenker. Ein kleiner Klick auf den Kopf setzt den Roboter in Bewegung, ein Druck auf die linke Schulter – und der Roboter dreht sich nach links usw. Der Roboterführer muss dafür sorgen, dass sein Roboter nirgends Schaden nimmt oder anrichtet.

Bildet Dreiergruppen: Ein Roboterlenker und zwei Roboter. Diese stehen am Anfang Rücken an Rücken. Dann bewegen sie sich – entsprechend den Impulsen des Roboterlenkers – in zwei unterschiedliche Richtungen. Sie bleiben stehen, wenn sie ein Hindernis in ihrem Weg haben, und stoßen ein lautes Geräusch aus. Der Roboterführer lenkt seine Roboter und hat eine Menge zu tun!

> **Tipp**
>
> Es darf kein Roboter gegen Wände geführt werden. Sollten einzelne Roboter zu langsam sein, kann man das Tempo langsam Stufe um Stufe erhöhen.

Das kannst du jetzt lernen!

- Gefühle und Handlungen pantomimisch auszudrücken .... S. 64
- Figuren szenisch zu charakterisieren .... S. 65
- Eine szenische Lesung durchzuführen .... S. 67
- Subtexte zu verfassen .... S. 68
- Eine Rollenbiografie zu verfassen .... S. 69
- Leerstellen szenisch zu gestalten .... S. 70
- Leerstellen gestaltend zu interpretieren .... S. 71

Szenen

Hindernisse

Ein Spieler geht durch den Raum, in dem verschiedene (nicht mehr als sieben) Hindernisse zu überwinden sind. Er zeigt pantomimisch, was es für Hindernisse sind (z. B. ein offener Straßenkanal, ein Hornissenschwarm, eine Schlucht usw.) und wie er diese Hindernisse überwindet. Danach folgen ihm die anderen Spieler. Jeder Spieler muss nun versuchen, die vorher installierten Hindernisse auf eine neue Art und Weise zu überwinden.

Kinoabend

Drei Spieler sitzen in einer Reihe nebeneinander. Sie schauen wie gebannt in eine Richtung. Es wird nicht gesprochen. Irgendwann zeigt sich bei einem Spieler in Körperhaltung und Gestik eine bestimmte Reaktion auf den Film im Kino. Diese Reaktion (z. B. Trauer) steigert sich langsam bei den beiden anderen Spielern im gleichen Maße, bis sie schließlich völlig übersteigert ist und mit einem Schlag aufhört. Alle drei sitzen dann wieder ganz ruhig da und starren auf die Leinwand, bis ein anderes Gefühl sich langsam aufbaut und abrupt aufhört.

Wellensittich-Story

Die Aufgabe ist es, eine kurze Geschichte mit bestimmten Gefühlen (Mitleid, Zorn, Angst, Freude usw.) an einem Ort zu erzählen – ohne zu sprechen. Es kommen drei Rollen vor: Kind, Oma und ein imaginärer Wellensittich. Es werden Spielgruppen gebildet, jeder Spieler sucht sich eine Rolle aus und alle Spieler entwickeln eine Handlung, die sofort pantomimisch umgesetzt wird. Danach zeigt jede Spielgruppe ihr Ergebnis und die Zuschauer raten, welche Handlung pantomimisch dargestellt wurde.

Vom Laufen zum Rennen

Erstellt ein Wortfeld zu dem Verb *gehen* und spielt die verschiedenen Gangarten pantomimisch vor. Die Zuschauer raten, welches Verb dargestellt wurde.

Mit Wortfeldern und Wortfamilien umgehen → S. 251 ff.

Bild + Spiel = Bildspiel

Bildauswahl und Einfühlen in die Figuren: Die Spieler wählen sich ein Bildmotiv aus, betrachten es gemeinsam und klären im Gespräch, wer dargestellt ist, in welcher Situation sich die Figuren befinden, was zwischen ihnen geschieht, welche Gefühle und Empfindungen sie haben. Danach wählt jeder Spieler eine Figur aus und entwickelt für sich eine Biografie der Figur. Die Spieler positionieren sich dann in Körperhaltung, Gestik und Mimik genau so, wie auf dem Bild dargestellt, und frieren ein.

Monologe improvisieren[1]**:** Ein Spieler beginnt in der eingenommenen Haltung zu sprechen: Warum er, die Figur, sich an diesem Ort befindet, wie er heißt, wie alt er ist, wie er sich in dem Augenblick fühlt, wie er zu dem Bildpartner innerlich steht. Die zweite Figur beginnt darauf mit ihrem Monolog. Sie kann auch Dinge aus dem ersten Monolog aufgreifen.

Dialoge improvisieren: Beide Spieler lösen sich allmählich aus der erstarrten Bildhaltung und beginnen einen Dialog: Es entsteht eine kurze Szene.

Gaspare Traversi: *Die Wahrsagerin*, um 1750

Tipp

Vorbereitung des Bildspiels:
- Kunstkarten/Fotos, auf denen Menschen abgebildet sind, auslegen
- Zweier-/Dreiergruppen bilden.
- für ruhige Plätze sorgen.

1. Führt das Bildspiel gemäß der Anleitung durch.
2. Sprecht darüber, welche Bildimpulse euch bei euren Monologen gelenkt haben.
3. Erklärt, welche Beziehung zwischen den Figuren in den Monologen deutlich geworden ist.
4. Beschreibt weitere Facetten der Beziehung, die im Dialog sichtbar wurden.

Info

Hilfreiche Fragen zum Einfühlen in eine Figur:
- Womit sind die Figuren gerade beschäftigt?
- Welche Gedanken und Gefühle haben sie?
- Wo waren sie vorher?
- Wohin könnten sie – allein oder zu zweit/dritt – gehen?

Eine Rollenbiografie in ein Bild umsetzen

… Ich mag Tiere. Manchmal gehe ich am Tierheim vorbei und schaue mir die Hunde in den Zwingern an. Eigentlich fühle ich mich auch wie im Zwinger. … Oft bin ich sehr nervös und weiß dann gar nicht, wohin vor lauter innerem Druck. Dann renne ich einfach los. Irgendwohin. Ich hab ja Zeit, seit der Job futsch ist. Das hat mir ohnehin nicht gefallen in der Gärtnerei. … Die andern sagen, ich rede zu viel. Ich soll den Mund halten. So etwas macht mich sehr aggressiv. Ich hasse es, wenn andere mir etwas vorschreiben. …

Info

Die **Rollenbiografie** ist eine schriftliche Selbstdarstellung einer Person in der Ich-Form. Sie beinhaltet z. B. Eigenarten, Vorlieben, Ängste, Lebensverhältnisse und Beziehungen zu anderen.

 5. Erprobt Haltungen in Form von Standbildern zu dieser Figur, die sich hier vorstellt.
6. Welche Informationen fehlen in der Rollenbiografie?
7. Ergänze die Rollenbiografie, um die Figur noch klarer zu fassen.

---

[1] **Improvisieren** = spontanes Umsetzen von Ideen im szenischen Spiel ohne Textvorlage

Szenische Interpretation

Eis
Helga M. Novak

Ein junger Mann geht durch eine Grünanlage. In einer Hand trägt er ein Eis. Er lutscht. Das Eis schmilzt. Das Eis rutscht an dem Stiel hin und her. Der junge Mann lutscht heftig, er bleibt vor einer Bank stehen. Auf der Bank sitzt ein Herr und liest eine Zeitung. Der junge Mann bleibt vor dem Herrn stehen und lutscht. Der Herr sieht von seiner Zeitung auf. Das Eis fällt in den Sand.
Der junge Mann sagt, was denken Sie jetzt von mir?

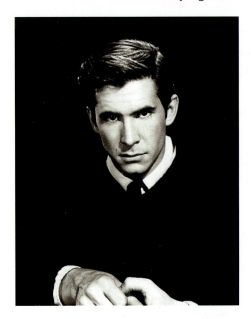

Der Herr sagt erstaunt, ich? Von Ihnen? Gar nichts.
Der junge Mann zeigt auf das Eis und sagt, mir ist doch eben das Eis runtergefallen, haben Sie da nicht gedacht, so ein Trottel?
Der Herr sagt, aber nein. Das habe ich nicht gedacht. Es kann schließlich jedem einmal das Eis runterfallen.
Der junge Mann sagt, ach so, ich tue Ihnen leid. Sie brauchen mich nicht zu trösten. Sie denken wohl, ich kann mir kein zweites Eis kaufen. Sie halten mich für einen Habenichts. Der Herr faltet seine Zeitung zusammen. Er sagt, junger Mann, warum regen Sie sich auf? Meinetwegen können Sie so viel Eis essen, wie Sie wollen. Machen Sie überhaupt, was Sie wollen. Er faltet die Zeitung wieder auseinander.
Der junge Mann tritt von einem Fuß auf den anderen. Er sagt, das ist es eben. Ich mache, was ich will. Mich nageln Sie nicht fest. Ich mache genau, was ich will. Was sagen Sie dazu?
Der Herr liest wieder in der Zeitung.
Der junge Mann sagt laut, jetzt verachten Sie mich. Bloß, weil ich mache, was ich will. Ich bin kein Duckmäuser. Was denken Sie jetzt von mir?
Der Herr ist böse.
Er sagt, lassen Sie mich in Ruhe. Gehen Sie weiter. Ihre Mutter hätte Sie öfter verhauen sollen. Das denke ich jetzt von Ihnen.
Der junge Mann lächelt. Er sagt, da haben Sie recht.
Der Herr steht auf und geht.
Der junge Mann läuft hinterher und hält ihn am Ärmel fest. Er sagt hastig, aber meine Mutter war ja viel zu weich. Glauben Sie mir, sie konnte mir nichts abschlagen. Wenn ich nach Hause kam, sagte sie zu mir, mein Prinzchen, du bist schon wieder so schmutzig. Ich sagte, die anderen haben nach mir geworfen. Darauf sie, du sollst dich deiner Haut wehren. Lass dir nicht alles gefallen. Dann ich, ich habe angefangen. Darauf sie, pfui, das hast du nicht nötig. Der Stärkere braucht nicht anzufangen. Dann ich, ich habe gar nicht angefangen. Die anderen haben gespuckt. Darauf sie, wenn du nicht lernst, dich durchzusetzen, weiß ich nicht, was aus dir werden soll. Stellen Sie sich vor, sie hat mich gefragt, was

Szenisches Spiel | Sprechweisen erproben

willst du denn mal werden, wenn du groß bist? Neger, habe ich gesagt. Darauf sie, wie ungezogen du wieder bist.
Der Herr hat sich losgemacht.
Der junge Mann ruft, da habe ich ihr was in den Tee getan. Was denken Sie jetzt?

1. Klärt, worum es in der Geschichte geht.
2. Stellt euch gegenseitig jeweils zwei Fragen aus jeder Etage des *Haus des Fragens*.

> **Tipp**
>
> Das „Haus des Fragens" findest du auf der Seite 85.

„Ich bin kein Duckmäuser"

Ach so, ich tue Ihnen leid. ■ Jetzt verachten Sie mich. ■ Was denken Sie jetzt von mir? ■ Ich bin kein Duckmäuser. ■ Sie brauchen mich nicht zu trösten. ■ Sie halten mich für einen Habenichts. ■ Ich mache, was ich will. ■ Mich nageln Sie nicht fest. ■ Aber meine Mutter war ja viel zu weich. ■ Stellen Sie sich vor, sie hat mich gefragt, was willst du denn mal werden, wenn du groß bist?

3. Wie hören sich diese Sätze gesprochen an?
   Probiert aus, welche Art des Sprechens zu dem jungen Mann passt.
4. Sucht aus dem Text Sätze des Herrn und überlegt euch dazu passende Sprechweisen. Ihr könnt euch an den folgenden *Sprechweisen* orientieren:

Sprechweisen
Färbung
fröhlich, traurig, interessiert, gelangweilt, aufgebracht, aggressiv, besorgt, mitfühlend, beleidigt, ängstlich, weinerlich, trotzig …
Lautstärke
leise, flüsternd, zischend, laut, schreiend, gellend, polternd …
Tempo
betont langsam, jede Silbe betonend, schleppend, sehr schnell, überhastet, ohne Punkt und Komma, allmählich beschleunigend …

5. Lest den Textausschnitt Z. 22–30 mit verteilten Rollen und probiert dabei verschiedene Sprechweisen aus.
6. Führt eine szenische Lesung des gesamten Textes „Eis" durch.
7. Sprecht darüber, welche zusätzlichen Hinweise zum Verständnis der Geschichte ihr erhalten habt. Benennt sie im Einzelnen.

> **Info**
>
> **Szenische Lesung**
> Das laute Lesen kann das Verständnis eines literarischen Textes verdeutlichen. Dabei wird der Text durch eine zuvor erprobte Sprechweise und mit Gestik, Mimik und Bewegung im Raum gestaltet. Den Text halten die Sprechenden dabei in der Hand.

Subtexte szenisch gestalten | **Szenisches Spiel**

Im Folgenden findet ihr Textstellen der Kurzgeschichte „Eis", die in Dialoge umgesetzt wurden.

Der Herr und der junge Mann (Z. 17–22)

Info

Der **Subtext** ist die unausgesprochene Bedeutung des Gesagten, das, was „zwischen den Zeilen" steht. Er kann ausdrücken, was eine Figur wirklich denkt, während sie vielleicht etwas ganz anderes sagt oder tut. Der Subtext wird in der Ich-Form wiedergegeben und ist eine Art Selbstgespräch.

Subtexte
Der Herr sagt: „Warum regen Sie sich auf? Meinetwegen können Sie so viel Eis essen, wie Sie wollen. Machen Sie überhaupt, was Sie wollen."

Was er vielleicht denkt, aber nicht ausspricht:
„Wieder so ein Verrückter. Wahrscheinlich angetrunken. Wie der sich hier aufführt! Ich halte mich lieber mal zurück, man kann ja nie wissen, ob so einer nicht plötzlich ... Wieso kommt der ausgerechnet zu mir?"

Der junge Mann sagt: „Das ist es eben. Ich mache, was ich will."

Was er vielleicht denkt, aber nicht ausspricht: ...?

Info

Mit der **Hilfs-Ich-Technik** können Gedanken im Spiel hörbar gemacht werden. Dabei stellt sich ein „Hilfs-Ich" hinter die Figur und äußert beim Auflegen der Hand auf die Schulter deren Gedanken, Gefühle, Erwartungen usw.

1. Formuliert die unausgesprochenen Gedanken des jungen Mannes.
2. Spielt die Szene. Nutzt die Hilfs-Ich-Technik.

Mutter und Sohn – eine Rückblende (Z. 35–43)

Mutter Mein Prinzchen, du bist schon wieder so schmutzig.
Sohn Die anderen haben nach mir geworfen.
Mutter Du sollst dich deiner Haut wehren. Lass dir nicht alles gefallen.
Sohn Ich habe angefangen.
Mutter Pfui, das hast du nicht nötig. Der Stärkere braucht nicht anzufangen.
Sohn Ich habe gar nicht angefangen. Die anderen haben gespuckt.
Mutter Wenn du nicht lernst, dich durchzusetzen, weiß ich nicht, was aus dir werden soll. – Was willst du denn mal werden, wenn du groß bist?
Sohn Neger.
Mutter Wie ungezogen du wieder bist!

Info

Die **Rückblende** unterbricht den Fortgang der Erzählung und zeigt ein zurückliegendes Geschehen an einem bestimmten Punkt der Handlung.

3. Probiert aus, an welchen Stellen hier Subtexte passen.
4. Setzt diese Rückblende szenisch um, friert sie aber an bestimmten Stellen ein und sprecht die Subtexte durch ein Hilfs-Ich.
5. Unterhaltet euch danach über die Wirkung, die beim Zuschauer entsteht.
6. Schreibt den Abschnitt Z. 24–29 aus dem Text ebenfalls in Dialogform mit Regieanweisungen um und verfasst Subtexte dazu.
7. Spielt auch diese Szene. Arbeitet mit dem Hilfs-Ich.

Erzähltechniken untersuchen: Zeitgestaltung, innere und äußere Handlung → S. 44

Szenisches Spiel | Rollenbiografien entwickeln

Ein Figureninterview durchführen

Der junge Mann in Novaks Kurzgeschichte „Eis" wirft einige Rätsel auf. Ist er verzweifelt? Verwirrt? Wie sieht er sich selbst? Der Text enthält kaum Hinweise zu seinen Lebensumständen. Fehlendes kann durch Fragen an ihn ergänzt werden. Eine Schülerin oder ein Schüler nimmt dazu die Rolle des jungen Mannes ein und beantwortet die Fragen der anderen in dieser Rolle.

> **Info**
>
> **Figureninterview**
> Eine Figur aus dem literarischen Text wird durch anderen Personen/Zuschauer zu ihrer Rolle und ihrem Rollenverhalten befragt.

Hier findest du Fragebeispiele:

> Wie alt bist du? ■ Hast du Geschwister? ■ Was sind deine Eltern von Beruf? ■ Wo ist dein Vater? ■ Wie ist eure finanzielle Situation? ■ Wie ist dein Verhältnis zu deiner Mutter/deinem Vater?

> Was machst du so den ganzen Tag? ■ Wo gehst du hin? Mit wem? ■ Hast du selbst eine Familie? ■ Wo und wie wohnst du? Wie sieht deine Wohnung aus? ■ Was isst du täglich? Was trinkst du?

> Wie siehst du dich selbst? ■ Was magst du an dir? Was weniger? ■ Wie sehen dich andere? ■ Was wünschst du dir? ■ Was ist deine Lieblingstätigkeit?

1. Führt das Figureninterview mit dem *jungen Mann* durch.
2. Sprecht danach über das Bild, das ihr von ihm gewonnen habt. Gibt es abweichende Bilder?
3. Führt Interviews mit dem *Herrn* und der *Mutter* durch.

Eine Rollenbiografie verfassen

Nachdem ihr euch den Figuren aus der Kurzgeschichte auf verschiedene Weise mit Hilfe von unterschiedlichen szenischen Verfahren angenähert habt, seid ihr in der Lage, eine präzise Rollenbiografie zu verfassen.

> **A** Ich bin […] Jahre alt. Bin als Einzelkind aufgewachsen, habe dann früh geheiratet. Jetzt lebe ich.

> **B** Ich bin manchmal sehr nervös. Dann renne ich einfach los. Irgendwohin. Ich hab ja Zeit.

> **C** Mich interessiert nicht so sehr, was um mich herum passiert. Ich lebe unauffällig, würde ich sagen.

4. Zu welcher der Figuren in der Kurzgeschichte „Eis" passen diese Auszüge aus Rollenbiografien? Begründet.
5. Verfasse eine schriftliche Rollenbiografie des jungen Mannes. Verwende die Ich-Form.
6. Vergleicht eure Rollenbiografien untereinander.
7. Welche unterschiedlichen Wirkungen ergeben sich? Welche Auswirkungen hat dies auf die Deutung der Erzählung?

Eine Rollenbiografie zu einer Dramenfigur verfassen → S. 167

Leerstellen ausgestalten | Szenisches Spiel

Leerstellen szenisch ausgestalten

Info

Leerstellen bezeichnen Unausgesprochenes in literarischen Texten, die erschlossen werden müssen. Das Ausfüllen einer Leerstelle kann je nach Leser unterschiedlich ausfallen, muss sich aber auf den Text beziehen.

Der Leser weiß weder, wo der junge Mann und der Herr sich aufgehalten haben, bevor erst der eine und dann der andere die Grünanlage betritt, noch erfährt er, wohin sie nach der Begegnung gehen, was sie tun oder mit wem sie sprechen. Diese Leerstellen muss der Leser beim Interpretieren selbst füllen. Dazu kann man in verschiedenen Situationen improvisieren. Dabei entdeckt man manchmal etwas ganz Neues an einer handelnden Figur in einer Erzählung.

Eine Vorszene improvisieren

Bevor der junge Mann in die Grünanlage geht, sitzt er vielleicht in der Kneipe am Tresen, weitere Kneipengäste sind anwesend. Er stiert vor sich hin und redet unentwegt mit sich selbst. Die anderen tuscheln über ihn.

Eine Nachszene improvisieren

Ort: Wohnzimmer
Situation: Beim Abendessen
Personen: Der Herr (liest Zeitung) und seine Frau
Sie: Bist du sicher, dass er das gesagt hat?
Er: Ja, wirklich! Er hat gesagt, *da habe ich ihr was in den Tee getan.*
Sie: Was meint er damit? ...
Er: Ich weiß nicht. Der junge Mann wirkte auf mich so ...

Info

Bei der **Improvisation** werden Ideen im szenischen Spiel ohne Textvorlage spontan umgesetzt.

1. Improvisiert diese beiden Szenen.
2. Diskutiert über eure unterschiedlichen Ausgestaltungen.
3. Sprecht darüber, wann solche Szenen gelungen sind.

Ergänzungsszenen

Am Kiosk ...		Vor Gericht ...		Im Gefängnis ...

4. Wählt einen passenden Titel und improvisiert dazu eine Szene, die den jungen Mann mit anderen Menschen zeigt.
5. Erfindet weitere Figuren, z. B. eine Freundin, und improvisiert Szenen.
6. Wertet eure Beobachtungen anschließend aus:
   Welche neuen Erkenntnisse habt ihr über die Lebenssituation und die innere Welt der Figur des jungen Mannes gewonnen?
7. Erstellt eine Filmfassung der Szenen. Vergleicht anschließend die verschiedenen Umsetzungen.

Leerstellen gestaltend interpretieren

Gestaltendes Interpretieren ist eine Form des Schreibens, die von den Leerstellen literarischer Texte ausgeht und diese zum Ausgangspunkt des Schreibens macht. Dabei geht es primär um das Verstehen von Literatur. Die bevorzugten Textsorten sind dabei: innerer Monolog, Dialog, Brief und Tagebucheintrag. Diese literarischen Textprodukte weisen einen engen Bezug zur Vorlage auf: Sie sollen sich an die thematischen, motivischen und sprachlichen Vorgaben der literarischen Textvorlage halten. Voraussetzung dafür ist eine vertiefte Textkenntnis und sprachliches Gestaltungsvermögen.

Für das Verfassen und die Beurteilung solcher Schreibprodukte sind folgende Aspekte wichtig:

- **Angemessenheit:** Ist die Vorlage verstanden? Ist der Impuls der Leerstelle richtig erfasst?
- **Textzusammenhang:** Ist dem Verfasser ein zusammenhängender, in sich stimmiger Text mit sinnvollem Aufbau gelungen?
- **Stilebene:** Passt die sprachliche Gestaltung zur Vorlage?
- **Originalität:** Hat der Verfasser eigene, vielleicht ungewöhnliche, überraschende Einfälle?
- **Gestaltungsvermögen:** Werden Gestaltungsmittel entsprechend der Vorlage gefunden und funktional verwendet?

Eine große Leerstelle weist der offene Schluss der Kurzgeschichte „Eis" auf:

Der junge Mann ruft, da habe ich ihr was in den Tee getan. Was denken Sie jetzt? (Z. 43)

1. Stell dir vor, nachdem sich der junge Mann und der Herr getrennt haben, denken sie über den letzten Satz und das Gespräch nach.
   Verfasse diesen inneren Monolog (ein Selbstgespräch) aus der Sicht des jungen Mannes oder des Herrn.
   Oder:
   Stell dir vor, der Herr dreht sich noch einmal um und antwortet auf die Frage des jungen Mannes. Verfasse diesen Dialog, der sich daraus ergibt.
2. Tragt eure gestaltenden Texte szenisch vor. Für die inneren Monologe könnt ihr ein Standbild mit Hilfs-Ich einsetzen.
3. Prüft mit Hilfe der Kriterien, ob die Monologe und Dialoge der Kurzgeschichte gerecht werden und sie deuten.
4. Diskutiert, wie der Schluss der Geschichte vor dem Hintergrund eurer gestaltenden Interpretationen verstanden werden kann.

Fake News – Lügenmärchen im Netz erkennen

Lesen

Kältester Winter seit 100 Jahren im Anmarsch

Winter is coming: Tiefste Kälte seit 100 Jahren im Anmarsch – Klimaexperte

Das Internet wurde als demokratischstes Medium gefeiert, weil jeder Nutzer gleichberechtigt posten, kommentieren oder teilen kann. So erscheinen jeden Tag weltweit Millionen neuer Videos, Artikel und Posts im Netz. Doch stimmt das wirklich, was da alles zu lesen und zu sehen ist? Oder sind das Lügen? Fake News? Hoax? Die größte Fake-News-Abteilung sei das Wetter, behauptet Wettermoderator Jörg Kachelmann in einem Interview des Deutschlandfunks am 14.11.2017. Auch jetzt im Herbst sei es eine Nachricht, wenn es im November mal auf den Bergen schneie. „Wir haben jetzt diesen Hype gesehen am letzten Wochenende. Es ist nichts Großes passiert, es ist einfach das, was in jedem November vorkommt. Aber wenn Sie die Schlagzeilen sehen, mit Frost und Eis und Schneechaos, das ist alles völliger Blödsinn, völliger Schwachsinn, der da geschrieben wird."

1. Beschreibe die Schlagzeilen. Was fällt dir dabei auf?
2. Lies den Einleitungstext. Was beklagt Jörg Kachelmann?
3. Stellt Vermutungen an, warum im Netz gelogen wird, warum Fake News verbreitet werden.
4. Sammelt Fake News, die euch schon begegnet sind. Woran habt ihr sie erkannt?

Lesen | Lesetechniken und -strategien wiederholen

Die Mär vom „schlimmsten Winter"
Von Kristin Becker, SWR

Es sind die Extreme, mit denen manche Redaktionen ihre Leser noch vor Beginn des Winters aufs Glatteis führen wollten. Die österreichische *Kronenzeitung* etwa wusste schon im September, wie das Wetter zum Jahresende wird: nämlich richtig heftig. „Kältester Winter seit 100 Jahren im Anmarsch" titelte das Blatt. Quelle
5 für diese Vorhersage: ein „russisches Nachrichtenportal" und „britische Klimaforscher". Die Kronenzeitung verlinkte auf einen Artikel von *Sputnik*, der zum staatlichen russischen Medienkonzern *Rossiya Segodnya* gehört. *Sputnik* wiederum hatte auf seiner deutschen Website über den drohenden Extremwinter berichtet – unter Berufung auf einen anderen russischen Blog. Dort wurde behauptet, britische
10 Klimaforscher würden vor „anomaler" Kälte warnen. Dazu stellte die Seite ein Foto, das den Londoner *Big Ben* zeigt – versunken in Schnee und Eis. Mit der Realität hat die Darstellung allerdings wenig zu tun – sie stammt aus einer Werbekampagne für den fiktiven Katastrophenfilm „The Day after Tomorrow". In dem Artikel ist die Rede „von Wissenschaftlern aus europäischen Ländern", namentlich ge-
15 nannt wird „der berühmte britische Klimaforscher James Madden". [...]
Wie auch in Deutschland kann in Großbritannien jeder Wettervorhersagen erstellen und verbreiten – ohne spezifische Ausbildung. Das Geschäftsmodell von *Exacta Weather* basiert nach eigener Aussage auf einem Abonnentensystem. Daher ist mediale Aufmerksamkeit hilfreich, um neue Kunden zu gewinnen. Ver-
20 schiedene englischsprachige Boulevardmedien nutzen die Einschätzungen von *Exacta Weather*. Sie setzen auf Klicks durch übertriebene Wettermeldungen. [...]
Auch andere Vorhersagedienste und Medien verbreiten immer wieder Meldungen über vermeintlich krasse Wetterlagen. Beim nationalen britischen Wetterdienst stöhnt man über die überzogenen Berichte. „Wetter verkauft sich gut",
25 sagt Emma Sharples vom Met Office dem *ARD-Faktenfinder*. Dass jedes Jahr die gleichen falschen Geschichten kursierten und propagiert würden, sei frustrierend. Ein extremer Winter sei auch diesmal unwahrscheinlich. Genau einschätzen ließe sich das aber nur kurzfristig.
„Das Wetter ist chaotisch", erklärt auch Andreas Friedrich vom Deutschen Wetter-
30 dienst. Seriös könne man die Temperatur für sieben Tage vorhersagen, die Trefferquote liege dann bei 65–70 Prozent. Eine grobe Prognose sei für bis zu zehn Tage möglich. Bei den Niederschlägen sei die Wahrscheinlichkeit, dass ein Wetterbericht stimme, noch geringer, weil diese ein sehr lokales Phänomen darstellten.

> **Tipp**
> Folgende Lesetechniken bzw. -strategien hast du kennengelernt:
> - Slalomlesen
> - Fünf-Schritt-Lesemethode
> - Selektives (auswählendes) Lesen
> - Überfliegendes Lesen bzw. Scannen
> - Im Weitwinkel lesen

> **Tipp**
> Internetportale wie mimikama.at, politifact.com oder ARD faktenfinder.de überprüfen Meldungen auf ihren Wahrheitsgehalt.

- Was sind Fake News?
- Wie entstehen Fake News?
- Warum werden Fake News verbreitet?
- Was kannst du tun, um keiner Falschmeldung aufzusitzen?

1. Finde Antworten auf die nebenstehenden Fragen im Text. Wende dabei eine der dir schon bekannten Lesetechniken an.
2. Recherchiert nachweisliche Falschmeldungen und stellt sie vor (vgl. Tipp).

Das kannst du jetzt lernen!
- Unterschiedliche Lesetechniken/-strategien bewusst einzusetzen .... S. 73
- Mit Fake News kritisch umzugehen .... S. 74
- Informationen aus Texten zu entnehmen und grafisch darzustellen .... S. 75
- Mit manipulierten Statistiken und Schaubildern umzugehen .... S. 78

Sachtexte lesen und verstehen
Fake News als Schulfach?

Stuttgart Das Kultusministerium gibt bekannt, dass ab dem Schuljahr 2018/19 in Baden-Württemberg flächendeckend ab Klasse 8 das neue Schulfach *Fake News* eingeführt wird ...

Safer Internet Day 2017: Vereint für ein besseres Internet
07.02.2017   06:30 Uhr Detlef Borchers

Am weltweiten Tag für das sichere Internet wird in Deutschland das Thema Cybermobbing in den Vordergrund gestellt. Besonders betroffen sind Jugendliche, an die sich verschiedene Angebote richten.
Unter dem Motto „Be the change: unite for a better internet" wird am Dienstag weltweit der Safer Internet Day begangen. Dabei setzt jedes Land eigene Schwerpunkte für den Tag, der für ein sicheres Internet für Heranwachsende werben soll. Während Österreich sich mit Fake News im Internet befasst oder Großbritannien die Jugendlichen auffordert, eine Emoji-Scharade mit Sicherheitstipps zu basteln, hat sich Deutschland das Thema Cybermobbing vorgenommen.

Apple-Chef Tim Cook will neues Schulfach

Im Internet verbreiten sich Nachrichten besonders schnell. Leider auch manchmal welche, die gar nicht stimmen. Man nennt sie Fake News. Der Chef von Apple ruft nun zu einem Projekt in allen Ländern auf. Kindern soll schon von klein auf beigebracht werden, wie sie richtig mit Informationen aus dem Internet umgehen. Apple-Chef Tim Cook möchte dafür ein neues Schulfach einführen. Auf dem Lehrplan soll stehen, wie man erkennt, wenn eine Nachricht gefälscht ist.
Fit für Medien!
Studien mit Kindern und Jugendlichen in Deutschland haben gezeigt: Viele können Werbung nicht von Nachrichten unterscheiden. Heute wachsen Kinder mit Medien auf. Das heißt aber nicht automatisch, dass sie wissen, wie man richtig mit ihnen umgeht. Bildungsministerin Johanna Wanka will nun fünf Milliarden Euro einsetzen, um neue technische Geräte für Schulen zu beschaffen. Deshalb ist es umso wichtiger, dass Kindern auch Medienkompetenz beigebracht wird. Das bedeutet, dass Kinder lernen, mit Medien umzugehen und sie zu hinterfragen.

1. Lies die beiden Meldungen oben genau. Welche ist falsch? Begründe.
2. Lies den Artikel über Tim Cook. Warum soll ein Schulfach „Fake News" eingeführt werden?
3. Verfasse eine steigernde Erörterung zu der Frage, ob es zukünftig „Fake News" als neues Schulfach geben sollte.
4. Erarbeitet Vorschläge für zusätzliche Inhalte dieses Schulfachs.

Fake News

Wieso gibt es Fake News?
Fake News sollen Menschen beeindrucken. Die Leser sollen die Fake News anklicken, liken und weiterleiten. Dadurch wird Geld verdient. Kriminelle nutzen Fake News für Betrügereien.

Gefährliche Fake News
Manche Fake News schleusen Computerviren ein. Mit deren Hilfe werden persönliche Daten der Nutzer ausgespäht. Das nennt man auch „Phishing". Diese Daten können missbraucht werden. Fake News werden auch zur politischen Hetze eingesetzt. Falsche Behauptungen, erfundene Skandale sollen die Glaubwürdigkeit von Politikerinnen und Politikern erschüttern. In einem Wahlkampf ist das besonders gefährlich. Denn im Wahlkampf wollen die Menschen – wie sonst auch – ernsthaft und korrekt informiert werden. Politiker sind also darauf angewiesen, dass die Menschen ihnen glauben. Mit Fake News aber werden falsche Dinge behauptet. Es soll Stimmung gemacht werden. Menschen werden manipuliert.

Fake News erkennen
Oft ist es nicht einfach, zu erkennen, ob es sich um eine echte Nachricht oder um Fake News handelt. Vier Schritte können helfen: genau hinsehen, selber denken, kritisch lesen und Quellen prüfen.

News genau anschauen
Schau die Nachricht aufmerksam an. Wenn alles wie eine Schlagzeile aussieht, wenn es vor allem um Sensation geht, dann sei vorsichtig. Wenn nur eine Meinung geäußert wird, ohne Erklärung, wenn Stimmung gemacht werden soll, dann sei vorsichtig. Denke immer nach, bevor du eine Nachricht weiterleitest. Bei Zweifel an der Echtheit der Nachricht: lieber nicht liken und verbreiten.

Kritisch lesen
Oft werden in Fake News Zahlen und Zitate genannt. Sie erscheinen, ohne dass man erkennt, woher sie kommen. Da ist Vorsicht geboten. Prüfe, ob der Beitrag sehr einseitig ist. Wird nur eine Meinung vertreten oder kommen auch andere Ansichten zur Sprache?

Quellen prüfen
Echte Nachrichten kommen aus zuverlässigen Quellen. Prüfe, wer die Nachricht verbreitet! Auf jeder Veröffentlichung muss es ein „Impressum" geben. Dort müssen Name, Adresse und Kontaktmöglichkeiten der Person stehen, die für die Nachrichten auf der Seite verantwortlich ist. Wenn diese Angaben fehlen oder fehlerhaft sind, besteht Anlass zur Vorsicht. Wenn andere Medien diese Nachricht nicht verbreiten, besteht Anlass, an der Richtigkeit der Nachricht zu zweifeln.

1. Lies den Text gründlich: Markiere mit Hilfe der Folientechnik zentrale Begriffe. Erstelle daraus eine Mindmap in deinem Heft.
2. Tausche dich mit einem Partner über eure Erfahrungen mit Fake News aus und diskutiert die Wirksamkeit der vorgestellten Lösungen.

Informationen aus Texten entnehmen und zusammenfassen | Lesen

Fake News: Der Lackmustest[1] für die politische Öffentlichkeit

Die einen sagen: Fake News sind Gift für die Demokratie! Die anderen sagen: Fake News sind ein Symptom, aber nicht das eigentliche Problem. Mal ganz langsam. Was sind überhaupt Fake News? Und warum sorgen sie gerade für so viel Wirbel?

[1] **Lackmustest** = Als Lackmustest bezeichnet man in der Chemie einen Test des pH-Wertes mit Hilfe von Lackmuspapier; bildungssprachlich bzw. redensartlich für Prüfstein; Gradmesser.

Eine einheitliche Definition von Fake News ist schwierig. Ist etwa ein unbeabsichtigter Fehler in einem Artikel bereits Fake News? Oder eine Prognose, die sich als falsch erweist? Grundsätzlich nicht. Für Ethan Zuckerman vom Massachusetts Institute of Technology (MIT) etwa lassen sich drei Formen von Fake News unterscheiden: Nachrichten, die einem bestimmten Thema übertriebene Aufmerksamkeit widmen, Propaganda und gezielte Desinformation.
Bei Ersterem wird letztlich der falsche Eindruck erweckt, dass ein Thema relevanter ist, als es sein sollte. So berichteten die US-Medien etwa, wie eine unveröffentlichte Studie der Harvard Universität zeigt, überproportional häufig über Hillary Clintons vermeintlichen E-Mail-Skandal. Zuckerman erklärt diese überhöhte Aufmerksamkeit mit einer „falschen Balance" und dem Versuch der US-Medien, ausgewogen über die Skandale Trumps und Clintons zu berichten, um nicht parteiisch zu wirken. Nicht das Thema an sich, sondern die vermeintliche Relevanz sei also „fake".
Propaganda hingegen ist ein klassischer Bestandteil von Politik und Wahlkämpfen. Es beschreibt das Vermischen von wahren und falschen Informationen, um die andere Seite zu schwächen und die eigene zu stärken. Vergleichsweise neu ist die Taktik der Desinformation. Sie zielt nicht darauf ab, dass etwas Falsches geglaubt wird, sondern darauf, dass Bürger/-innen nicht mehr zwischen wahr und falsch, zwischen seriösen und unseriösen Quellen unterscheiden können. Diese gezielte Verzerrung der öffentlichen Debatte, welche etwa in den USA zu beobachten ist, wird auch für die diesjährige Bundestagswahl befürchtet.

Was ist das Problem?
Bei dem „Fake News"-Typ der Desinformation handelt es sich oft um absichtlich frei erfundene, als Nachrichten getarnte Geschichten. [...] Dies geschieht nicht immer aus politischen, sondern zum Teil einfach aus finanziellen Gründen. Mit Fake News lässt sich nämlich auch Geld verdienen. Veröffentlicht werden diese Beiträge in der Regel auf Internetseiten, die häufig so heißen und aussehen wie seriöse Massenmedien. Diese Form der Imitation macht das Erkennen von Fake-News-Seiten oftmals schwer.
Problematisch werden die Artikel jedoch erst durch Internetplattformen wie Facebook, Twitter oder Reddit, auf denen sie geteilt und einer breiten Öffentlichkeit zugänglich gemacht werden können. Denn: Das Teilen dieser Inhalte hat einen doppelten Effekt. Nicht nur die Fake-News-Seite suggeriert[2] die eigene Authentizität[3], sondern auch die Nutzer/-innen, die den Beitrag geteilt haben, scheinen für die Korrektheit der Beiträge zu garantieren. Zum Beispiel macht es

[2] **suggerieren** = manipulieren, etw. vorgeben, vortäuschen, jdn. über etw. hinwegtäuschen
[3] **Authentizität** = Echtheit

natürlich einen Unterschied, ob ein unbekannter Twitter-Account Fake-News-Beiträge bei Twitter teilt oder der Präsident der USA.

Der Einfluss von Fake News

Als Buzzfeed[4] kurz nach der US-Wahl im November 2016 eine Studie präsentierte, die besagte, dass prominente Fake-News-Beiträge häufiger auf Facebook geteilt wurden als die Top-Beiträge der klassischen Massenmedien, fand dies große Beachtung. Einige Kommentatoren waren überzeugt, dass Fake News zur Wahl Donald Trumps beigetragen haben könnten.

Erste wissenschaftliche Studien hingegen zeichnen ein anderes Bild. Eine gemeinsame Studie der Harvard University und des MIT, in der über 1,2 Millionen Artikel von über 25 000 Internetseiten untersucht wurden, zeigt etwa, dass Fake-News-Seiten nur eine sekundäre Rolle im Onlinediskurs zur US-Wahl gespielt haben. Eine weitere Studie suggeriert gar, dass Fake-News-Artikel so überzeugend wie 36 Wahlwerbespots sein müssten, um die US-Wahl beeinflusst haben zu können. Auch der Tenor einer Konferenz der Harvard Law School zum Thema klingt eher beschwichtigend: So problematisch Fake News auch in vielerlei Hinsicht sein mögen, so sind sie, historisch gesehen, weder neu, noch waren sie wahlentscheidend.

Also was tun?

Das alles soll nicht heißen, dass Fake News nicht doch ein Problem für unsere Demokratie und den öffentlichen Diskurs darstellen können. Es heißt nur, dass die Lage nicht so schlimm ist, wie etwa manche Politiker befürchten, wenn sie ein Verbot von Fake News fordern.

Ein möglicher Lösungsansatz kommt derweil vonseiten der Tech-Firmen: Facebook etwa versucht, die Nutzer/-innen selbst Fake News melden und die Beiträge dann von einer dritten journalistischen Seite auf Korrektheit prüfen zu lassen. Für Twitter konnten Forscher/-innen nachweisen, dass sich Gerüchte anders verbreiten, als richtige Nachrichten. Und Google hat mehrere Fake-News-Seiten aus dem eigenen Werbenetzwerk Adsense verbannt und damit die Seiten-Betreiber/-innen da getroffen, wo sie verwundbar sind: dem Geldbeutel. Gelöst wird damit das Problem „Fake News" sicherlich nicht. Schließlich gibt es Propaganda und Gerüchte schon seit Langem. Doch in einer intakten politischen Öffentlichkeit mit starken Massenmedien und konsensorientiertem politischem Diskurs[5] dürften Fake News nur geringe Überlebenschancen haben.

[4] **Buzzfeed** = eines der beliebtesten Medienportale im englischsprachigen Raum (150 Millionen Besucher pro Monat)

[5] **konsensorientierter politischer Diskurs** = öffentliche Auseinandersetzung über unterschiedliche Meinungen und Behauptungen, die auf Verständigung zielt

1. Fasse den Text so zusammen, dass du die wesentlichen Inhalte einem Partner vortragen kannst. Verwende dazu eine der folgenden Methoden: die Fünf-Schritt-Lesemethode, Ober- und Unterbegriffe formulieren, eine Mindmap, ein Exzerpt.
2. Begründe, welche Methode für dich am hilfreichsten ist.
3. Erkläre den Zusammenhang von „Lackmustest für die politische Öffentlichkeit" mit dem Thema „Fake News".
4. Erkläre den letzten Satz des Textes. Welche Bedeutung hat das für dich?

Info

Exzerpt, exzerpieren
(lat.: *excerpere* = herausnehmen, auslesen): Wichtiges aus einem Text in Form eines Stichwortzettels herauszuschreiben, nennt man **exzerpieren**. Wichtig sind die Informationen, die man braucht, um einen Text zu verstehen. Dazu gehören Antworten auf die W-Fragen.

Lesestrategien wiederholen → S. 181

Statistiken und Schaubilder auswerten
„Traue keiner Statistik, die du nicht selber gefälscht hast" …

… soll Winston Churchill angeblich einmal gesagt haben. Obwohl dieses Zitat wahrscheinlich nicht von ihm stammt, zeigt es doch die Schwierigkeiten im Umgang mit Statistiken und Schaubildern auf.

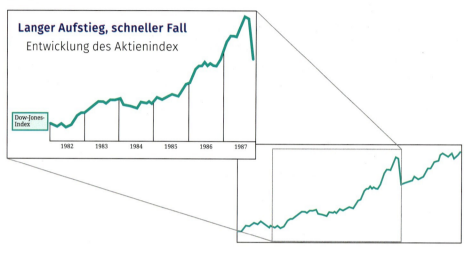

1. Beschreibe zunächst den Kurvenverlauf im oberen Schaubild.
2. Vergleiche nun die beiden Schaubilder. Welche Wirkung soll mit dem oberen Schaubild erzeugt werden? Woran liegt das?
3. Erläutere, inwiefern sich deine Aussage ändert, wenn du das Schaubild in den Gesamtzusammenhang (unteres Schaubild) stellst.

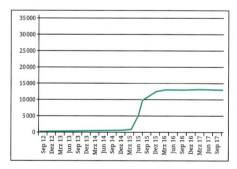

Grafik 1a

Grafik 1b

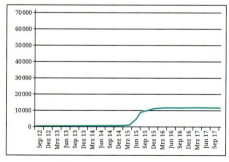

Tabellen und Diagramme lesen und verstehen → S. 188 ff.

Lesen | Statistiken und Schaubilder auswerten und vergleichen

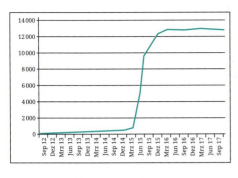

Grafik 1c

4. Beschreibe den Kurvenverlauf in Grafik 1a (Ausgangsgrafik).
5. Vergleiche die Grafiken 1b und 1c mit der Ausgangsgrafik, die dieselbe Entwicklung widerspiegelt. Achte dabei auf die x- und y-Achse.
6. Wie verändert sich in den unterschiedlichen Darstellungen die Wirkung auf den Betrachter?

Die Taschengeldtabelle 2017

Kindesalter	Taschengeld
4–5 Jahre	0,5 Euro pro Woche
6–7 Jahre	1,5–2 Euro pro Woche
8–9 Jahre	2–3 Euro pro Woche
10–11 Jahre	13–16 Euro pro Monat
12–13 Jahre	18–22 Euro pro Monat
14–15 Jahre	25–30 Euro pro Monat
16–17 Jahre	35–45 Euro pro Monat
18 Jahre	70 Euro pro Monat

7. Erstelle selbst Grafiken zur Taschengeldtabelle der Jugendämter von 2017. Erprobe unterschiedliche Darstellungen.
8. Welche Darstellung würdest du verwenden, um deine Eltern von einer Taschengelderhöhung zu überzeugen?

Tabellen und Diagramme lesen und verstehe → S. 188 ff.

Die Erhöhung des Kindergeldes zwischen 1998 und 2002 sollte grafisch dargestellt werden. Folgende Variante fand sich in einer Broschüre:

Alte Auflage

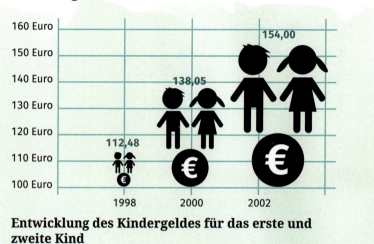

Im Februar 2004 musste die Grafik in der Neuauflage geändert werden:

Neue Auflage

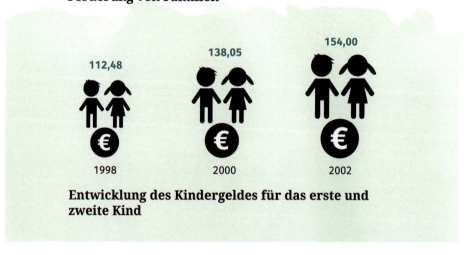

1. Untersuche die beiden Schaubilder auf Gemeinsamkeiten und Unterschiede.
2. Erkläre, was der Urheber der jeweiligen Grafik damit erreichen wollte.

Tabellen und Diagramme lesen und verstehen → S. 188 ff.

3. Das folgende Diagramm stellt die Entwicklung in einem Säulendiagramm dar. Sprich mit einem Partner über die Merkmale der unterschiedlichen Darstellungsweisen.

Die Antworten zur Frage bezüglich der Zufriedenheit mit dem damaligen Bundestrainer Jürgen Klinsmann, wurden wie folgt dargestellt:

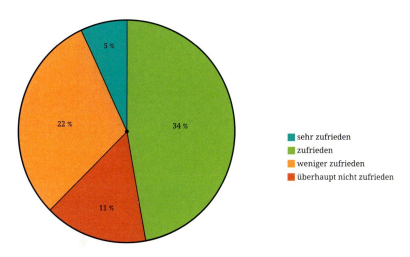

4. Lies das Schaubild aufmerksam und prüfe das Kreisdiagramm mit Hilfe des Infokastens.
5. Überlege, was mit einem Kreisdiagramm dargestellt werden soll.
6. In einer zweiten Veröffentlichung wurde die Grafik aufgrund von Beanstandungen mit dem Zusatz „Die restlichen 28 % der Befragten gaben ‚weiß nicht' als Antwort" ergänzt. Begründe, was du von dieser Idee hältst.
7. Klärt, ob dieser Kompromiss den Anforderungen einer Statistik entspricht.
8. Zeichne ein korrektes Kreisdiagramm mit allen angegebenen Zahlen.
9. Diskutiere mit einem Partner, wie sich die Wirkung auf den Leser damit verändert.
10. Erstellt gemeinsam eine Liste von Warnhinweisen im Umgang mit Schaubildern.

Info

Das **Kreisdiagramm** (auch Tortendiagramm) dient dazu, Anteile an einem Ganzen darzustellen. Es besteht aus einem Kreis, in dem die Flächen entsprechend der Anteile an 100 Prozent dargestellt werden.

Tabellen und Diagramme lesen und verstehe → S. 188 ff.
Nachschlagen: Merkwissen → S. 289

TESTE dich ✓

Überprüfe dein Wissen und Können, indem du hier die Testaufgaben bearbeitest.

Ich kann ...	Können	Hilfe	Training
Informationen aus Texten entnehmen und zusammenfassen.	😃 😐 😳	S. 77	S. 83, AH S. 32

Testaufgabe 1
Erstelle zu dem Text „Die Fake-Jäger" auf Seite 83 ein Exzerpt.

Ich kann ...	Können	Hilfe	Training
Statistiken und Schaubilder auswerten und vergleichen.	😃 😐 😳	S. 78 ff.	AH S. 35

Testaufgabe 2
Begründe, welches der folgenden Schaubilder eine Firma vermutlich verwenden würde, um ihre Umsatzdaten der Öffentlichkeit zu präsentieren.

Umsatzdaten einer großen Firma

A
- 1. Jahr: 100,0
- 2. Jahr: 101,0
- 3. Jahr: 100,5
- 4. Jahr: 102,0
- 5. Jahr: 101,5
- 6. Jahr: 103,0
- 7. Jahr: 102,5
- 8. Jahr: 101,5
- 9. Jahr: 103,0
- 10. Jahr: 105,0

Ich kann ...	Können	Hilfe	Training
mit Fake News kritisch umgehen.	😃 😐 😳	S. 74 ff.	S. 83

Testaufgabe 3
Nenne verschiedene Kriterien, auf die du achten musst, um keiner Falschmeldung aufzusitzen.

TRAINING

So kannst du dein Wissen anwenden und deine Fähigkeiten trainieren:

1. Notiere alles, was du zu folgenden Themen nach der Bearbeitung des Kapitels weißt: Gründe, warum es vermehrt zur Verbreitung von Fake News kommt; Möglichkeiten, Fake News zu entlarven; Ziele von Falschmeldungen; Auswirkungen von Falschmeldungen.
2. Lies nun den Text und ergänze gegebenenfalls neue Informationen in deinen Notizen. Begründe die von dir gewählte Lesestrategie.

Die Fake-Jäger

Die ARD hat sich mit dem Team der „Faktenfinder" zur Aufgabe gemacht, fehlerhafte Meldungen richtigzustellen. In Leipzig prüft hoaxmap.org Gerüchte über Asylsuchende und in Berlin hat das Recherchebüro Correctiv Lügen den Kampf angesagt. „Uns geht es darum, Informationen zu verbreiten, die gesichert sind", sagt Jutta Kramm von Correctiv. Tatsächlich steht die Wahrheit immer mehr auf dem Prüfstand, seitdem Behauptungen, ob richtig oder falsch, in den sozialen Medien millionenfach geteilt werden. Facebook, Twitter, Instagram und Whatsapp sind anfällig für Falschmeldungen, wie sie während des US-Wahlkampfs zu Tausenden kursierten. Mit zuweilen abstrusen Folgen. [...]

„Manche Meldungen dienen der Desinformation, andere sind Nebelkerzen, die einfach nur verunsichern sollen. Ob dahinter eine politische Gruppe oder ein Einzelner steht, wissen wir oft nicht", sagt Patrick Gensing von der ARD. „Wir können nur richtigstellen." [...]

Glauben ist nicht wissen, aber wie steht es um die Wahrheit, die täglich über die klassischen Medien verbreitet wurde? Leser einer Boulevardzeitung sahen auf einem Randalefoto einen „Chaoten", der angeblich einen Polizisten einen Böller direkt ins Gesicht geworfen haben soll. Daraufhin griff die Polizei auf Twitter ein, um „einen Unschuldigen vor einer Online-Hetzjagd" zu schützen. Manche Anwohner des Schanzenviertels wunderten sich über die Fernsehberichte zum G20-Gipfel, die kriegsähnliche Bilder in die Welt sandten. Die ganze Wahrheit? Oder auch nur – ein selektiver Ausschnitt? [...] Wahr oder falsch, darüber konnte man schon immer streiten. Doch mit Ausbreitung der sozialen Medien ist der Kanon der Meinungen vielstimmiger geworden. Im Netz ziehen auch noch so abwegige Ansichten ihre Kreise, kann jeder Empfänger, Multiplikator oder Sender von Nachrichten sein. Ob aus rein persönlichen Gründen oder zu kommerziellen Zwecken. Denn mit Falschmeldungen lässt sich Aufmerksamkeit generieren. Und viele Klicks locken Werbekunden an.

Wenn aber eine Meldung in wenigen Stunden zigtausendmal „geliked" – also für gut befunden – wird, kann sie eine tsunamiartige Wirkung entfalten. „Soziale Medien können wie ein Brandbeschleuniger wirken", sagt der Kommunikationsforscher Martin Emmer von der Freien Universität Berlin. Er sieht die Gefahr darin, dass bestimmte Bevölkerungsgruppen Facebook als einzige Informationsquelle nutzen. Wer sich in bestimmten Netzwerken bewege, bekomme nur noch Beiträge angezeigt, für die er sich schon einmal interessiert habe. „Das Problem dieser Filterblasen ist, dass ich irgendwann nicht nur einseitig informiert werde, sondern tatsächlich glaube, dass alle anderen auch so denken."

Texte und Medien

„Du bist alles, was ich brauche"

Kurzprosa

Wiedersehen
Bertolt Brecht

Ein Mann, der Herrn K. lange nicht gesehen hatte, begrüßte ihn mit den Worten: „Sie haben sich gar nicht verändert." „Oh!", sagte Herr K. und erbleichte.

1. Sprecht über eure ersten Eindrücke zu dieser Kalendergeschichte.
2. Klärt, warum Herr K. so erschrocken reagiert.
3. Sammelt positive Charaktereigenschaften von Menschen, die euch wichtig sind.
4. Diese Geschichte wird als Kalendergeschichte bezeichnet. Wiederholt Kennzeichen dieser Textgattung.

Hobbyraum
Marie-Luise Kaschnitz

Meine Söhne, sagt Herr Fahrenkamp, sind wortkarg genug. Ich frage sie dieses und jenes, ich bin kein Unmensch, es interessiert mich, was die Jugend denkt, schließlich war man selbst einmal jung. Wie soll nach eurer Ansicht die Zukunft aussehen, fragte ich und bekomme keine Antwort, entweder meine Söhne wissen es selber nicht oder sie wollen sich nicht festlegen, es soll alles im Fluss bleiben, ein Fluss ohne Ufer sozusagen, mir geht das auf die Nerven, offen gesagt. Darüber, was es nicht mehr geben soll, äußern sich meine Söhne freimütiger, auch darüber, wen es nicht mehr geben soll, den Lehrer, den Richter, den Unternehmer, alles Leute, die unseren Staat aufgebaut haben, in größtenteils demokratischer Gesinnung, aus dem Nichts, wie man wohl behaupten kann, und das ist jetzt der Dank. Schön und gut, sagen meine Söhne, aber ihr habt etwas versäumt, und ich frage, was wir versäumt haben, die Arbeiter sind zufrieden, alle Leute hier sind satt und zufrieden und was gehen uns die Einwohner in Bolivien an. Ihr habt etwas versäumt, sagen meine Söhne und gehen hinunter in den Hobbyraum, den ich ihnen vor Kurzem habe einrichten lassen. Was sie dort treiben, weiß ich nicht. Meine Frau meint, dass sie mit Bastelarbeiten für Weihnachten beschäftigt sind.

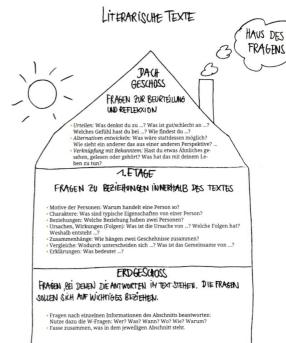

1. Notiere zunächst alles, was dir zum Titel „Hobbyraum" einfällt.
2. Lies die Kurzgeschichte und notiere deine ersten Eindrücke.
3. Im letzten Schuljahr hast du das „Haus des Fragens" kennengelernt.
   Formuliere Fragen an den Text „Hobbyraum" auf allen Etagen.
4. Stellt euch die Fragen gegenseitig und klärt sie. Arbeitet euch dabei vom Erdgeschoss zum Dachgeschoss hoch.
5. Formuliere zum Abschluss eine Deutungshypothese.
   Worum geht es in der Kurzgeschichte?
6. Sammelt typische Merkmale von Kurzgeschichten.

Das kannst du jetzt lernen!

- Eine Kurzgeschichte zu erschließen .... S. 86
- Äußeres und Inneres einer Figur zu beschreiben .... S. 86
- Explizite und implizite Charakterisierung zu unterscheiden .... S. 90
- Die Beziehung von Figuren zu untersuchen .... S. 92
- Die historischen Hintergründe eines Textes einzubeziehen .... S. 95
- Eine Figurencharakterisierung zu schreiben .... S. 96

Figuren charakterisieren

Skorpion
Christa Reinig

Er war sanftmütig und freundlich. Seine Augen standen dicht beieinander. Das bedeutete Hinterlist. Seine Brauen stießen über der Nase zusammen. Das bedeutete Jähzorn. Seine Nase war lang und spitz. Das bedeutete unstillbare Neugier. Seine Ohrläppchen waren angewachsen. Das bedeutete Hang zum Verbrechertum. Warum gehst du nicht unter die Leute?, fragte man ihn. Er besah sich im Spiegel und bemerkte einen grausamen Zug um seinen Mund. Ich bin kein guter Mensch, sagte er. Er verbohrte sich in seine Bücher. Als er sie alle ausgelesen hatte, musste er unter die Leute, sich ein neues Buch kaufen gehen. Hoffentlich gibt es kein Unheil, dachte er und ging unter die Leute. Eine Frau sprach ihn an und bat ihn, ihr einen Geldschein zu wechseln. Da sie sehr kurzsichtig war, musste sie mehrmals hin- und zurücktauschen. Der Skorpion dachte an seine Augen, die dicht beieinanderstanden, und verzichtete darauf, sein Geld hinterlistig zu verdoppeln. In der Straßenbahn trat ihm ein Fremder auf die Füße und beschimpfte ihn in einer fremden Sprache. Der Skorpion dachte an seine zusammengewachsenen Augenbrauen und ließ das Geschimpfe, das er ja nicht verstand, als Bitte um Entschuldigung gelten. Er stieg aus, und vor ihm lag eine Brieftasche auf der Straße. Der Skorpion dachte an seine Nase und bückte sich nicht und drehte sich auch nicht um. In der Buchhandlung fand er ein Buch, das hätte er gern gehabt. Aber es war zu teuer. Es hätte gut in seine Manteltasche gepasst. Der Skorpion dachte an seine Ohrläppchen und stellte das Buch ins Regal zurück. Er nahm ein anderes. Als er es bezahlen wollte, klagte ein Bücherfreund: Das ist das Buch, das ich seit Jahren suche. Jetzt kauft's mir ein anderer weg. Der Skorpion dachte an den grausamen Zug um seinen Mund und sagte: Nehmen Sie das Buch. Ich trete zurück. Der Bücherfreund weinte fast. Er presste das Buch mit beiden Händen an sein Herz und ging davon. Das war ein guter Kunde, sagte der Buchhändler, aber für Sie ist auch noch was da. Er zog aus dem Regal das Buch, das der Skorpion so gern gehabt hätte. Der Skorpion winkte ab: Das kann ich mir nicht leisten. – Doch, Sie können, sagte der Buchhändler, eine Liebe ist der anderen wert. Machen Sie den Preis. Der Skorpion weinte fast. Er presste das Buch mit beiden Händen fest an sein Herz, und, da er nichts mehr frei hatte, reichte er dem Buchhändler zum Abschied seinen Stachel. Der Buchhändler drückte den Stachel und fiel tot um.

1. Sammelt Assoziationen zur Überschrift „Skorpion".
2. Lege eine zweispaltige Tabelle an. Schreibe alle äußeren Merkmale des Skorpions, wie sie im Text beschrieben werden, in die linke Spalte.
3. Ergänze in der rechten Spalte der Tabelle, welche Eigenschaften dem Äußeren zugeordnet werden.
4. Diskutiert das Ende der Geschichte.

Fünfzehn
Reiner Kunze

Sie trägt einen Rock, den kann man nicht beschreiben, denn schon ein einziges Wort wäre zu lang. Ihr Schal dagegen ähnelt einer Doppelschleppe: lässig um den Hals geworfen, fällt er in ganzer Breite über Schienbein und Wade. (Am liebsten hätte sie einen Schal, an dem mindestens drei Großmütter zweieinhalb Jahre gestrickt haben – eine Art Niagara-Fall aus Wolle. Ich glaube, von einem solchen Schal würde sie behaupten, daß er genau ihrem Lebensgefühl entspricht. Doch wer hat vor zweieinhalb Jahren wissen können, daß solche Schals heute Mode sein würden.) Zum Schal trägt sie Tennisschuhe, auf denen jeder ihrer Freunde und jede ihrer Freundinnen unterschrieben haben. Sie ist fünfzehn Jahre alt und gibt nichts auf die Meinung uralter Leute – das sind alle Leute über dreißig.

Könnte einer von ihnen sie verstehen, selbst wenn er sich bemühen würde? Ich bin über dreißig.

Wenn sie Musik hört, vibrieren noch im übernächsten Zimmer die Türfüllungen. Ich weiß, diese Lautstärke bedeutet für sie Lustgewinn. Teilbefriedigung ihres Bedürfnisses nach Protest. Überschallverdrängung unangenehmer logischer Schlüsse. Trance. Dennoch ertappe ich mich immer wieder bei einer Kurzschlußreaktion: ich spüre plötzlich den Drang in mir, sie zu bitten, das Radio leiser zu stellen. Wie also könnte ich sie verstehen – bei diesem Nervensystem? Noch hinderlicher ist die Neigung, allzu hochragende Gedanken erden zu wollen.

Auf den Möbeln ihres Zimmers flockt der Staub. Unter ihrem Bett wallt er. Dazwischen liegen Haarklemmen, ein Taschenspiegel, Knautschlackederreste, Schnellhefter, Apfelstiele, ein Plastikbeutel mit der Aufschrift „Der Duft der großen weiten Welt", angelesene und übereinandergestülpte Bücher (Hesse, Karl May, Hölderlin), Jeans mit in sich gekehrten Hosenbeinen, halb- und dreiviertel gewendete Pullover, Strumpfhosen, Nylon und benutzte Taschentücher. (Die Ausläufer dieser Hügellandschaft erstrecken sich bis ins Bad und in die Küche.) Ich weiß: Sie will sich nicht den Nichtigkeiten des Lebens ausliefern. Sie fürchtet die Einengung des Blicks, des Geistes. Sie fürchtet die Abstumpfung der Seele durch Wiederholung! Außerdem wägt sie die Tätigkeiten gegeneinander ab nach dem Maß an Unlustgefühlen, das mit ihnen verbunden sein könnte, und betrachtet es als Ausdruck persönlicher Freiheit, die unlustintensiveren zu ignorieren. Doch nicht nur, daß ich ab und zu heimlich ihr Zimmer wische, um ihre Mutter vor Herzkrämpfen zu bewahren, – ich muß mich auch der Versuchung erwehren, diese Nichtigkeiten ins Blickfeld zu rücken und auf die Ausbildung innerer Zwänge hinzuwirken.

Einmal bin ich dieser Versuchung erlegen.

Sie ekelt sich schrecklich vor Spinnen. Also sage ich: „Unter deinem Bett waren zwei Spinnennester."

Ihre mit lila Augentusche nachgedunkelten Lider verschwanden hinter den hervortretenden Augäpfeln, und sie begann „Iix! Ääx! Uh!" zu rufen, so daß ihre Englischlehrerin, wäre sie zugegen gewesen, von soviel Kehlkopfknacklauten – englisch „glottal stops" – ohnmächtig geworden wäre. „Und warum bauen die ihre Nester gerade bei mir unterm Bett?"

„Dort werden sie nicht oft gestört." Direkter wollte ich nicht werden, und sie ist intelligent.

Am Abend hatte sie ihr inneres Gleichgewicht wiedergewonnen. Im Bett liegend, machte sie einen fast überlegen Eindruck. Ihre Hausschuhe standen auf dem Klavier. „Die stelle ich jetzt immer dorthin", sagt sie. „Damit keine Spinnen hineinkriechen können."

1. Lies die Geschichte. Wähle eine der folgenden Aufgaben:
   ▸ Fertige einen Steckbrief an über die Fünfzehnjährige *oder*
   ▸ gestalte eine eigene Zeichnung des Zimmers der Fünfzehnjährigen.
2. Hängt die Steckbriefe und die Zeichnungen im Klassenzimmer auf und schaut sie euch in einem Gallery Walk an.
   Welche Merkmale der Figur werden besonders deutlich?
3. Formuliere eine Personenbeschreibung der Figur, indem du das Äußere der Figur beschreibst. Du kannst folgendermaßen beginnen:

   Die Fünfzehnjährige in Reiner Kunzes Kurzgeschichte „Fünfzehn" kleidet sich gerne auffällig. So trägt sie gerne einen kurzen Rock ...

4. Klärt, wer der Erzähler dieser Geschichte ist. Welches Problem hat er?
5. Zweimal behauptet der Erzähler: „Ich weiß" (Z. 15 und Z. 29):
   Welche Merkmale der Fünfzehnjährigen behauptet er zu kennen?
6. Sprecht darüber, wie dieses „Ich weiß" wirkt.
   Kann man dem Erzähler trauen? Begründet.
7. „Dort werden sie nicht oft gestört." (Z. 46) Prüfe, ...
   a) was der Ich-Erzähler mit dieser Äußerung meint und
   b) warum er es auf diese Weise sagt.
8. Gebt dem Erzähler Tipps, wie er sich mit seiner fünfzehnjährigen Tochter besser verstehen kann.

Info

Eine **Personenbeschreibung**, wie z. B. in einem Steckbrief, enthält die äußeren Merkmale einer Figur (**Außensicht**).
Eine **Charakterisierung** beschreibt neben dem Äußeren auch das Verhalten und die Gedanken einer Figur (**Innensicht**).

Eine
Irmela Brender

Eine drehte sich um nach ihm, als alle anderen die Köpfe schon wieder über die Becher beugten. Er nahm das den anderen nicht übel, er wusste, ein Neuer in der Klasse ist nicht so interessant, dass man ihn die ganze Stunde hindurch anstarren könnte, schließlich ging der Unterricht weiter, und er musste eben da sitzen und sich eingewöhnen.

Aber die eine im blauen Kleid sah immer wieder hin zu ihm, nicht neugierig, noch nicht einmal lächelnd. Das Profil, das sie ihm zeigte, manchmal auch noch ein bisschen Wangenfläche dazu, war ernst und aufmerksam, als habe sie über ihn nachzudenken. Das halbe Klassenzimmer lag zwischen ihnen, und er konnte die Augenfarbe nicht erkennen. Braun, schätzte er, und ein paar Sommersprossen auf der Nase, und das ganze Gesicht ein bisschen zu mager. Die gehörte nicht zu den Niedlichen, dachte er, die sich um einen Neuen kümmern, weil das so gut passt zu ihrer Niedlichkeit und weil sie dann noch einen haben, der sie nett findet. Die gehört vielleicht noch nicht mal zu den Netten.

Eine Struppige ist das, überlegte er, eine, die kicken kann, fast wie ein Junge, und plötzlich wegläuft, wenn man glaubt, sie sei ein Kumpel. Eine, die nicht mit Freundinnen kichert und tuschelt, sondern viel allein herumläuft, nicht spazieren geht, sondern eben herumläuft, und die allerhand kennt in der Stadt. Eine, von der man manches erfahren kann, aber nicht unbedingt das, was zählt.

Es fiel ihm ein, dass er sich irren könnte, aber er glaubte es nicht. Ich werde ihr ein Zeichen geben, sagte er sich, und wenn sie reagiert, dann habe ich mich nicht geirrt. Dann ist sie eine, die ich mögen könnte, zumindest mögen. Als sie sich wieder umsah, lächelte er. Da stand sie auf und brachte ihm ihr Buch. Fast unfreundlich legte sie es vor ihn auf den Tisch; er sah dabei, dass sie magere Finger hatte mit ganz kurzen Nägeln, das passte auch.

„Danke, ich geb's dir nachher wieder", sagte er schnell, bevor sie etwas sagen konnte. Sie nickte und ging zurück an ihren Platz.

Alle beugten die Köpfe über die Bücher, er auch. Aber er gab acht, dass er den Augenblick nicht verpasste, in dem sie sich noch einmal nach ihm umschaute und beinah lächelte.

1. Kläre zunächst, aus welcher Perspektive die Geschichte erzählt wird.
2. Der Neue macht sich ein Bild von seiner Mitschülerin. Kläre mit Hilfe einer Tabelle, aus welchen Beobachtungen er welche Eigenschaften erschließt.
3. Beschreibe die Vorstellung, die der Neue von seiner Mitschülerin hat.

Ein Junge kommt neu in die Klasse. Er beobachtet eine Mitschülerin genau, die … Daraus schließt er …, weil …

4. Der Junge denkt, er könnte sich irren (vgl. Z. 20). Hat er recht?
5. Verfasse einen inneren Monolog aus der Sicht des Mädchens (Ich-Form).

Info

Erzählperspektiven:
auktorialer (allwissender) Erzähler: Er überblickt die ganze Handlung, kennt die Figuren und kann das Geschehen kommentieren.
personaler Erzähler: In der Er-Form wird die Geschichte aus der Sicht einer Figur erzählt.
neutraler Erzähler: In der Er-Form wird nur das erzählt, was von außen beobachtbar ist.
Ich-Erzähler: Das Geschehen wird in der Ich-Form erzählt.

Erzähltechniken untersuchen: Zeitgestaltung, innere und äußere Handlung → S. 44 f.

Explizite und implizite Charakterisierung unterscheiden | **Kurzprosa**

„Du bist alles, was ich brauche"
David Bischoff

David Bischoff, geb. 1951, ist ein amerikanischer Science-Fiction-Autor.

Harold Lightman tupfte seine Lippen mit einer Papierserviette ab und legte sie neben seinen Teller. „David, heute ist ein Treffen der Gemeindejugend. Ich dachte, wo deine Mutter nicht hier ist, könnten wir zusammen hingehen."
„Nein, vielen Dank, Dad." Mit einem verzweifelten Kopfschütteln verließ sein Vater den Tisch und nahm seinen Teller mit. Das Klappern von Porzellan im Spülbecken drang aus der Küche. Harold Lightman stürmte aus der Tür, das Gesicht rot angelaufen, wütend. „Aber du wärst sofort dabei, wenn ich mit dir in deine stupiden[1] Spielhallen gehen würde oder in einen Science-Fiction-Film oder um eine Punkrock-Band zu hören, nicht wahr?"
„Bitte, Dad! Man nennt das heute New Wave."
„Mir ist es schnurz, wie man es nennt, David. Ich nenne es Mist!"
David verzog das Gesicht. Er war traurig; sie verstanden einander nicht. Er hob seine Gabel mit einem kleinen Haufen von Bohnen und Würstchen zum Mund. „Weißt du, Dad, das Zeug ist wirklich gut."
„Wechsle nicht das Thema."
„Beruhige dich, Dad. Ich will nicht zu diesem Kirchenabend gehen und auch nicht zu irgendeiner dieser anderen Sachen, weil ich mein Programm zu Ende bringen muss. Okay?"
„Bei Gott, ich glaube, du magst diesen Computer da oben lieber als Mädchen. Und deine Mutter hat sich Gedanken über Mädchengeschichten gemacht. In dem Punkt braucht sie sich wirklich keine Sorgen zu machen. Du hast keine Mädchen." David zuckte die Achseln und trank einen Schluck Milch.
„Dad, lass mich doch bitte in Ruhe, ja? Geh mir von der Pelle."
„Ich möchte nur wissen, was an Computern so faszinierend ist. Worin liegt die Magie dieser Maschinen, mit denen du Stunde um Stunde und ganze Tage dort oben verbringst, an dieser Tastatur und dem Bildschirm klebst und Ziffern und Befehle tippst oder Angreifer aus dem Weltraum vernichtest oder was du sonst noch alles tun magst?" David stand auf, nahm sein Sachen zusammen und klemmte sie unter den Arm. „Es macht mir Spaß, Dad."
„Du hast den Teller nicht leer gegessen."
„Gib Ralph den Rest. Er wühlt draußen in der Mülltonne herum."
Mit einem hilflosen Lächeln blickte Harold Lightman nach oben. „Weißt du, in der guten alten Zeit konnten Väter ihre Söhne bestrafen, indem sie sie in ihr Zimmer einsperrten. Aber wenn ich das täte, wäre es, als ob ich Brer Rabbit in einem Karottenbeet werden würde."
„Ja, Dad. Bis später." – In seinem Zimmer schob David sofort die Diskette wieder in das Laufwerk, schaltete seine Geräte ein und machte sich an die Arbeit. Er brauchte nur eine Stunde, um die richtigen Geräusche festzulegen und sie in das Spiel zu programmieren. Er übertrug das Unterprogramm auf die Hauptplatte

[1] **stupid** = dumm, geistlos, stumpfsinnig

Kurzprosa | Explizite und implizite Charakterisierung unterscheiden

40 und machte eine Kopie davon, nur für den Fall, dass vielleicht doch irgendeine Panne eintreten sollte. Dann spielte er „Planetenvernichter".
Während die Lichter zuckten und die Raumschiffe explodierten, schweiften Davids Gedanken ein wenig von dem Spiel ab. Der alte Herr verstand ihn einfach nicht – versuchte nicht wirklich, ihn zu verstehen. Niemand versuchte das ... Sie
45 waren alle zu beschäftigt, zu fest eingefahren in ihren gefrorenen Gewohnheiten, in ihren eigenen Spielen, die in einer endlosen Schleife verliefen, wie ein fehlerhaftes Programm ... Er erledigte den letzten Raumkreuzer der Erde mit einer mächtigen Raketensalve. Die grafische Darstellung des Planeten Erde kam in Sicht, schob sich vor Davids Fadenkreuz. „Du bist alles, was ich brauche", sagte
50 er zu seinem Computer. Er drückte auf den roten Knopf des Steuerknüppels. Energieblitze fuhren in die Erde. Atomraketen mit feurigen Schweifen zischten auf ihre Ziele zu. David schob den Lautstärkeregler weiter nach oben. Dieses Mal kam das Ende der Welt nicht nur mit einem Knall, sondern auch mit Schreien und Kreischen und dem Grollen von Explosionen und, schließlich, mit einem
55 Trauermarsch. Ein Hämmern gegen die Tür. „David! Was, zum Teufel, war das? Alles in Ordnung?" David schaltete den Computer aus und lächelte.

1. Lies den Text genau. Notiere deine ersten Gedanken zum Text.
2. Beschreibe das Verhältnis zwischen David und seinem Vater.
3. Schreibe alle äußeren und inneren Merkmale Davids, die explizit (direkt) genannt werden, heraus.
4. Lege eine Tabelle an und notiere in die linke Spalte explizit beschriebene Merkmale, Äußerungen und Verhaltensweisen Davids. Leite daraus implizite Charaktereigenschaften ab und trage sie in die rechte Spalte ein.

Merkmal, Äußerung, Verhalten	abgeleitete Charakterisierung
„Nein, vielen Dank, Dad." (Z. 4)	David lehnt das Angebot des Vaters höflich ab. → David ist höflich.
„Bitte, Dad! Man nennt das heute New Wave." (Z. 10)	Erklärt dem Vater geduldig, ... → Er ist ...

5. David sagt: „Du bist alles, was ich brauche." (Z. 49)
Stellt euch vor, der Vater hat diesen Satz gehört. Entwerft einen Dialog zwischen David und seinem Vater und spielt ihn vor.
Ihr könnt so beginnen:

David (zu seinem PC): „Du bist alles, was ich brauche."
Vater (erstaunt): „Was? Wen meinst du?"
David ...

Info

Technik der Figurencharakterisierung:
Figuren können vom Erzähler **explizit** (direkt) charakterisiert werden, indem Merkmale, Verhaltensweisen und Charaktereigenschaften **direkt** genannt werden. Oder der Leser muss sich Charaktereigenschaften aus dem Verhalten oder Äußerungen **indirekt** erschließen (**implizite** Charakterisierung).

Gestaltend interpretieren → S. 71

Nachts schlafen die Ratten doch
Wolfgang Borchert

Das hohle Fenster in der vereinsamten Mauer gähnte blaurot voll früher Abendsonne. Staubgewölke flimmerte zwischen den steilgereckten Schornsteinresten. Die Schuttwüste döste.

Er hatte die Augen zu. Mit einmal wurde es noch dunkler. Er merkte, dass jemand gekommen war und nun vor ihm stand, dunkel, leise. Jetzt haben sie mich!, dachte er. Aber als er ein bisschen blinzelte, sah er nur zwei etwas ärmlich behoste Beine. Die standen ziemlich krumm vor ihm, dass er zwischen ihnen hindurchsehen konnte. Er riskierte ein kleines Geblinzel an den Hosenbeinen hoch und erkannte einen älteren Mann. Der hatte ein Messer und einen Korb in der Hand. Und etwas Erde an den Fingerspitzen.

Du schläfst hier wohl, was?, fragte der Mann und sah von oben auf das Haargestrüpp herunter. Jürgen blinzelte zwischen den Beinen des Mannes hindurch in die Sonne und sagte: Nein, ich schlafe nicht. Ich muss hier aufpassen. Der Mann nickte: So, dafür hast du wohl den großen Stock da?

Ja, antwortete Jürgen mutig und hielt den Stock fest.

Worauf passt du denn auf?

Das kann ich nicht sagen. Er hielt die Hände fest um den Stock. Wohl auf Geld, was? Der Mann setzte den Korb ab und wischte das Messer an seinem Hosenboden hin und her.

Nein, auf Geld überhaupt nicht, sagte Jürgen verächtlich. Auf ganz etwas anderes.

Na, was denn?

Ich kann es nicht sagen. Was anderes eben.

Na, denn nicht. Dann sage ich dir natürlich auch nicht, was ich hier im Korb habe. Der Mann stieß mit dem Fuß an den Korb und klappte das Messer zu.

Pah, kann mir denken, was in dem Korb ist, meinte Jürgen geringschätzig, Kaninchenfutter.

Donnerwetter, ja!, sagte der Mann verwundert, bist ja ein fixer Kerl. Wie alt bist du denn?

Neun.

Oha, denk mal an, neun also. Dann weißt du ja auch, wie viel drei mal neun sind, wie?

Klar, sagte Jürgen und um Zeit zu gewinnen, sagte er noch: Das ist ja ganz leicht. Und er sah durch die Beine des Mannes hindurch. Dreimal neun, nicht?, fragte er noch mal, siebenundzwanzig. Das wusste ich gleich.

Stimmt, sagte der Mann, genau so viel Kaninchen habe ich.

Jürgen machte einen runden Mund: Siebenundzwanzig? Du kannst sie sehen. Viele sind noch ganz jung. Willst du?

Ich kann doch nicht. Ich muss doch aufpassen, sagte Jürgen unsicher.

Immerzu?, fragte der Mann, nachts auch?

Wolfgang Borchert wurde 1921 in Hamburg geboren. 1941 zog man ihn zum Wehrdienst an die Ostfront ein, wo er schon beim ersten Fronteinsatz im Januar 1942 an der Hand verletzt wurde und an Gelbfieber erkrankte. Wegen Äußerungen über die Sinnlosigkeit des Krieges wurde er verhaftet und ihm drohte die Todesstrafe. Zur Bewährung wurde er wieder an die Front geschickt und schließlich wegen Krankheit aus der Armee entlassen. Nach dem Ende des Krieges 1945 begann der schwer kranke Borchert in Hamburg Gedichte und Kurzgeschichten zu schreiben. Er entwarf Theaterprojekte und schmiedete Zukunftspläne. Im Winter 1945/46 zwang ihn die Krankheit endgültig nieder und er starb 1947 im Alter von erst 26 Jahren während eines Kuraufenthaltes in Basel – einen Tag vor der Uraufführung seines Dramas *Draußen vor der Tür*, das bis heute (neben seinen Kurzgeschichten) als sein bekanntestes Werk gilt.

Nachts auch. Immerzu. Immer. Jürgen sah an den krummen Beinen hoch. Seit Sonnabend schon, flüsterte er.

Aber gehst du denn gar nicht nach Hause? Du musst doch essen.

Jürgen hob einen Stein hoch. Da lag ein halbes Brot. Und eine Blechschachtel.

Du rauchst?, fragte der Mann, hast du denn eine Pfeife?

Jürgen fasste seinen Stock fest an und sagte zaghaft: Ich drehe. Pfeife mag ich nicht.

Schade, der Mann bückte sich zu seinem Korb, die Kaninchen hättest du ruhig mal ansehen können. Vor allem die jungen. Vielleicht hättest du dir eines ausgesucht. Aber du kannst hier ja nicht weg.

Nein, sagte Jürgen traurig, nein, nein.

Der Mann nahm den Korb und richtete sich auf. Na ja, wenn du hierbleiben musst – schade. Und er drehte sich um. Wenn du mich nicht verrätst, sagte Jürgen da schnell, es ist wegen den Ratten.

Die krummen Beine kamen einen Schritt zurück: Wegen den Ratten?

Ja, die essen doch von Toten. Von Menschen. Da leben sie doch von.

Wer sagt das?

Unser Lehrer. Und du passt nun auf die Ratten auf?, fragte der Mann.

Auf die doch nicht! Und dann sagte er ganz leise: Mein Bruder, der liegt nämlich da unten. Da. Jürgen zeigte mit dem Stock auf die zusammengesackten Mauern. Unser Haus kriegte eine Bombe. Mit einmal war das Licht weg im Keller. Und er auch. Wir haben noch gerufen. Er war viel kleiner als ich. Erst vier. Er muss hier ja noch sein. Er ist doch viel kleiner als ich.

Der Mann sah von oben auf das Haargestrüpp.

Aber dann sagte er plötzlich: Ja, hat euer Lehrer euch denn nicht gesagt, dass die Ratten nachts schlafen? Nein, flüsterte Jürgen und sah mit einmal ganz müde aus, das hat er nicht gesagt.

Na, sagte der Mann, das ist aber ein Lehrer, wenn er das nicht mal weiß. Nachts schlafen die Ratten doch! Nachts kannst du ruhig nach Hause gehen. Nachts schlafen sie immer. Wenn es dunkel wird, schon.

Jürgen machte mit seinem Stock kleine Kuhlen in den Schutt.

Lauter kleine Betten sind das, dachte er, alles kleine Betten. Da sagte der Mann (und seine krummen Beine waren ganz unruhig dabei): Weißt du was? Jetzt füttere ich schnell meine Kaninchen und wenn es dunkel wird, hole ich dich ab. Vielleicht kann ich eins mitbringen. Ein kleines oder, was meinst du?

Jürgen machte kleine Kuhlen in den Schutt. Lauter kleine Kaninchen. Weiße, graue, weißgraue.

Die Beziehung zwischen Figuren untersuchen | Kurzprosa

Ich weiß nicht, sagte er leise und sah auf die krummen Beine, wenn sie wirklich nachts schlafen.

Der Mann stieg über die Mauerreste weg auf die Straße. Natürlich, sagte er von da, euer Lehrer soll einpacken, wenn er das nicht mal weiß.

Da stand Jürgen auf und fragte: Wenn ich eins kriegen kann? Ein weißes vielleicht?

Ich will mal versuchen, rief der Mann schon im Weggehen, aber du musst hier so lange warten. Ich gehe dann mit dir nach Hause, weißt du? Ich muss deinem Vater doch sagen, wie so ein Kaninchenstall gebaut wird. Denn das müsst ihr ja wissen.

Ja, rief Jürgen, ich warte. Ich muss ja noch aufpassen, bis es dunkel wird. Ich warte bestimmt. Und er rief: Wir haben auch noch Bretter zu Hause. Kistenbretter, rief er.

Aber das hörte der Mann schon nicht mehr. Er lief mit seinen krummen Beinen auf die Sonne zu. Die war schon rot vom Abend und Jürgen konnte sehen, wie sie durch die Beine hindurchschien, so krumm waren sie. Und der Korb schwenkte aufgeregt hin und her. Kaninchenfutter war da drin. Grünes Kaninchenfutter, das war etwas grau vom Schutt.

> **Info**
>
> **Textbelege:**
> Deutungen müssen am Text belegt werden. Bei sinngemäßen Wiedergaben belegt man mit einem Hinweis in Klammern (vgl. Z. 5 f.), bei wörtlichen Zitaten in Anführungszeichen mit der Angabe der Textstelle.
> Beispiele: *Der Junge scheint Angst zu haben* (vgl. Z. 5 f.).
> „Jetzt haben sie mich!" (Z. 5 f.)
> Z. 5 f. bedeutet Z. 5 und folgende Zeile.

> **Info**
>
> **Figurenbeziehungen untersuchen:**
> • Wie werden die Figuren dargestellt?
> • Wie sprechen sie?
> • In welcher Beziehung stehen sie zueinander?
> • Welcher Konflikt wird zwischen ihnen ausgetragen?

1. Welche Bilder entstehen in deiner Vorstellung nach dem Lesen dieser Geschichte?
2. Kläre die Situation, in der sich Jürgen befindet.
3. Erkläre, welche Rolle der Mann spielt. Welche Funktion hat seine Aussage: „Nachts schlafen die Ratten doch!"? (Z. 70 f.)
4. Stelle in einer Grafik dar, wie sich die Beziehung zwischen Jürgen und dem Mann entwickelt. Ergänze die Stationen und Textbelege.

Jürgen: Angst, Misstrauen
„Jetzt haben sie mich!" (Z. 5 f.)

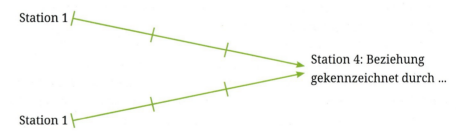

Mann: Interesse, Mitleid, ...
„Du schläfst hier wohl, was?" (Z. 11)

5. Stelle dar, inwiefern Aspekte der Biografie Borcherts in die Kurzgeschichte eingegangen sind (vgl. die Informationen auf S. 88).
6. Die Geschichte von Borchert ist über 70 Jahre alt. Sprecht darüber, wo und wann es auch heute noch solche Situationen gibt.

Das Schicksal von Kindern in Trümmerdeutschland

Nach dem Ende des Zweiten Weltkriegs und der nationalsozialistischen Gewaltherrschaft – die verheerende Bilanz waren etwa 55 Millionen Tote, 35 Millionen Verwundete und rund 6 Millionen ermordete Juden – war Europa schwer vom Krieg gezeichnet. Auch Deutschland lag 1945 in Trümmern. Viele Städte waren insbesondere durch Fliegerbomben völlig zerstört. Familien wurden durch Flucht und Vertreibung auseinandergerissen, Väter waren im Krieg getötet worden, vermisst oder in Gefangenschaft geraten. Die Kinder wuchsen in Ruinen und Notunterkünften auf und waren häufig unterernährt; es mangelte überall an Nahrung, Wasser, Heizmaterial, Kleidung und Medikamenten.

Was als Spiel begann ...

Der Zweite Weltkrieg dehnte sich nach dem deutschen Angriff auf Polen 1939 schnell auf ganz Europa aus. Menschen in England, Frankreich und Polen, in der Ukraine oder in Weißrussland hatten sehr bald unter den Folgen von Krieg und Naziterror zu leiden. Für viele deutsche Kinder erschien der Krieg zunächst noch als ein abenteuerliches Spiel. Der Vater in Uniform war der Größte und wurde entsprechend bewundert. Kinder spielten mit Kanonen und bewaffneten Soldaten, stimmten Kriegslieder an und waren stolz auf ihre Sammelbilder ranghoher Militärs. Die Nationalsozialisten unterstützten diese Entwicklung: In der Hitlerjugend wurden tapfere Soldaten als Vorbilder gefeiert, Heldenmut und Kampfgeist gefördert. Aber auch die Kirche tat das ihre, dort hieß es: Beten für Führer, Volk und Vaterland. Kinder waren einer solchen Erziehung und Propaganda hilflos ausgeliefert. Woher sollten sie auch wissen, was Krieg bedeutet?

Bombennächte im Luftschutzkeller

Selbst den ersten Bombenalarm empfanden viele Kinder noch als Abenteuer. Doch mit den häufiger und heftiger werdenden Luftangriffen wuchs die Todesangst. Brennende Häuser, von Bomben zerstörte Gebäude, unzählige Tote und Verwundete – all das mussten auch Kinder mit ansehen und verkraften. Viele verbrachten über mehrere Jahre hinweg ihre Nächte im Luftschutzkeller. Tausende von ihnen wurden „ausgebombt", verloren bei den Angriffen all ihr Hab und Gut, ihr Zuhause oder sogar ihre Eltern. Der Krieg war nun auch für die Kinder zum Kampf um das blanke Überleben geworden.

1. Vergleiche diese Informationen mit der Kurzgeschichte *Nachts schlafen die Ratten doch* von Wolfgang Borchert.
Inwiefern tragen sie dazu bei, die Situation und Beziehung zwischen den beiden Figuren genauer zu verstehen?

About a girl
Katrin Laskowski

Ein schriller Pfiff ertönte, und ein blauer, schillernder Vogel, kleiner als ein Spatz, sauste über den Bach.
Er ließ mich kurzzeitig vergessen, wie öde es hier war. „Ein Eisvogel", sagte Mama. „Ein Juwel des Himmels. Glitzernd wie ein Diamant. Ich habe schon so lange keinen mehr gesehen. Ist das nicht wunderschön hier, Lia?"
Der Zauber war verflogen. Ich nickte ohne Überzeugung, ich wollte Mama nicht enttäuschen. In diesem Moment hätte ich mit Papa und seiner neuen Freundin am Pool liegen können. Auf einer Insel im Mittelmeer, umgeben von fröhlichen, braun gebrannten Menschen statt von Eisvögeln.
Doch ich wollte Mama nicht im Stich lassen. Sie hatte so viel geweint in den letzten Wochen, ich war voller Sorge, sie könnte sich in diesem verlassenen Bootshaus am Ende der Welt etwas antun. Und nun? Alles hatte sich ins Gegenteil verkehrt. Mama wirkte ausgeglichen und fröhlich wie lange nicht mehr, während ich immer *griesgrämiger* wurde. Missmutig, übellaunig, verdrossen, gereizt, ich liebe solche antiquierten Wörter.
„Du bist in der falschen Zeit geboren", behauptet meine Freundin Anne an solchen Stellen immer. *Griesgrämig* traf allerdings exakt meinen derzeitigen Gefühlszustand. „Ohne ersichtlichen Grund schlecht gelaunt, unfreundlich, mürrisch und dadurch eine Atmosphäre der Freudlosigkeit und Unlust verbreitend." So beschreibt es der Duden.
Vielleicht besuchten uns nachher ein paar Ringelnattern oder ein paar Enten. Auf andere Gäste konnten wir nicht hoffen, denn die Siedlung war wie ausgestorben. Drift an der Warthe, so hieß das Nest, in dem ich den Rest meiner Ferien verbringen sollte. Langweilig, langweiliger, am langweiligsten. Gäbe es noch eine vierte Steigerungsstufe, dann müsste sie *Drift* heißen. Mindestens.
Das Ende der zivilisierten Welt lag genau hier, wo es noch nicht einmal ein Netz gab. Trotzdem war ich froh, dass ich mein Smartphone dabeihatte. Dort war der komplette Duden abgespeichert und jede Menge Musik. Musik aus der „Steinzeit" natürlich, wie meine Freundin Anne meint. Kurt Cobain[1] und Nirvana. Vergangenes Jahrtausend.
Meine Liebe zu alten Wörtern und Kurt Cobain habe ich von Papa mitbekommen. Er hat uns verlassen, Mama und mich, und manchmal hasse ich ihn dafür. Wenn ich in den Spiegel schaue, sehe ich, wie ähnlich ich ihm bin mit meinen limonengrünen Augen und dem dunkelblonden, dichten Haar, das ich am liebsten hochstecke. Dann möchte ich mich auch hassen, aber ich kann es nicht. Weder das, was er mir beigebracht hat, noch das, was ich bin. Lia Hansen, vierzehn Jahre alt und manchmal aus der Zeit gefallen. Im langweiligsten Sommer meines Lebens.
Mama döste auf dem Liegestuhl und ich sprang vom Steg hinunter in das kühle Wasser und schwamm flussabwärts. Die Strömung der Warthe war ziemlich stark, sie machte es mir leicht voranzukommen. Bald legte ich mich auf den

[1] **Kurt Cobain** (1967–1994): Sänger und Gitarrist der Rockband Nirvana

Rücken, schloss die Augen und ließ mich vom Wasser tragen. Die Sonne brannte in mein Gesicht. Als ich die Augen wieder öffnete, war ich schon so weit abgetrieben, dass ich das Bootshaus nicht mehr sah. Die Uferlandschaft an den Seiten des Flusses erschien mir vollkommen fremd. Ein Anflug von Panik stieg in mir hoch, ich unterdrückte ihn rasch. Es gab nichts zu befürchten. Wenn ich flussaufwärts schwamm, an der nächsten Biegung vorbei, würde ich mich wieder zurechtfinden. Doch gegen die Strömung hatte ich keine Chance. Ich schwamm mit letzter Kraft ans Ufer.

Barfuß an einem Flussufer entlangzumarschieren, ist kein Spaziergang. Es war fast so schlimm, als würde ich über glühende Kohlen laufen. Brennnesseln und dichtes Gestrüpp machten das Weiterkommen fast unmöglich. Hatte ich jemals geglaubt, ich würde mich in diesem Sommer zu Tode langweilen? Davon konnte jetzt nicht mehr die Rede sein. Komischerweise gefiel mir das aber auch nicht. Lieber hätte ich die Langeweile in Kauf genommen. Und nun erwartete mich auch noch ein breiter Schilfgürtel. Ich betrachtete meine Füße. Sie waren rot und so angeschwollen, dass mir wahrscheinlich kein einziger Schuh mehr passen würde. Ich arbeitete mich durch das Schilf. Endlich erblickte ich etwas, das mein Herz vor Aufregung schneller schlagen ließ. Ein Boot. Ein kleines, altes Ruderboot, das offenbar niemandem gehörte. Es schien funktionstüchtig zu sein und die Ruder waren auch noch da. Ich überlegte, ob es kriminell war, wenn ich es mir kurz ausleihen würde.

Plötzlich ein Rascheln im Schilf. Jemand klopfte mir auf die Schulter. „Was machst du denn da?"

Ich fuhr herum, und meine Knie wurden weich. Nicht nur, weil ich mich ertappt fühlte. Da stand der Junge meiner Träume, und ich sah aus wie eine Vogelscheuche. In meinem Kopf klickte ein Schalter und schon begann er zu leuchten wie eine Glühbirne. Es war so peinlich, dass ich kein Wort herausbrachte.

„He, hat's dir die Sprache verschlagen?"

„Nein", krächzte ich und dachte: „Aber mein Verstand wurde ausgeschaltet. Eben gerade." Verstand aus, Glühbirne an, roter Kopf und butterweiche Knie. So schnell ging das. Genau wie der Junge vor mir musste Kurt Cobain ausgesehen haben, als er noch ein Teenager war. Fünfzehn oder sechzehn Jahre alt vielleicht. Das Nirvana, unerreichbar für mich. Er trug eine Kameratasche über der Schulter und ich fragte mich, wozu man in dieser gottverlassenen Gegend eine Kamera brauchte.

Langsam fand ich meine Sprache wieder. „Ich habe mich verirrt."

„Verirrt? Im Schilf?" Er sah mich an, als prüfte er, ob ich eventuell schwachsinnig sein könnte, und weil mir nichts Besseres einfiel, reagierte ich mit einer Gegenfrage. „Wie bist *du* eigentlich hierhergekommen?"

„Ich hab ein Rascheln im Schilf gehört. Ich dachte, es könnte ein Fischotter sein oder so was. Wir zelten hier, ganz in der Nähe."

„Ihr zeltet hier? Freiwillig? In dieser Einöde?" Wieder sah er mich prüfend an. Diesmal nicht wie eine Geisteskranke, sondern wie jemanden, der einen gerade

Eine Figurencharakterisierung schreiben | Kurzprosa

tief enttäuscht. Am liebsten hätte ich die letzten Worte wieder in meinen Mund zurückgestopft. Doch das ging leider nicht. Und so lächelte ich ihn standhaft an und hoffte, dass sich unser Gespräch irgendwann zu meinen Gunsten drehen würde. Ich konnte ja nicht immer nur Minuspunkte sammeln.

„Es ist ein Filmcamp", erklärte er. „Wir drehen Naturfilme. Und eigentlich finde ich es hier ziemlich cool. Ich habe schon einen Eisvogel gefilmt."

„Ich hab vorhin einen gesehen", sagte ich. „Mama meint, er sieht aus wie ein fliegender Diamant. Oder ein Himmelsjuwel." *Mama*, na klar. Ich ritt mich immer tiefer hinein. Der Junge vor mir musste mich mittlerweile nicht nur für oberflächlich, sondern auch noch für ein hirnloses Baby halten.

Doch entgegen meiner Erwartung schien Kurt, oder wie immer er heißen mochte, ganz begeistert zu sein. „Das muss ich mir merken. Ich brauche noch einen Filmtitel. Ein Juwel des Himmels. Hört sich toll an!"

Ich merkte, wie ich trotz des herrlichen Sonnenscheins zu zittern begann. Wenn das so weiterging, würde ich krank werden, noch bevor ich den bestaussehenden Jungen unseres Planeten näher kennenlernen konnte. Vermutlich hatte ich keine Chance bei ihm. „Hilf mir, das Boot ins Wasser zu lassen!", bat ich.

„Ist das deins?"

„Ich bringe es wieder zurück, das schwöre ich."

„Was willst du denn damit?"

„Zurück in unser Ferienhaus. Ich muss flussaufwärts rudern."

„Flussaufwärts?" Ich wusste, was er dachte. Das schafft die nie. Ich glaubte ja selbst kaum daran, so schwach, wie ich mich fühlte.

Endlich fragte er: „Wie heißt du eigentlich?"

„Lia", antwortete ich. „Und du?"

„Nick. Wir haben Fahrräder im Camp, Lia. Du könntest mitkommen und dir eins ausleihen. Das ist leichter, als gegen die Strömung zu rudern. Ein Paar Schuhe finden wir auch noch für dich. Oder besser, ich begleite dich und liefere dich persönlich bei deiner Mutter ab. Du siehst ziemlich ..." Er musterte mich abschätzend, als fiele ihm das richtige Wort nicht ein. „... mitgenommen aus?", half ich vorsichtig.

Er sagte: „Genau. Mitgenommen. Also, Lia, wie findest du meinen Vorschlag?"

„Hört sich gut an!"

„Na, dann! Wenn du einen Moment Zeit hast, ich muss den Film noch voll kriegen. Warte auf mich! Dauert nicht lange."

Beinahe lautlos verschwand er im Schilf. Mir aber wurde plötzlich ganz warm ums Herz, und diese Wärme breitete sich in meinem ganzen Körper aus und sorgte dafür, dass ich zu zittern aufhörte. Ich fror nicht mehr und fühlte mich ganz *beschwingt*. Leicht, schwungvoll, heiter, beflügelt. Glückselig.

Vielleicht würde dieser Sommer gar nicht der langweiligste, sondern der aufregendste meines Lebens werden. Ich begann leise zu summen. „About a girl"[2]. Was für ein Tag!

[2] **About a girl** = Songtitel von Nirvana

1. Charakterisiere Lia schriftlich. Nimm das Merkblatt zu Hilfe.

Merkblatt zur Figurencharakterisierung

Vorarbeiten

Das Ziel einer Figurencharakterisierung ist, eine literarische Figur genauer zu verstehen. Dazu musst du zuerst den Text gründlich lesen. Anschließend markierst du alle Textstellen, die etwas über die Figur aussagen. Sammle alle äußeren und inneren Merkmale am besten in einer Tabelle. Dabei kann dir die Mindmap helfen.

ACHTUNG! Unterscheide die Techniken der Figurencharakterisierung im Text:
- **Explizite Charakterisierung** im Text durch den Erzähler, durch andere Figuren oder durch die Figur selbst.
- **Implizite Charakterisierung** durch die Schilderung des Verhaltens oder der Beziehungen. Bei impliziter Charakterisierung musst du selbst Charaktereigenschaften ableiten.

Mindmap: Aspekte der Figurencharakterisierung

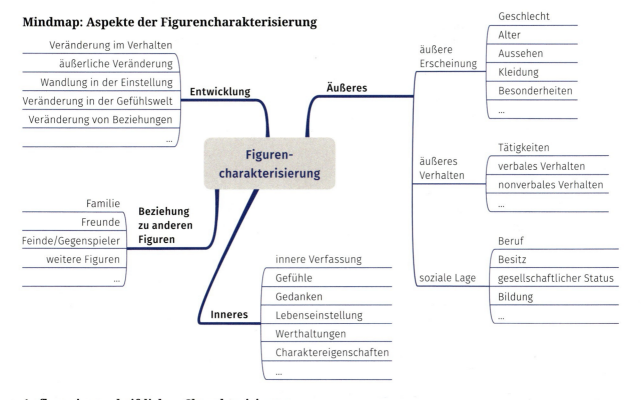

Aufbau einer schriftlichen Charakterisierung

Einleitung	Basissatz mit Informationen zu Autor, Titel, Textsorte, Erscheinungsjahr, Thema, Bedeutung der Figur
Hauptteil	Strukturierte Charakterisierung der Figur (von außen nach innen); Aussagen werden am Text belegt
Schluss	Abschließende Beurteilung der Figur; wie wirkt die Figur auf mich?

TESTE dich ✓

Überprüfe dein Wissen und Können, indem du hier die Testaufgaben bearbeitest.

Ich kann ...	Können	Hilfe	Training
Äußeres und Inneres einer Figur beschreiben.	😀 😉 😳	S. 83 f.	S. 97

Testaufgabe 1
Schreibe alle äußeren und inneren Merkmale heraus, die du über die Ich-Erzählerin Holly erfährst.

Eine Insel für uns allein: Was ihr über mich wissen müsst
Sally Nicholls

Ich heiße Holly Theresa Kennet. Das hier ist mein erstes Buch, was niemanden zu wundern braucht, ich bin nämlich erst dreizehn. Aber ich habe viele Bücher gelesen und weiß, dass man am Anfang erst mal die Personen vorstellt. [...] Nehmen wir mal an, ich hätte ein Foto von mir und meinen Schulfreunden vor mir liegen, das im letzten Jahr gemacht
5 wurde, kurz vor Beginn dieser Geschichte. (Inzwischen sehe ich natürlich anders aus. Ich lasse mir die Haare wachsen, nur so zum Beispiel.) Welche Schlussfolgerungen kann man über mich ziehen, wenn man das Bild genau genug betrachtet? Na ja, klar ist schon mal, dass ich auf dem Bild so um die zwölf Jahre alt bin und auf die St. Augustine's Academy gehe, weil ich diese scheußliche Schuluniform anhabe, in der ich wie eine Pflaume aus-
10 sehe, und vielleicht kann man auch erkennen, dass ich mich nicht groß um mein Aussehen kümmere, ich habe nämlich so einen Straßenköter-Haarschnitt und mir fällt der Pony in die Augen, weil ich schon seit Ewigkeiten nicht mehr beim Friseur war, und außerdem bin ich im Gegensatz zu Sufiya und Kali nicht geschminkt, während die beiden Make-up und Ohrringe tragen und künstliche Nägel und Haarspray und noch viel mehr Zeug haben,
15 das an unserer Schule eigentlich verboten ist, was aber keinen groß kümmert. Man kann auch sehen, dass Issy und ich die einzigen Weißen auf dem Foto sind, und das verrät wohl ein bisschen was über unser Stadtviertel. Unsere Wohnung ist klein und liegt über einem Frittenladen, in einer Gegend von London, die dafür bekannt ist, dass sie – keine Ahnung – besonders bunt gemischt und multikulti ist und dass es da tolle Lebensmittelläden und Lo-
20 kale gibt oder so. Und es gibt wirklich tolle Läden und Lokale. Bei uns in der Gegend kann man alle möglichen Köstlichkeiten kaufen, zum Beispiel Baklava und Granatäpfel und Sharonfrüchte, klebrige indische Süßigkeiten und Säcke voll Reis, die total billig sind. Man findet Läden mit Saris in hundert verschiedenen Farben, Läden mit polnischen Lebensmitteln, Cafés mit orientalischen Wasserpfeifen und jede Menge Sachen in der Art.

Ich kann ...	Können	Hilfe	Training
explizite und implizite Charakterisierung unterscheiden.	😀 😉 😳	S. 86 f.	S. 97

Testaufgabe 2
Prüfe folgende Eigenschaften, ob sie explizit im Text genannt werden oder ob du sie implizit erschließen kannst. Belege mit geeigneten Textstellen.

a) Holly ist Schriftstellerin.
b) Holly mag ihre Schuluniform nicht.
c) Holly lebt gerne in ihrem Stadtviertel.
d) Holly hat Humor.

So kannst du dein Wissen anwenden und deine Fähigkeiten trainieren:

Mittagspause
Wolf Wondratschek

Sie sitzt im Straßencafé. Sie schlägt sofort die Beine übereinander. Sie hat wenig Zeit. Sie blättert in einem Modejournal. Die Eltern wissen, dass sie schön ist. Sie sehen es nicht gern.
Zum Beispiel. Sie hat Freunde. Trotzdem sagt sie nicht, das ist mein bester Freund, wenn sie zu Hause einen Freund vorstellt.
Zum Beispiel. Die Männer lachen und schauen herüber und stellen sich ihr Gesicht ohne Sonnenbrille vor.
Das Straßencafé ist überfüllt. Sie weiß genau, was sie will. Auch am Nebentisch sitzt ein Mädchen mit Beinen. Sie hasst Lippenstift. Sie bestellt einen Kaffee. Manchmal denkt sie an Filme und denkt an Liebesfilme. Alles muss schnell gehen.
Freitags reicht die Zeit, um einen Cognac zum Kaffee zu bestellen. Aber freitags regnet es oft. Mit einer Sonnenbrille ist es einfacher, nicht rot zu werden. Mit Zigaretten wäre es noch einfacher. Sie bedauert, dass sie keine Lungenzüge kann.
Die Mittagspause ist ein Spielzeug. Wenn sie nicht angesprochen wird, stellt sie sich vor, wie es wäre, wenn sie ein Mann ansprechen würde. Sie würde lachen. Sie würde eine ausweichende Antwort geben. Vielleicht würde sie sagen, dass der Stuhl neben ihr besetzt sei. Gestern wurde sie angesprochen.
Gestern war der Stuhl frei. Gestern war sie froh, dass in der Mittagspause alles sehr schnell geht.
Beim Abendessen sprechen die Eltern davon, dass sie einmal jung waren. Vater sagt, er meine es nur gut. Mutter sagt sogar, sie habe eigentlich Angst. Sie antwortet, die Mittagspause ist ungefährlich. Sie hat mittlerweile gelernt, sich nicht zu entscheiden. Sie ist ein Mädchen wie andere Mädchen. Sie beantwortet eine Frage mit einer Frage. Obwohl sie regelmäßig im Straßencafé sitzt, ist die Mittagspause anstrengender als Briefeschreiben. Sie wird von allen Seiten beobachtet. Sie spürt sofort, dass sie Hände hat. Der Rock ist nicht zu übersehen. Hauptsache, sie ist pünktlich. Im Straßencafé gibt es keine Betrunkenen. Sie spielt mit der Handtasche. Sie kauft jetzt keine Zeitung.
Es ist schön, dass in jeder Mittagspause eine Katastrophe passieren könnte. Sie könnte sich sehr verspäten. Sie könnte sich sehr verlieben. Wenn keine Bedienung kommt, geht sie hinein und bezahlt den Kaffee an der Theke.
An der Schreibmaschine hat sie viel Zeit, an Katastrophen zu denken. Katastrophe ist ihr Lieblingswort. Ohne das Lieblingswort wäre die Mittagspause langweilig.

1. Fasse den Inhalt der Kurzgeschichte knapp zusammen.
2. Charakterisiere die Hauptfigur, das Mädchen.
3. Formuliere eine Deutung, warum „Katastrophe" (Z. 53) ihr Lieblingswort ist.

Texte und Medien

Das Haus gegenüber

Novelle

1. Beschreibt die Häuser. Welche Besonderheiten fallen euch auf?
2. Stellt Vermutungen zur Lebenssituation und zum Charakter der Bewohner an. Teilt dazu die Klasse in zwei Gruppen. Die eine Gruppe bearbeitet die Fragen zu Haus A, die andere zu Haus B.
   - Genießen die Bewohner gesellschaftliches Ansehen?
   - Welchen Beruf könnten die Bewohner haben?
   - Wie kleiden sich die Bewohner?
   - Wie könnte der Alltag der Bewohner aussehen?
3. Vergleicht eure Vermutungen und besprecht, wie die Bewohnergruppen zueinander stehen.

> Novelle | Novellenmerkmale wiederholen

1. Lies den folgenden Textauszug aus der Novelle „Das reiche Haus gegenüber" von Joseph Roth.

Das reiche Haus gegenüber
Joseph Roth

Sein braunes Tor war geschlossen und hatte in der Mitte einen goldenen Knauf, der das Licht der Sonne […] widerstrahlte, […] sodass ich gleichsam durch seine liebenswürdige Vermittlung die Sonne kennenlernte, die mein Hotel vernachlässigte und sich ganz dem reichen Haus gegenüber zugewendet hatte.

2. Beschreibe, was du mit dem Titel „Das reiche Haus gegenüber" verbindest. Was erfährst du außer dem Titel noch aus dem Novellenauszug?

3. Stelle Vermutungen zum Inhalt der Novelle an. Notiere deine Ideen und vergleiche sie mit denjenigen eines Lernpartners. Besprecht Gemeinsamkeiten und Unterschiede.

4. Erinnert euch an die Merkmale der Novelle, indem ihr die Lücken (Fragezeichen) mit den passenden Begriffen aus dem Wortspeicher ergänzt.

Die Novelle gehört zu den **?** erzählenden Texten. Aufgrund besonderer Kennzeichen kann man sie von anderen epischen Formen unterscheiden: In der Novelle muss etwas **?** passieren und dies könnte sich **?** haben oder zumindest möglich sein.
Das Wort Novelle kommt von dem italienischen novella = (kleine) **?**.
Die Novelle hat einen **?** Aufbau und wird mit Blick auf das Wichtigste ohne Nebenhandlungen oder Abschweifungen erzählt. Außerdem muss die Handlung einen deutlichen **?** aufweisen.
Am Ende der Novelle steht ein **?** Schluss, der alle wichtigen Fragen klärt.

> tatsächlich ■ eindeutig ■ Höhe- und Wendepunkt ■ umfangreich ■ etwas Besonderes, Aufsehenerregendes ■ Neuigkeit ■ klar und geradlinig

5. Der 1939 geborene Psychoanalytiker und -therapeut Tilman Moser sagt: „Jeder Mensch ist eine Novelle." Überprüfe anhand der Merkmale, wie dies gemeint sein könnte.

Das kannst du jetzt lernen!
- Erzählende Texte genau zu lesen und wesentliche Elemente zu erfassen ..... S. 104
- Die Raumgestaltung in erzählenden Texten zu untersuchen ..... S. 105
- Literarische Figuren anhand geeigneter Textstellen zu charakterisieren ..... S. 106
- Erzählzeit und erzählte Zeit zu unterscheiden ..... S. 108
- Den Bauplan einer Novelle zu untersuchen ..... S. 109
- Merkmale der Novelle zu untersuchen ..... S. 110
- Symbole im Text zu erkennen und zur Interpretation zu nutzen ..... S. 111
- Eine Deutungshypothese zu formulieren ..... S. 113

Die Novelle lesen und verstehen

Das reiche Haus gegenüber – Novelle: (1928)
[Auszug 1]
Joseph Roth

Joseph Roth, Dichter, Publizist und bedeutender, deutschsprachiger Erzähler. Roth wurde 1894 im galizischen Brody bei Lemberg (Lwiw) geboren und starb 1939 im Pariser Exil an den Folgen einer Lungenentzündung und seiner schweren Alkoholsucht. Er lebte viele Jahre seines Lebens in Hotels und arbeitete und schrieb häufig in Cafés. Im Zentrum seiner Werke stehen der Verlust von Heimat, Entwurzelung und das Gefühl von Verlorensein, z. B. im 1932 erschienenen „Radetzkymarsch".

Ich war um jene Zeit, in der ich das Folgende erlebt habe, nicht reich und nicht arm. Es ging mir nicht so schlecht, dass ich etwa im Anblick reicher Häuser und Menschen dem Neid anheimgefallen wäre, den man den Trost der Armen nennt. Es ging mir andererseits nicht so gut, dass ich im Anblick des Reichtums gleichgültig hätte bleiben können. Ich befand mich vielmehr gerade in jener Situation, in der man die Nähe des Reichtums freiwillig aufsucht, in einer Art geheimer und sorgfältig vor sich selbst verschwiegener Hoffnung, dass man einmal oder sogar bald selbst sich seiner wird bedienen können. Ich befand mich in einer Lage, in der ich die arme Umgebung, das Viertel der Not, die engen und schmutzigen Gassen nicht mehr ertragen zu können glaubte.

1. Lies den Anfang von Joseph Roths Novelle und beschreibe die innere Verfassung des Ich-Erzählers.
2. Stelle dir vor, du triffst diesen Menschen. Was könnte er tun, um seine Lage zu ändern? Gib ihm einen Rat.

Ich beschloss, in eine Gegend zu übersiedeln, deren Name allein schon so glanzerfüllt war wie die Macht ihrer Bewohner. Sooft dieser Name ausgesprochen oder gelesen wurde, schien er nicht ein einziges Stadtviertel zu kennzeichnen, sondern ein ganzes, fremdes und fernes Reich, in dem es unmöglich war, einen Notleidenden zu finden. Man vergaß, dass auch in diesem Viertel Beamte, Hausbesorger und dienendes Volk, kleine Krämer und Handwerker wohnen mussten. Der Name des Viertels überglänzte die Armut der Armen, und wenn ich damals etwa einen von ihnen getroffen hätte, ich wäre niemals auf den Gedanken gekommen, dass er dort wohnen könnte, wo die großen Herausgeber der Zeitungen, die Bankiers und die Fabrikanten ihre stolzen Häuser hatten.

Ich fand ein kleines Hotel, das sich von all den anderen, die ich früher bewohnt hatte, nur dadurch unterschied, dass es in einem reichen Viertel stand. Meine Nachbarn waren herabgekommene Reiche, welche die Nähe des Geldes nicht aufgeben wollten, weil sie offenbar glaubten, sie brauchten in einem geeigneten Augenblick weniger Zeit und Umwege, um es wieder zu erreichen. So ähnlich bleibt ein Hund, den man aus einem Zimmer verweist, immer noch in der Nähe der Tür, durch die er das Zimmer hatte verlassen müssen.

Die innere Verfassung einer Figur erschließen → S.89

Das reiche Haus gegenüber – Novelle: (1928) [Auszug 2]
Joseph Roth

Meinem kleinen und schmalen Fenster gegenüber stand ein großes und breites Haus. Sein braunes Tor war geschlossen und hatte in der Mitte einen goldenen Knauf, der das Licht der Sonne einfing, verstärkte und widerstrahlte, sodass es aussah, als wäre er keineswegs dazu da, eine Klinke zu ersetzen, sondern einen Schein-
5 werfer zu spielen, dessen Licht geradewegs zu mir ins Fenster sprühte, sodass ich gleichsam durch seine liebenswürdige Vermittlung die Sonne kennenlernte, die mein Hotel vernachlässigte und sich ganz dem reichen Haus gegenüber zugewendet hatte. Vor den Fenstern des Hauses hingen verschwiegene Jalousien – den ganzen Tag. Manchmal verwendete ich zwei Stunden und mehr darauf, das große braungelbe Tor
10 zu überwachen, in der Hoffnung, dass ich einen Ein- und Ausgehenden bemerken könnte. Es schien mir unbedingt wichtig, meine reichen Nachbarn kennenzulernen. Denn ich konnte nicht den ganzen Tag oder gar Tag für Tag meinen Augen gegenüber ein Geheimnis wissen, das eigens, um mir Unruhe zu bereiten, aufgebaut schien. Aber das Tor ging nicht auf. Es wurde Nacht und ich legte mich schlafen.

1. Markiere alle Textstellen, die Aufschlüsse über den Ort des Geschehens geben. Suche Schlüsselbegriffe, die etwas über die Atmosphäre aussagen. Achte auf Einzelheiten wie Farben und Kontraste.
2. Kläre, welche Bedeutung die Räume und Orte in der Novelle haben. Analysiere dazu die Raumgestaltung mit Hilfe des Infokastens.
3. Erstelle eine Skizze des Schauplatzes.

Info

In vielen Erzählungen unterstützt die **Raumgestaltung** die Wirkung und Aussage des Textes. Dazu gibt es z. B. folgende Möglichkeiten:
1. Bestimmte landschaftliche, kulturelle oder soziale Räume werden als das **Gegenteil** voneinander dargestellt, z. B. enge Täler – weite Meere, Stadt – Land, arm – reich.
2. **Kontraste** werden betont, z. B. eng – weit, nah – fern, außen – innen.
3. Bestimmten Räumen wird eine **Funktion** zugesprochen, z. B. Orte des Glücks, Orte der Kindheit, Orte der Ruhe usw.
4. Räume werden **detailreich** und **anschaulich** geschildert mit Gegenständen, die eine bestimmte Bedeutung haben, z. B. für eine bestimmte Gesellschaftsschicht stehen.
5. Beschreibt ein personaler Erzähler einen Raum, so drückt dies häufig die **Stimmungen und Gefühle** aus, die er mit dem Raum verbindet.

Das reiche Haus gegenüber – Novelle: (1928) [Auszug 3]
Joseph Roth

In der Frühe erwachte ich von einem fröhlichen und geschäftigen Lärm. Ich blickte zum Fenster hinaus. Das Haus gegenüber hatte alle seine Fenster geöffnet und das Tor auch. Livrierte und weißbeschürzte Männer und Frauen putzten Möbel und Fensterscheiben, klopften Teppiche, lüfteten Polster, rieben Messingstangen und bohnerten die Dielen. Ich sah Fenster, groß und breit wie Portale, ahnte die stille Tiefe reicher und weiter Zimmer, den stillen und vornehmen Glanz kostbarer Gegenstände, glaubte sogar den Duft des Holzes zu riechen, der von den Möbeln kam, und hörte den diensteifrigen Gesang eines Stubenmädchens, das einen alten Gassenhauer hinschmetterte wie einen harten, metallenen Gegenstand.

Eine Stunde später waren Fenster und Tor wieder geschlossen, das Haus war verlassen. Die Diener mussten durch einen rückwärts gelegenen, eigens für sie bestimmten Ausgang fortgegangen sein. Die Jalousien hingen verschwiegen und stolz in den Fenstern.

Jeden Morgen wiederholte sich dasselbe. Zwei Monate lang. Der Winter verging. Immer strahlender und heißer brannte die Sonne im goldenen Knauf des Tores, ja, in der Mittagsstunde war es, als ob er schmelzen wollte, und schon glaubte ich zu hören, wie er in klingenden Tropfen auf das Pflaster herunterfiel, wie Siegellack auf einen Brief. Aber das Tor blieb geschlossen.

5

10

 1. Untersuche, wie sich der Ich-Erzähler in der Novelle darstellt. Suche Textstellen, die etwas über sein Aussehen, sein Verhalten und seine Handlungen aussagen, und leite daraus Charaktereigenschaften ab.
Trage das Ergebnis in eine Tabelle nach dem unten stehenden Muster ein.

Zeile	wörtliches Zitat/Inhalt	Charakterisierung
1 (AZ 1)	„… nicht reich und nicht arm."	durchschnittliche, alltägliche Person
2/3 (AZ 1)	„dem Neid anheimgefallen […] im Anblick des Reichtums gleichgültig"	unentschieden, unehrlich zu sich selbst?
5/6 (AZ 1)	„… Situation, in der man die Nähe des Reichtums freiwillig aufsucht …"	…

 2. Vergleicht eure Tabellen und ergänzt sie.
3. Untersuche die sprachliche Gestaltung der Textstelle. Suche nach Vergleichen, Modalitäten und Möglichkeitsformen.
4. Beschreibe die Wirkung, die diese sprachliche Gestaltung hat.

Explizite und implizite Chrakterisierung unterscheiden → S. 90 f.
Modalität → S. 236 ff.

Das reiche Haus gegenüber – Novelle: (1928) [Auszug 4]
Joseph Roth

Ich fragte meine Wirtin. Drüben, sagte sie, wohne ein alter Herr, der jedes Jahr für zwei Monate komme. Bald würde er da sein. Eines Tages war er da. Er glitt langsam in einem großen, schwarzen Auto durch das weit geöffnete Tor. Am Nachmittag erschien er auf dem Balkon. Er stützte sich auf einen Stock, eine Dogge begleitete ihn langsam, als erfülle sie ein Zeremoniell, er trug eine weiße Weste und einen braunen Rock, und sein Gesicht war zart, schmal, grau, bartlos. Seine Nase scharf und hart, wie der Rand einer sonderbaren Waffe. Seine Augen waren grau, schmal und sahen geradewegs zu mir herüber, ohne es sich merken zu lassen. Es war, als hätten sie nicht Bilder der Außenwelt dem Bewusstsein des Alten zu vermitteln, sondern als förderten sie Bilder, die sie im Inneren verwahrt hatten, wieder auf ihre eigene Netzhaut. Jeden Nachmittag erschien der Alte auf dem Balkon. Ein Diener brachte ihm einen Mantel. So stand der Herr und sah zu mir herüber.

Eines Tages, es war etwa eine Woche seit seiner Ankunft vergangen, grüßte ich den alten Herrn. Er erwiderte, zögernd, aber deutlich. Wir sahen einander an. Ehe er den Balkon verließ, nickte er mir zu, aber hastig. Und jeden Tag, wieder sieben Tage lang, wiederholte sich dieselbe Szene. Etwa zehn Tage später starb der Herr. Plötzlich. In der Nacht. Meine Wirtin erzählte es mir. In der stillen Straße sprachen die kleinen Leute, ein Schuster, ein Kohlenhändler und die Hausbesorger vom Tod des alten Herrn. Ich sah das Leichenbegräbnis vom Fenster aus. Einen Augenblick lang überlegte ich, ob ich nicht zum Friedhof mitgehen sollte. Aber der feierliche Glanz der kühlen und stolzen Leidtragenden schreckte mich ab.

Das Haus blieb still und geschlossen. Ich dachte gerade an die Grausamkeit des Alten, der so kühl und beinahe unmenschlich heimgekehrt war, weil sein Tod schon auf ihn gewartet hatte, und der wahrscheinlich ohne Liebe gewesen war und nur ein Verwalter seines Reichtums, als sich der bekannte Notar M. bei mir anmelden ließ, dessen Name ich wusste. Der Notar überreichte mir einen Brief und sagte mir, es sei ein Brief meines Nachbarn, dessen Testament gestern eröffnet worden wäre. Im Testament habe der alte Herr bestimmt, dass der Notar mir persönlich den Brief zu überreichen hätte. „Eine von seinen Marotten!", sagte der Notar und ging. Der Brief lautete: ...

1. Diskutiert Fragen, die der Brief beantworten muss, um die Handlung der Novelle zum Ende zu führen?
2. Verfasse den Brief, den der Notar dem Ich-Erzähler überbringt.
3. Vergleicht eure Briefe und besprecht, wie sich der jeweilige Inhalt auf den Ich-Erzähler auswirkt. Wie verändern sich jeweils die Wirkung und die Aussage der Novelle?
4. Lest das Ende der Originalnovelle und vergleicht es mit euren Ideen. Wie verändert sich jetzt die Aussage der Novelle?

Tipp

Das Ende der Novelle findest du auf der Seite 319.

Erzählzeit und erzählte Zeit unterscheiden | **Novelle**

Info

Zeitgestaltung:
In erzählenden Texten unterscheidet man **Erzählzeit**, also die Zeitspanne, die der Leser für die Lektüre eines Textes braucht, und **erzählter Zeit**, dem Zeitraum, über den sich die Handlung erstreckt. Es gibt drei Möglichkeiten der Zeitgestaltung:
Zeitdehnung: Die Handlung wird gedehnt und läuft in Zeitlupe ab bzw. kommt zum Stillstand. Wahrnehmungen, Gedanken und Gefühle während des Geschehens werden ausführlich geschildert.
Zeitraffung: Die Handlung wird gerafft, indem längere Zeiträume zusammengefasst werden. Die extremste Form ist der Zeitsprung.
Zeitdeckung: Erzählzeit und erzählte Zeit sind gleich lang. Dies ist z. B. bei der Wiedergabe von Dialogen der Fall.

[1] **Marsch** = durch Deichbau und Entwässerung dem Meer abgewonnenes Ackerland

[2] **Deich** = Schutzwall gegen Überschwemmungen

[3] **Hallig** = kleine, nicht eingedeichte Inseln an der Nordseeküste Schleswig-Holsteins und Dänemarks

1. Lies noch einmal den Anfang der Novelle (S. 104) und bestimme die Erzählform.
2. Erkläre in eigenen Worten, was man unter Zeitdehnung und Zeitraffung versteht (s. Infokasten). Wie verhält es sich dabei mit der Zeit, die für das Lesen benötigt wird, und dem Zeitraum, über den erzählt wird?
3. Untersuche den beschriebenen Ritt auf dem Deich aus der berühmten Novelle „Der Schimmelreiter" von Theodor Storm und bestimme die Zeitgestaltung.

Der Schimmelreiter (1888)
Theodor Storm

Zur Linken hatte ich jetzt schon seit über einer Stunde die öde, bereits von allem Vieh geleerte Marsch[1], zur Rechten, und zwar in unbehaglichster Nähe, das Wattenmeer der Nordsee; zwar sollte man vom Deiche[2] aus auf Halligen[3] und Inseln sehen können; aber ich sah nichts als die gelbgrauen Wellen, die unaufhörlich wie mit Wutgebrüll an den Deich hinaufschlugen und mitunter mich und das Pferd mit schmutzigem Schaum bespritzten; dahinter wüste Dämmerung, die Himmel und Erde nicht unterscheiden ließ; denn auch der halbe Mond, der jetzt in der Höhe stand, war meist von treibendem Wolkendunkel überzogen. Es war eiskalt; meine verklommenen Hände konnten kaum den Zügel halten, und ich verdachte es nicht den Krähen und Möwen, die sich fortwährend krächzend und gackernd vom Sturm ins Land hineintreiben ließen. Die Nachtdämmerung hatte begonnen, und schon konnte ich nicht mehr mit Sicherheit die Hufen meines Pferdes erkennen; keine Menschenseele war mir begegnet, ich hörte nichts als das Geschrei der Vögel, wenn sie mich oder meine treue Stute fast mit den langen Flügeln streiften, und das Toben von Wind und Wasser. Ich leugne nicht, ich wünschte mich mitunter in sicheres Quartier.

Szene aus „Der Schimmelreiter", Film 1934

4. Untersuche, in welchen Passagen des Textes das Geschehen gerafft wird und wo zeitdehnend erzählt wird. Notiere deine Ergebnisse mit Zeilenangaben.
5. Betrachtet die Textabschnitte genauer, in denen das Geschehen sozusagen in Zeitlupe abläuft (Zeitdehnung). Beschreibt, durch welche Mittel die Zeitdehnung entsteht und wie sie auf den Leser wirkt.
6. Verfasse selbst einen Text, in dem du die Zeit dehnst. Wähle eine alltägliche Handlung und dehne sie durch die Schilderung von Gedanken und Gefühlen. Sie kann auch zum Stillstand kommen.

Erzählen → S. 36 ff.

Wie baut man ein Haus?

Guten Tag,
ich bin von Beruf Architekt. Nach meinen Ideen und ▇▇▇▇▇▇ werden Häuser, Brücken, Türme, ja ganze Städte gebaut. Zunächst fertige ich eine ▇▇▇▇▇▇ an, wie das Haus später einmal aussehen soll. Dann fertige ich viele Zeichnungen an, in denen ich das Haus von allen Seiten, von oben, von hinten und natürlich von innen darstelle. Ich bestimme nicht nur, wo Türen zwischen zwei ▇▇▇▇▇▇ zu setzen sind, sondern auch, wie viele Fenster, Balkone, Dachgauben etc. ein Haus haben soll. Wichtig ist mir, dass die Bewohner des Hauses später in ihrem Haus wohnen können, dass alles dort ist, wo es gebraucht wird (z.B. ausreichend Steckdosen in der Küche und Wasser im Bad). Vor allem aber sollen die Bewohner sich in ihrem Haus ▇▇▇▇▇▇. Deswegen ist es mir auch ganz wichtig, dass das Haus insgesamt gut aussieht. Alles muss am Ende eine ▇▇▇▇▇▇ bilden: Die Hausfassade muss zur Straße passen, das Dach zum Haus und vor allem das Haus zu den Bedürfnissen seiner Bewohner.

1. Fülle die Lücken, indem du folgende Wörter einsetzt:
   wohlfühlen – Skizze – Räumen – Plänen – Einheit.
2. Besprecht, welche Parallelen es zwischen dem Beruf des Architekten und dem des „Dichters" gibt.

Auch Novellen haben einen Bauplan. Dieser Aufbau lässt sich grafisch wie folgt darstellen:

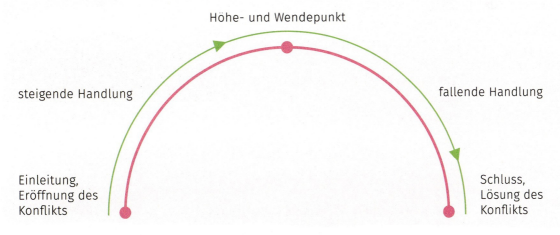

3. Überprüfe, ob die Novelle von Joseph Roth diesem Bauplan entspricht, indem du einzelne Textabschnitte dem Aufbau zuordnest.
4. Diskutiert, ob Roths Novelle dem idealtypischen Bild einer Novelle entspricht.

Merkmale der Novelle untersuchen | **Novelle**

eine sich ereignete unerhörte Begebenheit

1. Goethe bezeichnete die Novelle „als eine sich ereignete unerhörte Begebenheit" (Goethe, Gespräche mit Eckermann, 29. Jan. 1827).
   Was sagen die beiden Stichwörter „sich ereignete" und „unerhörte" über das Wesen der Novelle und ihrer Handlung aus?
2. Lies die unten aufgeführten Novellendefinitionen.

Die Novelle muss einen auffallenden Wendepunkt haben, „von welchem aus sie sich unerwartet völlig umkehrt". (Ludwig Tieck, 1829)

Die moderne Novelle verlangt „zu ihrer Vollendung einen im Mittelpunkt stehenden Konflikt, von welchem aus das Ganze sich organisiert, und demzufolge die geschlossenste Form und die Ausscheidung alles Unwesentlichen". (Theodor Storm, 1881)

Eine so einfache Form wird sich nicht für jedes Thema unseres vielbrüchigen modernen Kulturlebens finden lassen. Gleichwohl aber könnte es nicht schaden, wenn der Erzähler auch bei dem innerlichsten oder reichsten Stoff sich zuerst fragen wollte, wo „der Falke" sei, das Specifische, das diese Geschichte von tausend anderen unterscheidet. (Paul Heyse, 1871)

Novellen werden […] eine Art von Erzählungen, welche sich von den großen Romanen durch die Simplicität des Plans und den kleinen Umfang der Fabel unterscheiden […]. (Christoph Martin Wieland, 1772)

3. Jede dieser Definitionen nennt ein zentrales Gattungsmerkmal. Zeichne eine Tabelle in dein Heft und notiere alle Merkmale, die du jetzt kennst.

Novellen-merkmal	Beispiel aus „Das reiche Haus gegenüber"	Zitat
…	…	…

4. Analysiere die Novelle im Hinblick auf die Merkmale. Halte dein Ergebnis in Stichworten fest. Wenn möglich, belege mit einem Zitat.

Nachschlagen: Merkwissen → S. 290

Novelle | **Symbole und Leitmotive im Text erkennen**

1. Schreibe auf, was du siehst.
2. Notiere anschließend, woran du bei der Betrachtung denkst. Welche Dinge, Gefühle und Eigenschaften und Vorstellungen fallen dir ein?
3. Wähle ein Symbol aus und ordne deine Konnotationen, indem du einen Bedeutungsfächer anlegst. Orientiere dich an dem Beispiel.

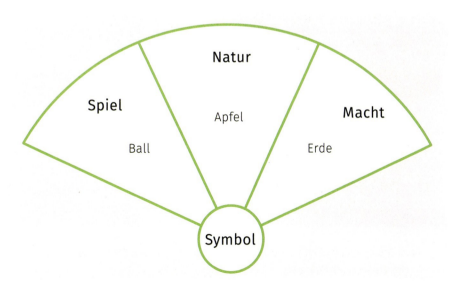

Denotation und Konnotation unterscheiden → S. 254

Symbole und Leitmotive im Text erkennen | **Novelle**

Sünde des Lebens
Hugo von Hofmannsthal

Reicher im goldnen Haus,
Fühlst du kein Schauern?
Dringt nicht ein Stimmgebraus
Dumpf durch die Mauern?
5 Die da draußen frierend lungern,
Dich zu berauschen, müssen sie hungern,
Ihre gierigen Blicke suchen dich,
Und ihr Hirn mit dumpfem, dröhnendem Schlag,
das schmiedet, das schmiedet den kommenden Tag.

> **Info**
>
> Wörter, Gegenstände und Vorgänge, die stellvertretend für einen höheren Bereich stehen, nennt man Symbol. Wird ein Gegenstand zum **Symbol** und erscheint er in einem literarischen Text wiederholt an wichtigen Stellen, so spricht man von einem **Dingsymbol** (auch: Falkenmotiv), das eine leitmotivische Rolle einnimmt.

4. Formuliere einen ersten Eindruck zu dem Gedicht.
5. Fasse den Inhalt des Gedichtes von Hugo von Hofmannsthal zusammen und notiere eine Deutungshypothese.
6. Beschreibe, für was das goldene Haus hier steht.
7. Gibt es Parallelen zu deinem Bedeutungsfächer?
8. Vergleiche das Gedicht mit der Novelle von Josef Roth und beschreibe Gemeinsamkeiten und Unterschiede. Berücksichtige dabei folgende Aspekte: Figuren, Figurenkonstellation, Gegenüberstellungen, Kontraste.

Der Falke

Das berühmteste Dingsymbol ist der Falke aus Boccacios Falkennovelle. Darin liebt der Ritter Federigo degli Alberighi die edle Giovanna ohne Gegenliebe zu finden und verzehrt in ritterlichem Aufwand sein ganzes Vermögen, sodass ihm nur ein einziger Falke mehr bleibt. Den setzt er, da er nichts anderes hat, seiner Dame, die ihn besuchen kommt, zum Essen vor. Giovanna aber hat sich zu diesem Besuch überwunden, da ihr Sohn erkrankt ist und im Fieberwahn nach dem Falken verlangt. Zwar stirbt das Kind, aber die Opferbereitschaft Federigos beeindruckt Giovanna so sehr, dass sie ihre Gesinnung ändert, Federigo zum Manne nimmt und reich macht. Der Falke verbindet als Leitmotiv alle Figuren miteinander.

9. Bestimme den „Falken" in Joseph Roths Novelle und erkläre, wie das Symbol die Figuren verbindet.

Eine Deutungshypothese erstellen → S. 136

Novelle | Eine Deutungshypothese formulieren und bewerten

Deutungshypothesen zu „Das reiche Haus gegenüber"

Fabian, Sonja und Samuel haben Deutungshypothesen zur Novelle geschrieben und vergleichen sie:

Fabian: Joseph Roth will mit seiner Novelle den Unterschied zwischen Reichen und Armen zeigen.

Sonja: In Joseph Roths Novelle wird dargestellt, dass der Reiche manchmal nur reich scheint.

Samuel: Joseph Roth macht mit seiner Novelle deutlich, wie Vorurteile zu einem falschen Urteil führen können.

> **Info**
>
> Die **Deutungshypothese** gibt kurz und prägnant wieder, was die grundsätzliche Aussage eines literarischen Textes sein könnte. Sie kann sich im Laufe der Analyse des literarischen Textes verändern und neuen Erkenntnissen anpassen. Dabei sollte man über den Inhalt des Textes hinausgehen, indem man z. B. das Geschehen verallgemeinert.

1. Untersucht die Deutungshypothesen mit Hilfe des Infokastens und bestimmt, welche nah am Text bleibt.
2. Diskutiert, welche die Aussage der Novelle am besten trifft, und begründet euer Urteil.
3. Stellt einen Zusammenhang her zwischen der Aussage der Novelle und den Bildern:

„Schlaft gut, ihr fiesen Gedanken"

Jugendliteratur

„Unser Leben ist das Produkt unserer Gedanken." (Marc Aurel)

Wer kennt das nicht? Man möchte an etwas anderes denken, aber es geht nicht. Die quälenden Gedanken, das unerwünschte Grübeln, die negativen Prophezeiungen umkreisen einen unentwegt, man kommt zu keiner Erlösung. Vor lauter „Hirnstress" kann man nicht schlafen, findet man keine Ruhe – und fühlt sich immer schlechter. Umgekehrt haben positive Gedanken einen großen Einfluss auf unser Wohlbefinden. Schöne Gedanken, positive Erwartungen und eine optimistische Lebenseinstellung machen nachgewiesen gesünder und glücklicher.
Was wir über andere Menschen denken, welche Vorurteile wir haben, bestimmt unser tägliches Umgehen mit unseren Mitschülern, Freunden und Bekannten.
Wie dies konkret aussehen kann, können wir in aktuellen, spannenden Jugendbüchern hautnah miterleben – und darüber nachdenken.

1. Sprecht darüber, welche Gedanken ihr kennt und wie sie euer Leben beeinflussen.
2. Erkläre das Zitat von Mark Aurel.
3. Inwiefern kann uns die Lektüre von Romanen neue Gedankenwelten eröffnen?

Jugendliteratur | **Klappentexte zur Information nutzen**

Bücher sind wie Geschenkkartons

Aza Holmes hatte ganz sicher nicht vor, sich an der Suche nach dem verschwundenen Milliardär Russell Pickett zu beteiligen. Sie hat genug mit ihren eigenen Sorgen und Ängsten zu kämpfen, die ihre Gedankenwelt zwanghaft beherrschen. Doch als eine Hunderttausend-Dollar-Belohnung auf dem Spiel steht und ihre furchtlose beste Freundin Daisy es kaum erwarten kann, das Geheimnis um Pickett aufzuklären, macht Aza mit. Vielleicht kann sie trotz ihrer Ängste mehr sein als nur eine gute Tochter und Schülerin – zumindest eine gute Freundin. Aza versucht es und überwindet gemeinsam mit Daisy nicht nur kleine Hindernisse auf dem Weg zu Pickett, sondern auch große Gegensätze, die sie von seinem Sohn Davis trennen. Für Aza wird es eine Reise ins Zentrum ihrer Gedankenspirale.
John Green: *Schlaft gut, ihr fiesen Gedanken*

Was Simon über Blue weiß: Er ist witzig, sehr weise, aber auch ein bisschen schüchtern. Und ganz schön verwirrend. Was Simon nicht über Blue weiß: WER er ist. Die beiden gehen auf dieselbe Schule und schon seit Monaten tauschen sie E-Mails aus, in denen sie sich die intimsten Dinge gestehen. Simon spürt, dass er sich langsam, aber sicher in Blue verliebt, doch der ist noch nicht bereit, sich mit Simon zu treffen. Dann fällt eine der E-Mails in falsche Hände – und plötzlich steht Simons Leben kopf.
Becky Albertalli: *Nur drei Worte*

Manchmal ist es diese eine Sekunde, die alles entscheidet: Niko, der ziemlich dick ist und sich oft in Parallelwelten träumt, rettet die schöne Sera vor einer Grapschattacke. Sera fordert Niko daraufhin zum Tanzen auf, was verrückt ist und so aufregend anders, wie alles, was in den nächsten Tagen passiert. Vielleicht ist es der Beginn einer Freundschaft von zweien, die gegensätzlicher nicht sein könnten – aber im entscheidenden Moment mutig über ihren Schatten springen.
Stefanie Höfler: *Tanz der Tiefseequalle*

1. Besprecht, warum man Bücher mit Geschenkkartons vergleichen kann.
2. Lest die Klappentexte auf den drei Kartons. Tauscht euch darüber aus, um welche typischen Probleme von Kindern und Jugendlichen es in diesen Büchern gehen könnte.
3. Welches Buch scheint dir am interessantesten? Begründe.

Das kannst du jetzt lernen!
- Ein Unboxing-Projekt zu planen und durchzuführen .... S. 116
- Romananfänge kennenzulernen .... S. 118
- Grundlegende Aspekte literarischer Texte zu klären .... S. 120
- Literarische Figuren zu charakterisieren .... S. 122
- Symbole zu erkennen und zu deuten .... S. 126
- Eine Rezension zu verfassen .... S. 127

Jugendbücher vorstellen | Jugendliteratur

Unboxing: Jugendbücher

Unboxing beschreibt einen populären Internettrend. Eine Person filmt sich dabei, wie sie ein neues Produkt das erste Mal aus der Verpackung nimmt. Ein großes Publikum folgt fasziniert den Kommentaren und Erklärungen – und kauft sich dann möglicherweise auch dieses Produkt. Es werden also Kaufentscheidungen durch den Einfluss dieser sogenannten *Influencer* getroffen. Dafür werden sie nicht selten von den Unternehmen bezahlt, denn es handelt sich um wirksame Produktwerbung, obwohl sie oft nicht als solche zu erkennen ist. Das Projekt *Unboxing: Jugendbücher* in diesem Kapitel will euch ein ähnliches Erlebnis bieten. Statt neuer Technikprodukte packt ihr aktuelle Jugendbücher aus und stellt sie vor.

1. Sprecht über eure Erfahrungen mit Unboxing-Videos.
2. Stellt Vermutungen darüber an, warum das Auspacken von Schachteln für viele so interessant ist.
3. Sprecht darüber, warum solche Videos manchmal als *Schleichwerbung*[1] bezeichnet werden. Warum ist *Schleichwerbung* verboten?
4. Schaut euch ein Unboxing-Video gemeinsam an. Sammelt Kriterien, die solch ein Video interessant machen.

[1] Produktpräsentationen, die nicht eindeutig gekennzeichnet sind, nennt man **Schleichwerbung**. Sie sind gesetzlich verboten.

Buchvorstellung

Buchvorstellungen kennt ihr seit der Grundschule und ihr habt sicher selbst schon ein Buch vorgestellt. Erinnert euch bei der Bearbeitung der Aufgaben an besonders eindrückliche Präsentationen. Denkt aber auch daran, dass ihr jetzt in der 8. Klasse seid und etwas mehr zeigen müsst, als dies in der 5. und 6. Klasse der Fall war.

5. Sammelt auf einem Plakat Aspekte, die eine gelungene Buchvorstellung erfüllen muss.
6. Wendet die „Kopfstandmethode" an, um noch mehr Aspekte zu finden.

Info

Die **Kopfstandmethode** ist eine Kreativitätstechnik, die hilft, neue Aspekte zu finden. Dabei stellst du dir einfach das Gegenteil vor: Wann ist eine Buchvorstellung uninteressant oder langweilig?

Meinungsbildung in sozialen Netzwerken verstehen → S. 198 ff.

Jugendliteratur | Ein Unboxing-Projekt durchführen

Unboxing-Video oder Unboxing live

Bei diesem Projekt sollt ihr nun das Youtube-Format Unboxing mit der Präsentation eines aktuellen Jugendbuches verbinden. Dabei müsst ihr zeigen, dass ihr mit einem literarischen Text selbstständig umgehen, diesen verstehen und deuten könnt. Dazu kommt noch das Auspacken, das unterhaltsam und aussagekräftig gestaltet sein soll. Das Auspacken eures Buches könnt ihr zu Hause filmen und so ein Unboxing-Video erstellen. Oder ihr vereinbart, dass ihr lieber live vor der Klasse eure Box auspacken möchtet.

Anregungen für die inhaltliche Gestaltung der Jugendbuchvorstellung findet ihr auf den folgenden Seiten. Damit ihr euer Projekt zeitlich unter Kontrolle habt und nichts vergesst, ist folgender **Aktionsplan** hilfreich.

Projekt: Unboxing: Jugendbuch Abgabetermin für das Video: oder Termin der Unboxing-Live-Präsentation:		Name:	
Was?	**Hilfe dazu?**	**Bis wann?**	**erledigt ✓**
Auswahl eines Buches	S. 118–119		
Gründliches Lesen des Buches mit Markierung wichtiger Textstellen			
Verfassen einer erweiterten Inhaltsangabe	S. 57		
Gestaltung von Thema, Ort, Zeit und Handlung für die Box	S. 121		
Verfassen einer Figurencharakterisierung	S. 99 und S. 125		
Sammeln von Gegenständen, die etwas über diese Figur aussagen	S. 125		
Finden und Erklären von Symbolen	S. 126		
Verfassen einer Rezension	S. 127		
Auswahl einer Textstelle als Leseprobe			
Kommentieren dieser Textstelle im Zusammenhang des ganzen Romans			
Gestaltung einer passenden Box (Karton, Schachtel, Gegenstände usw.)			
Vorbereitung des Unboxing (z. B. Karteikarten für den Kommentar)			
Videoaufnahme mit feststehender Kamera (entfällt bei Live-Unboxing)			

Tipp

Diesen Aktionsplan könnt ihr etwas verändern und als Bewertungsbogen für die Präsentation oder die Videos verwenden. Denn er führt die Kriterien auf, die eine Unboxing-Präsentation enthalten muss.

Romananfänge kennen lernen | Jugendliteratur

Unboxing I: Anfänge

Schlaft gut, ihr fiesen Gedanken
John Green

Als mir zum ersten Mal klar wurde, dass ich vielleicht Fiktion bin, verbrachte ich meine Tage an einer öffentlichen Bildungsanstalt namens White River High im Norden von Indianapolis, wo ich von fremden Kräften, die so übermächtig waren, dass ich sie nicht ansatzweise identifizieren konnte, dazu gezwungen wurde, jeden Tag zu einer bestimmten Uhrzeit Mittag zu essen, nämlich zwischen 12 Uhr 37 und 13 Uhr 14. Hätten mir diese Kräfte eine andere Mittagspause zugeteilt oder hätten die Tischgenossen, die mein Schicksal mitbestimmten, an jenem Septembertag ein anderes Thema gewählt, hätte ich womöglich ein anderes Ende gefunden – oder zumindest eine andere Mitte. Doch ich war gerade dabei herauszufinden, dass dein Leben nicht deine Geschichte ist, sondern eine Geschichte über dich.
Natürlich tust du so, als wärst du der Erzähler. Das musst du. *Ich beschließe in diesem Moment, zum Mittagessen zu gehen*, denkst du, wenn um 12 Uhr 37 das monotone Schrillen von oben klingt. Dabei entscheidet eigentlich die Glocke. Du hältst dich für den Künstler, aber du bist die Leinwand.
In der Cafeteria riefen Hunderte von Stimmen durcheinander, Sprache zu reinem Klang vermischt wie Wasser, das über Felsen rauscht. Und als ich unter den Leuchtstoffröhren saß, die ihr aggressives künstliches Licht über uns auskippten, dachte ich darüber nach, wie wir uns alle für die Hauptfigur in unserer eigenen Heldensaga hielten, obwohl wir im Grunde identische Organismen waren, die einen fensterlosen, nach Schmalz und Desinfektionsmittel riechenden Raum besiedelten.

Tanz der Tiefseequalle
Stefanie Höfler

„Stell dir mal vor, du würdest so aussehen", sagt Melinda zu mir. Klar, sie spricht wieder mal aus, was alle anderen nur denken. Melinda eben. Die sagt dauernd Sachen, die man nicht sagen muss, weil jeder sie sehen kann. Ich sag nichts, kicher nur ein bisschen. Kann mir echt nicht vorstellen, so auszusehen wie Niko. Aber klar starr ich ihn auch weiter an und schäm mich ein bisschen dafür. Ist allerdings ein nicht ganz ernst gemeintes Schämen, weil es zu einem guten Stück mit Erleichterung vermischt ist. Nämlich, dass ich nicht so ausseh wie Niko. Dass er Pech gehabt hat und ich Glück. Das Leben ist ungerecht. Ziemlich fies, ich weiß.
Niko steht mitten auf der Wiese. Da lungert die halbe Schule in der Pause rum, sobald es über 17 Grad ist. Aber Niko steht da jetzt nicht freiwillig rum. Wer so aussieht, stellt sich nicht in die Mitte auf die Wiese. Kann ihn ja jeder sehen. Und sehen heißt in seinem Fall anglotzen.
Eigentlich heißt er Nikolaus. Kein Wunder, dass er sich lieber Niko nennt, sieht ja aus wie ein junges Walross. Nicht schwabbelig-dick, eher fest, wie diese Gum-

mitiere im Freibad, prall aufgeblasen. Ist einfach insgesamt zu viel dran an seinem Körper. Dann weiße Haut, wie Papier, obwohl man nie viel davon zu sehen bekommt. Meistens ist er in langen Hosen und Pullover. In dunklen Farben, dunkelblau, schlammbraun und so. Klar, der will verstecken, was geht.

Nur drei Worte
Becky Albertalli

Es ist ein seltsam subtiles Gespräch – fast merke ich gar nicht, dass ich erpresst werde.
Wir sitzen auf Metallstühlen hinter der Bühne und Martin Addison sagt: „Ich habe deine Mail gelesen."
„Was?" Ich schaue hoch.
„Vorhin. In der Bibliothek. Natürlich nicht mit Absicht."
„Du hast meine Mail gelesen?"
„Na ja, ich habe mich direkt nach dir an den Computer gesetzt", sagt er." „Und als ich Gmail eingegeben habe, hat sich dein Account geöffnet. Du hättest dich vielleicht ausloggen sollen."
Ich starre ihn entgeistert an. Er tappt mit dem Fuß gegen sein Stuhlbein.
„Also, was soll das mit dem falschen Namen?", fragt er.
Tja. Ich würde sagen, der Sinn eines falschen Namens ist es, meine geheime Identität vor Leuten wie Martin Addison geheim zu halten. Das hat also hervorragend funktioniert.
Er hat mich am Computer sitzen sehen.
Und ich bin wohl ein Riesentrottel.
Er lächelt tatsächlich. „Jedenfalls dachte ich, es interessiert dich vielleicht, dass mein Bruder schwul ist."
Er sieht mich an.
„Was willst du mir sagen?", frage ich.
„Nichts. Hör mal, Spier, ich habe kein Problem damit. Ist wirklich kein großes Thema."
Bloß dass es in Wirklichkeit eine kleine Katastrophe ist. Oder vielleicht auch eine Scheiß-Megakatastrophe, je nachdem, ob Martin dichthalten kann oder nicht.

> **Tipp**
>
> Auf Seite 240 f. findest du Auszüge aus einem weiteren aktuellen Jugendbuch: „Der Schneeriese" von Susan Kreller.

1. Beschreibt die Cover der drei Bücher und lest die Textanfänge. Welches Buch interessiert dich am meisten? Begründe.
2. Was würdest du gerne über Aza (*Schlaft gut, ihr fiesen Gedanken*), Sera und Niko (*Tanz der Tiefseequalle*) sowie Simon und Blue (*Nur drei Worte*) erfahren? Formuliere Fragen.
3. Suche dir ein Buch aus, das du ganz liest. Du kannt auch ein anderes Jugendbuch auswählen und dazu eine Kiste packen. Die folgenden Seiten geben dir Anregungen für die Vorbereitung der Unboxing-Präsentation.

Grundlegende Aspekte literarischer Texte klären | **Jugendliteratur**

Unboxing II: Ort, Zeit und Handlung

Aza Holmes, die 16-jährige Ich-Erzählerin, und ihre Freundin Daisy sitzen nach der Schule in Azas altem Auto, genannt Harold.

100 000 Dollar!
John Green

Doch am Ende war Harolds unvollkommene Audioanlage der letzte Ton in der Melodie der Zufälle, die mein Leben verändern sollte.
Auf der Suche nach dem Song einer besonders brillanten und besonders unterschätzten Boyband gingen Daisy und ich die Radiosender durch, bis wir bei den Nachrichten hängen blieben. „... *der in Indianapolis ansässigen Baufirma Pickett Engineering mit weltweit über 10 000 Mitarbeitern hat heute ...*" Ich wollte schon weitersuchen, aber Daisy schob meine Hand weg.
„Das meinte ich", rief sie, als die Meldung weiterlief. „... *100 000 Dollar Belohnung für sachdienliche Hinweise, die zum Verbleib des Vorstandsvorsitzenden Russell Pickett führen.* [...]"
„100 000 Dollar", wiederholte Daisy. „Und du *kennst* den Typen."
„Kannte", wandte ich ein. Zwei Sommer, nach der fünften und sechsten Klasse, hatten Davis[1] und ich im Trauerkloßcamp verbracht, wie wir Camp Spero nannten, das Feriendorf in Brown County für Kinder mit toten Eltern. Ein paarmal hatten Davis und ich uns auch während des Schuljahrs gesehen, weil er von uns aus nur ein Stück den Fluss runter wohnte, wenn auch am anderen Ufer. Mom und ich wohnten auf der Seite, die manchmal unter Wasser stand. Die Picketts wohnten auf der Seite mit den hohen Ufermauern, die das Hochwasser in unsere Richtung drückten. [...]
„Ich habe ihn seit Jahren nicht gesehen", sagte ich. Aber natürlich vergisst man Besuche bei Spielkameraden nicht, die eine Villa mit Golfplatz und einen Swimmingpool mit Insel und fünf Wasserrutschen hatten. Unter meinen persönlichen Bekannten war Davis das, was einer richtigen Berühmtheit am nächsten kam.
„100 000 Dollar", wiederholte Daisy. Wir waren auf dem Autobahnring um Indianapolis. Ich setze für 8 Dollar 40 die Stunde Kaugummiautomaten in Gang, und da warten hundert Riesen auf uns."

[1] **Davis** = ist der Sohn des Milliardärs Russell Pickett

Sera und Niko, die beiden Ich-Erzähler des Romans, sind am Wochenende auf Klassenfahrt. Gleich nach der Ankunft geht's zum Schwimmen. Sera rutscht gemeinsam mit Marko und Niko steht am Beckenrand.

Die Arschbombe
Stefanie Höfler

> **Seras Erzählung:**
> „Na, Fettsäckchen, rechnest du noch, ob du durch die Rutsche passt?"
> „Jetzt hör doch auf!", sag ich mehr so automatisch.
> Niko sagt nichts. Sieht wirklich bisschen aus, als würd er rechnen. Lächelt mich aber dann plötzlich an: „Zwölf Zentimeter zu viel auf den Hüften", sagt er dann zu Marko. „Leider. Das hat allerdings gewisse Vorteile."

Jugendliteratur | Grundlegende Aspekte literarischer Texte klären

Marko glotzt komisch, Niko nimmt Anlauf und machte eine Arschbombe, total überraschend. Marko schluckt echt viel Wasser und ich muss lachen.

Nikos Erzählung:
Exakt eine Viertelsekunde nachdem ich die Arschbombe punktgenau neben Marko gelandet habe und eine Sekunde bevor ich wieder mit dem Kopf über Wasser auftauche, frage ich mich, warum ich das gemacht habe, obwohl ich genau weiß, dass ich es bereuen werde – sich am Anfang des Wochenendes mit Marko anzulegen ist ungefähr so schlau wie ein Kopfsprung in ein ein Meter tiefes Gewässer. Es könnte auch schmerzhafte Folgen haben. Vielleicht habe ich es wegen Sera getan. Wegen Sera, die mir gestern zugewinkt hat. Die gerade gesagt hat, dass Marko mich in Ruhe lassen soll, und in ihrem dunkelgrün glitzernden Badeanzug und mit ihren nassen langen schwarzen Haaren aussieht wie eine Nixe. Nur der schuppig schillernde Fischschwanz fehlt. Ich habe nicht verpasst, wie sie gerade lachen musste. Ihr Lachen passt zu einer Nixe, ist leise, dunkel und glucksend wie aus der Tiefe aufsteigende Luftblasen.

Die Erpressung
Becky Albertalli

„Si, hast du Nick gesehen, wie er vor dem Atrium Gitarre gespielt hat?"
„Klingt, als ob Nick eine Freundin sucht", sagt meine Mutter.
Das ist echt witzig, Mom, und weißt du wieso? Ich versuche gerade zu verhindern, dass Nick bei dem Mädchen landet, auf das er steht, damit Martin Addison nicht der ganzen Schule verrät, dass ich schwul bin. Hatte ich schon erwähnt, dass ich schwul bin?
Mal ehrlich, wie schneidet man so ein Thema überhaupt an? Vielleicht wäre alles anders, wenn wir in New York lebten, aber wie man in Georgia schwul ist – keine Ahnung. Wir sind ein Vorort von Atlanta, es könnte also schlimmer sein, ich weiß. Aber Shady Creek ist jedenfalls nicht direkt ein Hort des fortschrittlichen Denkens. In der Schule sind ein oder zwei Typen offen schwul, und die müssen echt eine Menge Scheiß ertragen. Keine Gewalt oder so, aber Worte wie „Schwuchtel" oder „Tunte" sind nicht gerade ungewöhnlich.

Martin Addison, der die geheime Mail an Blue entdeckt und einen Screenshot gemacht hat, erpresst Simon, den Ich-Erzähler: Entweder er helfe ihm, Abby Suso kennenzulernen, oder er veröffentliche Simons und Blues private Mails. Beim Abendessen in der Familie denkt Simon, genannt Si, weiter darüber nach.

1. Kläre folgende Aspekte mit Hilfe der Textausschnitte:
    Thema: Was ist das Thema? Welches Problem wird vorgestellt?
    Ort: Wo findet das Geschehen statt?
    Zeit: Wann spielt das Ganze?
    Handlung: Welche Figuren treten auf? Welche Handlung wird sichtbar?
2. Gestalte diese Informationen für deine Box so, dass du sie auspacken kannst (z.B. eine Landkarte oder ein Stadtplan usw.).
3. Formuliere Fragen. Was interessiert dich an dem Geschehen?

Literarische Figuren charakterisieren | **Jugendliteratur**

Unboxing III: Figurencharakterisierung

Aza Holmes und das Doppel-Date
John Green

Aza wird immer wieder von ihren Gedankenspiralen heimgesucht und ist deshalb in Behandlung bei Frau Dr. Singh. Gemeinsam mit Daisy recherchiert sie im Fall des verschwundenen Milliardärs Pickett und hat deshalb wieder Kontakt zu Davis, dem Milliardärssohn. Daisy schlägt ein Doppel-Date mit Mychal und Davis vor.

Und doch hatte ich auch ein Leben, ein einigermaßen normales Leben, das weiterging. Manchmal ließen mich die Gedanken stundenlang, tagelang in Ruhe, und ich konnte mich an etwas erinnern, was meine Mutter einmal zu mir gesagt hatte: Dein Jetzt ist nicht dein Immer. Ich ging zur Schule, ich bekam gute Noten, ich schrieb Aufsätze, ich unterhielt mich nach dem Mittagessen mit Mom, ich aß zu Abend, sah fern, las Bücher. Ich war *nicht immer* in meinem Ich, oder meinen Ichs, gefangen. Ich war *nicht nur* gestört.

Am Tag unseres Doppel-Dates kam ich von der Schule nach Hause und verbrachte zwei Stunden vor dem Kleiderschrank. Es war ein wolkenloser Tag Ende September, kühl genug, um eine Jacke mitzunehmen, aber warm genug für ein ärmelloses Kleid mit Strumpfhosen. Andererseits wollte ich nicht so aussehen, als hätte ich mich ins Zeug gelegt. Und Daisy war auch keine Hilfe, denn auf meine SOS-SMS antwortete sie nur, sie komme im Abendkleid, und ich wusste nicht, ob sie es ernst meinte oder nicht.

Am Ende trug ich meine Lieblingsjeans und eine Kapuzenjacke über einem lavendelblauen T-Shirt, das Daisy mir geschenkt hatte, auf dem sich Han Solo und Chewbacca leidenschaftlich umarmen.

Eine weitere halbe Stunde brauchte ich, um verschiedene Make-ups aufzutragen und wieder zu entfernen. Eigentlich schminke ich mich nicht, aber ich war nervös, und manchmal war Make-up wie Kriegsbemalung, wie eine Rüstung.

„Trägst du Eyeliner?", fragte Mom, als ich aus meinem Zimmer kam. Sie ging Rechnungen durch, die sie auf dem Couchtisch ausgebreitet hatte. Ihre Hand kreiste mit dem Kuli über dem Scheckbuch.

„Ein bisschen", sagte ich. „Sieht es komisch aus?"

„Nur anders", sagte sie, aber sie versteckte ihre Missbilligung schlecht. „Wo geht es denn hin?" „Zu Applebee's mit Daisy und Davis und Mychal. Um Mitternacht bin ich wieder zu Hause." „Ist das ein Rendezvous?" „Es ist ein Abendessen", sagte ich.

„Hast du ein Rendezvous mit Davis Pickett?" „Wir essen zur gleichen Zeit am gleichen Ort zu Abend. Wir heiraten nicht." Sie zeigte auf den Platz neben dem Sofa. „Ich soll um sieben da sein", sagte ich. Sie zeigte wieder auf das Sofa. Ich setzte mich, und sie legte den Arm um mich. „Du redest nicht viel mit deiner Mutter." […]

„Ich rede mit niemandem viel."

Eine Figurencharakterisierung schreiben → S. 96 ff.

| Jugendliteratur | Literarische Figuren charakterisieren

„Ich will, dass du bei Davis Pickett vorsichtig bist, okay? Reichtum macht leichtfertig in manchen Dingen. Da muss man doppelt aufpassen."
„Davis ist nicht sein Reichtum. Er ist ein Mensch."

Niko und Frau Mast
Stefanie Höfler

Am Abend unternimmt die Klasse von Sera und Niko eine Nachtwanderung.

„Na, wie gefällt es dir?", sagt Frau Mast, die auf einmal neben mir auftaucht. Gäbe es in meiner Klasse jemanden, mit dem ich Wetten abschließen könnte, hätte ich genau darauf gewettet: dass am Wochenende einer der Lehrer die Aufgabe übernehmen muss, sich um den fetten Außenseiter zu kümmern. Ob sie es ausgelost haben?
„Gut", sage ich knapp. Eine kleine unangenehm aufdringliche Parfümwolke streift mich von der Seite.
„Kommst du klar?", fragt Frau Mast.
Ich weiß mit neunzigprozentiger Sicherheit, was andere über mich denken, aber manchmal hätte ich trotzdem gerne einen Wahrheitsabsauger. Den würde ich blitzschnell ans Ohr meines Gegenübers heften und er würde innerhalb eines Augenblicks die tatsächlichen Gedanken ebendieses Menschen absaugen und an mein eigenes Ohr transportieren. Jetzt gerade würde der Wahrheitsabsauger in etwa durchleiten: „Du arme Sau, Gott sei Dank war ich nie so fett wie du, bin es nicht und werde es nie sein. Wie soll ich jemanden wie dich bloß in diese Klasse integrieren?"
„Ob ich womit klarkomme?", frage ich. „Mit meiner Fettleibigkeit oder mit den Nebenwirkungen dieser Fettleibigkeit auf einem Klassenausflug voller Schwimmbäder und Kletterparks, der für sportliche Durchschnittsschüler kreiert wurde?" Dazu lächle ich sie übertrieben an.
Frau Mast holt tief Luft. Als Lehrerin sollte sie jetzt eigentlich ihre Grundkenntnisse in Psychologie auf mich anwenden und mit sanftmütiger Lebensweisheit auf meine Provokation reagieren. Aber ich kann beinahe spüren, wie ihr pseudoselbstverständlicher Berg an Mitleid in Sekundenschnelle auf ein kleines Häuflein zusammenschrumpft. Zum Antworten kommt sie aber nicht mehr, denn gerade hat Jan mit Hilfe seiner Laterne ein paar Tannenäste angezündet, die augenblicklich lichterloh brennen, und sie sprintet los, um einen Waldbrand zu verhindern.
Ich lasse mich noch weiter zurückfallen, und es fühlt sich fast so an, als ginge ich alleine durch den dunklen Wald, der den langen Spätsommertag gespeichert zu haben scheint: Es riecht nach Fichtennadeln und sonnenbeschienenem Waldboden und über mir pfeift irgendein Vogel immer wieder einen schrillen Ton. Wäre das Nachtsichtgerät noch nicht erfunden, würde es mir genau jetzt einfallen. Ich puste das Teelicht in meiner Laterne aus und verschmelze mit der Dunkelheit.

Eine Figurencharakterisierung schreiben → S. 96 ff.

Sera und Marko
Stefanie Höfler

Auf der Nachtwanderung legt Marko seinen Arm auf Seras Schulter.

Ich schieb die Hand nicht weg. War ja klar, dass auf der Nachtwanderung was passiert, so schnell, wie das angefangen hat – erst die Sache im Bus und dann das Schwimmbad. „Der geht ran", hat Melina gesagt, als wir auf dem Zimmer waren. Klang ein bisschen spitz. „Macht dich sicher noch heute klar." Dann der vielsagende Blick, als ich meine rote Unterwäsche ausgepackt hab. Hätt ich besser aufpassen müssen, dass sie die nicht sieht. Oder wollt ich vielleicht, dass sie sieht? Weiß manchmal nicht so genau, was ich will. Jetzt auch wieder. Markos Hand liegt an meinem Nacken. Ist so ein Gefühl zwischen gut und schlecht, irgendwie unsicher. Ist das jetzt „klarmachen"? Blödes Wort. Direkt über uns pfeift plötzlich so ein Vogel ganz schrill, ziemlich unheimlich. Ich zuck zusammen. Wenn der mich gleich fragt, ob ich seine Freundin werden will, was sag ich dann? Er fragt aber gar nicht. Fängt jetzt nur an, in meine Haare reinzuwühlen. Da zuck ich gleich wieder zusammen, kann gar nichts dagegen machen. Stört ihn aber gar nicht, der macht einfach weiter. Vorn in der Gruppe brennen jetzt mehrere von den Laternen. Bin irgendwie froh, als Frau Mast mit rotem Gesicht angerannt kommt.
„Alle zurück jetzt! Mir reicht's für heute", brüllt sie.

Simon
Becky Albertalli

Und ganz bestimmt habe ich jetzt keine Lust auf meine Familie. Ich habe wahrscheinlich noch eine Stunde bis zum Abendessen, also eine Stunde, um aus meinem Schultag eine Reihe unterhaltsamer und witziger Anekdoten zu basteln. So sind meine Eltern. Man kann ihnen nicht einfach vom sichtbar hochgerutschten Slip der Französischlehrerin erzählen, oder wie Garrett in der Mensa das Tablett hat fallen lassen. Man muss es vorspielen. Mit ihnen zu reden ist anstrengender, als einen Blog zu schreiben. Aber es ist auch lustig. Früher fand ich das Geschnatter und Durcheinander vor dem Abendessen toll. Doch jetzt kann ich gar nicht schnell genug wieder wegkommen. Vor allem heute. Ich bleibe gerade lang genug im Haus, um die Leine an Biebers Halsband zu schnallen und ihn aus der Tür zu bugsieren.

Simon und Blue
Becky Albertalli

Das Beschissenste an der Sache mit Martin ist, dass ich nicht mit Blue darüber reden kann. Ich bin es nicht gewohnt, Geheimnisse vor ihm zu haben.

Jugendliteratur | Literarische Figuren charakterisieren

Klar, es gibt eine Menge Dinge, die wir einander nicht erzählen. Wir reden über die großen Themen, aber vermeiden die verräterischen Kleinigkeiten – die Namen unserer Freunde, Einzelheiten über unseren Schulalltag. Den ganzen Kram, von dem ich immer dachte, dass er mich ausmacht. Aber das sind für mich keine Geheimnisse. Das ist eher eine unausgesprochene Übereinkunft.

Wenn Blue ein echter Junior an der Creekwood High wäre, mit Spind und Notendurchschnitt und Facebook-Profil, dann würde ich ihm bestimmt gar nichts erzählen. Okay, er ist ein echter Junior an der Creekwood High. Das weiß ich. Aber irgendwie existiert er nur in meinem Laptop. Schwer zu erklären.

Ich habe ihn gefunden. Ausgerechnet auf Tumblr. Das war im August, das Schuljahr hatte gerade angefangen. Auf *creeksecrets* soll man eigentlich anonyme Geständnisse oder irgendwelche geheimen Gedanken posten, und andere können sie dann kommentieren, aber niemand fällt Urteile. Bloß ist daraus leider so ein Sumpf aus Klatsch und schlechten Gedichten und falsch geschriebenen Bibelzitaten geworden. Aber wahrscheinlich macht beides gleich süchtig.

Und da habe ich Blues Post entdeckt. Der hat mich irgendwie gleich angesprochen. Und ich glaube, das lag gar nicht am Schwulenthema. Ich weiß auch nicht. Es waren echt bloß fünf Zeilen, aber die waren grammatikalisch korrekt und seltsam poetisch und völlig anders als alles, was ich je zuvor gelesen hatte. Ich würde sagen, es ging um Einsamkeit. Komisch eigentlich, ich fühle mich gar nicht einsam, aber es klang so vertraut, wie Blue den Zustand beschrieb. So als hätte er mir die Gedanken aus dem Kopf gezogen.

Wie man manchmal die Gesten eines Menschen auswendig weiß, aber nie seine Gedanken kennt. Und das Gefühl, dass Menschen wie Häuser mit riesengroßen Zimmern und winzigen Fenstern sind.

Und wie man sich manchmal trotzdem so nackt und schutzlos fühlt.

Wie er sich als Schwuler so versteckt und zugleich so nackt und schutzlos fühlt.

Als ich diesen Teil las, packte mich ganz komische Panik und Verlegenheit, aber auch leise pochende Erregung.

Er sprach von dem Meer, das zwischen Menschen liegt. Und dass es nur darum geht, ein Ufer zu finden, zu dem es sich zu schwimmen lohnt.

Ganz klar: Ich musste ihn einfach kennenlernen.

Irgendwann brachte ich dann den Mut auf, den einzigen Kommentar zu posten, der mir einfiel, nämlich: „GENAU DAS." In Großbuchstaben. Und darunter schrieb ich meine Mailadresse. Meinen geheimen Gmail-Account.

Info

Figurine (ital.: Figurina = kleine Figur), gezeichneter Entwurf des Kostümbildners

1. Erarbeite eine Figurencharakterisierung. Wähle eine Figur aus deinem Jugendbuch. Orientiere dich am Infokasten Seite 91.
2. Gestalte eine Figurine entsprechend der Vorstellung, die du von deiner Figur gewonnen hast.
3. Ergänze Charaktermerkmale der Figur auf Kärtchen zum Auspacken.
4. Sammle typische Gegenstände für deine Box, die deine Figur charakterisieren.

Explizite und implizite Charakterisierung unterscheiden → S. 90 f.

Symbole erkennen und deuten | Jugendliteratur

Unboxing IV: Symbole

Info

Ein **Symbol** ist ein Sinnbild, das für etwas Allgemeines, nicht Wahrnehmbares steht. Beispiel: Das Symbol der weißen Taube steht für Frieden.

Aza

1 Seit ich klein war, habe ich die Angewohnheit, mir den rechten Daumennagel in die Kuppe des rechten Mittelfingers zu bohren, sodass mein Fingerabdruck inzwischen eine Schwiele hat. Nach all den Jahren lässt sich die Hautstelle mühelos aufkratzen, weswegen ich immer ein Pflaster darüber klebe, damit sich die Wunde nicht entzündet. (S. 11)
2 Davis nahm meine rechte Hand und drehte sie mit der Handfläche nach oben. „Daran erinnere ich mich", sagte er. Ich folgte seinem Blick zu dem Pflaster an meinem Finger. Dann zog ich die Hand weg und schloss sie zur Faust. (S. 44)
3 Ich erzählte ihm sogar etwas, [...] dass mein Tick, mir den Daumennagel in die Fingerkuppe zu drücken, angefangen hatte, weil ich mich überzeugen wollte, dass ich echt war. [...] und dann spürte ich den Schmerz und dachte eine Sekunde lang: *Natürlich bin ich echt.* (S. 108)

Sera und Niko

1 Die Supernikobrause ist eine meiner verwegensten Erfindungen, und sie geht in etwa so: Ich nehme einen großen Schluck Supernikobrause, und dann kann ich einfach aus meinem Körper schlüpfen, so wie eine Schlange aus einer alten Haut, nur, dass ich dabei auch noch die Hälfte des Fleisches hinter mir zurücklasse. Heraus kommt ein Superniko-Ich, [...]. (S. 43)
2 Man kann sehen, dass er seine Tochter vergöttert und sie dennoch in wenigen Augenblicken in der Luft verbal zerreißen wird wie ein Tiger ein Stück Fleisch – jedenfalls, wenn ich nicht in Windeseile weitermache mit dem, womit ich völlig unüberlegt angefangen habe, als hätte ich wieder einen Schluck Supernikobrause genommen. (S. 106)

Simon und Blue

1 Blue, ich glaube, was richtig Gruseliges habe ich noch nie probiert. In meiner Familie stehen alle eher auf witzige Verkleidungen. [...] Ich fasse es nicht, dass du dich gar nicht verkleidest. Ist dir nicht klar, dass du damit die einmalige Gelegenheit verschleuderst, einen Abend lang jemand anderes zu sein?
Dein enttäuschter – Jacques (S. 42)
2 Erst in meinem Zimmer kann ich mich richtig entspannen. [...] Mein Dementoren-Umhang landet zerknüllt auf dem Boden." (S. 61)

1. Lies die Textstellen. Kläre, welche Symbole wiederholt verwendet werden.
2. Kläre, wofür diese Symbole ein Sinnbild sind.
3. Finde weitere Symbole in deinem Jugendbuch und packe sie in deine Box für die Präsentation. Bereite auch eine Deutung dieser Symbole vor.

Symbole und Leitmotive im Text erkennen → S. 111

Unboxing V: Das abschließende Urteil

Fingerspitze ohne Gefühl
Elisabeth von Thadden

John Green hat mit seinem neuen Roman über ein Mädchen, das Berührung nicht erträgt, eine meisterliche Gegenwartsdiagnose geschrieben.
Die Wunde schließt sich nicht. Sie sitzt an der Mittelfingerkuppe der rechten Hand, zumeist unter einem Pflaster, aber Aza muss es oft abziehen. [...]

Ein tolles Jugendbuch
Nela77

Aza Holmes ist ein besonderes Mädchen. Ihr Gehirn arbeitet unaufhörlich, sie wird von Ängsten und Zwängen gequält. Deshalb lässt sie sich von ihrer Freundin Daisy auch nur zögerlich dazu überreden, an der Suche nach dem Milliardär Russell Pickett teilzunehmen. [...]
Wer den Autor schon kennt und mag, wird sicher große Freude daran haben. Für alle anderen lohnt sich ein Kennenlernen.

Dann hauen wir beide eben zusammen ab
Eva-Maria Magel

Glücksfall für Unglücksfälle: Stefanie Höfler hat in „Tanz der Tiefseequalle" zwei starke Charaktere geschaffen, die auch in der schlimmsten Lage nicht als Opfer durchgehen würden.
„Das Leben ist ziemlich ungerecht. Ziemlich fies, ich weiß." Als Sera das sagt, weiß sie noch lange nicht, wie fies das Leben sein kann. Schließlich ist sie bislang gut durchgekommen. [...]

„Fettauge und Lästermaul"
Insa (12 Jahre)

In dem Buch „Tanz der Tiefseequalle", das von Stefanie Höfler geschrieben wurde, geht es um einen Jungen namens Niko (Nikolaus). Niko ist ein beliebtes Mobbingopfer, da er unter Übergewicht leidet. [...]

Herzerwärmend mit viel Humor
Hunderttausendbuecher

Ich weiß gar nicht wie ich diese Rezension beginnen soll, denn mir fallen tausend Dinge ein, die ich unbedingt über das Buch loswerden will. Ich fange wohl am besten damit an, dass ich sage, dass sich „Nur drei Worte" langsam, aber sicher zu einem meiner Lieblingsbücher entwickelt hat.
Die ganze Geschichte ist einfach so herzerwärmend und super aufgebaut. [...]
„Nur drei Worte" ist einer der besten Jugendromane, die ich je gelesen habe. Noch dazu war es sehr erfrischend, über zwei Jungen zu lesen, und prinzipiell überrascht das Buch immer wieder und geht an manchen Stellen wirklich ans Herz. Ich würde das Buch jedem, ohne zu überlegen, empfehlen!

> **Info**
>
> In einer **Rezension**, auch **Buchkritik** oder **Buchbesprechung** genannt, wird der Inhalt zusammengefasst (ohne den Schluss zu verraten!) und eine persönliche Bewertung gegeben.
> Der Titel und die Einleitung sollten das Interesse des Lesers wecken, aber auch wichtige Informationen zum Buch nennen.

1. Lest die abgedruckten Ausschnitte aus Rezensionen.
2. Meist sind nur die Anfänge der Rezensionen abgedruckt, aber auch zwei Schlüsse. Sammelt Merkmale guter Rezensionen.
3. Verfasse für deine Box und die Präsentation ebenfalls eine persönliche Rezension deines Buches.

Texte und Medien

Von Unaussprechlichem

Liebeslyrik

Es ist gar nicht so einfach, über das Thema „Liebe" zu sprechen, obwohl es dich bestimmt schon beschäftigt hat. Ob in der Musik, der bildenden Kunst, der Literatur oder den Medien – die Liebe ist ein Thema, das Menschen zu allen Zeiten zu verschiedenen Ausdrucksformen angeregt hat. Das möglicherweise älteste deutsche Liebesgedicht aus dem 13. Jahrhundert, das sich am Ende eines in Latein verfassten Briefes findet, klingt so:

Dû bist mîn, ich bin dîn

Aussprachehilfe:
Vokale:
â, ê, î, ô, û lang;
ebenso die Diphthonge ei, ou, öu, uo, üe;
Konsonanten:
z entweder als z (herz) oder als s oder ss (beslozzen)

Dû bist mîn, ich bin dîn:
des solt dû gewis sîn.
dû bist beslozzen
in mînem herzen:
5   verlorn ist das sluzzelîn:
dû muost immer drinne sîn.

1. Lest das Gedicht laut oder hört euch den Gedichtvortrag an.
2. Schreibt das Gedicht ab und übersetzt es anschließend im Heft.
3. Sprecht über euren Eindruck von diesem Gedicht. Was ist das Thema?

Liebeslyrik | **Stilmittel wiederholen**

Das mittelhochdeutsche Gedicht klingt sehr harmonisch. Ursache dafür sind formale und sprachliche Stilmittel. In den letzten Jahren hast du schon einige kennengelernt und dir vielleicht Karteikarten dazu geschrieben. Hier findest du die Vorderseiten mit den Fragen und die Rückseiten mit den Antworten.

Wie kann man die äußere Form beschreiben?

Einteilung in Strophen
Verse
Druckbild

Was sind klangliche Stilmittel?

Reim   Metrum
Kadenz   Rhythmus
Assonanz
Alliteration

Welche syntaktischen Stilmittel gibt es? (Satzbau)

Wortwiederholung
Parallelismus
Anapher
Enjambement

Welche sprachlichen Bilder gibt es?

Vergleich
Metapher
Personifikation

1. Erstellt euch selbst Karteikarten. Ihr könnt diese hier als Vorlage nehmen. Klärt alle Begriffe und findet Beispiele.
2. Untersuche nun das Gedicht „Dû bist mîn, ich bin dîn". Markiere alle Stilmittel, die zum harmonischen Eindruck des Gedichts beitragen.
3. Lest das Gedicht von Rose Ausländer. Sprecht über eure ersten Eindrücke.
4. Schreibe das Gedicht in die Mitte eines Blattes. Gestalte nun das Blatt, indem du z. B. mit Wasserfarben arbeitest und/oder Gedanken und Assoziationen notierst, die das Gedicht bei dir erzeugt.
5. Sammelt Gründe, warum Gedichte oder Lieder möglicherweise gut geeignet sind, über Liebe zu sprechen.
6. Wähle einen der beiden Aufträge:
   ▸ Schreibe selbst ein Liebesgedicht. (Tipp: Man kann vieles lieben: die Katze, den Fußball, die Oma, die Eltern, die Freundin, den Freund …).
   ▸ Bring ein Liebesgedicht (oder einen Liedtext), das dir besonders gut gefällt, mit.

Das Schönste
Rose Ausländer

Ich flüchte
in dein Zauberzelt
Liebe

im atmenden Wald
wo Grasspitzen
sich verneigen

weil
es nichts Schöneres gibt

Das kannst du jetzt lernen!
- Mittelhochdeutsche Minnelieder zu verstehen .... S. 130
- Gedichte thematisch zu vergleichen .... S. 134
- Komik und Parodie zu erkennen .... S. 135
- Die Bildlichkeit zu untersuchen .... S. 136
- Gedichte formal zu analysieren .... S. 138
- Deutungshypothesen zu formulieren .... S. 138
- Gedichte formal und inhaltlich zu vergleichen .... S. 139

Erkläre mir, was Liebe ist

Saget mir ieman, waz ist minne? (um 1200)
Walther von der Vogelweide

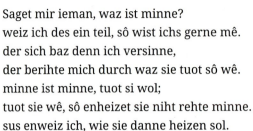

Saget mir ieman, waz ist minne?
weiz ich des ein teil, sô wist ichs gerne mê.
der sich baz denn ich versinne,
der berihte mich durch waz sie tuot sô wê.
5 minne ist minne, tuot si wol;
tuot sie wê, sô enheizet sie niht rehte minne.
sus enweiz ich, wie sie danne heizen sol.

Sagt mir jemand, was die Liebe ist?
Auch wenn ich einiges darüber weiß, so wüsst' ich gern noch mehr.
10 Wer klüger ist als ich,
der erkläre mir, warum sie so weh tut.
Liebe ist dann Liebe, wenn sie guttut.
Tut sie weh, dann heißt sie zu Unrecht Liebe,
dann weiß ich nicht, wie man sie nennen soll.
(Übersetzung: Dr. Martin Schuhmann)

Walther von der Vogelweide mittelhochdeutscher Dichter, um 1170 bis um 1230. Bildnis, Buchmalerei. Aus der Weingartner Liederhandschrift, entstanden um 1330 in Konstanz

Was ist die Liebe?
Ernst Christoph Homburg

Ein Feuer sonder Feuer, ein lebendiger Tod,
Ein Zorn, doch ohne Gall, ein' angenehme Not,
Ein Klagen außer Angst, ein überwundner Sieg,
Ein unbeherzter Mut, ein freudenvoller Krieg;
5 Ein federleichtes Joch[1], ein nimmerkrankes Leid,
Ein zweifelhafter Trost und süße Bitterkeit,
Ein unverhofftes Gift und kluge Narretei,
Ja kürzlich: Lieben ist nur bloße Phantasei.

Ernst Christoph Homburg (1697–1681) war ein vielseitiger Dichter der Barockzeit, der auch Kirchenlieder verfasste.

[1] **Joch** = Geschirr für Zugtiere, z.B. Ochsen; im übertragenen Sinn auch Fremdherrschaft

Erkläre mir die Liebe (2016)
Philipp Poisel

Wie zwei Köter unterm Himmel,
immer weiter Richtung Nacht.
So verloren, so verschieden,
weißt du, was du eigentlich willst?

5 Wann kommst du mich holen,
aus dieser Dunkelheit?
Sag wo, wo bist du?

Erkläre mir das Leben.
Ich weiß nicht, wie es geht.

10 Wie zwei Füchse am Polarmeer,
immer weiter Richtung Nacht.
Hab so lange nicht geschlafen,
weißt du, was du eigentlich brauchst?

Wann kommst du mich holen,
15 im heißen Julischnee?
Zweimal Sommer und zurück.

Erkläre mir das Leben.
Ich weiß nicht, wie es geht.

Erzähl mir von der Liebe.
20 Ich hab sie nie gesehen.

Wann kommst du mich holen,
im heißen Julischnee?
Zweimal Sommer und zurück.

Erzähl mir von deinem Leben
25 Ich hab dich so noch nie gesehen.

Erkläre mir die Liebe.
Ich hab sie immer schon verloren.

Philipp Poisel (geb. 1983 in Ludwigsburg); deutscher Liedermacher

Ebbe und Flut
Robert Gernhardt

In meinem Kopf herrscht Ebbe,
in meinem Herzen Flut.
Kann dir nur sagen:
Ich bin dir ja so gut!
5 Ich bin dir – ja! – so gut, so gut,
ich bin – ja! – dir so gut!
Ja! Dir bin ich so gut, so gut!
Ja, ja! Ich bin dir gut, so gut,
so gut, so gut, so gut –
10 in meinem Kopf herrscht Ebbe ...

Robert Gernhardt (1937–2006) war ein deutscher Schriftsteller, Zeichner und Maler. Seit 2009 wird in Hessen jährlich der Robert-Gernhardt-Preis an zwei hessische Autoren zur Förderung vergeben.

1. Vergleicht die unterschiedlichen Texte formal und inhaltlich. Sammelt Gemeinsamkeiten und Unterschiede.
2. In allen Gedichten findest du widersprüchliche Aussagen zum Wesen der Liebe. Diese Stilfigur nennt man Oxymoron (vgl. Info). Sammle alle Widersprüche. Welche Wirkung hat die Verwendung dieser Stilfigur?
3. Erkläre, warum der Sprecher im Gedicht von Robert Gernhardt Schwierigkeiten hat, über die Liebe zu sprechen.

Info

Oxymoron (Pl.: Oxymora)
Gegensatzpaar aus zwei sich widersprechenden Begriffen. Funktion: Darstellung von mehrdeutigen, vielschichtigen oder auch unsagbaren Sachverhalten. Beispiel: Hassliebe

Nachschlagen: Merkwissen → S. 292

| Den ritterlichen Minnedienst kennenlernen | Liebeslyrik |

Übersetzung:

Aller Schulen Ruhm zerrinnt
Vor der einen Schule, drin der Minne Jünger sind:
Die ist so kunstvoll, dass man ihr die Meisterschaft muss zugestehn.
So zähmt ihr Lesen wilden Mann,
Was er nie erhörte noch ersah, dass er das kann:
Wo hat man solche hohe Schule je gehört noch und gesehn?
Die Minne lehrt die Frauen lieblich grüßen,
Die Minne lehrt der Sprüche viel, der süßen,
Die Minne lehret große Milde,
Die Minne lehret große Tugend,
Die Minne lehret, dass die Jugend
Kann ritterlich gebahren unterm Schilde.

Schule der Minne
Reinmar von Zweter

Alle schuol sint gar ein wint
wan diu schuole al eine, dâ dr Minne junger sint:
diu ist sô künsterîche, daz man ir muoz der meisterschefte jehen.
Ir besem zamt sô wilden man,
5   daz er nie gehôrte noch gesach, daz er daz kan:
wâ hat ieman mêre sô hôher schuole gehœret oder gesehen!
Diu Minne lêrt die vrouwen schône grüezen,
diu Minne lêret manegen spruch vil süezen,
diu Minne lêret grôze milte,
10 diu Minne lêret grôze tugent,
diu Minne lêret, daz diu jugent
kann ritterlîch gebâren under schilte.

1. Sprecht darüber, wie ihr das Gedicht versteht.
2. Sammelt in einer Mindmap, was in der „Schule der Minne" gelernt wird.
3. Lest folgenden Text von Helmut de Boor und ergänzt eure Mindmap.
4. Informiert euch über die mittelalterliche Ständegesellschaft und das Lehnswesen, um die Minnebeziehung besser zu verstehen.

Minnedienst
Helmut de Boor

Er (der Minnesang) ist adlige Kunst und als solche den Bedingungen der ständischen Gesellschaft unterworfen, […] die für die Beziehung des Mannes zur Frau die Formen des Lehenswesens[1] wählte. […] Das Hochziel der staufischen Zeit[2] ist der vollendete Mensch. Er ist ein Ergebnis der Erziehung (*zuht*), die als Selbstzucht und Selbstbildung zur Vollkommenheit ständige Aufgabe auch des Erwachsenen bleibt und unablässige Anstrengung (*arebeit*) erfordert. Dabei ist der Minne ganz besonders die Aufgabe zugemessen, den Mann zur Läuterung zu führen. Daher muss das Triebhafte und Sinnliche der Liebe gebändigt werden, damit das Seelische und Sittliche sich entfalte. Nur der vollkommene höfische Mann ist wert, um Minne zu werben und Minne zu empfangen. […] Das ursprüngliche Ziel des Werbens, die liebende Hingabe der Frau, rückt in unerreichbare Ferne; denn nur wo das ursprüngliche Ziel unerreichbar, die Erfüllung *wân* bleibt, kann die erzieherische Aufgabe der Minne verwirklicht werden. Erhörung, wo sie gewährt wird, kleidet sich in zart zeichenhafte Formen: ein Blick, ein Gruß, ein Lächeln. Die Trägerin der veredelnden Aufgabe in der Minne ist die Frau. Der Mann sieht sie gesellschaftlich und seelisch-sittlich wahrhaft erhöht. Darum ist die Anrede *frouwe* innerlich tief begründet. Er will die Frau verklärt sehen, und die Möglichkeit von Minnedienst und Minnesang ist von dieser Verklärung der Frau abhängig.

[1] **Lehnswesen** = Der König oder ein Landesherr (Lehnsherr) verlieh Land und andere Güter (auch Ämter) und forderte dafür Treue der abhängigen Vasallen

[2] **Staufische Zeit** = Das schwäbische Adelsgeschlecht der Staufer (vgl. Burg Hohenstaufen) herrschte im 12. und 13. Jahrhundert. Aus diesem Hause kamen mehrere römisch-deutsche Könige und Kaiser (1138 Konrad III., 1155 Friedrich I., genannt Barbarossa u. a.).

Hohe Minne
Reinmar von Hagenau

In ist liep, daz man si stæticlîche bite,
und tuot in doch so wol, daz sî versagent.
hei, wie manigen muot und wunderlîche site
si tougenlîche in ihr herzen tragent!
Swer ir hulde welle hân,
der wese in bî und spreche wol.
daz tet ich ie: nu kanz mich leider niht vervân.

Diu jâr diu ich noch ze lebenne hân,
swie vil der wære, ir wurde ir niemer tac genomen.
sô gar bin ich ir undertân,
daz ich niht sanfte ûz ir gnâden mœhte komen.
Ich vröiwe mich des, daz ich ir dienen sol.
si gelônet mir mit lîhten dingen wol,
geloube eht mir, swénne ich ir klage
die nôt, diech inme herzen von ir schulden trage
dicke an dem tage.

Übersetzung von Margaritha Kuhn

Sie haben es gern, dass man sie ständig anfleht,
und es tut ihnen doch so wohl, sich zu versagen.
Ach je, wie viele Launen und Grillen
sie in ihren Herzen bergen!
Wer ihre Gunst erlangen will,
der pflege Umgang mit ihnen und unterhalte
          sich höfisch mit ihnen.
Das tat ich immer: Aber ach, es hilft mir nichts.

Die Jahre, die ich noch zu leben habe,
wie viele es auch seien – kein Tag, der nicht ihr gehörte.
So ganz bin ich ihr ergeben,
dass es für mich schmerzlich wäre, wenn ich ihre Gunst
          verlöre.
Ich freue mich darüber, dass ich ihr dienen darf.
Sie belohnt mich ja auch mit kleinen Dingen,
sie möge mir wirklich glauben, wenn ich ihr sage,
wie viel Leid ich … im Herzen trage,
tagein, tagaus.

1. Lest das Gedicht laut.
2. Wer spricht in diesem Minnelied?
3. Beschreibe die Beziehung zwischen dem ritterlichen Minnesänger und der adligen Dame. Zitiere dazu Schlüsselbegriffe des „Minnedienstes".
4. Stell dir vor, du könntest Reinmar fragen, warum er solche Minnelieder verfasst. Was würde er antworten?
5. Untersuche den Lautwandel vom Mittelhochdeutschen (mhd.) zum Neuhochdeutschen (nhd.). Schreibe die Tabelle ab und ergänze sie. Erkläre, was sich vom Mittelhochdeutschen zum Neuhochdeutschen verändert.

Tanzszene mit Reinmar von Hagenau

> **Info**
>
> **Wörtliche Zitate** werden unverändert und unverfälscht in Anführungszeichen und mit eindeutiger Belegstelle angegeben. Beispiel: „undertân" (V. 10).

> **Info**
>
> Beim **Lautwandel** ändert sich die Aussprache von bestimmten Lauten im Laufe der Zeit.

mhd.	nhd.	mhd.	nhd.
guot	gut	wîp	
muot		hûs	
brüeder		mîn	

Situation und Rolle des lyrischen Sprechers erschließen — **Liebeslyrik**

Under der linden
Walther von der Vogelweide

Under der linden
an der heide,
dâ unser zweier bette was[1],
Dâ muget[2] ir vinden
5 schône beide[3]
gebrochen[4] bluomen unde gras.
Vor dem walde in einem tal,
tandaradei,
schône sanc diu nahtegal.
10 Ich kam gegangen
zuo der ouwe[5]:
dô was mîn friedel[6] komen ê.
Dâ wart ich empfangen,
hêre frouwe[7],
15 daz ich bin saelic iemer mê[8].
Kuster[9] mich? wol tûsentstunt:
tandaradei,
seht wie rôt mir ist der munt.
alsô rîche
20 von bluomen eine bettestat.
Des wirt noch gelachet
inneclîche,
kumt iemen an daz selbe pfat.
Bî den rôsen er wol mac[10],
25 tandaradei,
merken wâ mirz houbet[11] lac.
Daz er bî mir laege, wessez iemen[12]
(nu enwelle got!), sô schamt ich mich.
Wes er mit mir pflaege[13],
30 niemer niemen
bevinde daz[14], wan er und ich.
Und ein kleinez vogellîn:
tandaradei,
daz mac wol getriuwe sîn[15].

[1] **was** = war
[2] **muget** = könnt
[3] **schône beide** = beides schön
[4] **gebrochen** = niedergedrückt
[5] **ouwe** = Aue, Wiese
[6] **friedel** = Geliebter; **ê** = vorher, schon
[7] **hêre frouwe** = heilige Jungfrau! (Ausruf)
[8] **saelic iemer mê** = glücklich für immer
[9] **Kuster** = Küsste er; **tûsentstunt** = tausendmal
[10] **wol mac** = kann gut
[11] **houbet** = Kopf
[12] **wessez iemen** = wüsste das jemand
[13] **Wes er mit mir pflaege** = Was er mit mir tat
[14] **bevinde daz** = finde das heraus, außer …
[15] **getriuwe sin** = verschwiegen sein

Info

Der **Sprecher** im Gedicht, das **lyrische Ich**, kann neutral oder eine erkennbare Person sein oder in einer **Rolle** sprechen (Rollenlyrik); zum Beispiel: *Der Glückliche, Der Kranke, Der Ehemann.*

1. Lest das Gedicht laut. Wer spricht hier?
2. Übertragt das Gedicht in heutiges Deutsch.
3. Stellt Fragen an das Gedicht. Versucht, Antworten im Text zu finden.
4. Vergleicht dieses Gedicht mit der Hohen Minne von Reinmar (S. 133). Sammelt Unterschiede.

Liebeslyrik | Eine Parodie erkennen

Minnegruß
Heinrich Heine

Die **d**u bist **s**o **s**chön und rein,	a	m	
Wunnevolles Magedein,	a	m	??!! Ernst gemeint?!
Deinem **D**ienste ganz allein	a	m	
Möcht ich wohl mein **L**eben weih'n.	a	m	
5 Deine süßen Aeugelein	a	m	
Glänzen **m**ild wie **M**ondesschein;	a	m	
Helle Rosenlichter streu'n	a'	m	
Deine rothen Wängelein.	a	m	
Und aus deinem Mündchen klein	a	m	
10 Blinkt's hervor wie Perlenreih'n;	a	m	
Doch **d**en schönsten **E**delstein	a	m	
Hegt dein stiller Busenschrein.	a	m	??!!
Fro**mm**e **M**inne **m**ag es seyn,	a	m	Warum „mag"? Ist sie es nicht?
Was mir drang in's **H**erz **h**inein,	a	m	
15 Als ich weiland schaute dein,	a	m	
Wunnevolles Magedein!	a	m	??!! s.o.

Christian Johann Heinrich Heine (1797–1856) war einer der bedeutendsten deutschen Dichter, Schriftsteller und Journalisten des 19. Jahrhunderts.

Info
Kadenz: Gestaltung des Versschlusses: männliche (m) Kadenz (einsilbig, stumpf), Beispiel: Hérz – Schmérz weibliche (w) Kadenz (zweisilbig, klingend), Beispiel: spínnen – sínnen

Info
Parodie: (griech.: Gegengesang) verspottende, verzerrende oder übertreibende Nachahmung eines schon vorhandenen ernst gemeinten Werkes unter Beibehaltung der äußeren Form, doch mit anderem Inhalt.

1. Lest das Gedicht laut oder hört euch den Gedichtvortrag an. Wie wirkt es auf euch?
2. Formuliere für jede Strophe eine Überschrift oder einen kurzen Satz, der den Inhalt zusammenfasst.
3. Heines Gedicht „Minnegruß" ist 600 Jahre nach dem höfischen Minnesang entstanden. Woran kannst du erkennen, dass es sich beim Gedicht „Minnegruß" um eine Parodie handelt?
4. Inwiefern kann man Heine als Kenner des Minnesangs bezeichnen? Begründet eure Meinung, indem ihr Textstellen zitiert, in denen Heine typische Merkmale der hohen Minne verarbeitet.
5. Du findest im Text Markierungen zu formalen Gestaltungsmitteln. Benenne sie und beschreibe ihre Wirkung.
6. Inwiefern unterstützt die Form den parodistischen Inhalt?
7. Wähle einen der folgenden Arbeitsaufträge:
   - Versuche selbst, eine Parodie eines bekannten Gedichtes oder Liedes zu schreiben. Beachte dabei, dass die Form erhalten bleiben sollte.
   - Bringe den Text einer Parodie und das Original mit. Das kann auch eine Liedparodie sein. Beschreibe, wie die Parodie funktioniert.

Eine Deutungshypothese erstellen | Liebeslyrik

Neue Liebe

Ich liebe!
Rainer Maria Rilke

Rainer Maria Rilke (1875–1926) war ein deutscher Lyriker. Aus Rilkes Werk sind viele Erzählungen, ein Roman und Aufsätze zu Kunst und Kultur sowie zahlreiche Übersetzungen bekannt.

Da steh ich und muss denken und muss sinnen,
so wie ein Träumender verloren sinnt.
Mein ganzes Herze konntest du gewinnen,
in *einem* Augenblick, geliebtes Kind,
und um mein Sein die leichten Fäden spinnen,
die zart und weich, doch unzerreißbar sind.
In meinem Busen glüht ein wonnig Minnen,
und längst erwachten schon so sanft und lind
des Herzens süße – zartgehegte Triebe
im goldnen Morgenstrahl der jungen Liebe.

Tipp
Den **ersten Eindruck** kannst du z. B. so festhalten:
Das Gedicht wirkt auf mich …
Möglicherweise geht es in diesem Gedicht um …
Mir scheint, dass …
Unklar ist mir …

1. Schreibe das Gedicht in die Mitte eines Blattes ab.
2. Halte deinen ersten Eindruck fest (vgl. Tipp). Notiere auch Fragen.
3. Höre dir den Gedichtvortrag an. Welche Stimmung erzeugt das Gedicht für dich? Markiere wichtige Wörter, die diese Stimmung unterstützen.
4. Fasse den Inhalt des Gedichts knapp zusammen.
5. Prüfe folgende Deutungshypothesen auf der Grundlage deines ersten Eindrucks. Welche erscheint dir am tragfähigsten?

> **Deutungshypothese 1: „Junge Liebe"**
> Das Gedicht „Ich liebe!" von Rainer Maria Rilke bringt die zarten und wie träumerisch empfundenen Gefühle eines lyrischen Ichs zum Ausdruck, das von einer möglicherweise allerersten „jungen Liebe" (V. 10) bewegt wird.

> **Deutungshypothese 2: „Traum"**
> Das Gedicht „Ich liebe!" von Rainer Maria Rilke stilisiert das Aufkeimen erster Liebesgefühle zu einem leichten Gedanken- und Traumgespinst, das in seiner Zartheit fast unwirklich wirkt.

> **Deutungshypothese 3: „Gefühle reflektieren"**
> Das lyrische Ich in Rainer Maria Rilkes Gedicht „Ich liebe!" scheint überfordert von den ersten Liebesgefühlen und verliert sich in träumerischen Gedanken.

Info
Eine **Deutungshypothese** ist eine **Vermutung** vor der genauen Untersuchung, was die Kernaussage des Gedichts sein könnte.

6. Analysiere das Gedicht nun genauer. Untersuche dazu die kunstvolle Form (Reimschema, Kadenzen, Metrum, weitere klangliche Stilmittel) und die sprachlichen Bilder.
7. Entscheide dich für eine Deutungshypothese und begründe sie mit deinen Analyseergebnissen.

Liebeslyrik | Gedichte vergleichen

Neue Liebe
Joseph von Eichendorff

Herz, mein Herz, warum so fröhlich,
So voll Unruh und zerstreut,
Als käm über Berge selig
Schon die schöne Frühlingszeit?

5 Weil ein liebes Mädchen wieder
Herzlich an dein Herz sich drückt,
Schaust du fröhlich auf und nieder,
Erd und Himmel dich erquickt.

Und ich hab die Fenster offen,
10 Neu zieh in die Welt hinein,
Altes Bangen, altes Hoffen!
Frühling, Frühling soll es sein!

Still kann ich hier nicht mehr bleiben,
Durch die Brust ein Singen irrt,
15 Doch zu licht ist's mir zum Schreiben,
Und ich bin so froh verwirrt.

Also schlendr ich durch die Gassen,
Menschen gehen her und hin,
Weiß nicht, was ich tu und lasse,
20 Nur, dass ich so glücklich bin.

Neue Liebe, neues Leben
Johann Wolfgang von Goethe

Herz, mein Herz, was soll das geben,
Was bedränget dich so sehr?
Welch ein fremdes neues Leben –
Ich erkenne dich nicht mehr.
5 Weg ist alles, was du liebtest,
Weg, worum du dich betrübtest,
Weg dein Fleiß und deine Ruh –
Ach, wie kamst du nur dazu?

Fesselt dich die Jugendblüte,
10 Diese liebliche Gestalt,
Dieser Blick voll Treu und Güte
Mit unendlicher Gewalt?
Will ich rasch mich ihr entziehen,
Mich ermannen, ihr entfliehen,
15 Führet mich im Augenblick
– Ach – mein Weg zu ihr zurück.

Und an diesem Zauberfädchen,
Das sich nicht zerreißen lässt,
Hält das liebe lose Mädchen
20 Mich so wider Willen fest.
Muss in ihrem Zauberkreise
Leben nun auf ihre Weise;
Die Veränderung, ach, wie groß!
Liebe, Liebe, lass mich los!

Joseph Karl Benedikt Freiherr von Eichendorff (1788–1857) war ein bedeutender Lyriker und Schriftsteller der deutschen Romantik.

Johann Wolfgang von Goethe (1749–1832) gilt neben Friedrich Schiller als der wichtigste Vertreter deutschsprachiger Literatur.

1. Lest die Gedichte laut oder hört euch den Gedichtvortrag an. Sprecht über euren ersten Eindruck.
2. Klärt mögliche Vergleichspunkte dieser beiden Gedichte.
3. Formuliere eine Deutungshypothese zu einem der beiden Gedichte.
4. Tausche dich mit einem Partner, der dasselbe Gedicht bearbeitet hat, über eure Deutungshypothesen aus.
5. Setzt euch so zu viert zusammen, dass beide Gedichte vertreten sind. Vergleicht die Deutungshypothesen zu beiden Gedichten. Versucht, eine vergleichende Deutungshypothese für beide Gedichte zu formulieren, in der ihr Gemeinsamkeiten und/oder Unterschiede herausstellt.

Bildlich gesprochen

Bildlich gesprochen
Ulla Hahn (geb. 1945)

Wär ich ein Baum ich wüchse
dir in die hohle Hand
und wärst du das Meer ich baute
dir weiße Burgen aus Sand.

5 Wärst du eine Blume ich grübe
dich mit allen Wurzeln aus
wär ich ein Feuer ich legte
in sanfte Asche dein Haus.

Wär ich eine Nixe ich saugte
10 dich auf den Grund hinab
und wärst du ein Stern ich knallte
dich vom Himmel ab

Teddybären küssen nicht
Jo-Achim Wulf (geb. 1961)

Manchmal wünscht' ich mir, ich wär
ein kuschlig weicher Teddybär;
der still in deinem Zimmer sitzt –
und dich vor bösen Träumen schützt.

5 Ich säh' dir oft beim Anziehn zu
und selbst beim Ausziehn hielt ich Ruh;
säh' manchen Mann von dannen flitzen –
blieb' immer artig bei dir sitzen.

Mitunter kämest du zu mir
10 und röchest penetrant nach Bier;
doch deine Hand auf meinem Fell –
vertriebe diesen Makel schnell.

Vielleicht nähmst du mich auch einmal
mit auf dein Sofa ganz feudal;
15 dann sähen wir gemeinsam fern –
ich wäre stolz und schwiege gern.

Nur eines tät' ich wohl vermissen:
Bestimmt würd' ich dich gern mal küssen;
still zu halten fiel' dann schwer –
20 man küsst halt nicht als Teddybär.

Ich möchte dein Navi sein
Dörte Müller (geb. 1967)

Ich möchte dein Navi sein,
das mit beruhigender Stimme auf dich einredet,
wenn du nicht mehr weiter weißt.
Ich möchte dein Navi sein,
5 das alles, was falsch lief, neu berechnet.
Ich möchte dein Navi sein,
das dich leitet
und dich wieder einfängt,
wenn du vom Weg abgekommen bist.
10 Ich möchte dein Navi sein,
das dich immer sicher ans Ziel bringt.

Liebeslyrik | **Bildlichkeit untersuchen**

Du Wasser
Jo-Achim Wulf (geb. 1961)

Ich war ein Fisch
in der Wüste.
Mürbe längst
und leichenfahl,
5 trübblickend gen Himmel,
Dunkelheit ersehnend;
müde.

Plötzlich
die große Flut.
10 Und mit ihr mein Entschluss,
es neu zu versuchen.

Seither
lerne ich
schwimmen.

Zwei Segel
Conrad Ferdinand Meyer (1825–1898)

Zwei Segel erhellend
Die tiefblaue Bucht!
Zwei Segel sich schwellend
Zu ruhiger Flucht!

5 Wie eins in den Winden
Sich wölbt und bewegt,
Wird auch das Empfinden
Des andern erregt.

Begehrt eins zu hasten,
10 Das andre geht schnell,
Verlangt eins zu rasten,
Ruht auch sein Gesell.

> **Info**
>
> **Sprachliche Bilder**
> **Vergleich:** ein Bild, das mit *wie* eingeleitet wird
> Beispiel: *Ein Mensch wie ein Fisch.*
> **Metapher:** verkürzter Vergleich (ohne *wie*); bildhafter Ausdruck mit übertragener Bedeutung
> Beispiel: *Ich war ein Fisch.*
> **Personifikation:** Tiere, Pflanzen oder Gegenstände werden menschliche Eigenschaften zugeschrieben.
> Beispiel: *Teddybären küssen nicht.*

> **Info**
>
> **Syntaktische Stilmittel**
> **Parallelismus:** Gleichartiger Satzbau in aufeinanderfolgenden Versen oder Strophen.
> Beispiel: Im Gedicht „Zwei Segel" Vers 9 und 11.
> **Anapher:** Mehrmaliges Wiederholen von Wörtern oder Wortgruppen am Versanfang.
> Beispiel: *Wär* im Gedicht „Bildlich gesprochen" (V. 1, 7, 9).

1. Lest die Gedichte.
2. Welche Bilder für die Liebe finden die Dichter?
3. Suche dir ein Gedicht aus und beschreibe es im Zusammenhang. Beginne so:

Im Gedicht „Zwei Segel" von Conrad Ferdinand Meyer wird eine sehr harmonische Beziehung mit Hilfe des Bildes von zwei Segeln symbolisiert.
Das Gedicht besteht aus drei Strophen mit jeweils vier Versen. Ein durchgehender Kreuzreim mit abwechselnd weiblichen und männlichen Kadenzen unterstützt den harmonischen Eindruck. Auch das Metrum … In der ersten Strophe …

Moderne Beziehungen

Schnelle Liebe
Nicole Hanisch (geb. 1990)

Du bist online,
doch bist es nicht.
Du hast es gelesen,
doch antwortest nicht.
5 Du schreibst,
doch schickst es nicht.

Ich wollte erst ein Treffen,
dann zwei, dann drei,
ein Bett, ein Frühstück
10 und dann?

Drei Worte
per Datenstrom.
Und du,
du antwortest nicht.
15 Mit einem Fingerstreich
löschst du mich aus.
Mit einem Fingerstreich
ersetzt du mich.
Mit einem Fingerstreich
20 suche ich weiter.

Liebeskummer 1.0
Michael Seiterle (geb. 1977)

ich hab mich virtuell in dich verguckt
dein digitales bild hat mich berührt
dein pixel-ich hat meine links verführt
bin gleich gefollowed – hab dich facegebooked

5 ich wühlte klick für klick mich in dein leben
hab deine online-signatur gewittert
hab alles über dich und mich getwittert
mein neuer status wär so gern: vergeben

natürlich hab ich dich sofort geliked
10 und endlich hat dein daumen hochgezeigt
ich träumt von analog-erotik schon

dann hast du mich auf einmal weggeklickt
den cache gelöscht – mich in den korb geschickt –
für kummer gibt es kein emoticon!

1. Lest die Gedichte und sprecht über eure Eindrücke.
2. Vergleicht die Gedichte thematisch. Welche Motive tauchen in allen beiden Gedichten auf?
3. Untersucht die Gedichte inhaltlich und formal arbeitsteilig. Die Checkliste (S. 141) kann euch helfen. Präsentiert eure Ergebnisse.
4. Schreibe selbst ein Handygedicht. Es muss nicht unbedingt ein Liebesgedicht sein.

Checkliste: Ein Gedicht beschreiben

	Überlege zunächst, ob du etwas über den Autor/die Autorin und die Zeit, in der sie lebte und schrieb, weißt.	**EINLEITUNG**
	Betrachte den Titel des Gedichts genau. Welche Vorstellungen ruft er in dir hervor?	
	Lies das Gedicht. Formuliere deinen ersten Eindruck mit der dazugehörigen Wirkung: *Wie wirkt das Gedicht auf mich? Welche Stimmung hinterlässt es?*	
	Lies das Gedicht erneut und markiere Wichtiges oder unklare Textstellen. Formuliere eine Deutungshypothese: Was vermutest du, was die Kernaussage des Gedichts ist?	
	Form Wie ist die äußere Form des Gedichts zu beschreiben (Strophen- und Versanzahl, Metrum, Reimschema)? Wie wirkt die Form? (ruhig, streng, gehetzt ...) **Funktion der Form:** Welche inhaltlichen Schlussfolgerungen lassen sich aus der Form ziehen?	**HAUPTTEIL**
	Inhalt Fasse den Inhalt in eigenen Worten zusammen. Dies kann strophenweise geschehen. Berücksichtige dabei folgende Aspekte:	
	Lyrischer Sprecher (lyrisches Ich) Wer spricht aus welcher Perspektive? In welcher Situation befindet sich der Sprecher/das lyrische Ich? Wendet er sich an ein Gegenüber? Spricht er mit sich selbst? Reflektiert oder erlebt der lyrische Sprecher ein Ereignis? Appelliert er an jemanden?	
	Sprache Welche Wortarten (Verben, Adjektive, Adverbien, Nomen ...) herrschen vor? Gibt es Besonderheiten im Satzbau (lange, kurze Sätze, Aufzählungen, Parallelismen ...)? Welche sprachlichen Bilder weist das Gedicht auf? (Metapher, Vergleich, Personifikation) **Funktion der sprachlichen Mittel:** Welche Stimmung unterstützen die sprachlichen Mittel und welche Wirkung wird dadurch erreicht?	
	Ergebnis Fasse deine Untersuchungen zusammen. Hat sich dein erster Eindruck bzw. deine **Deutungshypothese bestätigt oder nicht**? Was ist die zentrale Aussage des Gedichts für dich?	**SCHLUSS**

TESTE dich ✓

Überprüfe dein Wissen und Können, indem du hier die Testaufgaben bearbeitest.

Ich kann ...	Können	Hilfe	Training
mittelhochdeutsche Minnelieder verstehen.	😃 😌 😳	S. 132 f.	S. 143

Testaufgabe 1
Welche Aussagen treffen auf das folgende Gedicht zu?

- Es geht um einen verliebten Mann, der von der Frau getrennt lebt.
- Es geht um das typische Dienstverhältnis der Hohen Minne, in dem eine unerreichbare Dame von einem Minnesänger verehrt wird.
- Es geht um Niedere Minne, denn der Minnesänger gibt sich der Frau hin.

Ir vil minneclîchen ougenblicke
Walther von der Vogelweide

Ir vil minneclîchen ougenblicke
rüerent mich alhie, wanne ich si sihe,
in mîn herze. owê, sold ich si dicke
sehen, der ich mich für eigen gihe!
eigenlîchen diene ich ir,
daz sol si vil wol gelouben mir.

Ihre so liebreichen Blicke
übersetzt von Günther Schweikle

Ihre so liebreichen Blicke
treffen mich gerade hier – wenn immer ich sie sehe –
in mein Herz. Ach, könnte ich sie oft
sehen, der ich mich zu eigen gebe!
Wie ein Leibeigener diene ich ihr,
das soll sie mir wohl glauben.

Ich kann ...	Können	Hilfe	Training
Stilmittel erkennen und in ihrer Funktion deuten.	😃 😌 😳	S. 131, 135, 139	S. 143

Testaufgabe 2
Welche Stilmittel prägen die folgende erste Strophe des Gedichts „Zwei Segel"?
Welche Funktion und Wirkung haben diese Stilmittel jeweils?

Zwei Segel
Conrad Ferdinand Meyer

Zwei Segel erhellend
Die tiefblaue Bucht!
Zwei Segel sich schwellend
Zu ruhiger Flucht.

Ich kann ...	Können	Hilfe	Training
eine Deutungshypothese formulieren.	😃 😌 😳	S. 136	S. 143

Testaufgabe 3
Formuliere eine Deutungshypothese zu Rose Ausländers Gedicht „Das Schönste" (S. 129).

So kannst du dein Wissen anwenden und deine Fähigkeiten trainieren:

Herzklopfen
Elisabeth Steinkellner (geb. 1981)

vom Weltall aus betrachtet
bin ich nur ein winzig kleiner Punkt
einen aber-millionstel Millimeter groß

doch das Klopfen meines Herzens
5 hebt mich heraus aus dem Punktemeer
auf und nieder hüpft es
treibt's bunt
geht völlig durch mit mir

seit ich deine Hand in meiner spür'

> **1.** Lies das Gedicht „Herzklopfen" wiederholt.
> **2.** Formuliere eine Deutungshypothese.
> **3.** Erläutere das Bild des „Punktemeers" (V. 5).

Liebe
Karoline von Günderrode (1780–1806)

O reiche Armut! Gebend, seliges Empfangen!
In Zagheit Mut! in Freiheit doch gefangen.
In Stummheit Sprache,
Schüchtern bei Tage,
5 Siegend mit zaghaftem Bangen.

Lebendiger Tod, im Einen sel'ges Leben
Schwelgend in Not, im Widerstand ergeben,
Genießend schmachten,
Nie satt betrachten
10 Leben im Traum und doppelt Leben.

> **4.** Lies das Gedicht „Liebe". Notiere deinen ersten Eindruck.
> **5.** Untersuche nun das Gedicht genauer. Markiere Wichtiges und unklare Textstellen.
> **6.** Stelle eine Deutungshypothese auf.
> **7.** Untersuche das Gedicht formal und inhaltlich.
> **8.** Formuliere eine Gedichtbeschreibung (vgl. Checkliste, S. 141).

Texte und Medien

„Die Mitternacht zog näher schon …"

Zum Bild:
Rembrandt: *Das Gastmahl des Belsazar*, um 1635

Balladen

Die Ballade – das Ur-Ei der Dichtung

Die Form der Ballade ist einzigartig. Goethe hat das als Erster erkannt. Er nannte die Ballade das „Ur-Ei der Dichtung" weil sie Elemente der Epik, des Dramas und der Lyrik, also aller drei literarischen Gattungen, enthält: Die Ballade erzählt wie in epischen Texten eine zusammenhängende Geschichte über eine interessante Begebenheit. Ähnlich wie im Drama kommen dabei Figuren in direkter Rede zu Wort und vermitteln dem Hörer oder Leser den Eindruck, hautnah dabei zu sein. Wie ein Gedicht ist die Ballade in Verse und Strophen gefasst und enthält meistens auch Reime.

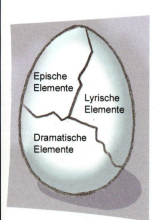

1. Lege das Ur-Ei der Dichtung in deinem Heft an. Schreibe mit Hilfe der Informationen alle epischen, lyrischen und dramatischen Merkmale einer Ballade in dein Heft.
   Tipp: Du kannst für jede der Gattungen eine andere Farbe verwenden.

Der kleine Vogelfänger
August Heinrich Hoffmann von Fallersleben

Wart, Vöglein, wart! Jetzt bist du mein,
Jetzt hab ich dich gefangen,
In einem Käfig sollst du jetzt
An meinem Fenster hangen!
5 „Ach, lieber Bube, sag mir doch,
Was hab' ich denn begangen,
Dass du mich armes Vögelein,
Dass du mich hast gefangen?" –
Ich bin der Herr, du bist der Knecht:
10 Die Tiere, die da leben,
Die sind dem Menschen allzumal
Und mir auch untergeben.
„Das, lieber Bube, glaub ich nicht,
Das sollst du mir beweisen!" –
15 Schweig still, schweig still! sonst brat' ich dich
Und werde dich verspeisen! –
Der Knabe rannte schnell nach Haus,
Da fiel er von der Stiegen.
Das Vöglein flog zum Haus hinaus
20 Und ließ das Büblein liegen.

August Heinrich Hoffmann, bekannt als Hoffmann von Fallersleben (1798–1874), war ein deutscher Hochschullehrer für Germanistik und Dichter. Er schrieb die spätere deutsche Nationalhymne, das Lied der Deutschen, sowie zahlreiche populäre Kinderlieder.

Info
Unter **Epik** fallen alle erzählenden Texte, z. B. Fabeln, Kurzgeschichten, Romane, in denen ein Erzähler dem Leser eine Handlung oder ein Geschehen vermittelt
Die Gattung **Dramatik** umfasst alle Theaterstücke. Im Gegensatz zur Epik wird die Handlung nicht erzählt, sondern szenisch, also durch das Handeln und Sprechen der Figuren, vermittelt.
Zur Gattung der **Lyrik** gehören alle Gedichte. Gedichte stehen in gebundener Sprache, d. h., sie sind an Vorgaben wie Versmaß, feste Stropheneinteilung oder Reimschemata gebunden. Gedichte vermitteln vor allem Gefühle, Stimmungen und Gedanken.

1. Untersuche die Ballade „Der kleine Vogelfänger" in Bezug auf lyrische, dramatische und epische Elemente.
2. Überlegt, welche Aussage die Ballade haben könnte. Diskutiert eure Meinungen.
3. Tragt die Ballade wirkungsvoll vor. Bearbeitet zunächst die Ballade. Denkt an die Betonungszeichen und Hinweise, welche ihr letztes Jahr gelernt habt.

Betonungen:
/ Silbe betonen
^ Pause
wechselnde Lautstärke:
< lauter werden
> leiser werden
unterschiedliches Sprechtempo:
→ schneller werden
← langsamer werden
Veränderung der Stimme:
↗ Stimme heben
↘ Stimme senken
| Sinneinheiten

Das kannst du jetzt lernen!
- Inhalt und Aussage einer Ballade zu erfassen .... S. 146
- Den geschichtlichen Hintergrund einer Ballade bei der Interpretation zu berücksichtigen .... S. 148
- Balladenfiguren zu untersuchen .... S. 149
- Balladen miteinander zu vergleichen .... S. 153
- Sachtext und literarischen Text miteinander zu vergleichen .... S. 156

Klassische Balladen

Belsazar[1]
Heinrich Heine

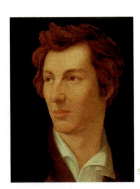

Heinrich Heine wurde 1797 in Düsseldorf geboren. Er war einer der bedeutendsten deutschen Dichter, Schriftsteller und Journalisten des 19. Jahrhunderts. Bekannt sind vor allem seine Reiseberichte sowie seine Gedichte und Balladen. 1856 starb Heinrich Heine in Paris.

Die Mitternacht zog näher schon;
In stummer Ruh lag Babylon.

Nur oben in des Königs Schloss,
Da flackert's, da lärmt des Königs Tross[2].

5 Dort oben, in dem Königssaal,
Belsazar hielt sein Königsmahl.

Die Knechte saßen in schimmernden Reih'n,
Und leerten die Becher mit funkelndem Wein.

Es klirrten die Becher, es jauchzten die Knecht';
10 So klang es dem störrigen Könige recht.

Des Königs Wangen leuchten Glut;
Im Wein erwuchs ihm kecker Mut.

Und blindlings reißt der Mut ihn fort;
Und er lästert die Gottheit mit sündigem Wort.

15 Und er brüstet sich frech, und lästert wild;
Die Knechtenschar ihm Beifall brüllt.

Der König rief mit stolzem Blick;
Der Diener eilt und kehrt zurück.

Er trug viel gülden Gerät auf dem Haupt;
20 Das war aus dem Tempel Jehovahs[3] geraubt.

Und der König ergriff mit frevler[4] Hand
Einen heiligen Becher, gefüllt bis am Rand.

Und er leert ihn hastig bis auf den Grund,
Und rufet laut mit schäumendem Mund:

25 Jehovah! dir künd ich auf ewig Hohn –
Ich bin der König von Babylon[5]!

Doch kaum das grause Wort verklang,
Dem König ward's heimlich im Busen bang.

Das gellende Lachen verstummte zumal;
30 Es wurde leichenstill im Saal.

---

[1] **Belsazar** = letzter Kronprinz von Babylon, der das Land von 552 bis 543 v. Chr. regierte

[2] **Tross** = hier: Gefolge

[3] **Jehovah** = hebräischer Name Gottes im Alten Testament (auch: Jahwe)

[4] **Frevel** = hier: Gotteslästerung, Anmaßung

[5] **Babylon** = als Hauptstadt Babyloniens eine der wichtigsten Städte des Altertums (heute Ruinenstadt etwa 90 km südlich von Bagdad im Irak)

Und sieh! und sieh! an weißer Wand
Da kam's hervor wie Menschenhand;

Und schrieb, und schrieb an weißer Wand
Buchstaben von Feuer, und schrieb und schwand.

35 Der König stieren Blicks da saß,
Mit schlotternden Knien und totenblass.

Die Knechtenschar saß kalt durchgraut,
Und saß gar still, gab keinen Laut.

Die Magier kamen, doch keiner verstand
40 Zu deuten die Flammenschrift an der Wand.

Belsazar ward aber in selbiger Nacht
Von seinen Knechten umgebracht.

1. Lest die Ballade mit verteilten Rollen. Ihr braucht einen Erzähler und den König.
2. Kürze diese Übersicht über den Handlungsverlauf auf die vier wichtigsten Teile und ordne sie den entsprechenden Versen zu.

Die Ballade lässt sich in folgende Teile einteilen:

> Situation in der Stadt ■ Gelage im Schloss ■ Freude bei den Knechten ■ zunehmende Trunkenheit des Königs ■ Gotteslästerung ■ Befehl, das Tempelgerät zu holen ■ Entweihung durch Trinken aus heiligem Becher ■ Verhöhnung Gottes ■ eigenes Erschrecken ■ Erscheinung der Feuerschrift ■ Angst der Knechte ■ vergeblicher Versuch der Magier ■ Belsazars Ende

Heinrich Heine hat seine Ballade nach der Geschichte von König Belsazar gestaltet, die in der Bibel erzählt wird. Im fünften Kapitel des „Buches Daniel" wird beschrieben, wie Belsazar nach dem Missbrauch des Tempelgeschirrs bei seinem Gastmahl eine geisterhafte Schrift an der Wand erscheint, die ihm schließlich von dem Propheten Daniel gedeutet wird.

3. Vergleicht eure Vermutungen zu dem Geschehen auf dem Bild auf S. 144 mit der Handlung der Ballade. Auf welche Passage der Ballade bzw. der Bibel bezieht sich die Darstellung?
4. Stellt aus der Ballade mit Hilfe des Bildes zusammen, welche Charaktermerkmale Belsazar besitzt.

Den geschichtlichen Hintergrund einer Ballade erkennen — **Balladen**

Belsazar in der Bibel

5 In demselben Augenblick kamen Finger einer Menschenhand hervor und schrieben dem Leuchter gegenüber auf den Kalk der Wand des königlichen Palastes; und der König sah die Hand, die schrieb.

6 Da veränderte sich die Gesichtsfarbe des Königs, und seine Gedanken erschreckten ihn, und seine Hüftgelenke erschlafften, und seine Knie schlugen aneinander.

7 [...] Und der König fing an und sagte zu den Weisen von Babel: Jeder, der diese Schrift lesen und mir ihre Deutung kundtun wird, der darf sich mit Purpur bekleiden, dazu mit einer goldenen Kette um seinen Hals, und er soll als Dritter im Königreich herrschen.

8 Da kamen alle Weisen des Königs herbei; aber sie konnten weder die Schrift lesen noch dem König ihre Deutung mitteilen. [...]

17 Da antwortete Daniel und sprach vor dem König: Deine Gaben mögen dir bleiben, und deine Geschenke gib einem anderen! [...]

23 Und du hast dich über den Herrn des Himmels erhoben; und man hat die Gefäße seines Hauses vor dich gebracht, und du und deine Gewaltigen, deine Frauen und deine Nebenfrauen, ihr habt Wein daraus getrunken. Und du hast die Götter aus Silber und Gold, aus Bronze, Eisen, Holz und Stein gerühmt, die nicht sehen und nicht hören und nicht verstehen. Aber den Gott, in dessen Hand dein Odem ist und bei dem alle deine Wege sind, hast du nicht geehrt.

24 Da wurde von ihm diese Hand gesandt [...].

25 Und dies ist die Schrift, die geschrieben wurde: Mene, mene, tekel upharsin.

27 Tekel – du bist auf der Waage gewogen und zu leicht befunden worden.

28 Peres – dein Königreich wird zerteilt und den Medern und Persern gegeben.

29 Daraufhin gab Belsazar Befehl, und man bekleidete Daniel mit Purpur, dazu mit einer goldenen Kette um seinen Hals; und man rief über ihn aus, dass er der Drittmächtigste im Königreich sei. –

30 In derselben Nacht wurde Belsazar, der chaldäische König, getötet.

Info

Unter einem **Menetekel** wird in der heutigen Zeit ein unheilvolles Vorzeichen verstanden. Es ist eine Warnung vor einem unabwendbaren Unheil oder auch ein Warnruf.

---

1. Vergleicht die Ballade von Heinrich Heine mit dem Bibelauszug. Beschreibt Gemeinsamkeiten und Unterschiede. Mögliche Vergleichsaspekte können sein: Handlungsverlauf, Bedeutung der Inschrift, Rolle der beteiligten Personen, Verhalten Belsazars, Charakter Belsazars.
2. In der Ballade gibt es keine Deutung für die Schrift an der Wand. Findet eine mögliche Erklärung, warum Heine diesen Bibelabschnitt weglässt.
3. Warum wird in Heines Ballade Belsazar von seinen Knechten umgebracht?
4. Wählt eine der beiden Aufgabenstellungen:
   ▶ Begründet, inwieweit sich die Redewendung „Hochmut kommt vor dem Fall" auf die Ballade übertragen lässt.
   ▶ Diskutiert darüber, welche Bedeutung das Geschehen in Heines Ballade für uns heute haben könnte. Beachte hierzu auch den Infokasten.

„Freundschaft, das ist eine Seele in zwei Körpern." (*Aristoteles*)

„Unsere äußeren Schicksale interessieren die Menschen, die inneren nur den Freund." (*Heinrich von Kleist*)

„Freundschaft fließt aus vielen Quellen, am reinsten aus dem Respekt." (*Daniel Defoe*)

„Der Freund ist einer, der alles von dir weiß, und der dich trotzdem liebt." (*Elbert Hubbert*)

„Tiere sind die besten Freunde. Sie stellen keine Fragen und kritisieren nicht." (*Mark Twain*)

Friedrich Schiller wurde 1759 in Marbach geboren und studierte wie Goethe zuerst Jura. Nach zwei Jahren wechselte er zur Medizin, da er die Rechtswissenschaft hasste. Im Jahre 1799 siedelte er nach Weimar um. Die Freundschaft mit Goethe war für beide eine fruchtbare Zusammenarbeit: Im Jahre 1797, welches auch das Balladenjahr genannt wird, schrieben sie im Wettstreit Balladen. Zu Schillers wichtigsten Balladen zählt »Die Bürgschaft«. Nach langer Krankheit starb Schiller im Jahre 1805.

1. Wähle ein Zitat aus, das am besten deine Freundschaft zu einem deiner Freunde beschreibt, und begründe deine Wahl.
2. Was macht für dich Freundschaft aus? Nenne fünf Aspekte.

Die Bürgschaft
Friedrich Schiller

I Zu Dionys[1], dem Tyrannen[2], schlich
Damon, den Dolch im Gewande:
Ihn schlugen die Häscher[3] in Bande,
„Was wolltest du mit dem Dolche? sprich!"
5 Entgegnet ihm finster der Wüterich.
„Die Stadt vom Tyrannen befreien!"
„Das sollst du am Kreuze bereuen."

II „Ich bin", spricht jener, „zu sterben bereit
Und bitte nicht um mein Leben:
10 Doch willst du Gnade mir geben,
Ich flehe dich um drei Tage Zeit,
Bis ich die Schwester dem Gatten gefreit[4];
Ich lasse den Freund dir als Bürgen,
Ihn magst du, entrinn' ich, erwürgen."

15 III Da lächelt der König mit arger List
Und spricht nach kurzem Bedenken:
„Drei Tage will ich dir schenken;
Doch wisse, wenn sie verstrichen, die Frist,
Eh du zurück mir gegeben bist,
20 So muss er statt deiner erblassen[5],
Doch dir ist die Strafe erlassen."

IV Und er kommt zum Freunde: „Der König gebeut[6],
Dass ich am Kreuz mit dem Leben
Bezahle das frevelnde[7] Streben.
25 Doch will er mir gönnen drei Tage Zeit,
Bis ich die Schwester dem Gatten gefreit;
So bleib du dem König zum Pfande,
Bis ich komme zu lösen die Bande."

V Und schweigend umarmt ihn der treue Freund
30 Und liefert sich aus dem Tyrannen;
Der andere ziehet von dannen.
Und ehe das dritte Morgenrot scheint,
Hat er schnell mit dem Gatten die Schwester vereint,
Eilt heim mit sorgender Seele,
35 Damit er die Frist nicht verfehle.

VI Da gießt unendlicher Regen herab,
Von den Bergen stürzen die Quellen,
Und die Bäche, die Ströme schwellen.
Und er kommt ans Ufer mit wanderndem Stab,
40 Da reißet die Brücke der Strudel herab,
Und donnernd sprengen die Wogen
Dem Gewölbes krachenden Bogen.

VII Und trostlos irrt er an Ufers Rand:
Wie weit er auch spähet und blicket
45 Und die Stimme, die rufende, schicket.
Da stößet kein Nachen⁸ vom sichern Strand,
Der ihn setze an das gewünschte Land,
Kein Schiffer lenket die Fähre,
Und der wilde Strom wird zum Meere.

50 **VII** Da sinkt er ans Ufer und weint und fleht,
Die Hände zum Zeus⁹ erhoben:
„O hemme des Stromes Toben!
Es eilen die Stunden, im Mittag steht
Die Sonne, und wenn sie niedergeht
55 Und ich kann die Stadt nicht erreichen,
So muss der Freund mir erbleichen."

IX Doch wachsend erneut sich des Stromes Wut,
Und Welle auf Welle zerrinnet,
Und Stunde an Stunde ertrinnet.
60 Da treibt ihn die Angst, da fasst er sich Mut
Und wirft sich hinein in die brausende Flut
Und teilt mit gewaltigen Armen
Den Strom, und ein Gott hat Erbarmen.

X Und gewinnt das Ufer und eilet fort
65 Und danket dem rettenden Gotte;
Da stürzet die raubende Rotte¹⁰
Hervor aus des Waldes nächtlichem Ort,
Den Pfad ihm sperrend, und schnaubert Mord
Und hemmet des Wanderers Eile
70 Mit drohend geschwungener Keule.

XI „Was wollt ihr?", ruft er vor Schrecken bleich,
„Ich habe nichts als mein Leben,
Das muss ich dem Könige geben!"
Und entreißt die Keule dem nächsten gleich:
75 „Um des Freundes willen erbarmet euch!"
Und drei mit gewaltigen Streichen
Erlegt er, die andern entweichen.

XII Und die Sonne versendet glühenden Brand,
Und von der unendlichen Mühe
80 Ermattet sinken die Knie.
„O hast du mich gnädig aus Räubershand,
Aus dem Strom mich gerettet ans heilige Land,
Und soll hier verschmachtend verderben,
Und der Freund mir, der liebende, sterben!"

85 **XIII** Und horch! da sprudelt es silberhell,
Ganz nahe, wie rieselndes Rauschen,
Und stille hält er, zu lauschen;
Und sieh, aus dem Felsen, geschwätzig, schnell,
Springt murmelnd hervor ein lebendiger Quell,
90 Und freudig bückt er sich nieder
Und erfrischet die brennenden Glieder.

XIV Und die Sonne blickt durch der Zweige Grün
Und malt auf den glänzenden Matten
Der Bäume gigantische Schatten;
95 Und zwei Wanderer sieht er die Straße ziehn,
Will eilenden Laufes vorüber fliehn,
Da hört er die Worte sie sagen:
„Jetzt wird er ans Kreuz geschlagen."

XV Und die Angst beflügelt den eilenden Fuß,
100 Ihn jagen der Sorge Qualen;
Da schimmern in Abendrots Strahlen
Von ferne die Zinnen von Syrakus,
Und entgegen kommt ihm Philostratus,
Des Hauses redlicher Hüter,
105 Der erkennet entsetzt den Gebieter:

XVI „Zurück! du rettest den Freund nicht mehr,
So rette das eigene Leben!
Den Tod erleidet er eben.
Von Stunde zu Stunde gewartet' er
110 Mit hoffender Seele der Wiederkehr,
Ihm konnte den mutigen Glauben
Der Hohn des Tyrannen nicht rauben."

XVII „Und ist es zu spät, und kann ich ihm nicht,
Ein Retter, willkommen erscheinen,
115 So soll mich der Tod ihm vereinen.
Des rühme der blut'ge Tyrann sich nicht,
Dass der Freund dem Freunde gebrochen die Pflicht,
Er schlachte der Opfer zweie
Und glaube an Liebe und Treue!"

120 **XVIII** Und die Sonne geht unter, da steht er am Tor,
Und sieht das Kreuz schon erhöhet,
Das die Menge gaffend umstehet;
An dem Seile schon zieht man den Freund empor,
Da zertrennt er gewaltig den dichten Chor:
125 „Mich, Henker", ruft er, „erwürget!
Da bin ich, für den er gebürget!"

XIX Und Erstaunen ergreifet das Volk umher,
In den Armen liegen sich beide
Und weinen vor Schmerzen und Freude.
130 Da sieht man kein Auge tränenleer,
Und zum Könige bringt man die Wundermär';
Der fühlt ein menschliches Rühren,
Lässt schnell vor den Thron sie führen,

XX Und blicket sie lange verwundert an.
135 Drauf spricht er: „Es ist euch gelungen,
Ihr habt das Herz mir bezwungen;
Und die Treue, sie ist doch kein leerer Wahn –
So nehmet auch mich zum Genossen an:
Ich sei, gewährt mir die Bitte,
140 In eurem Bunde der Dritte!"

[1] **Dionys** = Dionysos I. (430–376 v. Chr.), Alleinherrscher von Syrakus (Sizilien)
[2] **Tyrann** = Gewaltherrscher
[3] **Häscher** = Verfolger
[4] **dem Gatten gefreit** = Zu dieser Zeit musste ein männliches Familienmitglied für die Verheiratung der Tochter/Schwester sorgen.
[5] **erblassen** = hier: sterben
[6] **gebeut** = gebietet, befiehlt
[7] **frevelnd** = verbrecherisch
[8] **Nachen** = Kahn
[9] **Zeus** = oberster Gott der Griechen
[10] **Rotte** = ungeordnete Schar von Menschen

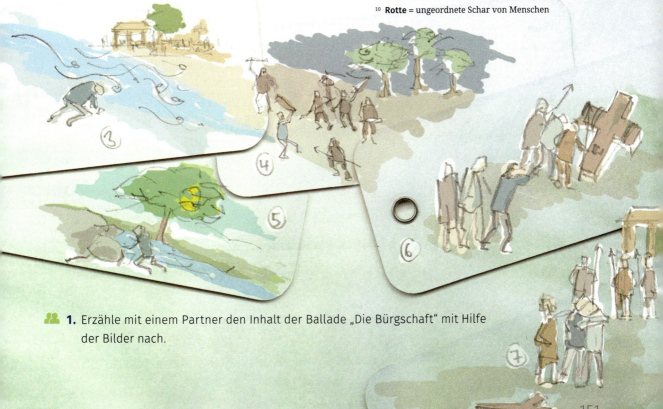

1. Erzähle mit einem Partner den Inhalt der Ballade „Die Bürgschaft" mit Hilfe der Bilder nach.

| Balladenfiguren untersuchen | Balladen |

Tipp

Mögliche Eigenschaften können sein: *mutig, klug, zuverlässig, ehrlich*.

2. Einer von euch beschäftigt sich nun genauer mit Damon, der andere mit Dionysos. Legt eine Tabelle nach folgendem Muster an:

Figur	Eigenschaft	Beleg	Strophe
Damon	stark	Er schlägt drei Räuber.	11

Tragt in der Klasse eure Ergebnisse vor und überlegt gemeinsam, welche Wertevorstellungen die Hauptfiguren repräsentieren.

3. Welche Person ist euch am sympathischsten? Ihr könnt auch einen Blick auf die Nebenfiguren richten. Begründet eure Meinung.
4. Untersucht in Gruppen Reimschema und Metrum der Ballade.
5. Wähle einen der folgenden Arbeitsaufträge:
   ▸ Nenne Gründe, warum der Freund zum Bürge wird, und begründe anschließend, warum die Ballade den Titel „Die Bürgschaft" trägt.
   ▸ Wie weit kann Freundschaft gehen? Wie weit würdet ihr für eine Freundschaft gehen? Überlege dir konkrete Situationen, in denen eine Freundschaft zu weit geht.

Info

Balladentypen
Der Stoff, aus dem Balladen gemacht sind, ist häufig spektakulär. Denn der typische Gegenstand einer Ballade ist nicht eine alltägliche Begebenheit, sondern ein **außergewöhnliches** und **dramatisches Ereignis**. Vom Inhalt her unterscheidet man grundsätzlich zwischen zwei wichtigen Typen: die **naturmagische Ballade** und die **Heldenballade**.
In der **naturmagischen Ballade** geht es um die Begegnung des Menschen mit den gewaltigen Kräften der Natur oder mit der Macht des Übernatürlichen. Gängige Themen sind Naturkatastrophen, bei denen Menschen zu Schaden kommen, oder unheimliche Ereignisse, bei denen Gespenster und Geister den Menschen das Fürchten lehren.
Die **Heldenballade** handelt von Menschen, die etwas Außerordentliches tun. Gegenstand ist ein Held, also eine herausragende Persönlichkeit, und ihre großartige Tat, oder das vorbildliche Verhalten einer Person, die in einer schwierigen Situation über sich selbst hinauswächst und ein Beispiel für andere wird.

Tipp

Manchmal kann man auch Begründungen für beide Balladentypen finden.

6. Begründe, warum „Die Bürgschaft" zu den Heldenballaden gezählt wird. Was macht Damon in dieser Ballade zum Helden?
7. Ordne die Balladen in diesem Kapitel einem Balladentypen begründet zu.
8. Wähle einen der folgenden Arbeitsaufträge:
   ▸ Nach der Rettung befragt der Freund Damon über das Erlebte. Verfasse den Dialog.
   ▸ Bildet Dreiergruppen und stellt das Verhältnis von Dionysos, Damon und dem Freund entweder als Standbilder oder mit Hilfe von Grafiken dar. Überlegt euch, wie viele Phasen der Beziehung ihr darstellen müsst.

Gestaltend interpretieren → S. 71
Die Beziehung zwischen Figuren untersuchen → S. 92 ff.

Moderne Balladen

Die Bürgschaft
Bodo Wartke

Ich wache auf. Und ich fühl mich ganz schön flau.
Kein Wunder, denn gestern war ich, so viel weiß ich noch, hackeblau.
Doch wie es dazu kam, weiß ich nicht mehr so genau.
Und vor allem überhaupt: Sag mal, wer ist eigentlich diese Frau?

*Ich bin grässlich vergesslich,
denn ich habe ein schlechtes Gedächtnis ...*

Wo bin ich überhaupt? Was is'n das für'n Raum?
Vielleicht ist das alles nur ein böser Traum.
Doch wohl kaum, denn ich realisier:
Hier träumt nur eine. Die Frau neben mir.

Und während ich sinnier, was ich jetzt am besten mach,
klingelt's an der Tür, sie wird schlagartig wach
und sagt: „Versteck dich! Schnell! Das ist mein Freund Daniel!"

Au Backe! Ihr Macker! Ich mach mich mal vom Acker!
Wenn der mich hier entdeckt, gibt das sicher ein Massaker!
Ich kletter aus'm Bett, trotz Kater ziemlich zackig.
Doch während ich das tue, merk ich: Ich bin ja nackig!
Egal, ich muss weg! Ich brauch jetzt erst mal ein Versteck!

Aber wo soll ich hin, so wie ich bin?
In den Schrank! Da sind wenigstens Kleider drin.
Aber leider bin ich für den Schrank viel zu groß.
Was soll ich machen, Mann?! Was mach ich bloß?!
Ich hab's: Ich versteck mich unterm Bett! Ha! Gute Idee!

Ich liege bibbernd unterm Bett und fange an zu beten.
Schon seh ich seine Beine den Raum betreten.
Er kommt im Nu direkt auf mich zu.
Und zehn Zentimeter trennen mich von seinem Schuh.
Da steckt er seinen Kopf unters Bett und da bin ich entdeckt.

Was ich da unterm Bett bitteschön zu suchen hätt,
will er wissen, und ich antworte nett:
Ich sag: „Äh, wissen Sie, die Sache ist die: Ich bin von der GEZ[1].

Ich untersuche hier die Fernsehanschlussbuchse,
die ist nämlich ausgerechnet hier", druckse
ich rum. Da hält er sich vor Lachen seinen Bauch:
„GEZ?", sagt er. Da sei er zufällig auch.

Doch leider meint er dann, er glaube nicht so recht daran,
dass ich da auch wär.

Bodo Wartke wurde im Jahre 1977 in Hamburg geboren und ist ein Musikkabarettist, was bedeutet, dass er in der Regel allein auftritt und seine Lieder dabei auf dem Flügel begleitet.

[1] **GEZ** = Gebühreneinzugszentrale der öffentlich-rechtlichen Rundfunkanstalten in der Bundesrepublik Deutschland, die die Rundfunkgebühren erhebt.

40 Denn für einen GEZ-Mann
hätt ich verdammt wenig an.

Und außerdem, die Zentrale würde
    nie zwei
in dieselbe Wohnung schicken.
Drum vermutet er, ich sei
45 wohl eher hier aus anderen Gründen.

„Höhö, wär ich jetzt ihr Freund, dann
    säß't du mächtig in der Falle,
wa?", sacht er und lacht.
„Na, da hast ja noch mal Schwein
    gehabt,
Alter! Ich heiß übrigens Kalle."

50 Ich will mich ihm grade vorstellen,
da hör ich schon wieder die Tür-
    klingel schellen.
Die Frau stürzt rein und flüstert:
    „Schnell!
Das ist diesmal wirklich Daniel!"

Na toll! Super! Das war ja zu erwarten!
55 Ich flehe Kalle an, mich bitte nicht zu
    verraten!
„Ich mach das schon!", beruhigt mich
    Kalle.
„Alle für einen, einer für alle!
Bleib du da mal in deinem Versteck,
    und rühr dich nicht vom Fleck!"
Ich sag: „Nee, ist ok!"

60 Da kommt der Daniel durch die Tür,
    mutiert zum Tier
und schreit: „Wer sind Sie?! Was
    machen Sie hier?!"
Kalle steht da mit Pokerface
und antwortet cool und wahrheits-
    gemäß,
er sei ein Inspektor von der GEZ.

65 Daniel schreit: „Das sagen sie alle!"
„Hier ist mein Ausweis", sagt Kalle.
Doch der scheint für den Daniel nicht
    weiter von Interesse,
denn er haut dem armen Kalle erst
    mal tierisch auf die Fresse,
was den, weil ihm der Schreck in den
    Gliedern steckt, niederstreckt.

70 Jetzt fängt er auch noch an, den Kalle
    zu würgen!
Ogottogott! Ich muss ihm irgend-
    wie helfen! Aber wie?!
Na, ist egal! Jetzt oder nie!
Ich fasse mir ein Herz und klettere
    aus meinem Versteck.

75 Noch hat er mich nicht entdeckt.
Ich mach was, was ihn richtig er-
    schreckt:
Ich stell mich, so wie Gott mich schuf,
hinter ihn auf und ruf:
„Mich Daniel, erwürget!
80 Da bin ich, für den er gebürget!"

Als er das hört, hört er darauf
tatsächlich den Kalle zu würgen auf.
Er blickt sich um, wird meiner gewahr,
ganz und gar vor Erstaunen starr.
85 Lediglich sein Unterkiefer
senkt sich ein ganzes Stück tiefer.

Kalle hingegen kommt das sehr
    gelegen,
denn er kann sich jetzt wieder
    bewegen.
Er fackelt nicht lange, dem bangen
    Tyrannen
90 mit Schmackes voll eins an die
    Wange zu langen.
Jetzt ist Daniels Kiefer
auch noch ein ganzes Stück schiefer.

Er taumelt und knallt mit dem Schädel hart
gegen den nebenstehenden Fernsehapparat.
Wie Motten um eine Straßenlaterne
kreisen um seine Stirne Sterne.
Der Fernseher und erst recht
sein Besitzer sind außer Gefecht.

Epilog:
„Na, da haben sie aber Glück, Herr Daniel. Das Gerät ist nämlich gar nicht angemeldet!"
„Kalle! Wie geht's dir, Mann? Alles klar?"
„Ja, na ja, geht so, wa?"

Warum hast'n das gemacht?",
fragt mich der Kalle.

Und ich sag: „Na, ich hab mir halt gedacht:
Alle für einen, einer für alle, wa?"

Da nimmt er mich in den Arm
und ich ihn in meinen.
So stehen wir da, ganz ohne Scham,
und weinen.

Daniel beobachtet uns zwei
Und bevor er in Ohnmacht fällt, sagt er noch: „Ich sei,
gewährt mir die Bitte,
in eurem Bunde der Dritte."

Und die Moral von diesem Lied:
Stehst du mit blankem Pillermann
vor einem kranken Killer, dann
spiel nicht den Gorilla!
Zitiere lieber Schiller!

---

1. Lest die Ballade mit verteilen Rollen: Ihr braucht einen Ich-Erzähler, eine Frau, Kalle von der GEZ, den Freund Daniel.
2. Erarbeite Unterschiede und Gemeinsamkeiten der beiden Balladentexte von Schiller und Wartke. Findet Antworten auf die folgenden Fragen: Was ist das Thema? Welche Figuren treten auf? Wann spielt das Geschehen? Wo spielt das Geschehen?
3. Schreibe die Stellen heraus, die aus dem Original übernommen wurden.
4. Begründe mit Textbelegen, warum „Die Bürgschaft" von Bodo Wartke eine Parodie auf „Die Bürgschaft" von Schiller ist.
5. Wähle einen der folgenden Arbeitsaufträge:
   ▶ Teilt euch in Kleingruppen auf und spielt einen kurzen Sketch zu folgenden Situationen. Achtet dabei besonders auf Gestik und Mimik:
     – Was kann das lyrische Ich machen, wenn er im Bett aufwacht?
     – Was kann das lyrische Ich machen, während er unter dem Bett liegt?
     – Was können beide während des Gesprächs über die GEZ tun?
   ▶ Verfasse eine Fortsetzung von Wartkes „Bürgschaft", indem du ein paar Strophen ergänzt.

Info

Eine **Parodie** (griech.: *parodia* = Gegengesang) ahmt ein bereits existierendes Werk auf humoristische Weise nach. Es verzerrt oder übertreibt dieses unter Beibehaltung der äußeren Form. Parodien haben also meist eine übertreibende, verspottende, ins Lächerliche ziehende und lustige Wirkung. Die Parodie ist ein beliebtes Mittel, um zu unterhalten oder auch Kritik zu üben.

Gestaltend interpretieren → S. 71

Der Schneider von Ulm (Ulm 1592)
Bertolt Brecht

„Bischof, ich kann fliegen",
Sagte der Schneider zum Bischof.
„Pass auf, wie ich's mach'!"
Und er stieg mit so 'nen Dingen,
5 Die aussahn wie Schwingen
Auf das große, große Kirchendach.
　　Der Bischof ging weiter.
　　„Das sind so lauter Lügen,
　　Der Mensch ist kein Vogel,
10　Es wird nie ein Mensch fliegen",
　　Sagte der Bischof vom Schneider.

„Der Schneider ist verschieden[1]",
Sagten die Leute dem Bischof.
„Es war eine Hatz.
15 Seine Flügel sind zerspellet
Und er lag zerschellet
Auf dem harten, harten Kirchenplatz."
　　„Die Glocken sollen läuten,
　　Es waren nichts als Lügen,
20　Der Mensch ist kein Vogel,
　　Es wird nie ein Mensch fliegen",
　　Sagte der Bischof den Leuten.

[1] **verschieden** = gestorben

1. Berblinger's unglückliches Unternehmen als Luftflieger in seiner Positur. 2. das Ufer der Donau, mit Zuschauer. 3. die glückliche Rettung des Luftfliegers von den Fischern. 4. Ulm.

So lautet der geläufigste Spottvers auf den Mann, der mit bürgerlichem Namen Albrecht Ludwig Berblinger hieß.

> Der Schneider von Ulm
> hat's Fliega probiert
> No hot'n der Deifel
> en d' Donau nei g'führt

… und was ist in der Wirklichkeit passiert?

Der Flugversuch fand am 30. Mai 1811 in Ulm statt. Der Schneider Albrecht Ludwig Berblinger, der immer vom Fliegen träumte, hatte sich mit seinen Gehilfen für seinen Flugversuch ein Gerüst gebaut. Dies waren die ersten Gleitflüge in der Geschichte der Luftfahrt. Beim Besuch des württembergischen Königs wollte er einen Flugversuch starten. Jedoch verschob er den Start auf den nächsten Tag und fiel kurz nach dem Start in die Wasser der Donau, aus denen er von einem Schiffer unverletzt gerettet wurde. Die Landsleute verspotteten ihn und bezeichneten ihn als Lügner und Betrüger, was zur Folge hatte, dass er als Schneider keine Kunden mehr hatte. Mit 58 Jahren starb er im Hospital in Ulm völlig verarmt und mittellos.

1. Vergleiche die Ballade und den Sachtext miteinander. Nenne Gemeinsamkeiten und Unterschiede. Belege deine Angaben mit Textstellen. Orientiere dich an den W-Fragen.
2. Was Brecht interessiert, sind nicht die wirklichen historischen Ereignisse, sondern es ist die dialektische Entwicklung der Geschichte.
   ▸ Der Bischof vertritt die These: Der Mensch kann nie fliegen.
   ▸ Der Schneider vertritt die Antithese: Der Mensch kann jetzt fliegen.
   Beide Positionen sind übertrieben, nicht ganz richtig. Daraus soll der Leser die Synthese ziehen, womit eine neue Wahrheit formuliert wird:
   Wie lautet sie?
3. Brecht betitelt das Gedicht mit zwei historischen Ereignissen:
   ▸ Bauernkrieg (von 1524 bis 1526);
   ▸ Flugversuch eines Schneiders am 31. Mai 1811 in Ulm.
   Informiere dich über den Bauernkrieg und überlege, aus welchem Grund Brecht diese Ereignisse falsch auf das Jahr 1592 datiert.
4. Recherchiere, wer zuletzt den „Berblinger-Preis" (vgl. Informationen rechts) erhalten hat.
5. Du hast in diesem Kapitel verschiedene Beispiele für das Dichten nach Vorlagen kennengelernt. Nenne verschiedene Gründe, warum Dichter in ihrem literarischen Schaffen auf Vorlagen zurückgreifen. Suche weitere Beispiele in der Literatur oder auch in Liedtexten.

Die Stadt Ulm lobt seit 1988 in regelmäßigen Abständen einen Preis aus zum Gedenken an den Mann, der als erster Gleitflieger in die Geschichte der Luftfahrt eingegangen ist. Der „Berblinger-Preis" soll Flugzeugbauer in aller Welt dazu anstiften, ihre Kreativität auf Verbesserung der Sicherheit, Umweltverträglichkeit, Aerodynamik, Bauweise und Wirtschaftlichkeit zu konzentrieren.

TESTE dich

Überprüfe dein Wissen und Können, indem du hier die Testaufgaben bearbeitest.

Ich kann ...	Können	Hilfe	Training
begründen, warum die Ballade das Ur-Ei der Dichtung genannt wird.	😀 😏 😳	S. 146	S. 159

Testaufgabe 1
Nenne in Bezug auf Balladen jeweils ein lyrisches, ein dramatisches und ein episches Element.

Ich kann ...	Können	Hilfe	Training
Balladentypen unterscheiden.	😀 😏 😳	S. 152	S. 159

Testaufgabe 2
Ergänze die folgenden Merksätze mit den passenden Begriffen:

In der ? Ballade geht es um die Begegnung des Menschen mit den gewaltigen Kräften der ? oder mit der Macht des Übernatürlichen. Gängige Themen sind ?, bei denen Menschen zu Schaden kommen, oder unheimliche Ereignisse, bei denen Gespenster und Geister den Menschen das Fürchten lehren.
Die ? handelt von Menschen, die etwas Außerordentliches tun. Gegenstand ist ein ?, also eine herausragende Persönlichkeit und ihre großartige Tat, oder das vorbildliche ? einer Person, die in einer schwierigen Situation über sich selbst hinauswächst und ein ? für andere wird.

Ich kann ...	Können	Hilfe	Training
die Ballade mit einer Vorlage vergleichen.	😀 😏 😳	S. 146 ff.	S. 159

Testaufgabe 3
Bearbeite zunächst die Aufgaben 1 und 2 auf Seite 159.
Wie hat Kästner das Thema der Loreley aus Heines Ballade in seiner Ballade umgesetzt?

Loreley
Heinrich Heine

Ich weiß nicht, was soll es bedeuten,
Dass ich so traurig bin;
Ein Märchen aus alten Zeiten,
Das kommt mir nicht aus dem Sinn.
5 Die Luft ist kühl und es dunkelt,
Und ruhig fließt der Rhein;
Der Gipfel des Berges funkelt
Im Abendsonnenschein.
Die schönste Jungfrau sitzet
10 Dort oben wunderbar;
Ihr goldnes Geschmeide blitzet,
Sie kämmt ihr goldenes Haar.

Sie kämmt es mit goldenem Kamme,
Und singt ein Lied dabei;
15 Das hat eine wundersame,
Gewaltige Melodei.
Den Schiffer im kleinen Schiffe
Ergreift es mit wildem Weh;
Er schaut nicht die Felsenriffe,
20 Er schaut nur hinauf in die Höh.
Ich glaube, die Wellen verschlingen
Am Ende Schiffer und Kahn;
Und das hat mit ihrem Singen
Die Loreley getan.

TRAINING

So kannst du dein Wissen anwenden und deine Fähigkeiten trainieren:

Der Handstand auf der Loreley
Erich Kästner

Nach einer wahren Begebenheit

Die Loreley, bekannt als Fee und Felsen,
ist jener Fleck am Rhein, nicht weit von Bingen,
wo früher Schiffer mit verdrehten Hälsen,
von blonden Haaren schwärmend, untergingen.

5 Wir wandeln uns. Die Schiffer inbegriffen.
Der Rhein ist reguliert und eingedämmt.
Die Zeit vergeht. Man stirbt nicht mehr beim Schiffen,
bloß weil ein blondes Weib sich dauernd kämmt.

Nichtsdestotrotz geschieht auch heutzutage
10 noch manches, was der Steinzeit ähnlich sieht.
So alt ist keine deutsche Heldensage,
dass sie nicht doch noch Helden nach sich zieht.

Erst neulich machte auf der Loreley
hoch überm Rhein ein Turner einen Handstand!
15 Von allen Dampfern tönte Angstgeschrei,
als er kopfüber oben auf der Wand stand.

Er stand, als ob er auf dem Barren stünde.
Mit hohlem Kreuz. Und lustbetonten Zügen.
Man frage nicht: Was hatte er für Gründe?
20 Er war ein Held. Das dürfte wohl genügen.

Er stand, verkehrt, im Abendsonnenscheine.
Da trübte Wehmut seinen Turnerblick.
Er dachte an die Loreley von Heine.
Und stürzte ab. Und brach sich das Genick.

25 Er starb als Held. Man muss ihn nicht beweinen.
Sein Handstand war vom Schicksal überstrahlt.
Ein Augenblick mit zwei erhobnen Beinen
ist nicht zu teuer mit dem Tod bezahlt!

P. S. Eins wäre allerdings noch nachzutragen:
30 Der Turner hinterließ uns Frau und Kind.
Hinwiederum, man soll sie nicht beklagen.
Weil im Bezirk der Helden und der Sagen
die Überlebenden nicht wichtig sind.

Bildpostkarte von 1924

Das bei St. Goarshausen gekenterte Schwefelsäure-Tankschiff liegt am Sonntag (16.01.2011) zu Füßen der Loreley-Statue. Nach der Havarie werden immer noch zwei Besatzungsmitglieder vermisst.

1. Fasse den Inhalt der Ballade zusammen.
2. Markiere mit verschiedenen Farben epische, dramatische und lyrische Elemente in der Ballade.
3. Setze in der Ballade Betonungszeichen und trage die Ballade vor.
4. Ordne die Ballade begründet einem Balladentypen zu.
5. Vergleicht das Geschehen auf den Bildern mit der Handlung der Balladen von Heine und Kästner. Auf welche Passage der Ballade(n) bezieht sich die jeweilige Darstellung?

Texte und Medien

„Das Herz eines Boxers"

Drama

Info

Ein **Standbild** zeigt eine **Situation** oder ein **Gefühl** als **Momentaufnahme**, bei der die Darsteller in ihrer Bewegung, ihrer Gestik und Mimik für kurze Zeit **„einfrieren"**. Vor dem Aufbauen des Standbildes wird bestimmt, wer **Baumeister** und wer **Modell** ist. Die Modelle verhalten sich völlig passiv und werden vom Baumeister in die richtige Position gebracht. Wenn das Bild „steht", verharren alle Spieler für ca. 30 Sekunden starr und geben so den Beobachtern die Möglichkeit, das Bild auf sich wirken zu lassen.

Gestaltend interpretieren → S. 71

1. Betrachte die Bilder oben: Entscheide dich für **einen Ort** und überlege dir, wie sich **eine Person**, die sich an diesem Ort befindet, fühlen könnte.
   Notiere fünf Adjektive, die die Stimmung an diesem Ort wiedergeben.
2. Halte diese Stimmung in einem Standbild fest. Die anderen müssen erraten, auf welchem Bild sich deine Person befindet.
3. Wählt eine der folgenden Aufgabenstellungen:
   ▸ Lasst Personen, die sich ebenfalls an diesem Ort befinden, im Spiel aufeinandertreffen. Führt einen kurzen Dialog miteinander.
   ▸ Entwickelt jeweils zu einem Raum eine kurze Szene. Denkt auch an die Regieanweisungen.

Drama | Gefühle im Spiel darstellen

| Schuhe putzen | Koffer packen | Tisch decken | Zähne putzen |

1. Lies dir die Tätigkeiten, die auf den Kärtchen stehen, leise für dich durch. Entscheide dich dann für eine Tätigkeit. Und überlege dir, …
   - zu welcher Tageszeit (morgens, mittags, abends),
   - in welcher Häufigkeit (regelmäßig oder nur manchmal) und
   - wie gerne (freiwillig oder als Pflichterfüllung)
   du die Tätigkeit ausführst.
2. Überlege dir genau, wie du den Vorgang deinem Nachbarn vorspielen willst. Achte auf Körperhaltung, Bewegungen, Gesten.
   Spielt euch gegenseitig die Tätigkeit vor.
3. Im Anschluss darf dein Nachbar eine Stimmung äußern, wie du die Tätigkeit ausführen sollst, z. B. traurig, wütend, freudig, ärgerlich.
4. Führt die nachfolgende Übung durch.

Marionettentheater

Verteilt euch gleichmäßig im Raum und versucht, euch wie eine Marionette zu bewegen. Findet euch in Paaren zusammen und einigt euch auf einen Ablauf, den ihr gemeinsam spielen wollt. Nun stellt sich der Marionettenspieler hinter seine Marionette auf einen Stuhl und bewegt die unsichtbaren Fäden der Marionette, die sich nun entsprechend bewegt. Beginnt zunächst sehr langsam. Falls ihr einen großen Spiegel zur Verfügung habt, könnt ihr diesen zum Üben verwenden.

5. Entscheide dich für einen der folgenden Sätze. Bewegt euch im Raum und geht aufeinander zu. Äußert nun jeweils euren Satz, wenn ihr vor einer Person steht.

Das hast du davon!	Bis morgen!
Schön, dich zu sehen!	Hast du das gesehen?
Beeil dich mal ein bisschen!	Muss das sein?
Hast du morgen Zeit?	Kann ich kurz vorbeikommen?
Der Bus kommt gleich!	Das ist ja toll!

6. Eine Person aus der Klasse ist der Spielleiter, der angibt, wie ihr euren Satz äußern sollt: flüsternd, laut, singend, aggressiv, höflich, ironisch, liebevoll.

Das kannst du jetzt lernen!

- Das Personenverzeichnis zu untersuchen .... S. 163
- Regieanweisungen zu untersuchen .... S. 164
- Eine Rollenbiografie zu einer Dramenfigur zu verfassen .... S. 166
- Eine Dramenfigur zu erarbeiten .... S. 168
- Mit einem Dramentext kreativ umzugehen .... S. 173
- Einen Dramentext szenisch zu interpretieren .... S. 176
- Den Aufbau des klassischen Dramas zu kennen .... S. 179

Sich mit dem Begriff „Held" auseinandersetzen | Drama

Ein Drama untersuchen

1. Du erinnerst dich sicher an Namen von Helden aus Literatur und Dichtung. Nenne einige. Du darfst auch im Internet recherchieren.
2. Du hast dich in den vergangenen Jahren schon mit dem Heldenbegriff beschäftigt. Lege eine Mindmap zum Begriff „Held" an und fasse zusammen, was du damit verbindest.
3. Suche aus den Texten Adjektive heraus, die einen Helden beschreiben, und ergänze sie mit einer Farbe in eurer Mindmap. Welche besonderen Taten werden ihm zugeschrieben?

Text 1:
Ein Held (althochdeutsch: *helido*) ist die (meist männliche) Hauptfigur einer Geschichte, Legende oder Sage, die über Kräfte verfügt, die weit über die eines normalen Menschen hinausgehen, sodass er zu schweren und großen „Heldentaten" in der Lage ist, die ihm Ruhm bescheren. Dabei ist nicht nur körperliche, sondern auch seelische Kraft gemeint. Helden stehen meist in einem Gegensatz zum Schurken oder Feigling. *(Quelle: www.wikipedia.de)*

Text 2:
Held: „durch Tapferkeit ausgezeichneter Kampfer". Ein freier Mann, Krieger, Held, der mit Adjektiven wie „geschickt, gesund, tapfer, mutig und heroisch" ausgestattet wurde. Seit dem 18. Jhd. steht „Held" auch für „Hauptperson eines literarischen Werkes" und bezeichnet schließlich den, „der auf seinem Gebiet Hervorragendes leistet". *(Quelle: Ethymologisches Wörterbuch des Deutschen)*

Text 3:
Es sind Personen (lebende oder tote, tatsächliche oder imaginäre), denen Charaktereigenschaften zugeschrieben werden, die in einer Kultur sehr hoch angesehen sind und die somit als Vorbilder für das Verhalten gelten.
Zuweilen wird diesen Personen so viel Ansehen zuteil, dass sie zu Volkshelden werden, um deren Leben sich zahlreiche Legenden ranken. In der Literatur und Dichtung sind Helden die Hauptfiguren von Geschichten, Sagen oder Legenden. Ihnen werden einerseits Eigenschaften und Kräfte zugeschrieben, die weit über die eines normalen Menschen hinausgehen. Dadurch sind sie in der Lage, besondere „Helden"taten zu begehen (Töten von Ungeheuern, Retten von Menschen, Bewältigen gefährlicher Abenteuer). Andererseits gibt es die Helden, die sich nicht durch besondere Fähigkeiten auszeichnen, auch Schwächen haben und Fehler begehen, die schließlich zu ihrem Untergang führen (z. B. in der Tragödie).
Die Suche nach heldenhaften Vorbildern führt schnell zu einer Überhöhung von menschlichen Leistungen und gipfelt im Starkult, der oft pseudoreligiose Züge annehmen kann. *(Quelle: www.relilex.de)*

„Das Herz eines Boxers" – das Personenverzeichnis

Raum
Zimmer in einem Altersheim, ungemütlich, klein.
Ein Tisch, Sessel, ein Fenster zum Park.
Viele Kartons, keine Bilder an der Wand.

Darsteller
Jojo Ein Jugendlicher, etwa sechzehn Jahre.
Leo Ein Mann Ende sechzig, Bewohner des Zimmers.

Lutz Hübner wurde 1964 in Heilbronn geboren. Nach einem Studium der Germanistik, Philosophie und Soziologie begann er 1986 seine Ausbildung zum Schauspieler. Neben seiner Tätigkeit als Schauspieler ist er seit 1996 freiberuflicher Schriftsteller und Regisseur in Berlin. Lutz Hübner, bekannt für sein umfangreiches und vielfältiges Stückerepertoire, wurde 1998 für „Das Herz eines Boxers" mit dem Deutschen Jugendtheaterpreis ausgezeichnet.

1. Überlege dir, nach welchen Gesichtspunkten ein Personenverzeichnis angelegt ist. Welche Informationen erhältst du?
2. Stelle stichpunktartig zusammen, welche Informationen du über die beiden Figuren aus dem Personenverzeichnis bekommst.
   Nutze hierzu die folgende Grafik:

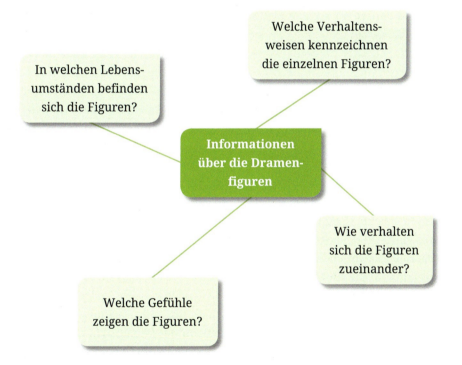

Info

Ein **Konflikt** oder mehrere Konflikte bilden in den meisten Jugendbüchern, Romanen und Theaterstücken den **Kern der Handlung**. Das Wort Konflikt (lat.: *conflictus*) bedeutet: Auseinandersetzung, Zusammenstoß, Streit. Konflikte – im Leben und in der Literatur – entstehen, wenn **unterschiedliche oder gegensätzliche Ansichten und Absichten** von Menschen und Figuren aufeinanderstoßen. Ein Konflikt kann aber auch im Inneren einer Figur stattfinden.

3. Anhand der Personenverzeichnisse kann man Vermutungen über den im Stück gestalteten Konflikt anstellen. Lies dir den Infokasten durch und überlege, welcher Konflikt im Drama auftreten könnte und wie die Figuren zu Helden werden könnten. Bezieht bei euren Überlegungen die Grafik und auch den Titel des Werkes mit ein.
4. Erstellt eine Wandzeitung zum Drama „Das Herz eines Boxers", die ihr nach und nach mit den Informationen füllt, die ihr zu dem Stück erarbeitet. Tragt in die Wandzeitung die Informationen über die Figuren Jojo und Leo ein.

Das Herz eines Boxers: Szene 1
Lutz Hübner

Leo kommt herein, auf einem Tisch liegen ein frisches Handtuch und eine kleine Schale mit Tabletten.
Leo hängt sich das Handtuch um, schüttet sich die Tabletten in die Hand, geht zum Fenster, öffnet es, sieht sich um, dann schmeißt er die Tabletten in hohem Bogen nach draußen, er schließt das Fenster. Er markiert ein paar Boxschläge, ein Geräusch ist von draußen zu hören. Leo setzt sich schnell in den Sessel, zieht sich eine Decke über die Füße, rückt den Sessel Richtung Fenster, sieht nach draußen.
Die Tür geht auf, Jojo kommt herein, er hat Folie, einen Eimer weiße Wandfarbe und Pinsel dabei.

Jojo Schönen Tag, die Knackibrigade Schöner Wohnen soll aus der Butze hier wieder eine menschliche Behausung machen. Glückwunsch, dass es ausgerechnet dich erwischt hat, lass die Korken knallen, die nächste Kolonne kommt frühestens in hundert Jahren, und wer weiß, ob wir das noch erleben, was?
Er stellt die Sachen ab.
   Also, die nächsten Tage geht hier die Post ab. Da hilft nur eins, Ruhe bewahren, keine Panik. Die Pantoffeln und die Strickweste bleiben sauber, du wirst gleich hübsch in Folie verpackt, ich hab sogar durchsichtige mitgebracht, damit du mir schwer beeindruckt beim Streichen zusehen kannst. Kommt ja schließlich nicht alle Tage vor, dass hier im Heim einer arbeitet, was? Klar, Strohsterne und so'n Tinnef is ja auch 'ne Schweinearbeit. Okay, das war der Showteil. Wo fang ich denn an?
Er sieht sich um.
   Die Wand hier ist ganz gut.
Leo dreht sich um, sieht Jojo an.
   Was glotzt du denn so? Der erste Besuch seit dem Krieg, was?
   Glaub bloß nicht, dass ich das hier aus Menschenfreude mache. Seh ich aus wie jemand, der ein Herz für Senioren hat?
   Eben.
   Also, bringen wir's hinter uns, ich streich dir die Bude, reiß meine Stunden runter und du versuchst, mir nicht im Weg rumzustehen, okay? Also, ran an die Buletten.
Jojo setzt sich, zündet sich eine Zigarette an.
   Ich rauch erst mal eine, darf ich doch, oder?
   Ist doch für dich auch mal was anderes, nich?
Jojo raucht, Leo sieht ihn an.
   Zigaretten heißen die Dinger.
   Gab's das zu deiner Zeit in Freiheit noch nicht?
   Oder findest du, dass ich faul und unverschämt bin?
   Also dass das mal klar ist.

Wenn da irgendwelche Rentnersprüche kommen, werde ich ungemütlich.
Ich will das hier in Frieden hinter mich bringen, und es ist mir scheißegal, ob die Arbeitsmoral früher besser war.
Ich krieg keinen Pfennig für den Job, also seh ich auch nicht ein, dass ich mir hier den Buckel krumm schufte, das sind Strafstunden, höchstrichterliche Anordnung.
Leo sieht ihn an. Stille.
Ich hab keinen umgebracht, ich hab auch keinem Rentner das Hundefutter aus dem Kühlschrank gestohlen, keine Panik.
Stille.
Kannst ruhig wieder aus dem Fenster starren, ich klau dir schon keinen Karton unterm Arsch weg, ich steh nicht so auf Altertum, darfste alles behalten.
Jojo löscht die Zigarette.
Ich hol jetzt mal die Leiter rein, nur damit du nicht erschrickst und plötzlich gar nichts mehr sagst, wäre doch schade um die schöne Plauderei, was?
Was starrst du mich denn so an?
Ich hab kapiert, dass du ganz prima 'ne alte Echse nachmachen kannst, ich bin echt beeindruckt.
Also, lass mir meine Ruhe und guck aus'm Fenster. [...]
Leo sieht zum Fenster hinaus.
Na geht doch.
Jojo holt die Leiter, stellt sie auf, Leo dreht sich wieder um
Oder soll ich dich zu den Bauklötzchen runterbringen, während ich hier rumzaubere?
So ein Partyknüller wie du kommt doch da bestimmt gut an.
Stille. Jojo räumt Kartons in die andere Ecke, legt Folie aus.
Also wenn du Spaß dran hast, bring ich dir auch gerne Sprechen bei. So die Grundbegriffe: ja, nein, bitte, danke, cool, kult, ätzend. Das kann wahre Wunder wirken, kommt man locker mit durch.
Na ja, hier im Heim wahrscheinlich besser „Hose voll" und „Schmerzen".
So, Meister, jetzt geht's los!
Er steigt auf die Leiter, nimmt einen Pinsel voll Farbe und streicht eine Ecke.
Na? Wirkt doch gleich viel freundlicher.
Ja, hast du alles meinem Jugendrichter zu verdanken.
Ein geklautes Mofa, und schon geht für einen Rentner die Sonne weiter auf.
Er streicht weiter.
Oder bedank dich bei der Alten, die nachts um zwei noch aus dem Fenster gafft, während Jugendliche versuchen, sich zu motorisieren. Ohne die hätte ich jetzt ein Mofa und 'nen freien Nachmittag. Mit 'nem schönen Platz hier im Heim wäre das nicht passiert, da hätte sie höchstens petzen können, wenn ihr euch die Gebisse aus dem Nachttisch angelt. Na ja, aber dann hätten wir uns nie kennengelernt, so ist das Leben.
Er streicht.

Regieanweisungen untersuchen | **Drama**

Find ich echt bombig, dass dir mein Humor liegt, renk dir bloß nichts aus beim Lachen, nachher bin ich noch schuld.

Jojo streicht, Leo hustet.

Oh Mann, ich bin richtig erleichtert, ich hab schon angefangen, mir Sorgen zu machen. [...]

Jojo streicht, steigt dann von der Leiter.

So, Halbzeit, große Pause.

Ich will ja schließlich auch nicht zu früh fertig werden, nachher schaff ich's in der halben Zeit und die kommandieren mich in eine andere Zelle und da sitzt einer rum und starrt mich nur an. So Typen soll's ja geben.

Nee nee, hier ist's gemütlich, das teil ich mir gut ein.

Wenn ich hier fertig bin, sind meine Stunden rum, dann hat sich's mit dem Scheiß.

Jojo isst einen Schokoriegel.

Das ist ja richtig Knast hier.

Seid ihr alle gemeingefährlich oder was?

Bei den Bekloppten da drüben versteh ich's ja, aber bei so Opas wie euch? Die haben wohl Angst, dass ihr vor ein Auto latscht, was? Also eins weiß ich, bevor ich mal in so einem Rentnerknast lande, schieß ich mir 'ne Kugel in den Kopf.

Na ja, genug gelabert, der Berg ruft.

Jojo nimmt den Pinsel, steigt auf die Leiter.

Oh Scheiße, die Farbe.

Sag mal, Kumpel, kannst du mir mal eben den Eimer hochgeben?

So ein Mann in meinem Alter geht nicht gern zweimal 'ne Leiter hoch.

Leo erhebt sich langsam, Jojo streckt die Hand aus, Leo gibt Jojo den Farbeimer hoch, schrägt ihn dabei aber immer mehr an.

Hey pass auf, der kippt gleich.

Die Farbe läuft Jojo über die Füße.

Sag mal, bist du bescheuert?

Info

Elemente des Dramas
Haupttext = Gesprochenes
- **Dialoge** (Figurenrede) = Sprechtext, den die Schauspieler auf der Bühne sagen;
- **Monolog** ist im Gegensatz zum Dialog ein „Selbstgespräch"
- **Figurenangabe:** Wer spricht gerade?

Nebentext = Nichtgesprochenes
- Titel, Untertitel, Personenverzeichnis, Gattungsbezeichnung, Regieanweisung, Akt- und Szenenangaben

---

1. Lest die erste Szene des Jugendtheaterstücks. Ihr braucht eine Person, die die Regieanweisungen liest, und Jojo. Wie wirkt die Szene auf euch?
2. Stellt weitere Vermutungen darüber an, wie die beiden Figuren füreinander zum Helden werden könnten. Bezieht die Texte auf Seite 162 mit ein.
3. Für wen sind die Regieanweisungen geschrieben? Welche Informationen gibt es? Beschreibe die Situation, in der sich Jojo befindet. Welche Gefühle hat Jojo?
4. Formuliere anschließend einen Merkkasten:
   In einer Regieanweisung gibt der Autor Auskunft über ...
5. Spielt die erste Szene nach und führt die Anweisungen genau aus. Was fällt euch auf? Beschreibt die Wirkung dieser Szene.
6. Ergänzt eure Wandzeitung mit weiteren Informationen zu den Figuren und den möglichen Konflikten.
7. Welche Elemente des Dramas findest du in der ersten Szene?

Eine Rollenbiografie zu Leo und Jojo

In der ersten Szene hast du die beiden Figuren des Theaterstücks, Leo und Jojo, kennengelernt. Wer eine Figur in einem Theaterstück spielt, übernimmt eine Rolle. Damit man seine Rolle auch gut spielen kann, muss man sich in die Figur hineinversetzen können. Dazu muss man die Figur besser kennenlernen.

1. Schreibe eine Rollenbiografie zu einer der beiden Figuren – als sei es deine eigene – in der Ich-Form und in ganzen Sätzen.
   Nimm dazu die folgenden Fragen zur Einführung als Anregung:
   - Wie alt bist du? Welcher gesellschaftlichen Gruppe gehörst du an? Was bedeutet dir dies? Wie stehst du zu den anderen Gruppen?
   - Wo lebst du mit wem zusammen?
   - Wie handelst du? Wie verhältst du dich (Körperhaltungen)?
   - Worüber sprichst du? Wie sprichst du (Sprechhaltungen)?
   - Was tust du gern? Was nicht?
   - Wie stehst du zu den anderen Figuren? Wen magst du, wen nicht?
   - Was hast du für Ideen, Ideale?
   Beginne folgendermaßen:

   Ich heiße Jojo und lebe in einem kleinen Dorf nahe Pforzheim.
   Da ich noch zur Schule gehe …

   Ich heiße Leo und lebe in einem sehr kleinen Zimmer.
   In meinem früheren Leben …

2. Lest euch gegenseitig eure Rollenbiografie vor. Stellt euch die Figur vor und gebt euch gegenseitig ein Feedback, was euch besonders dabei geholfen hat, die Figur in eurem Geiste entstehen zu lassen.
3. Findet euch in Kleingruppen zusammen und diskutiert über eure unterschiedlichen Rollenbiografien, die ihr erarbeitet habt. Prüft, was sich mit dem Text des Dramas belegen lässt und was nicht.

> **Info**
>
> Eine **Rollenbiografie** ermöglicht es, sich vom Text ausgehend ein eigenes **Bild von einer Figur** zu machen. Dabei markiert man zuerst alles im Text, was für die Figur wichtig sein könnte. Zur Hilfe gibt es Fragebögen, mit denen man den Aufbau einer Rollenbiografie strukturieren kann. Rollenbiografien schreibt man in **Ich-Form** und **als zusammenhängenden Text**.

Bei den Szenenfotos in diesem Kapitel handelt es sich um eine Aufführung des „Jungen Ensembles Stuttgart", 2007.

Rollenbiografien entwickeln → S. 69

| | Eine Figur erarbeiten | Drama |

Über die Figurenrede und die Aktion erfährst du etwas über die äußere Handlung. Was jedoch in den Dramenfiguren vor sich geht und was die Schauspieler ausdrücken sollen (Aktion), das musst du erst erschließen.

1. Schau dir die farblich unterlegten Textstellen der Szene 1 noch einmal an und erstelle anschließend eine Tabelle nach folgendem Muster:

Seite/Zeile	Figurenrede	Aktion	innere Handlung
164, 1–2	Schönen Tag, die Knackibrigade Schöner Wohnen soll aus der Butze hier wieder eine menschliche Behausung machen.	Jojo betritt genervt Leos Zimmer.	Ich habe echt keinen Bock, dem Alten hier das Zimmer zu streichen.

Schreibe dabei zunächst die Figurenrede in deine Tabelle und überlege dir anschließend, was in der Figur vor sich geht, wenn sie diese Aussage trifft. Trage zum Schluss in die Spalte „Aktion" ein, wie sich die Figur verhält.

> **Info**
>
> Der **Antagonist** = „Gegenspieler" im Drama ist der hauptsächliche Gegner des **Protagonisten** = Spieler und diejenige Kraft der Erzählung, die sein Handeln behindert. Die Rolle des Gegenspielers besteht darin, dem Protagonisten seine Handlungsabsichten zu durchkreuzen. Protagonist und Antagonist sind oft auch durch äußerliche Merkmale voneinander zu unterscheiden, etwa über Geschlecht, Alter und Ansichten.

2. Überlege dir, wer der Spieler und wer der Gegenspieler in dieser Szene ist.

168

*Die **Szene 2** spielt am nächsten Tag und Leo spricht noch immer nicht. Jojo ist gereizt und führt Selbstgespräche. Dabei erwähnt er, dass er eigentlich unschuldig sei, aber die Strafe auf sich genommen habe, um einen anderen Jugendlichen vor dem Gefängnis zu bewahren. Dies beeindruckt Leo so sehr, dass er zu sprechen beginnt. Obwohl sich Jojo hintergangen fühlt, weil er nicht damit gerechnet hat, dass Leo etwas von seinen Selbstgesprächen mitbekommt, lässt er sich auf ein Gespräch ein und offenbart darin, dass er unglücklich in ein Mädchen verliebt ist. Als Leo ihm rät, dem Mädchen täglich eine Rose vor die Tür zu legen, reagiert Jojo zunächst skeptisch, beschließt aber, dem Rat zu folgen.*

*In **Szene 3** bittet Leo Jojo, etwas für ihn zu verkaufen, weil er dringend eine größere Summe Geld brauche. Er verrät jedoch nicht, wofür er das Geld benötigt. Obwohl die Sachen auf den ersten Blick völlig wertlos erscheinen, sieht Jojo sie durch, entdeckt dabei Zeitungsberichte aus Leos Zeit als aktiver Boxer.*

Das Herz eines Boxers: Szene 3 (1. Auszug)
Lutz Hübner

[…] Jojo sieht Leo an.
Jojo Sag mal, bist du das?
Leo Kann man dafür etwas bekommen? Zweihundertachtzig Mark?
Jojo Ich habe dich was gefragt. Bist du der rote Leo, der Boxer?
Leo Ja, warum?
Jojo wühlt in den Zeitungsausschnitten.
Jojo Oh Mann, du warst ja ein richtiger Star, du warst ein Boxer.
Leo Das ist ein Beruf wie jeder andere auch. Man versucht, so schnell wie möglich Feierabend zu haben und ohne ein blaues Auge nach Hause zu kommen.
Jojo Wieso denn der rote Leo?
Leo Nun, weil ich immer in Rot geboxt habe, ich hab mir extra knallrote Boxhandschuhe machen lassen.
Ich war sehr jung und ich war ein bisschen verrückt.
Jojo Der rote Leo! Du warst 'ne richtig große Nummer.
Leo Was sollte ich denn tun?
Ich hatte keinen Job, kein Geld, was hätte ich denn machen sollen, von irgendetwas musste ich ja leben.
Damals haben alle geboxt, die ganze Stadt war verrückt danach, die Boxer waren richtige Stars, na, und ich hab Glück gehabt.
Dann musste ich weg, weil ich auch sonst der rote Leo war. Ich war Soldat, Matrose, Leibwächter …
Die Zeiten waren ein bisschen unruhig, weißt du.
Dann war der Krieg vorbei und ich bin zum Zirkus, hab wieder geboxt.
Das ist kein leichtes Leben, wenn man ein friedlicher Mensch ist.
Jojo Du warst ein richtiger Held, Mann.

Leo Ich hab nur mein Leben lang versucht durchzukommen. Weißt du, ich schlug mich nicht gerne. Der schönste Job, den ich hatte, war Lose verkaufen, als ich zu alt zum Boxen war.

Jojo Und das soll ich dir glauben?

Jojo wühlt in den Kartons, findet ein Paar zerschlissene rote Boxhandschuhe, er betrachtet sie ehrfürchtig.

Jojo Du stehst da im Ring, alle sehen dich an, und da ist so ein Kerl, der will dir ans Leder, der will dich vernichten, er tänzelt um dich rum, und du schlägst zu, du machst ihn fertig, du bist der Sieger, das muss doch ein irres Gefühl sein.

Leo Ich hab immer Angst gehabt.

Jojo Angst?

Leo Dass ich mal an so einen gerate, so einen Killer, der kämpft, um sich zu beweisen, dass er der Größte ist, dass er ein Kerl ist, so einer, der es genießt, wenn Blut fließt.
Ich hab solche Typen immer gehasst. Ein richtiger Boxer ist ein Gentleman, ein Künstler.
Ein richtiger Boxer hat so ein großes Herz, dass er niemanden hassen kann. Er schlägt zu, aber nicht aus Hass, und wenn er einsteckt, nun davon geht die Welt nicht unter, so ist das Leben, ganz k. o. ist man nie. Na gut, man liegt am Boden, dann steht man wieder auf. Es ist schön, wenn man gewinnt, aber wenn man verliert, okay, dann das nächste Mal.

Jojo Aber wenn man so richtig zuschlagen kann, ist man doch der King. Wenn einen so ein Arsch blöd anlabert, rums, eins in die Fresse.

Leo Ich bin immer weggelaufen.

Jojo Aber du bist ein Boxer.

Leo Aber ich sag doch, ich schlug mich nicht gern, nur im Ring.

Jojo Nie?

Leo räuspert sich.

1. Überlege dir, warum Leo der „rote Löwe" genannt wurde, und belege dies am Text.
2. Lege eine Folie über den Text und markiere alle Textstellen, in denen es um den Helden geht, und formuliere mit eigenen Worten, warum Leo für Jojo ein Held ist.

Gewalt gegen alte Menschen: „Der Beratungsbedarf ist riesig"

Falk Osterloh

Psychische und körperliche Gewalt gegen Pflegebedürftige ist vielerorts noch ein Tabuthema. Notruftelefone unterstützen Betroffene durch Beratung und psychologische Betreuung. Doch sie können die zahlreichen Anfragen nicht alle bearbeiten. [...]

„Gewalt gegen alte Menschen ist vor allem psychische Gewalt", erklärte [die Expertin] Tammen-Parr auf einer Fachtagung der „Bundesarbeitsgemeinschaft der Krisentelefone, Beratungs- und Beschwerdestellen für alte Menschen in Deutschland" (BAG) anlässlich des 7. Welttags zur Sensibilisierung und Ächtung von Diskriminierung und Misshandlung alter Menschen am 15. Juni. Es werde gedroht, geschimpft und entwertet. „Der Zündstoff dabei ist die Beziehungsebene", sagte die Berliner Beraterin. „Denn Pflegender und Gepflegter sind oft emotional eng miteinander verbunden."

„Mehr als die Hälfte der über 60-Jährigen werden Opfer von Vermögens-, Gewalt- oder Sexualstraftaten. Nur wenige dieser Gewaltsituationen werden jedoch aktenkundig", sagte Prof. Dr. med. Dr. Rolf D. Hirsch von der BAG, zu der auch „Pflege in Not" gehört. Er kritisierte, dass es noch zu wenige Beratungsstellen für alte Menschen gebe. [...]

Gewalt gegen alte Menschen findet nicht nur im häuslichen Umfeld, sondern auch in stationären Pflegeeinrichtungen statt. Der Psychiater Prof. Dr. med. Karl-Heinz Beine von der Universität Witten/Herdecke hat die grausamste Form dieser Gewalt, das Ermorden von Heimbewohnern durch Pflegekräfte, untersucht. „Die Täter sind selbst unsichere Personen, und sie sind häufig Außenseiter im Team", erklärte er auf der Fachtagung. In allen von ihm beschriebenen Fällen hatten sich zuvor Patienten und Angehörige über die Pflegerinnen oder Pfleger beschwert. Daraufhin hätte es eine Rücksprache mit dem Betreffenden geben müssen. „Genau das ist aber nicht geschehen", kritisierte Beine. Es gebe auch eine kollegiale Verantwortung. Die werde aber nicht immer wahrgenommen. „Einige Täter haben hinterher gesagt: Ich dachte, die Kollegen seien einverstanden gewesen. Die haben ja nichts gesagt, obwohl sie es alle gesehen haben", sagte der Psychiater. Warnzeichen seien die Häufung von unerklärlichen Todesfällen, Fehlstände bei Medikamenten oder die Vergabe von Spitznamen für die Pfleger wie „Todesengel".

1. Welche Missstände werden in dem Text angesprochen? Nenne die Ursachen, die dafür angeführt werden.
2. Erläutere, welche Adressaten mit dem Text angesprochen werden. Achte auf die Sprache.
3. Ergänzt eure Wandzeitung um den Aspekt des Schauplatzes.

Das Herz eines Boxers: Szene 3 (2. Auszug)
Lutz Hübner

Leo Doch, einmal, und das ist mir heute noch unangenehm.
Ich war vorher in einem Heim, in dem ich mich richtig wohl gefühlt habe.
Na ja, und da ist es mir passiert, wie soll ich sagen, da hab ich mir einmal in die Hose gemacht, und das war mir sehr peinlich.
Weißt du, es ist nicht immer einfach, alt zu sein, wenn einen die Leute wie einen Idioten behandeln.
Und da war dieser Pfleger, ich hab ihn nie leiden können, so einer wie du, als du vorgestern hier reingekommen bist, so einer, der mit dir umgeht, als wäre man ein Meerschweinchen.
Er holt die Wäsche ab und bemerkt mein Missgeschick.
Da brüllt er, sodass es alle hören können:
He, Leo, wird wohl langsam Zeit für die Windeln.
Da hab ich mich sehr geschämt, aber ich dachte: Du bist nur ein kleiner Rotzlöffel, du wirst auch noch alt, schneller als du denkst.
Aber als er dann am nächsten Tag kommt und mich mit so einem gemeinen Lächeln fragt, ob ich denn noch trocken sei, ist mir doch die Wut gekommen.
Weißt du, ich war einmal berühmt für meine Linke, den Stahlhammer haben sie sie genannt.
Er ging sofort zu Boden, die anderen haben ihn noch lachend ausgezählt, aber ich wusste, jetzt krieg ich Ärger.
Also kam ich hierher, in die Geschlossene, weil sie dachten, ich bin gemeingefährlich.
Wenn ich nicht den Schlaganfall vorgetäuscht hätte, würden sie mich jetzt noch nicht in Ruhe lassen.
Ich hätte das nicht tun dürfen, es war falsch.
Ich glaube, sie nehmen es sehr übel, wenn ein Opa einen jungen Pfleger mit einem linken Haken erledigt, sie mögen es nicht.
Stille. Jojo sieht ihn bewundernd an.
Jojo Zeig mir, wie man boxt.
Leo Du willst ein Held sein, es ist besser, wenn du es nicht weißt. [...]

4. Wie ergeht es Leo in seinen Pflegeheimen? Formuliere ein Schreiben an „Pflege in Not", in dem du Leos Situation darlegst.
5. Wähle einen der folgenden Arbeitsaufträge und ergänze die Wandzeitung:
   ▶ Recherchiere, ob es in deiner Stadt ein Mehrgenerationenhaus gibt.
   ▶ Führe mit deinen Großeltern ein Interview durch zum Thema: Leben im Alter – Wunsch und Wirklichkeit.
6. Überlege zusammen mit deinem Partner, aus welchen Gründen ältere pflegebedürftige Menschen aggressiv werden können und wie man diesen helfen könnte.

In **Szene 4** wird berichtet, dass Jojo am Vortag Leos Sachen mit recht großem Gewinn verkauft hat. Als er Leo das Geld übergibt, fällt ihm ein Messer aus der Tasche. Dieses hat er bei sich, weil er sich an dem Mofadieb rächen will, der sich vor seiner Clique über ihn lustig macht und ihn dafür verhöhnt, dass er die Strafe auf sich genommen hat. Es gelingt Leo jedoch, ihn von diesem Vorhaben abzuhalten, und er verspricht Jojo, ihn dafür in die Grundlagen des Boxens einzuweisen.

Das Herz eines Boxers: Szene 5
Lutz Hübner

Leo in Boxergrundstellung. Jojo hüpft etwas ungeschickt in der Mitte des Raumes herum die Fäuste erhoben. Leo deutet Schläge an. Plötzlich hören beide ein Geräusch.

Leo Scheint nichts gewesen zu sein.
Jojo Die haben mich gestern schon so komisch angeguckt, als ich mit dem Veilchen hier reinmarschiert bin, du bist hier ja wirklich berüchtigt.
Leo Ich bin doch nur ein armer alter Mann.
Jojo Machen wir weiter?
Leo Wie spät ist es?
Jojo Zwanzig vor zwölf.
Leo Nein, dann muss ich jetzt gehen.
Jojo Wo willst du denn hin?
Leo Nach Südfrankreich.
Jojo Können vor Lachen, warum nicht gleich 'ne Weltreise.
Leo Später vielleicht, zuerst einmal nach Südfrankreich.
Jojo Jetzt bleib mal auf dem Teppich.
Leo Es ist mein Ernst, Jojo.
Jojo Du willst wirklich abhauen?
Leo Es ist das Normalste von der Welt. Ich fühle mich hier nicht wohl, also gehe ich weg. Die Fahrkarte kostet zweihundertachtzig Mark, die habe ich.
Jojo Und was willst du da unten machen?
Leo Ein Freund von mir hat da unten eine Kneipe, auch ein alter Boxer, wir haben uns oft verdroschen.
Er hatte einen rechten Aufwärtshaken, mir tut jetzt noch alles weh, wenn ich dran denke.
Wir haben uns immer gemocht. Er ist blind, weißt du.
Viele Boxer werden blind, das ist Berufsrisiko.
Er hat mich eingeladen, mit ihm die Kneipe zu führen.
Das wird mir mehr Spaß machen, als hier zu sein.
Jojo Aber das geht doch nicht.
Leo Warum denn nicht? Hier gefällt's mir nicht, also gehe ich woandershin, das habe ich mein Leben lang so gemacht.

Jojo Einfach so? Ohne was?

Leo Ich werde meine Zahnbürste mitnehmen und meinen Hut.

Jojo Das ist doch völliger Blödsinn. Du kannst doch nicht einfach da rausmarschieren, du glaubst doch nicht, dass dich der Pförtner durchlässt.
Nee, nee, so was muss genau geplant sein.

Leo Von zwölf Uhr fünf bis zwölf Uhr zwanzig machen die Stationsschwestern Kaffeepause, in der Zeit komme ich unten bis zur Tür.
Zwischen zehn nach und Viertel nach zwölf kommt der Wagen, der das Essen bringt. Ein junger Mann fährt mit einem Auto vor und geht mit drei Behältern in den hinteren Trakt. Dazu braucht er fünf Minuten, manchmal acht, je nachdem, welche Schwester er auf dem Flur trifft.
In dieser Zeit lässt er den Motor laufen.
Ich brauche mich also nur hinters Steuer zu setzen und loszufahren.
Die Schranke an der Pforte wird offen sein, weil der Pförtner sie für die kurze Zeit nicht schließt.
Ich fahre bis zur nächsten U-Bahn-Station, dort lasse ich den Wagen stehen, steige um und fahre zum Bahnhof.
Ein Zug fährt um zwölf nach eins. Ist dir das genau genug geplant?

Jojo nickt.

Jojo Ich weiß wirklich nicht, ob du verrückt bist oder nicht.

Leo Wenn ich's noch nicht bin, würde ich's hier werden, also gehe ich.
Wie spät?

Jojo Kurz nach zwölf.

Leo Denk an die Rose.

Jojo Gestern hätte sie mich fast erwischt. Ich leg das Ding vor die Tür, da hör ich Schritte drinnen. Ich hatte Glück, dass der Aufzug offen war, die wollte mich abpassen. Ich hab das Gefühl, ich bin da ganz übel auf dem Holzweg.

Leo Leg heute einen Brief dazu, wann du sie treffen möchtest.
Und wenn sie kommt, hab keine so große Schnauze, ja?

Jojo Ich werd's versuchen.

Leo Ich wünsch dir Glück.

Man hört draußen ein Auto vorfahren.

Der Wagen kommt, ich muss mich beeilen.

Leo geht, Jojo geht zum Fenster, öffnet es, ein anfahrendes Auto ist zu hören, kurz danach ein lautes Klirren.

Jojo Scheiße!

1. Findet euch zu zweit zusammen. Einer von euch ist Jojo, der andere sein bester Freund. Jojo berichtet in einem Telefongespräch voller Emotionen seinem besten Freund von dem spektakulären Fluchtplan und der Autofahrt. Macht euch zuerst Notizen, was in dem Gespräch alles vorkommen muss, und spielt danach das Telefongespräch.

Leerstellen ausgestalten → S. 70

Drama | Mit einem Dramentext kreativ umgehen

Das Herz eines Boxers: Szene 6
Lutz Hübner

Nach dem misslungenen Fluchtversuch sitzt Leo apathisch in seinem Zimmer. Jojo versucht verzweifelt, Leo wieder Mut zu machen und ihn aus seiner Apathie zu lösen.

Jojo [...] Ich glaube, Autofahren ist nicht so deine Stärke.
Das sah aus wie ein Dummy-Crashtest. Buff!
Voll gegen die Wand.
Du kannst echt froh sein, dass du nicht mit dem Kopf durch die Scheibe bist.

Leo Das war ein Automatik, so etwas bin ich noch nie gefahren. Unten fehlt ein Pedal, ich wusste nicht, wo der erste Gang ist, da hab ich einfach draufgedrückt.

Leo setzt sich wieder in den Sessel.

Jojo Dumm gelaufen, was?

Leo Die können doch nicht einfach einen Automatikwagen nehmen.

Jojo Ja, das hab ich ja kapiert.

Leo Das ist nicht fair.

Jojo Jetzt, wo sie wissen, dass du mit Automatik nicht klarkommst, geben sie dir das nächste Mal bestimmt einen Schaltwagen. [...]

Leo Das hätte bestimmt geklappt.

Jojo So ein Quatsch! Diese ganze James-Bond-Tour war von vorne bis hinten hirnrissig.

Leo Wer ist James Bond?

Jojo Das ist ein Kollege von dir.

Leo Ich bin müde, ich will schlafen.

Jojo Du bist nicht müde, du bist an die Kiemen voll mit Drogen, du musst dich bewegen.

Jojo drückt Leo einen Pinsel in die Hand.

Los, du bist dran mit Streichen. Hier unten, damit du mir nicht von der Leiter kippst.

Leo beginnt zu streichen, Jojo setzt sich in den Sessel. [...]

Ein Boxer ist nie ganz k. o., hast du selbst gesagt.
Okay, du hast einen Scheißplan gemacht.
Vielleicht war's auch kein Scheißplan.
Tatsache ist, er hat nicht funktioniert. Dafür aber der andere, aber total.

Leo Was meinst du?

Jojo Die Rosennummer. Gestern bin ich hin, mit einem Zettel: Zwanzig Uhr McDonald's.

Leo Wer ist McDonald's?

2. Lest den Text mit verteilten Rollen. Bringt die Stimmung zum Ausdruck.
3. Die Autofahrszene von Leo wurde nicht in das Drama aufgenommen. Entwerft diese Szene, in der Leo alleine im Auto sitzt, mit Hilfe des Tipp-Kastens zu einem kurzen Spieltext.

Tipp

- Die **innere Handlung** (Gedanken und Gefühle) werden als Regieanweisung angegeben.
- Was die Figur sagt, ist die **Figurenrede** und wird niedergeschrieben.
- Was die Figur tut, stellt die **Aktion** dar und kann über die Figurenrede erschlossen werden oder steht in den Regieanweisungen.
- Die **Regieanweisungen** mit den Requisiten gibt Hinweise dazu, wie gespielt werden muss.

Das Herz eines Boxers: Szene 7
Lutz Hübner

Leo sitzt im Sessel. Eine dicke, alte Frau kommt herein: Langer Mantel, Hut mit Schleier, Handschuhe.

Leo Was wollen Sie hier?
Die Frau schweigt.
    Sie haben sich bestimmt in der Tür geirrt.
Die Frau schüttelt den Kopf, holt aus ihrer Handtasche drei Rollen Tabletten und wirft sie Leo auf den Schoß.
Leo Hat Jojo sie geschickt?
Die Frau nickt.
    Was ist denn mit ihm?
Die Frau zuckt mit den Achseln. Leo wirft einen Blick auf die Tabletten.
    Das sind Multivitamintabletten.
Die Frau gibt ihm eine Fahrkarte.
    Jojo?
Jojo bekommt einen Lachanfall.
Jojo Vitamine wirst du brauchen, Alter.
    Schließlich hast du 'ne große Tour vor dir.
    Na? Was sagst du, ist das nicht perfekt?
    Du kannst echt froh sein, dass ich bei einem Trödler arbeite.
    Das ist doch 'ne erstklassige Montur, oder?
Jojo nimmt die Perücke ab.
    Scheiße, ist das heiß.
    Kein Wunder, dass die immer so griesgrämig gucken, da läuft einem der Schweiß ja bis in die Schuhe. Das ist ja auch so 'ne Sache für sich, ich hab mir fast die Haxen gebrochen, aber Turnschuhe wären nicht gegangen, fällt ja auf. Das musst du unbedingt üben, bevor du rausgehst.
Leo Ich?
Jojo Ja klar, wer denn sonst?
    Kapierst du denn nicht?
    Du ziehst den ganzen Plunder hier an und marschierst zum Bahnhof, Fahrkarte hast du ja schon.
Leo schweigt.
    Hast du Angst, belästigt zu werden, oder was?
    Dann stellst du mal kurz die Handtasche ab und ziehst mit dem Stahlhammer durch.
Leo Das kann ich doch nicht machen.
Jojo Das ist doch jetzt nicht dein Ernst, oder?
Leo Ich kann das nicht, da schäme ich mich.
Jojo So, wer will denn jetzt den Helden spielen? Mit 'nem geklauten Auto vom Gelände rasen, aber nicht auf die Stöckelschuhe wollen.

Wer macht denn jetzt auf Männerehre?

Leo Ich weiß nicht.

Jojo reißt sich wütend die Klamotten runter.

Jojo Ich habe die Schnauze voll.

Weißt du, was mich das an Überwindung gekostet hat, hier so aufzutauchen? Glaub bloß nicht, dass ich jeden Tag wie Charleys Tante durch Berlin fetze. Ich habe eine Schweineangst gehabt, als ich heute Morgen los bin, und bis ich raushatte, wie man die Plörren anzieht, sich schminkt, das Geeier auf den Schuhen und dann die Vorstellung, dass meine Mutter früher von der Maloche kommt, da hätt ich mich gleich hier drüben in der Geschlossenen einquartieren können.

In der U-Bahn haben sie mir einen Platz angeboten, am Zoo haben mich die Zeugen Jehovas in die Mangel genommen, ich bin ständig angerempelt worden, weil ich so langsam auf den Hacken bin, es war absolut zum Kotzen!

Leo Gar nicht so einfach, wenn man alt ist.

Jojo Darum geht's doch gar nicht.

Unten beim Pförtner hab ich extra ein bisschen getrödelt, damit er sich eine dicke Alte merkt, die hier zu Besuch ist.

Es kann nichts schiefgehen.

Das ist ein Plan der oberen Spitzenklasse und du stellst dich an.

Leo Und wenn sie mich erkennen?

Jojo Dann kommst du halt auf die geschlossene Frauenstation, ist doch auch mal was anderes.

Ach, mach doch, was du willst, spring aus dem Fenster, lass mich in Ruhe.

Stille. Jojo zündet sich eine Zigarette an.

Leo Aber ich mach es doch ...

Jojo Na endlich, du bist aber auch ein sturer Bock.

Leo Ich hab's gleich machen wollen.

Jojo Und warum zickst du dann so rum?

Leo Sei mir nicht böse, aber es hat mich gefreut, dass du dich so aufregst.

Jojo Du hast Nerven. Ich reiß mir den Arsch auf und du freust dich.

Leo Es ist schon lange nicht mehr vorgekommen, dass sich jemand für mich – wie hast du gesagt? – den Arsch aufreißt.

Jojo Ich hab einfach keine Lust, heute mit meiner Süßen auszugehen und zu wissen, dass sie dich gerade in den Kühlschrank schieben, das hätte mir den Appetit verdorben.

Leo Warum ist es dir so wichtig, dass ich hier rauskomme?

Jojo Man kann dich doch hier nicht vergammeln lassen.

Außerdem weiß ich dann, wohin ich im Sommer in den Urlaub fahre, ich wollte schon immer mal nach Frankreich.

Leo Und was wirst du machen?

Jojo Heute Abend, na ja, hoffen, dass ich nicht zu früh zu Hause bin.

Leo Und dann?

Jojo Irgendwas wird mir schon einfallen, irgendwie sehe ich's grade nicht mehr so eng.
Leo Du kannst eine Menge.
Jojo Da oben sind ein paar Farbnasen, sonst sieht's ganz manierlich aus.
Leo Nein, hier oben, mach was draus.
Jojo Du warst eine gute Lektion.
Leo holt die Boxhandschuhe und gibt sie Jojo.
Leo Hier, damit du die Lektion nicht vergisst.
Jojo Also, an die Arbeit, junge Frau.
Leo krempelt seine Hose hoch, zieht sich Strümpfe an, den Mantel, staffiert sich aus.
Leo Wie sehe ich aus?
Jojo Ganz die Frau Mutter. Wenn das nicht klappt, graben wir nächste Woche einen Tunnel.
Leo Grüß dein Mädchen von mir.
Jojo Hast du noch irgendeinen Tipp für heute Abend?
Leo Schmink dir die Lippen ab.
Leo geht. Jojo stellt sich ans Fenster.
Jojo Bittebittebitte.
Jojo stößt einen Jubelschrei aus. Dann zieht er sich die roten Boxhandschuhe an, macht ein paar Schläge in die Luft.
   Okay, Freunde, hier kommt der rote Jojo, was kostet die Welt.
Ab. Musik.

1. Lest den Text mit verteilten Rollen. Versucht, auch die Stimmung zum Ausdruck zu bringen.
2. Gliedere den Text in Sinnabschnitte.
3. Vergleicht eure Sinnabschnitte.
4. Drückt das wesentliche Geschehen eurer Sinnabschnitte mit Standbildern aus. Wechselt euch als Baumeister und Modell in der Gruppe ab. Was wird durch die Standbilder deutlich? Haltet euer Ergebnis auf der Wandzeitung fest.
5. Überlegt euch, indem ihr eure Wandzeitung und eure Mindmap zum Thema „Helden" hinzuzieht, warum Leo und auch Jojo jeweils Helden füreinander sind.
6. Mit dieser Szene endet das Drama. Überlege, was im Anschluss passieren könnte. Welche Fragen ergeben sich für dich? Vergleicht eure Ergebnisse.
7. Wähle eine der folgenden Arbeitsaufträge:
   ▶ Nach Leos geglücktem Fluchtversuch wird Jojo von der Polizei befragt. Geht dabei so vor: Ein Schüler aus der Klasse wird als Jojo von den anderen Schülern der Klasse, die die Polizisten spielen, in einem Kreuzverhör zu dem Fluchtversuch befragt.
   ▶ Nach einiger Zeit schreibt Leo Jojo einen Brief, in dem er sich bei Jojo bedankt und ihm auch von seiner neuen Heimat berichtet.
   ▶ Schreibe einen eigenen Schluss des Theaterstücks.

Ein Drama als Boxkampf

Das Theaterstück „Das Herz eines Boxers" von Lutz Hübner gliedert sich in sieben Szenen. Eine Szenenübersicht gibt dir Auskunft über Ort, Zeit und Figuren der Handlung sowie den Verlauf der Handlung in Stichpunkten wieder. Die Szenenübersicht erleichtert dir die Orientierung über das Schauspiel.

Szene	Ort	Zeit	Figuren	Handlung	?	Punkte
1	Altenheim; Zimmer, Leo	1. Tag	Jojo und Leo	Jojo muss zur Strafe für einen Mofadiebstahl in einem Zimmer der geschlossenen Abteilung eines Altenheims die Wände streichen. Hier trifft er auf Leo. Dieser sitzt stumpfsinnig herum, reagiert und spricht nicht, was Jojo reizt und seine schlechte Laune noch verstärkt.	Held: Jojo oder Leo?	

1. Übertrage die Szenenübersicht in dein Heft und fülle die Spalten Szene, Ort, Zeit, Figuren und Handlung aus.

Lutz Hübner erzählt in deinem Interview: „Genau, die Idee war, dass die Geschichte abläuft wie ein Boxkampf, in jeder Szene führt einer der beiden, aber unmerklich entwickelt sich aus dem Kampf gegeneinander ein gemeinsamer Kampf, um die eigenen Ziele zu erreichen."

2. Überlege dir, wie der Oberbegriff für die vorletzte Spalte im Hinblick auf die Aussage von Lutz Hübner sein könnte.
3. Stellt euch vor, ihr seid der Kampfrichter. Wer ist Sieger der jeweiligen Runde? Tragt den Sieger in die Tabelle ein, indem ihr Punkte vergebt.
4. Überlege dir anschließend, welches Ziel die beiden verfolgen, und begründe deine Entscheidung.

In der Laudation (= Lobrede) zum Deutschen Jugendtheaterpreis 1998 heißt es: ... hat Lutz Hübner das Kampfmotiv in seine Szene genommen. So kann man die beiden Runde um Runde ...

5. Überlege dir, wie man das Zitat aus der Laudatio ergänzen könnte, und begründe deine Entscheidung.
6. Lies den Infokasten über den Aufbau des klassischen Dramas. Welche Elemente sind auch in „Das Herz eines Boxers" vorhanden, welche nicht?

Info

Aufbau des klassischen Dramas
Das klassische Drama ist nach antikem Muster aus **drei bzw. fünf Akten** aufgebaut, diese wiederum sind in **Szenen** unterteilt.
Der **Handlungsverlauf** folgt meist einem **festen Schema**: Aus der Vorgeschichte (Exposition) entwickelt sich die Handlung bis hin zu einem **Wendepunkt** (Peripetie) bis hin zum Finale, das in die Zukunft weist.
Weitere dramatische Elemente, wie **Prolog** (Einleitung) und **Epilog** (Nachspiel) werden ebenfalls häufig verwendet. Der Verlauf der Handlung wird von einem **zentralen Konflikt** zwischen den **Figuren** bestimmt.
Das Drama ist auf seine **szenische Umsetzung** auf einer Bühne hin angelegt. Sein wichtigstes Gestaltungsmittel ist der Dialog.

Texte und Medien

Rund um den Sport

Sachtexte

1. Schaut euch die Abbildungen an und besprecht, was ihr mit ihnen verbindet.
2. In welchen Situationen begegnen euch diese Informationsquellen?
3. Besprecht, welche Informationsquellen ihr am häufigsten nutzt und warum.
4. Formuliert drei Tipps, wie man sich Informationen aus Texten merken kann.

Sachtexte | Lesestrategien wiederholen

Um Texte besser zu verstehen und sich ihren Inhalt im Gedächtnis einzuprägen, gibt es unterschiedliche Lesestrategien, z. B. die Fünf-Schritt-Lesemethode.

Die Fünf-Schritt-Lesemethode

- Erst jetzt beginnt man, den Text gründlich zu lesen, und versucht dabei, Antworten auf die gestellten Fragen zu finden. Ist man tatsächlich auf die Beantwortung einer Frage gestoßen, hält man vor dem Weiterlesen kurz inne. So kann das Gelesene besser behalten werden. Unbekannte Wörter werden in diesem Schritt ebenfalls nachgeschlagen.
- Im nächsten Schritt werden Fragen zum Text gestellt. Dazu muss vorab erkannt werden, auf welche Fragen der Text Antworten gibt. Besonders geeignet sind die W-Fragen. Wer? Was? Wann? Wo? Wie? Warum? Welche Folgen?
- Um sich einen ersten Überblick zu verschaffen, überfliegt man beim ersten Lesen den Text. Wenn Überschriften, Abbildungen oder Markierungen vorhanden sind, helfen diese bei der Orientierung. Ziel des ersten Schrittes ist es, herauszufinden, worum es in dem Text geht und ob man bereits etwas über das Thema weiß.
- Anhand der Notizen werden noch einmal alle wichtigen Aussagen des Textes wiederholt. Der Inhalt sollte möglichst laut wiedergegeben werden, weil dadurch das Verständnis des Gelesenen noch stärker im Gedächtnis bleibt.
- Nach jedem Sinnabschnitt macht man sich klar, was im vorangegangenen Sinnabschnitt steht und ob man alles verstanden hat. Zur Übung wird der Inhalt des Abschnittes zusammengefasst und in eigenen Worten wiedergegeben. Gedanken, Begriffe und andere wichtige Aspekte aus dem Text werden auf einen Notizzettel geschrieben.

1. Bringe die Schritte in die richtige Reihenfolge, indem du sie nummerierst.
2. Notiere in einem Satz, worum es in dem Text geht.
3. Gib jedem Abschnitt eine Überschrift. Verwende dabei möglichst Verben.
4. Vergleicht eure Überschriften und einigt euch jeweils auf die, die einen Sinnabschnitt am besten zusammenfasst.
5. Entwerft für jeden Schritt ein Bildsymbol, mit dem der Arbeitsschritt auf einen Blick erkennbar wird. Haltet die Bilder auf einem Plakat fest.
6. Stimmt in der Klasse ab, welche Piktogramme ihr künftig im Unterricht verwendet.

Das kannst du jetzt lernen!
- Lesestrategien anzuwenden .... S. 182
- Berichte zu untersuchen .... S. 184
- Interviews zu untersuchen .... S. 185
- Appellative Texte zu untersuchen .... S. 187
- Tabellen und Diagramme zu verstehen und zu erstellen .... S. 189

Lesestrategien anwenden | **Sachtexte**

Sachtexte lesen und verstehen

1. Lies die Überschrift und erstelle vor dem Lesen des Textes eine Mindmap. Halte alles fest, was dir zur Überschrift einfällt.
2. Lies den Text mit Hilfe der Fünf-Schritt Lesemethode. Arbeite mit euren Piktogrammen oder mit den Arbeitsschritten von Seite 181.
3. Bereite einen Kurzvortrag zum Thema „Talentförderung beim DFB" vor.

Nachwuchstalente im Fußball

„Die Seele hechelt immer hinterher, die Kinder müssen viel zu schnell erwachsen werden." Das ist die Erkenntnis einer Mutter, deren Sohn fast Fußballprofi geworden wäre. Er durchlief die Talentförderung, war Kandidat für eine Profikarriere – dann kam der Knick. Sie weiß: Sporttalente brauchen einen Plan B für das Leben. Talent, Wille zum Erfolg, Charakterfestigkeit, gute Trainer und ein Schulabschluss – ist es das, was junge Talente für die Profikarriere im Fußball brauchen? Die Sportjournalisten Thomas Tamberg und Jörg Runde beschreiben in ihrem Buch „Traumberuf Fußballprofi" den [...] harten Weg junger Menschen vom Bolzplatz in die Bundesliga und die Segnungen der Sportförderung in Leistungszentren, die alle Wunderkinder des Sports entdeckt und dadurch paradoxerweise zu viele Verlierer produziert. [...]
„Das genau war der Plan des DFB", erklärt Thomas Tamberg, dass durch die Sportförderung diese sogenannten Wunderkinder nicht verloren gehen, dass man die frühzeitig entdeckt und keiner mehr durchs Raster fällt und dass die frühzeitig auch gefördert werden." So startete dann vor zehn Jahren die intensive Nachwuchsförderung, da wurden die Leistungszentren gegründet, die jeder Profiklub brauchte. Heute gibt es rund 350 DFB-Stützpunkte in ganz Deutschland. [...]
Tamberg und Runde erzählen keine Geschichten vom Scheitern eines Karriereweges, aber von den Mühen und Problemen, die ihn begleiten. Dazu gehören Pubertät, Null-Bock-Phasen oder Liebeskummer. „Wenn die Jungs in die Pubertät kommen und in einen anders interessierten Freundeskreis geraten, dann hat man eigentlich keine Chance mehr. Aber vielleicht sehnt sich der Junge ja nach etwas, was der Profisport ihm nicht gibt." Die Förderung ist ein Segen für den Profisport, aber birgt auch ein Dilemma. Der Leistungsfußball produziert zu viele Verlierer: „Jeder, der da anfängt, träumt von der Bundesliga. Es gibt da keinen Jungen, der sagt, ich will mal dritte Liga spielen. Aber in die Bundesliga schaffen es ganz wenige", erzählt Tamberg, der viele Gespräche mit Sportlern geführt hat [...]. Es gibt auch im Fußball das goldene Lernzeitalter, das mit zwölf Jahren anfängt. „Wer in der Jugend zwischen zwölf und 14 den falschen Trainer hat, der kann seine Profikarriere vergessen." In diesem Zeitraum, so Tamberg, werde die Ballbehandlung nahezu vollendet. „Ein 15-Jähriger hat fast dieselbe Ballbehandlung wie ein Profifußballer. Da ändert sich nicht mehr viel. Wer diesen Zeitraum verpasst, der wird es nicht mehr schaffen."

Nachschlagen: Merkwissen → S. 295

Von den Jugendnationalspielern landen nur etwa fünf Prozent in der Bundesliga. „Die anderen dümpeln dann irgendwo herum, obwohl sie schon in der Nationalmannschaft gespielt haben", das sind die Verlierer des Systems. [...]
Ein anderes Problem ist die Bodenhaftung der kleinen Stars. „Je älter Kinder werden, desto mehr nabeln sie sich normalerweise von den Eltern ab. In diesem speziellen Fall ist es so, je älter die Spieler werden, desto mehr suchen sie die Nähe der Eltern. Denn die Schulterklopfer und falschen Freunde werden – je größer der Erfolg wird – ja auch immer zahlreicher. Und diese Spieler sehnen sich nach einem Fixpunkt, einem Ruhepol, auf den sie sich verlassen können." [...]
Kinder sind fixiert auf ihren Traum. Deshalb räumen die Leistungszentren der Schule einen so hohen Stellenwert ein. Die Quote derer, die das Abitur schaffen, ist sogar höher als im Bundesdurchschnitt. Die Kids allerdings, so Tamberg, würden oft gar nicht realisieren, dass es diesen Plan B gibt. „Die sind so fokussiert auf ihren Traum und denken, wenn ich es im Fußball nicht in die Bundesliga schaffe, bin ich nichts wert, dann bringe ich mich um. Das sind natürlich alarmierende Signale. Aber am Ende geht es einfach um Leistung, das ist so und das wird immer so bleiben." [...] Ein weiterer Stolperstein sind übertrieben ehrgeizige Eltern: „Man stößt immer wieder auf die Geschichten, in denen Eltern die Karriere viel mehr wollen als die Kinder", erzählt Tamberg aus seinen Begegnungen. „Sie machen die Karriere dadurch schon kaputt, bevor sie überhaupt begonnen hat, weil sie zu sehr wollten, dass ihr Kind der Superstar wird." Kinder von Eltern, die gelassen mit der möglichen Sportlerkarriere umgingen, kämen in der Regel am weitesten. Thomas Müller ist dafür ein gutes Beispiel. Seine Eltern hätten ihn nie unter Druck gesetzt. [...]
Keiner hat eine Garantie auf Erfolg, es ist eine permanente Auslese. „Philipp Lahm sagte, der spannendste Moment für ihn als Jugendspieler war immer am Saisonende, wenn der Trainer sagte, wer bleiben darf und wer den Verein verlassen muss." Die Auslese ist hart, die Mannschaft verändert sich ständig. „[...] Unter dem Strich geht es immer nur um Leistung: Wer Leistung auf dem Platz bringt, der ist akzeptiert." [...]
Dabei ist 14 oder 15 sowieso ein kritisches Alter, wenn dann auch noch die Karriere knickt, brechen Welten zusammen. Doch was macht bei einem 14- oder 15-Jährigen wirklich den Unterschied zwischen einem nur talentierten Fußballspieler und einem, der wirklich das Zeug hat zum Profi? Charakter geht da vor Talent, das heißt, man braucht diesen absoluten Willen etwas zu erreichen. Man kann das tollste Talent sein, wenn man nicht diesen absoluten Willen hat, dann kann man es vergessen. [...] Disziplin und Leistungsbereitschaft, Schule und Sport: Diese Jugendlichen haben einen viel härteren Tag als jemand mit einem normalen Beruf. „So viele Reize von außen, wenn dann der erste Erfolg kommt und sie sich mit 20 vor einem Mikrofon zur Lage der Nation äußern sollen – dann ist eigentlich zu viel, was den Jungs da aufgebürdet wird. Andererseits muss man sich als 20-jähriger gestandener Spieler noch sagen lassen, wann man abends das Licht ausmachen muss."

Info

Ein **Zeitungsbericht** ist knapp gehalten. Er ist nach dem Prinzip der sachlichen Wichtigkeit aufgebaut. Das Wesentliche steht in den Schlagzeilen und im Vorspann **(Lead)**; im weiteren Verlauf des Artikels folgt eine zunehmende Spezifizierung der Information.

Juniorsportler des Jahres

Der Saulheimer Zehnkämpfer **Niklas Kaul** ist Juniorsportler des Jahres 2017. Der 19-jährige U20-Europameister und -Weltrekordhalter wurde am 14. Oktober von der Deutschen Sporthilfe in Kooperation mit der Deutschen Post in Köln ausgezeichnet. Der Lehramtsstudent vom USC Mainz setzte sich bei der erstmals öffentlich ausgetragenen Onlinewahl unter fünf Nominierten durch.

Der Berlinerin **Elena Wassen** (*01.11.2000) gelang 2016 der erste Titelgewinn einer deutschen Wasserspringerin bei einer Junioren-Weltmeisterschaft seit fast 25 Jahren. Nachdem Elena bereits bei den Olympischen Spielen in Rio 2016 das Halbfinale erreichen konnte, folgte vier Monate später bei den Junioren-Weltmeisterschaften im russischen Kazan das Highlight. Bei den diesjährigen Junioren-Europameisterschaften im Juni in Bergen gewann Elena Wassen die Silbermedaille und unterstrich damit ihr außergewöhnliches Talent.

Schwerer Unfall beim Training für Raabs Turmspringen

Schauspieler Stephen Dürr schlug nach einem Sprung vom Dreimeterbrett mit der Stirn auf dem Wasser auf, dabei wurde sein Kopf offenbar unkontrolliert in den Nacken gerissen. Der 38-Jährige klagte über Lähmungen, musste in die Klinik gebracht werden.

Berlin. Er hatte am Mittwoch schon rund 50 Sprünge absolviert, ein intensives Training für die Raab-Show am 24. November. Noch einmal kletterte er auf den Dreimeterturm, federte locker ab. Doch dieser Sprung ging schief. Wie die Bild-Zeitung berichtete, musste Stephen Dürr offenbar die Konzentration und Körperspannung verloren haben: Er knallte mit der Stirn aufs Wasser, sein Kopf wurde unkontrolliert nach hinten gerissen. [...] Der 38-Jährige wurde umgehend von Sanitätern versorgt.

1. Begründe mit Hilfe der Informationen am Rand die Gemeinsamkeiten und Unterschiede der Berichte.
2. Beschreibe, welchen Vorteil der Lead-Stil dem Zeitungsleser bietet.

Sachtexte | Interviews untersuchen

Teamärztin: „So einen Unfall habe ich noch nie erlebt"
Freitag, 16.11.2012, 18:28 von FOCUS-Online-Redakteur Joscha Thieringer

Mit der Stirn aufs Wasser, den Kopf überstreckt, Lähmungserscheinungen, Intensivstation – nach dem Horrorunfall von Schauspieler Stephen Dürr im Training für Stefan Raabs „TV-Total-Turmspringen" stellen sich die Fragen: Spielt der Entertainer mit der Gesundheit seiner Kandidaten? Ist Wasserspringen tatsächlich so gefährlich? „Nein, einen solchen Unfall habe ich noch nie erlebt", sagt Dr. Sabine Krüger im Gespräch mit FOCUS Online, „Wasserspringen ist eigentlich keine übermäßig gefährliche Sportart. Das ist nicht zu vergleichen mit Motorsport oder Skifahren." Die Rostocker Sportmedizinerin ist seit 1975 Mannschaftsärztin der Wasserspringer, erst in der DDR, seit 1990 im vereinigten Deutschland. Natürlich gebe es immer wieder mal kleinere Verletzungen beim Sprung vom Turm oder Brett, „schließlich ist der Aufprall aufs Wasser aus drei bis zehn Metern durchaus hart, aber die Leistungswasserspringer sind normalerweise so trainiert, dass sie immer die Arme vor dem Kopf und eine ganz andere Körperspannung haben", berichtet Krüger. Am häufigsten kämen Blutergüsse an Bauch oder Rücken vor, „das passiert, wenn die Springer kurz die Orientierung verlieren und flach auf dem Wasser aufkommen. Das ist zwar schmerzhaft, aber auch schnell wieder vergessen."

„Ich würde das sicherlich nicht machen"
Und dann gibt es da noch die Platzwunden. „Die entstehen bei Brettkontakt, wenn die Springer zu dicht am Absprungort drehen", sagt die Sportmedizinerin, „aber Lähmungen habe ich selbst – zum Glück – noch nie erlebt. In Kanada ist mal ein Springer tödlich verunglückt, als er bei einem Auerbach-Versuch mit dem Kopf an den Turm geprallt ist. Aber das ist ewig her, ich glaube, das war in den Siebzigerjahren." Ihr schlimmster Fall? „Das war bei Olympia in London, als sich Martin Wolfram die Schulter ausgekugelt hat. [...] Mittlerweile ist er längst operiert. Aber trainierten Springern passiert sehr selten etwas." Turmspringlaien hingegen schon, wie das Beispiel Stephen Dürr zeigt. „Er wird da wohl irgendwie die Kontrolle verloren haben", schätzt Krüger, „bei den Promis gehört schon eine ordentliche Portion Mut dazu, sich herunterzustürzen. Schließlich bleibt denen kaum Zeit zu trainieren. Ich würde das sicherlich nicht machen." Ist Raabs Show-Springen also doch zu gefährlich, Frau Krüger? „Ich kenne die Show nicht wirklich, aber ich weiß, dass es gute Werbung fürs Wasserspringen ist – und das finde ich gut."

Raabs Show bezahlt Wasserspringer-Verband
So sieht das auch Walter Alt. Der Bundesvorsitzende Wasserspringer ist äußerst glücklich über die Kooperation mit „TV Total". „Unsere Sportart wird durch Herrn Raab in den Fokus gerückt, darüber freuen wir uns natürlich", sagt Alt im Gespräch mit FOCUS Online. „Dass nach so langer Zeit mal ein Unfall passiert, das ist völlig normal, das hätte im Alltag auch passieren können", meint Alt. Im Fall Dürr sei dem zuständigen Berliner Trainer Gerd „Max" Völker sicherlich kein Vorwurf zu machen: „Kein Trainer verlangt von den Kandidaten etwas, was nicht zu ihren körperlichen Voraussetzungen passt. Dennoch bleibt ein gewisses Restrisiko."

Erfahrene Wasserspringer kennen die Gefahr eines verunglückten Sprungs. Für Raabs Kandidaten bleibt hingegen kaum Zeit zu trainieren. Trotz Dürrs Horrorunfalls findet Verbandsärztin Sabine Krüger die Show gut.

Interviews untersuchen | Sachtexte

Die Kooperation mit Raabs Show ist für den Verband bares Geld wert. „Wir haben einen Vertrag mit der Produktionsfirma: Wir stellen den Kandidaten unsere erfahrenen Trainer zur Verfügung und begleiten auch den Wettkampf", erzählt Alt. Über die finanzielle Zuwendung sei man „sehr zufrieden. Wir können auch unseren Sponsoren bei der Show einen Rahmen zur Präsentation bieten." Das eingenommene Geld fließe in die Förderung der Athleten.

Wasserspringen: „Artistik im Grenzbereich"

Bundestrainer Lutz Buschkow, 52, über den schweren Unfall seiner Berliner Springerin Maria Kurzjo und die hohen Risiken der Sportart.

Spiegel: Bei einem Wettkampf in Rostock mussten Sie kürzlich die Wasserspringerin Maria Kurzjo bewusstlos aus dem Becken ziehen. Was war passiert?
Buschkow: Maria ist beim Dreieinhalb-Delphinsalto falsch abgesprungen, mit dem Kopf gegen die Turmkante geknallt und aus zehn Metern bewusstlos ins Wasser gefallen. Ich bin mit meinen Trainerkollegen aus Australien und Neuseeland ins Becken gesprungen, und wir haben sie rausgeholt. Unsere Mannschaftsärztin hat sie am Beckenrand versorgt. Vorsichtshalber kam Maria auf die Intensivstation. [Sie] konnte das Krankenhaus mittlerweile wieder verlassen.
Spiegel: Kurjo ist 20 Jahre alt und zählt zu den besten deutschen Springerinnen. Welchen Fehler hat sie gemacht?
Buschkow: Der Delphin ist ein schwieriger Sprung. Sie stand rückwärts an der Kante, musste sich ein Stück nach hinten fallen lassen und den Oberkörper anschließend nach vorn drehen. Normalerweise rauscht der Kopf dabei dicht am Turm vorbei. Maria hat ihre Flugkurve aber zu eng gewählt.
Spiegel: Sind schwere Verletzungen ein normales Risiko im Wasserspringen?
Buschkow: Springer auf internationalem Niveau müssen mit solchen Unfällen rechnen. Wir treffen uns schließlich nicht zu Wettkämpfen im Kreismurmeln. Wasserspringen ist Artistik höchsten Grades, die Sprünge liegen häufig im Grenzbereich der Leistungsfähigkeit der Athleten. Da kann es zu Zwischenfällen kommen. Ein Risiko bleibt immer.
Spiegel: Wie häufig passiert so etwas?
Buschkow: Ich kenne keinen Wasserspringer der Welt, der nicht einmal ungewollt mit Fingern, Kopf oder Füßen das Brett oder den Turm berührt hat. Das sieht nicht immer so erschreckend aus wie bei Maria. Andreas Wels ist vor neun Jahren ein ähnliches Missgeschick passiert – drei Jahre später wurde er Zweiter bei den Olympischen Spielen in Athen.
Spiegel: Wird Kurjo je wieder springen?
Buschkow: Maria ist mental stabil. Wir warten, bis die Narbe verheilt ist. Dann wird sie ihre Karriere fortsetzen.

Info
Arten von Interviewfragen:
Suggestivfragen geben eine Antwort vor.
Geschlossene Fragen lassen nur eine kurze Antwort zu.
Offene Fragen bieten die Möglichkeit, länger zu antworten.

- Zu welchen Bereichen werden Aussagen gemacht?
- In welchen Punkten sind sich Frau Krüger und Herr Buschkow einig? Wo unterscheiden sich ihre Ansichten?
- Welche Interessen könnten jeweils ausschlaggebend für die Unterschiede sein?

1. Teilt die Texte auf: Untersucht den gewählten Text im Hinblick auf die nebenstehenden folgenden Fragen. Vergleicht anschließend die Ergebnisse.
2. Findet Beispiele für die im Infokasten genannten Arten von Fragestellungen in den Interviews.

Sport baut Brücken

Jugend trainiert für Olympia

*Zur Abschlussveranstaltung des Schulwettbewerbs „Jugend trainiert für Olympia"
am 22. September 2010 hielt der damalige Bundespräsident Christian Wulff die
folgende Rede:*

„Sport verbindet die Menschen und bringt sie einander näher."
Ganz gleich, um welche Sportveranstaltung es sich handelt, sei es ein Spiel bei
der Fußballweltmeisterschaft oder das Abschlussfinale von „Jugend trainiert für
Olympia": Der Sport fasziniert die Menschen und macht ihnen Spaß. Und mehr
als das: Er führt uns vor Augen, dass Ideale wie Fairness und Toleranz keine leeren Begriffe sind. Sport macht das sichtbar und für viele Menschen erlebbar.
Er verbindet die Menschen und bringt sie einander näher. Das gilt für die Zuschauer ebenso wie für die Athleten.
Diese positive Energie spürt man auch jedes Mal bei „Jugend trainiert für Olympia". Deshalb ist es mir eine ganz besondere Freude, an der Abschlussveranstaltung des Herbstfinales in Berlin und der Preisverleihung mitwirken zu können.
„Jugend trainiert für Olympia" – das ist nicht irgendein sportlicher Wettbewerb
für Jugendliche. Am nun zu Ende gehenden Bundesfinale haben die besten 400 Schulmannschaften mit 4000 Schülerinnen und Schülern aus allen 16 Ländern in 8 Sportarten teilgenommen. Sie haben sich bei den Vorausscheidungen dieses Bundeswettbewerbs der Schulen in den Ländern mit fast 500 000 Schülerinnen und Schülern für das Finale qualifiziert. Sie alle bringen ihr sportliches Talent ein und wollen es wissen. Ganz gleich,

aus welcher Stadt und welchem Bundesland sie kommen, mit der Teilnahme an
einem Bundesfinale in Berlin erfüllt sich für viele Schülerinnen und Schüler ein
großer Traum ihrer Schulsportkarriere. Für einige, die es beim Bundesfinale
ganz nach oben auf das Treppchen geschafft haben, geht es dann sogar auf der
internationalen Bühne weiter. Sie dürfen zu den Schulweltmeisterschaften fahren und vertreten dort nicht nur ihre Schule und ihr Bundesland, sondern die
Farben der ganzen Nation.

Einen appellativen Text untersuchen | **Sachtexte**

„Jugend trainiert für Olympia" eröffnet Schülerinnen und Schülern die Chance, ihr sportliches Talent zu erkennen und auszubauen. Damit wird ein großer Beitrag zur Förderung sportbegabter Mädchen und Jungen im schulischen Bereich geleistet. Bei „Jugend trainiert" geht es darum, Freude am Sport, an der Leistung und am Wettbewerb zu entwickeln.

Und es geht nicht zuletzt auch um grundlegende Werte wie Teamfähigkeit, Fairness und Disziplin. Dies sind Werte, die auch jenseits des Sports von größter Bedeutung sind, weil sie helfen, das Leben erfolgreich zu meistern.

Der Bundeswettbewerb ist mehr als ein Finale unter vielen. Er ist eine Talentschmiede. Er stellt eine Verbindung her zwischen Schule, Verein und Leistungssport. Zahlreiche Spitzensportler sind bereits daraus hervorgegangen, wie zum Beispiel die Leichathletin Heike Henkel, der Tennisprofi Boris Becker oder der mehrmalige Schwimmweltmeister Michael Groß.

Zum ersten Mal in der Geschichte von „Jugend trainiert für Olympia" ist die Abschlussveranstaltung mit dem Schulbehindertensport-Wettbewerb „Jugend trainiert für Paralympics" verbunden worden, den die Deutsche Schulsportstiftung gemeinsam mit dem Deutschen Behindertensportverband vom 8. bis 10. Juni 2010 in Kamen-Kaiserau als Pilotveranstaltung durchgeführt hat. Künftig soll „Jugend trainiert für Paralympics" noch enger mit „Jugend trainiert für Olympia" für Schulmannschaften aller 16 Bundesländer zusammengeführt werden. Das ist ein guter Ansatz, weil nun endlich auch Schülerinnen und Schülern mit Behinderungen über die Länderebene hinaus vergleichbare Sportwettbewerbe angeboten werden. Es ist ein weiterer Fortschritt zur Integration von Behinderten.

Ich danke allen, die die Bundeswettbewerbe durch ihre Unterstützung ermöglichen, und wünsche den Teilnehmerinnen und Teilnehmern und den Lehrerinnen und Lehrern weiterhin viel Erfolg und alles Gute!

> **Tipp**
>
> Sammelt Informationen zu einem der 16 Landessportbünde. Was ist der Deutsche Sportausweis und wie erhält man ihn?

> **Info**
>
> **Rhetorische Mittel** werden verwendet, um beim Leser eine bestimmte Wirkung zu erzeugen, z. B.: **Alliteration**: Wiederholung der Anfangsbuchstaben in aufeinanderfolgenden Wörtern. Beispiel: *Milch macht müde Männer munter.*

> **Info**
>
> **Appellative Texte** wenden sich direkt an den Leser und bewirken eine bestimmte Reaktion. Sie treten in einer Vielzahl von Formen auf, etwa als Werbetexte, Handlungsanweisungen oder politische Reden.

1. Bestimme die Intention des Redners und belege deine Annahmen am Text.
2. Untersuche die Rede: An welchen Textstellen setzt Christian Wulff rhetorische Mittel ein, um die Angeredeten von seiner Position zu überzeugen? Achte auf:
    ▸ Zitate
    ▸ Wiederholungen
    ▸ sprachliche Bilder (Metaphern, Personifikationen, Vergleiche).
3. Verfasse selbst eine kurze Rede zum Schulsport, in der du an das Kultusministerium appellierst, mehr Sportstunden einzurichten.
4. Tragt eure Reden vor.

Sprachliche Bilder → S. 249 ff.

Sachtexte | Informationen visualisieren

Tabellen und Diagramme lesen und verstehen

1. Führt eine Umfrage zum Freizeitverhalten in eurer Klasse durch. Ihr könnt den abgebildeten Fragebogen verwenden oder selbst einen gestalten.

Fragebogen: Lieblingsbeschäftigungen

mit 10 Jahren	heute
☐ Sport ☐ Treffen mit Freunden ☐ Internetnutzung ☐ Familie ☐ Lesen ☐ Spielen mit Spielzeug ☐ Musizieren	☐ Sport ☐ Treffen mit Freunden ☐ Internetnutzung ☐ Familie ☐ Lesen ☐ Spielen mit Spielzeug ☐ Musizieren

Kreuze mit Hilfe der Folientechnik drei Lieblingsbeschäftigungen an:

Womit verbringen Jugendliche ihre Freizeit?

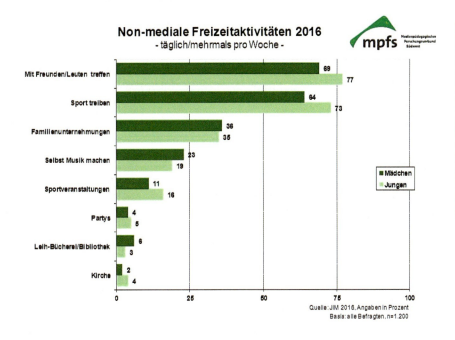

Info

In einem **Balkendiagramm** werden Vergleiche zwischen einzelnen Elementen dargestellt. Um mehr Gewicht auf den Vergleich von Werten als auf eine Zeitspanne zu legen, werden die Kategorien vertikal und die Werte horizontal dargestellt. Verschiedene Farben können Bezugsgruppen voneinander absetzen.

| Informationen visualisieren | Sachtexte |

Info

In einem **Säulendiagramm** werden Datenänderungen innerhalb eines bestimmten Zeitabschnitts angezeigt bzw. Vergleiche zwischen Elementen dargestellt. Zur Herausstellung der Veränderungen innerhalb einer bestimmten Zeit werden Kategorien horizontal und Werte vertikal angeordnet.

Onlinezeit von Jugendlichen hat sich mehr als verdoppelt
Selbsteinschätzung von Jugendlichen, wie lange sie täglich online sind

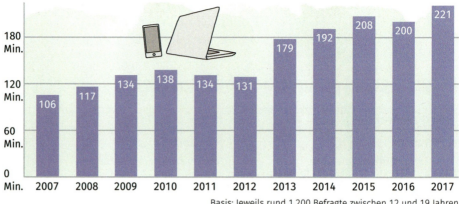

Basis: Jeweils rund 1.200 Befragte zwischen 12 und 19 Jahren
Quelle: mpfs/JIM-Studie

2. Lies die Überschriften der Diagramme und formuliere in einem Satz, worüber sie informieren.

3. Vervollständigt die nachfolgenden Tabellen und besprecht, welche Vorteile es hat, die Daten in Diagrammform darzustellen.

Die Wertetabellen der Grafiken A und B sehen so aus:

A:

	M	J
Mit Freunden treffen	69	77
Sport treiben	64	73
Familienunternehmungen	36	
…		

B:

	2007	2008	2009	2010	2011	2012	2013	…
Onlinezeit	106	117	134	138	134	131	179	…

4. Wertet die Umfrage eurer Klasse aus, indem ihr zunächst auch eine Tabelle nach folgendem Muster anlegt.

	mit 10 Jahren	heute
Sport		
Treffen mit Freunden		
…		

5. Wählt eine geeignete Form und zeichnet ein Diagramm für eure Klasse.

6. Begründet, welches Diagramm mögliche Veränderungen besser erkennen lässt.

7. Untersucht euer Freizeitverhalten. Wo gibt es Veränderungen, was ist gleich oder ähnlich geblieben? Welche Gründe gibt es für die Entwicklung?

Statistiken und Schaubilder auswerten und vergleichen → S. 78 f.

TESTE dich

Überprüfe dein Wissen und Können, indem du hier die Testaufgaben bearbeitest.

Ich kann ...	Können	Hilfe	Training
Berichte untersuchen.	😃 😉 😳	S. 184	AH S. 54

Testaufgabe 1

Bearbeite folgende Aufgaben zum Text:
- Schreibe die Informationen des Zeitungsberichts der Reihe nach und in Stichworten heraus.
- Erkläre mit Hilfe des Artikels, was mit dem sogenannten Lead-Stil gemeint ist.

Neues Leistungszentrum des VfB Stuttgart

Viel Platz zum Kicken

Von Oktober dieses Jahres an sollen die Nachwuchsfußballer des VfB Stuttgart im neuen Leistungszentrum untergebracht werden.

Von Dominika Jaschek

Stuttgart – Dass die Nachwuchsförderung beim Bundesligisten VfB großgeschrieben wird, zeigt sich auch in dem neuen Nachwuchsleistungszentrum. Es soll im Oktober einsatzbereit sein soll: Rund zehn Millionen Euro hat der Fußballverein in den Neubau investiert, der derzeit in Sichtweite zum neuen Stadion entsteht. Auch das ist kein Zufall,
5 wie Stefan Heim, VfB-Vorstandsmitglied, bei einer Baustellenbegehung am Donnerstag betonte: „Unsere Nachwuchsfußballer schauen vom Kraftraum genau auf das Stadion. Das soll sie im Training anspornen und ihnen ihr Ziel immer vor Augen führen."

17 Umkleideräume statt sechs für den Nachwuchs

Das neue Zentrum wird eine Nutzfläche von rund 2000 Quadratmetern haben, verteilt
10 auf drei Etagen. Im Untergeschoss haben 17 Umkleiden Platz gefunden. Zum Vergleich: Im alten Clubhaus, wo die Nachwuchsmannschaften zurzeit untergebracht sind, gibt es gerade mal sechs Umkleideräume.

Ich kann ...	Können	Hilfe	Training
Informationen visualisieren.	😃 😉 😳	S. 189	AH S. 54

Testaufgabe 2

Übertrage die Tabelle in ein Schaubild deiner Wahl.

	Haupt-/Realschule	**Gymnasium**
Rang 1	„Minecraft" 14 %	„Fifa" 15 %
Rang 2	„Fifa" 13 %	„Minecraft" 13 %
Rang 3	„Grand Theft Auto" 12 %	„Grand Theft Auto" 10 %

Quelle: JIM 2017, Angaben in Prozent
Basis: Nutzer von Computer-, Konsolen-, Online-, Tablet-, Handyspielen, n = 1.078

TESTE dich

Ich kann ...	Können	Hilfe	Training
Interviews untersuchen.	😀 😌 😳	S. 185	AH S. 56

Testaufgabe 3
Untersuche das Interview und bestimme die Art der Interviewfragen.

Leon Goretzka über seine Leistungssteigerung im Interview mit 11Freunde

Woran haben Sie gezielt gearbeitet?
Zum Beispiel an der Torgefahr. Ich habe letztes Jahr nur zwei Pflichtspieltore geschossen. Das war deutlich zu mickrig. Aber ich will mich in vielen Bereichen verbessern. In Sachen Kraft, Ausdauer, Technik. Auch im sozialen Bereich.

5 **Im sozialen Bereich?**
Klar, eine Mannschaft ist ein soziales Gefüge, in der du eine Position einnimmst. Seit dieser Saison bin ich im Mannschaftsrat, da habe ich eine Verantwortung. Also versuche ich, für die jungen Spieler da zu sein, ihnen bei der Integration zu helfen und ihnen mit Ratschlägen zur Seite zu stehen.

10 **Sie sind selbst erst 22 Jahre alt. Was sagen Sie einem 19-jährigen Mitspieler, wenn er um Rat fragt?**
Beim VfL Bochum war ich schnell Stammspieler, aber aus meiner Anfangszeit auf Schalke weiß ich, was es bedeutet, erst einmal eine Weile draußen zu sitzen. Man wird nervös und unzufrieden und sieht sich mitunter weiter, als man vielleicht ist. Nehmen Sie Thilo Keh-
15 rer oder Donis Avdijaj. Beide haben schon länger mit den Hufen gescharrt und auf ihre Einsätze gewartet. Wenn das lange dauert, kann das frustrierend werden.
Und was war Ihr Ratschlag? Geduldig sein und die Füße stillhalten?
Ganz und gar nicht. Manchmal ist es auch der richtige Weg, im Training mal einem der gestandenen Spieler auf die Füße zu steigen und so auf sich aufmerksam zu machen. Da-
20 nach kriegt man zwar einen drauf, aber so kannst du zeigen, dass du mit der Situation unzufrieden bist. [...] Das sind Erfahrungen, die ich damals gemacht habe und die ich als Führungsspieler weitergebe.

Ich kann ...	Können	Hilfe	Training
appellative Texte untersuchen.	😀 😌 😳	S. 187	S. 193, AH S. 58

Testaufgabe 4
Ergänze den folgenden Merksatz mit den passenden Begriffen in deinem Heft.

Appellative Texte wenden sich **?** an den Leser und bewirken eine bestimmte **?**. Sie treten in einer Vielzahl von Formen auf, etwa als Werbetexte, Handlungsanweisungen oder politische **?**. Rhetorische Mittel, die man in appellativen Texten findet, sind z. B. **?**.

So kannst du dein Wissen anwenden und deine Fähigkeiten trainieren:

Eine junge engagierte Zivilgesellschaft ist kein Selbstläufer – Engagementförderung durch Jugendverbände im Sport verstetigen

Die Deutsche Sportjugend (dsj), als Jugendverband des organisierten Kinder- und Jugendsports in Deutschland, bündelt die Interessen von rund 10 Millionen Kindern, Jugendlichen und jungen Menschen im Alter bis 26 Jahren. Damit ist die dsj der größte freie Träger der Kinder- und Jugendhilfe in der Bundesrepublik Deutschland.

[...] Was die Zivilgesellschaft für den Zusammenhalt leistet, hat sich seit dem Jahr 2015 wieder auf besondere Art und Weise gezeigt: Menschen, die aus ihren Heimatländern fliehen mussten, wurden in großem Maße von Ehrenamtlichen und freiwillig Engagierten – auch jungen Menschen – in der gesamten Bundesrepublik willkommen geheißen und aufgenommen. Dies zeigt beispielhaft, wie selbstorganisiertes, zivilgesellschaftliches Engagement positive Kraft entfalten kann. Viele der jungen Helfer und Helferinnen haben schon an anderer Stelle – etwa im Sportverein – erste Erfahrungen mit bürgerschaftlichem Engagement gemacht. Sie haben erfahren, dass es sich lohnt, sich gemeinsam für die Gesellschaft einzusetzen und andere zu unterstützen, wenn sie Hilfe brauchen.

Es ist die Kernaufgabe der Deutschen Sportjugend und ihrer Mitgliedsorganisationen, freiwilliges Engagement von Jugendlichen und jungen Erwachsenen zu ermöglichen, zu fördern und zu unterstützen und sich für gute Rahmenbedingungen einzusetzen. Politische Partizipation und freiwilliges Engagement haben viele Berührungspunkte. Transparente Beteiligungsangebote tragen zur politischen Willensbildung und Entscheidungsfindung bei und wirken sich auch positiv auf freiwilliges Engagement aus. Eine partnerschaftliche Zusammenarbeit im Dialog hilft überdies, Polarisierungen zwischen Personen(-gruppen) sowie Ausgrenzungen im Gemeinwesen entgegenzuwirken. Dort, wo insbesondere junge Menschen ihren Verein mitgestalten und zu „ihrem" Verein machen, wird oft Neues gewagt, werden nachhaltige Entwicklungen angeregt und notwendige Veränderungen angestoßen. Dafür gilt es, die Kinder- und Jugendarbeit im Sport weiterzuentwickeln und den gemeinnützig organisierten Kinder- und Jugendsport als Plattform für Teilhabe am gesellschaftlichen Leben sowie Partizipation auszubauen. Die Deutsche Sportjugend will dafür das Potenzial des Sports bei der Ansprache, der Gewinnung und der Bindung von jungen Engagierten weiter entfalten.

1. Lies den Text mit Hilfe der Fünf-Schritt-Lesemethode.
2. Unterstreiche mit Hilfe einer Folie die informierenden und die appellativen Passagen im Text.
3. Erkläre in eigenen Worten, von was die Verfasser den Leser überzeugen möchten.

Texte und Medien

Von Stars und Sternchen

Realitätsdarstellung in den Medien

Wer hat nicht schon einmal heimlich davon geträumt, berühmt zu werden? Ein ungewöhnliches Talent wäre dabei hilfreich, Fleiß, Witz, ein Quäntchen Glück – und, natürlich, die Medien.
Früher waren es einmal Zeitungen und Illustrierte, die aus der Welt der Reichen und Schönen berichteten – und so auch darüber entschieden, wer gerade angesagt war und wer nicht. Später waren vor allem TV und Kino die Medien, die Prominente nutzten, um ihre öffentliche Karriere voranzutreiben. Und heute? Moderne Stars werden im Internet groß, sie müssen nicht darauf hoffen, dass sie von den Medien entdeckt werden – sie haben die Medien längst für sich entdeckt, um mit geschickter Selbstvermarktung ihre Bekanntheit zu steigern und daraus Profit zu ziehen. Für den Anfang genügt dafür eine Webcam, eine gehörige Portion Selbstvertrauen und das Talent zur Selbstdarstellung.
Moderne Promis nutzen das Internet als öffentliches Wohnzimmer – sie streamen ihr Leben, ihre Freude und ihr Leid – und die Welt kann ihnen dabei zuschauen.

1. Ein Leben als YouTube-Star – könnt ihr euch das vorstellen?

Realitätsdarstellung in den Medien | Sich über Mediennutzung austauschen

YouTube ist die wichtigste Plattform für Jugendliche im Internet. Nach der JIM-Studie 2017 nutzen 88 % der 12- bis 19-Jährigen YouTube mehrmals pro Woche, 63 % sogar täglich. Die Nutzung erfolgt vor allem auf dem Smartphone (87 %). YouTube ist für viele Jugendliche ein geschätztes Informations- und Unterhaltungsmedium, kritische Stimmen bemängeln aber die dort immer wieder verbreitete Desinformation und Propaganda[1]. Auch die vielen Formen offener und versteckter Werbung finden viele Menschen bedenklich.

[1] **Propaganda** = gezielte Verbreitung politischer oder weltanschaulicher Ideen, um die allgemeine Meinung in bestimmter Weise zu beeinflussen

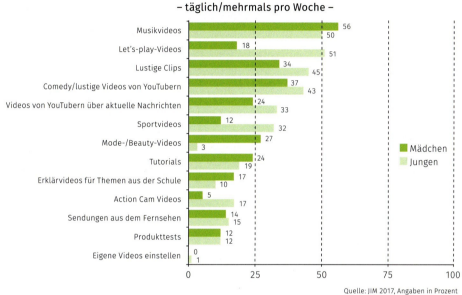

Quelle: JIM 2017, Angaben in Prozent
Basis: Befragte, die zumindest seltener YouTube nutzen, n = 1.191

1. Fasse wesentliche Aussagen des Balkendiagramms in eigenen Worten zusammen. Deckt sich die Umfrage mit den Sehgewohnheiten in eurer Klasse?
2. Tauscht euch untereinander aus: Welche YouTube-Kanäle sind für euch von Interesse? Wie häufig nutzt ihr sie? Steht bei euch der Informations- oder der Unterhaltungswert im Mittelpunkt?
3. Könnt ihr verstehen, dass manche Jugendliche und Erwachsene die intensive Nutzung von YouTube und anderen Videoportalen eher kritisch sehen? Begründet eure Meinung.

Realität und Medien – interessiert dich dieses Thema?

Das kannst du jetzt lernen!

- Die Funktion von Medien zu beschreiben, zu vergleichen und zu bewerten .... S. 196
- Meinungsbildung in sozialen Netzwerken zu verstehen .... S. 198
- Glaubwürdigkeit und Verantwortung in den Medien zu hinterfragen .... S. 203

Sich über Videokanäle und ihre Angebote informieren | Realitätsdarstellung in den Medien

YouTube und seine Stars

Kennst du dich aus in der YouTube-Welt? Hier findest du einige der erfolgreichsten YouTube-Kanäle Deutschlands. Kannst du die Bilder und Texte richtig zuordnen?

Gronkh

1 Die beiden Videokünstler, die diesen Kanal seit 2011 betreiben, sind Zwillinge. Bei ihnen drehte sich zunächst alles um Musik: Neben Übersetzungen bekannter Songs und Parodien haben sie auch eigene Lieder veröffentlicht, mit denen sie sogar auf Tournee gehen. Inzwischen sind sie auch als Schauspieler und Regisseure erfolgreich.

Die Lochis

2 Dieser YouTube-Kanal ging 2012 an den Start und beschäftigt sich vor allem mit Mode und Kosmetik. Die Betreiberin gibt ihren meist jüngeren Zuschauerinnen beispielsweise Schminktipps und erzählt ihnen aus ihrem Leben. Mit einem 2017 veröffentlichten Lied bekam sie in kürzester Zeit mehr als zwei Millionen Dislikes und konnte sich damit dennoch gleichzeitig in den deutschen Single-Charts platzieren.

ConCrafter

3 Dieser YouTuber heißt mit bürgerlichem Namen Erik Range und wurde mit sogenannten Let's-Play-Videos bekannt, in denen er selbst Computerspiele spielt oder die Spiele anderer kommentiert. Daneben ist er auch Musiker, Synchronsprecher und Journalist.

Freekickerz

4 Auf diesem 2010 gegründeten Kanal dreht sich alles um Fußball. Man findet hier Analysen zur Spielweise bekannter Fußballer, Produkttest, Fußballtipps für die Zuschauer sowie sogenannte Challenges, bei denen sich die YouTuber mit Fußballprofis beim Elfmeter- oder Freistoßschießen duellieren.

BiBisBeautPalace

5 Dieser YouTuber ist mit dem Spiel Minecraft groß geworden. Drehte sich bei ihm zunächst alles um Let's-Play-Videos, wurden diese mit der Zeit immer mehr von Challenges, Vlogs und Comedy-Videos verdrängt. Bereits im Alter von 21 Jahren veröffentlichte er – zusammen mit seiner Mutter – seine erste Biografie. Sie trägt den Titel: „Hallo, mein Name ist Luca".

1. Kennst du dich aus? Ordne die Texte und Bilder den richtigen YouTubern zu.
2. Welche der Kanäle und Videokünstler kennt ihr, welche sind bei euch momentan angesagt? Entwerft eine Umfrage in der Klasse, führt sie durch und wertet sie aus.
3. Recherchiert, welche die aktuell erfolgreichsten deutschen YouTube-Kanäle sind. Stellt diese auf einer Wandzeitung vor.

YouTube – aktuelles Thema oder alter Hut? Begründe.

Informationen visualisieren → S. 189

Liebes Tagebuch …

Blogs sind öffentliche Online-Tagebücher, die viele Prominente nutzen, um aus ihrem Leben zu berichten und mit ihren Followern in Kontakt zu treten. Bestanden sie vor einigen Jahren mehrheitlich aus Texten und Bildern, erfreut sich heute das Video-Blogging großer Beliebtheit. Für die Erstellung solcher Vlogs benötigt man kaum mehr als einen Internetzugang und ein Smartphone – ohne großen Aufwand kann heute jeder, der will, einen eigenen Videokanal betreiben. Schwieriger ist es nur, dauerhaft die Aufmerksamkeit der Online-Community zu gewinnen.

Blogs und Vlogs gibt es zu allen erdenklichen Themen. Man unterscheidet persönliche Blogs, die oft nur von einer einzigen Person betrieben werden, Themenblogs, bei denen sich alles nur um eine ganz bestimmte Sache dreht, und Firmenblogs, die Unternehmen nutzen, um mit der Öffentlichkeit zu kommunizieren. Auch viele Politiker und Parteien nutzen diese Form der Meinungsäußerung. Eine Sonderform ist das Microblogging, das bei uns fest mit der Firma Twitter verknüpft ist – hier ist die Länge der Nachrichten klar begrenzt. Man schätzt, dass es weltweit inzwischen über 170 Millionen Blogs gibt – und jeden Tag kommen neue hinzu.

Kritiker der Internettagebücher führen an, dass Blogs dazu führen, dass jeder seine Meinung ins Netz stellen kann, selbst wenn sie niemanden interessiert. Auch der Verlust der Privatsphäre, der mit solch einem Online-Leben verbunden ist, halten viele Menschen für problematisch, insbesondere bei tendenziell immer jüngeren Bloggern. Befürworter hingegen schätzen die einfache Publikationsmöglichkeit – nur so entstehe Meinungsvielfalt im World Wide Web. Was treibt Menschen an, ihr Leben mit allen Höhen und Tiefen öffentlich zu machen? Inzwischen gibt es auch immer mehr Schülerinnen und Schüler, die ihren eigenen Blog betreiben. Die Gründe dafür sind vielfältig. Der Wunsch, wahrgenommen und geschätzt zu werden, gehört sicher dazu. Manche Blogger verfügen über ein Spezialwissen, das sie gerne an andere weitergeben wollen, andere suchen den Austausch mit Gleichgesinnten. Und der ein oder andere hofft sicher auch im Stillen, mit seinem Blog eines Tages Geld verdienen zu können.

1. Nutzt du Blogs? Wenn ja, welche und zu welchem Zweck?
2. Nenne Gründe, die für das Betreiben eines eigenen Blogs sprechen.
3. Benenne die Vor- und Nachteile, die Blogs bei der Informationsrecherche haben.

Wärst du selbst gern ein bekannter Blogger? Begründe.

Instagram: „Mein Leben als Influencer"
Francesco Giammarco

Wie ich versuchte, innerhalb von vier Wochen eine einflussreiche Persönlichkeit in dem sozialen Netzwerk Instagram zu werden und damit richtig viel Geld zu verdienen

Ich sitze beim Friseur und sage: „Ich möchte bitte gut auf Selfies aussehen." Leider bekomme ich nicht die Antwort, die ich mir erhofft hatte. „Wie sieht man denn gut auf Selfies aus?", fragt die Friseurin. Wüsste ich auch gern, ehrlich gesagt. […] Ich will Influencer werden. Dafür brauche ich eine stylishe Frisur. Influencer sind Leute, die in sozialen Netzwerken wie Facebook, YouTube oder Instagram sehr viele Follower haben, also Menschen, die ihnen folgen und ihre Beiträge – die Posts – betrachten, weswegen die Influencer diese Follower mit ihren Posts wohl beeinflussen können. Deswegen zahlen ihnen Unternehmen Geld dafür, dass sie ihre Produkte benutzen und anpreisen. […] Ich will das auch, den Ruhm, das Geld. Vier Wochen gebe ich mir Zeit, um rauszufinden, ob ich das Zeug zum Influencer habe. Das ist nicht lange, und ich möchte mindestens 1.000 Follower gewinnen. […] Ich werde mein Glück auf Instagram versuchen. Das ist die Königsdisziplin für Influencer. Man arbeitet fast ausschließlich mit Bildern – nur die schönsten setzen sich durch. Auf Instagram sieht alles besser aus als im echten Leben. Bisher war ich noch nicht auf Instagram und gab auch nie viel auf Aussehen und Wirkung. Bisher bin ich allerdings auch nicht berühmt.

Erste Woche
Ich beginne bei null, eigentlich im Minusbereich. Ich habe keine Bilder, und niemand folgt mir. Wo fange ich an? […] Ich poste Bilder von meinen schwarzen Desert-Boots und fotografiere mein Weißwurst-Frühstück. Ich versehe die Posts mit Hashtags wie #menswear und #foodporn, denn nur wenn man sie so thematisch kennzeichnet, können sie gefunden werden. Trotzdem bemerkt mich niemand. Mir wird klar: Auf Instagram bin ich absolute Unterschicht.

Aber es gibt eine Lösung für uns Abgehängte. Eine Hilfestellung für Verlierer: den Hashtag #follow4follow. Damit findet man Nutzer, die garantiert zurückfolgen, wenn man sie abonniert. Ich bin nicht wählerisch, und so kann ich meine Gefolgschaft schnell vergrößern. Nach ein paar Tagen habe ich 50 Follower. Meine Posts von Essen und schönen Gebäuden bekommen sogar das eine oder andere Like in Form eines kleinen Herzchens. Das fühlt sich gut an, aber jetzt muss ein Selfie her. Die Leute sollen den Mann hinter dem Instagram-Auftritt kennenlernen. […]

Schon nach wenigen Tagen bin ich total gestresst. Ich habe zwar geschafft, ein Selfie zu posten, und dafür ein Like und einen netten Kommentar bekommen – muss nun aber während der Arbeit ständig mit meiner Gefolgschaft interagieren, neuen Leuten folgen und deren Posts liken. Das ist angeblich wichtig für Influencer, damit das „engagement" nicht abnimmt. […]

Zweite Woche
Zeit, sich zu professionalisieren. Ich lade eine App herunter, die mir die besten Hashtags für meine Posts berechnet. Ich muss dafür nur zwei thematische Schlagworte auswählen und sagen, wo ich gerade bin. Die Empfehlungen sind sehr modelastig: #hypebeast #guyswithstyle oder #outfitoftheday.
Bis zu 30 Hashtags darf man verwenden. Am besten versteckt man sie in einem Kommentar zum eigenen Bild, dann sieht man sie nicht gleich – und wirkt weniger bedürftig. Ich probiere ein Tool aus, das die Interaktion automatisiert. Es folgt anderen, likt und kommentiert Beiträge, ohne dass man selbst etwas tun muss. Ich muss nur ein paar Kommentare vorformulieren: „Schönes Bild", „Nice pic". Dann allerdings entdecke ich irgendwann das Bild eines Stolpersteins. Es erinnert an eine Familie, die von den Nazis deportiert wurde. Darunter mein automatisierter Kommentar: „Der Hammer!" Wie unangenehm.
Meine Fotos müssen besser werden: Mit Selfies bringt man es nicht so weit, das wird mir klar. Und instant ist auf Instagram auch nichts. Die App ist inspiriert von alten Sofortbildkameras, den instant cameras, deswegen sind die Bilder auch quadratisch. Aber ein echter Influencer macht seine Bilder nicht spontan, er plant im Voraus. Ich frage meine Schwester, ob sie vorbeikommen will. Sie hat einen kleinen, süßen Hund. Den brauch ich. […]. Instagram liebt mich und meinen Hund. Keinem fällt auf, dass er auf jedem Foto auf meine Hand guckt, wo der stinkende kleine Hundesnack versteckt ist. Ich bekomme sogar Kommentare. Nadine schreibt: „Hallo Nachbar". Ich antworte: „Hallo, wie geht's?"
Plötzlich bekomme ich von ihr eine private Nachricht. Das geht auf Instagram auch, ist ja ein soziales Netzwerk. Nadine, die ich hier wie alle nicht berühmten Instagramer vorsichtshalber mal anders nenne, wohnt in der Nachbarschaft und hat den Park auf meinen Fotos erkannt. Ungefragt schickt sie ein Foto von ihrem Gesicht. Eine Frau um die 50. Ich bedanke mich und frage, wie sie mein Profil findet.
„Geht so. Deine Hashtags sind irgendwie komisch. Der Hund ist süß."
Finde ich auch, schreibe ich.
„Wenn du bei Mädels gut ankommen möchtest, poste mehr Pics von deinen schönen Augen. Und check mal deine Hashtags auf Selbstoffenbarungsinhalte."
Bin ich ihr zu selbstverliebt? Ich verstehe nicht ganz, was sie meint, verspreche aber, es zu beherzigen. Dann wende ich mich den anderen Leuten zu, die meine Bilder kommentiert haben. Meine Fans. Einer davon ist Peter, ein 18-Jähriger, der auf seinen Bildern akrobatische Kunststücke macht und 2.000 Follower hat. Auch wir schreiben uns privat. Er fragt mich, was ich mit meinem Account erreichen wolle. Ich erkläre ihm, dass ich gehört hätte, man könnte auf Instagram viel Geld verdienen.
Das stimmt, schreibt Peter. „Ich habe da was entdeckt, was mich total begeistert. Und Social-Media-Tipps und Connection zu erfolgreichen Leuten gibt es noch dazu." Dann erzählt er mir von einem Mann namens Antonio, der habe ihn vor ein paar Wochen auf Instagram angeschrieben. Er hat 15.000 Follower – in seinem Pro-

fil steht: „Ich lebe den amerikanischen Traum des 21. Jahrhunderts." Ich halte den Atem an: ein echter Influencer. Peter verspricht mir, den Kontakt zu Antonio herzustellen. Großartig, denke ich, vielleicht kann der Mann mein Mentor werden. Dann muss ich los zu meiner Fortbildung. Ein Workshop über Social-Media-Marketing – gesponsert von der Stadt Hamburg. Mit mir im Raum sitzen drei Männer und sieben Frauen, von denen eine sagt, dass sie sich „als Marke mehr rausbringen" wolle. Hier bin ich richtig! [...]

Der Workshop weckt in mir neue Energie. Ich mache einen zweiten Shoot, diesmal mit einer befreundeten Fotografin. Inzwischen habe ich nicht mal Hemmungen, mich auf offener Straße umzuziehen. Außerdem fange ich an, meine Posts auf Englisch zu schreiben. Das machen viele Influencer. So klingt alles cooler.

Ich gebe mir auch eine Art Charakter. Ein Italiener aus dem Süden, den es beruflich nach Hamburg verschlagen hat. So kann ich immer witzige Sprüche über das Essen oder das Wetter machen: #thenorthiskillingme. Ich überlege sogar, etwas über meine Gastarbeiterherkunft zu schreiben, das wird mir dann aber doch zu viel. Vor allem weil ich gar keine habe.

Der neue Ansatz treibt meine Likes in den hohen zweistelligen Bereich. Auf Instagram finden mich die Leute gut, nur in der echten Welt scheinen sie Zweifel zu bekommen. Eine Kollegin fragt, ob ich das alles ironisch meine. Als ich verneine, guckt sie sehr betrübt.

Dann macht auch noch Nadine, die Nachbarin, mit mir Schluss. Nachdem ich ein sehr schönes Bild von mir bei einem wichtigen Telefonat gepostet habe, schreibt sie mir wieder eine private Nachricht.

„Kopfschütteln. Und tschüss."

Ich bitte sie, es sich noch mal zu überlegen. Ich kann es mir nicht leisten, Follower zu verlieren. Aber sie findet, sie bekomme in den Medien schon so viel schräges Zeug zu sehen. Da braucht sie nicht auch noch was über meine Telefonate zu erfahren. Ich schreibe, dass ich das verstehe, und bitte sie noch mal, doch zu bleiben. „Merkst du noch was? Ich habe dir doch gerade deutlich geschrieben, dass ich mich mit so etwas medial nicht belasten will." Dann antwortet sie nicht mehr auf meine Nachrichten.

Dritte Woche

Nach etlichen Fotos von mir an Wänden lehnend, in die Ferne schauend oder lässig rumsitzend, habe ich an die 200 Follower. Das ist viel zu wenig für meine hohen Ansprüche. Aber Hoffnung naht, ich habe jetzt die Telefonnummer von Antonio, dem Mann, der mir von Peter empfohlen wurde. Als ich ihn erwische, klingt er sehr nett und erzählt von sich. Früher wollte er DJ werden, dann hat er etwas ganz Neues entdeckt. „Network-Marketing". Ich bin nicht ganz sicher, was er meint.

„Das basiert auf Influencer-Marketing."

Ich horche auf.

„Wenn du eine gute Reichweite hast, so wie ich, dann kommen die Leute zu dir. Dann macht man nicht den Bittsteller."

Ja, denke ich mir. Das will ich auch.

„Das Geschäft des 21. Jahrhunderts ist das Empfehlungsmarketing. Das ist grundsätzlich für jeden machbar."

Super, nur wie?

Er könne mir das zeigen, sagt er. Er habe von den Profis gelernt. Ich müsse nur Teil seines Teams werden, indem ich mich mit ihm bei einer Firma namens Wealth Generators anmelde. Dann würde ich gegen einen dreistelligen monatlichen Beitrag Expertentipps bekommen, wie man auf dem Devisenmarkt auf Währungen wettet. Und das Tolle: Wenn ich zwei neue Kunden werbe, wird mir mein monatlicher Beitrag erlassen. Wenn ich denen helfe, noch mal jeweils zwei Neukunden zu werben, bezahlt mir die Firma sogar Geld.

Ich lehne dankend ab. Ich will Influencer werden, kein Währungsspekulant. Mein Traum vom Influencen scheint gescheitert. Für mein Ziel fehlen mir noch immer 800 Follower. Ich sehe mich gezwungen, radikale Maßnahmen zu ergreifen, und beschließe, Follower zu kaufen. Das geht ganz einfach, man muss nur googeln, dann findet man Seiten mit Namen wie Socialshop. Man gibt sein Instagram-Account an und zahlt mit Paypal. Dauert keine fünf Minuten.

Ich entscheide mich für Follower von hoher Qualität. Ihnen sieht man nicht sofort an, dass es sich um Fake-Accounts handelt. Sie haben glaubhafte Namen. Ich nehme 5.000 für 20 Euro. Die nächsten 24 Stunden hört mein Telefon nicht auf zu summen. Meine Posts bekommen jetzt plötzlich viel mehr Likes, im Hunderter-Bereich. Obwohl ich die Follower ohne Likes gekauft habe. Offenbar nimmt Instagram mich sofort ernster und verteilt meine Posts besser.

Endlich kann es losgehen: Ich melde mich auf einer Seite namens ReachHero an. Dort kann man sich auf Kampagnen bewerben, wenn man mindestens 1.000 Follower hat. Wird man gebucht, bekommt man ein Produkt zugeschickt und macht einen Post damit. Dann wird man bezahlt – oder darf das Produkt behalten. Ich bewerbe mich auf verschiedene Kampagnen, darunter für Kaffeekapseln und ein junges deutsches Modelabel. In meinen Bewerbungen verweise ich auf mein internationales Flair und meinen süßen Hund. Dann warte ich. […]

Vierte Woche

Ich habe die Bilder, ich habe die Follower, warum bin ich kein Influencer? Fehlt es mir an der richtigen Einstellung? Um das herauszufinden, treffe ich Kosta Williams. Mit zwei anderen Influencern betreibt er ein Modeblog. Er hat 500.000 Follower auf Instagram.

Wir verabreden uns in einem Hamburger Imbiss, der für seine gesunden Säfte bekannt ist. Er trägt eine schwarze Veloursjacke und hat Lara dabei. Sie ist die Gründerin der Agentur, die Kosta und andere Influencer vertritt.

Kosta kommt aus der Nähe von Düsseldorf, ist sehr freundlich und erzählt von seinen Anfängen. Auch er hat mit Selfies und Fotos von Spiegelbildern begonnen. Ich frage ihn, was man tun muss, um Influencer zu werden.

„Es ist wichtig, du selbst zu sein. Sich zu etwas zwingen bringt nichts."

Es ist aber schon viel Arbeit, sage ich.

| Meinungsbildung in sozialen Netzwerken verstehen | Realitätsdarstellung in den Medien |

„Wenn du etwas tust, was du liebst, hast du auf einmal ganz viel Energie, und es fühlt sich nicht nach Arbeit an."
Na ja, aber es ist doch immerhin ein Job.
„Ich hatte einfach Glück, dass vielen Leuten meine Arbeit gefällt. Ich wollte nie Geld mit Instagram verdienen." Auch heute nicht, da er davon leben kann. [...]
Ich frage mich, ob das alles großer Unsinn ist und Kosta nur so tut, als würde er einfach machen, was er liebt – und damit auch noch Geld verdienen. Vielleicht ist er ja total berechnend? Ich frage ihn, ob er ein Foto von uns beiden posten würde. Als Hilfestellung für mich als Nachwuchs-Influencer.
Nein, leider nicht. Mache er nie.
„Aber ich kann eine Story posten." Story ist ein neues Feature auf Instagram, das Bilder nach 24 Stunden wieder verschwinden lässt. Kosta macht ein Foto von uns und klebt ein kleines digitales Like-Herz über meinen Kopf. „Ich hoffe, das hilft", sagt er und verabschiedet sich.
Ich bleibe noch zwei Minuten sitzen. Mir kommt diese Social-Media-Welt immer noch ein bisschen vor wie der Wilde Westen, neu und unerforscht. Keiner kennt die Regeln, aber jeder glaubt, es gibt irgendwas zu holen. Leute wie Kosta sind Pioniere, sie haben früh angefangen und sind jetzt im Vorteil. Aber hat er deshalb wirklich Einfluss auf die Menschen?
Dann verlasse ich den Imbiss und gucke auf mein Handy. 36 neue Follower.

1. Beschreibe mit eigenen Worten, was ein Influencer ist und was ihn für seine Fans und die Werbung interessant macht.
2. Teilt euch in Gruppen auf und untersucht arbeitsteilig die Entwicklung des Autors als Influencer. Erstellt dazu für jede Woche eine Übersicht über die Aktivitäten des Autors und seinen Erfolg im Internet.
3. Wie der Autor investieren auch viele andere YouTuber zunächst in ihren Kanal, indem sie z. B. Follower kaufen, um diesen bekannter und attraktiver zu machen. Findest du das in Ordnung? Begründe deine Meinung.
4. Der Autor hat sich zu Beginn seines Experiments zum Ziel gesetzt, tausend Follower zu bekommen, um ein Influencer zu werden. Hat er dieses Ziel am Ende erreicht? Denkst du, er hat nun wirklich mehr Einfluss auf andere Menschen? Begründe deine Meinung.

Wie hat dir dieser Text gefallen?
Bewerte Inhalt und Form.

Eine eigene Position vertreten → S. 14 f.

Schokolade macht schön!

Eine „Empfehlung" von Freunden erscheint heutzutage viel wertvoller ist als klassische, unpersönliche Werbung. So nutzen viele Firmen immer stärker groß angelegte Social-Media-Kampagnen, um ihre Produkte bei der für sie relevanten Zielgruppe zu bewerben. Doch manchmal gehen sie damit auch deutlich zu weit.

Vor einiger Zeit engagierte ein großer deutscher Schokoladenhersteller Influencer auf Instagramm, damit diese im Rahmen einer bezahlten Partnerschaft für die Produkte des Herstellers werben. Dazu sollten sie sich mit einer Tafel Schokolade fotografieren und die Bilder über ihre Kanäle verbreiten und möglichst auch noch verkaufsfördernd kommentieren. Und so warben plötzliche junge Frauen, die ansonsten die Vorteile einer Low-Carb-Diät priesen, unverhohlen für den Konsum von Schokolade – und verlosten oft auch gleich mehrere Pakete voller Süßigkeiten dazu. Glaubwürdig erschien das vielen Internetsurfern nicht – sie fühlten sich veralbert und auf den Arm genommen. Empfehlungen für Produkte oder Dienstleistungen darf auch im Internet jeder frei aussprechen, doch wer davon finanziell profitiert, betreibt Werbung – und diese sollte nach Meinung der Landesmedienanstalten auch als solche gekennzeichnet werden – so wie im TV oder in Printprodukten auch. Im Internet verläuft die Grenze zwischen Empfehlung und Werbung häufig noch fließend.

Dies weckt die Kreativität mancher Betrachter, die einfallsreiche Formen des Widerstands gegen unverfrorene Schleichwerbung pflegen. Unter dem Hashtag des Schokoladenherstellers beispielsweise posteten sie Fotos, die sich über die Kampagne lustig machten oder diese kritisch kommentierten. Und so gesellten sich zu den unzähligen Fotos von Plüschtieren mit Schokolade, kitschigen Reisefotos und mehr oder weniger überzeugenden Schokoschwüren rasch Bilder von absurden oder unappetitlichen Orten, an denen die Akteure sich augenzwinkernd zu ihrer vermeintlichen Lieblingsschokolade bekennen.

Wenn immer mehr User von dieser aufdringlichen Form von Werbung genervt sind, schadet dies nicht nur den Influenzern, sondern wirft auch auf das angepriesene Produkt ein fragwürdiges Licht. Aus der Schokoschleichwerbung war in kurzer Zeit ein regelrechter Shitstorm geworden, der für die Internetgemeinde durchaus Unterhaltungswert hatte. Für den Schokohersteller blieb zumindest der Trost: „Bad publicity is better than no publicity!" – Ob der Schokoladenhersteller diesem viel zitierten Grundsatz von Unternehmen und Marketingfachleuten tatsächlich zustimmen konnte, ist allerdings nicht bekannt.

1. Beschreibe verschiedene Formen offener und versteckter Werbung, die dir im Internet bereits begegnet sind.
2. Erkläre, warum viele Influencer nicht auf Schleichwerbung verzichten, obwohl sie in Deutschland eigentlich verboten ist.
3. Beeinflusst Schleichwerbung die Glaubwürdigkeit von Influencern? Begründe deine Meinung.

Werbung in den Medien – notwendiges Übel oder interessante Bereicherung? Formuliere deine Position.

Verantwortung in den Medien hinterfragen | Realitätsdarstellung in den Medien

YouTube: Spaß so lange, bis einer stirbt
Eike Kühl

Der amerikanische YouTuber Logan Paul ist einer der großen Stars auf YouTube, auf seinen Kanälen hat er rund 15 Millionen Abonnenten. Seine Vlogs und Kurzfilme werden vor allem von jugendlichen Followern geschätzt; wegen provozierender Videoclips gerät er aber auch immer wieder in die Kritik. Mit einem an Sylvester 2017 im Aokigahara-Wald in Japan produzierten Video löst er einen Skandal aus.

Als die Freunde mit bunten Mützen, markigen Sprüchen und Kamera durch den Wald streifen, entdecken sie plötzlich einen Toten. Statt die Kamera in diesem Moment abzuschalten, filmen sie weiter. Logan Paul erzählt, was sie gerade gesehen haben. Die Kamera zoomt an den Verstorbenen heran, lediglich sein Gesicht wurde später verpixelt. [...] „Ich denke, das Video wird in die YouTube-Geschichte eingehen", sagt er.

Er sollte recht behalten. Über sechs Millionen Abrufe konnte das an Neujahr veröffentlichte Video in kürzester Zeit sammeln, ehe es Paul nach heftigen Protesten wieder von seinem Kanal löschte. Inzwischen hat er sich dafür entschuldigt. „Die Reaktionen waren ungefiltert und wir wussten nicht, wie wir mit der Situation umgehen sollten", sagte er am Dienstag unter Tränen in einem Video auf Twitter. „Ich hätte das Video niemals veröffentlichen dürfen und es tut mir und dem Opfer und seiner Familie leid."

Wie so oft in den vergangenen Monaten steht nun auch YouTube in der Kritik. Im November fanden Untersuchungen heraus, wie das Kinderangebot YouTube Kids von teils verstörenden Videos unterwandert wurde. Im Sommer gab es Diskussionen darüber, wie und weshalb Videos von Hasspredigern und Extremisten auf YouTube vermarktet werden. Und Anfang des Jahres fiel der YouTube-Star PewDiePie mit antisemitischen[1] Äußerungen auf. In allen Fällen lief es auf eine Frage hinaus: Muss YouTube stärker seine Inhalte moderieren – und kann es das überhaupt leisten angesichts von etwa 600.000 Stunden Material, das täglich hochgeladen wird? [...]

Es ist aber nicht allein YouTube schuld, wenn Inhalte wie diese millionenfach abgerufen werden. Ähnlich wie PewDiePie schon mehrfach mit antisemitischen und rassistischen Äußerungen kokettiert hat (und sich anschließend immer wieder entschuldigte), zeigt auch der aktuelle Fall von Logan Paul ein strukturelles Problem: In der Suche nach Aufmerksamkeit geht das Verantwortungsbewusstsein schnell abhanden.

[1] **antisemitisch** = gegen das Judentum gerichtet

Logan Paul verdankt seinen Erfolg, ebenso wie sein jüngerer Bruder Jake, der Tatsache, dass er Grenzen ausreizt. Er begann mit kurzen Sketchen und sogenannten Prank-Videos, also Streichen, auf der Kurzvideoplattform Vine, bevor er zu YouTube wechselte. Dort ist er mittlerweile einer der beliebtesten Stars. Kalifornisch-cool, viel Macho, viel Gebrüll und schrille Kostüme, das macht seine Videos aus. Seine jungen Fans lieben ihn dafür und er zahlt es ihnen mit neuen, noch ausgeflippteren Videos zurück.

Es ist die Wechselwirkung dieses Erfolgs, die Logan Paul angetrieben hat, das Video aus dem Aokigahara überhaupt zu veröffentlichen, den Toten zu zeigen, anstatt nur von ihm zu berichten oder die Sache einfach offline zu lassen. Doch als YouTube-Star, dessen Persona so unmittelbar mit der ständigen Inszenierung vor der Kamera in seinem Alltag verknüpft ist, dachte er womöglich, fast keine Wahl zu haben. Das geht aus seiner Entschuldigung auf Twitter hervor: „Ich mache den Scheiß jeden Tag, ich habe seit mehr als 460 Tagen jeden Tag eine Mini-TV-Show produziert." Nun habe er erstmals gemerkt, wie er seinen Einfluss missbrauchen kann.

Letztlich ist das Video ein Ergebnis der Aufmerksamkeitsökonomie[2] in den sozialen Netzwerken, wie der Journalist Robinson Meyer im US-Magazin The Atlantic schreibt: Wie jeder Social-Media-Star hat Logan Paul nur auf den Ansporn reagiert, der ihn mit Abrufen und Likes und letztlich Geld belohnt. „Wir drücken schon 14-jährigen Kindern Smartphones in die Hand und sagen ihnen, sie können damit berühmt werden. Und dann wundern wir uns, wenn sie die Kamera nicht abschalten können."

[2] Die **Aufmerksamkeitsökonomie** geht davon aus, dass die Aufmerksamkeit von Menschen ein knappes Gut und daher besonders wertvoll ist.

1. Spaß um jeden Preis? Wie beurteilst du das Verhalten von Logan Paul in dem geschilderten Fall? Hältst du seine Entschuldigung für glaubwürdig?
2. Wo verläuft für dich die Grenze des guten Geschmacks – im Internet, im realen Leben? Begründe deine Meinung.
3. Stellt euch vor, ihr sollt Richtlinien für die Veröffentlichung von Videos auf einer Videoplattform erstellen. Diskutiert, welche Themen ihr aufnehmen müsst und welche Regeln euch wichtig sind. Formuliert eine möglichst übersichtliche Handreichung für angehende Produzenten.
4. Informiert euch über die Community-Richtlinien eines Videoportals, das ihr selbst nutzt, und vergleicht sie mit euren eigenen Entwürfen.
5. Immer wieder kommt es zu unangemessenen Veröffentlichungen auf Videoplattformen – und immer wieder wird danach diskutiert, wer die Schuld daran trägt, dass solche Inhalte überhaupt veröffentlicht wurden: die Produzenten des Videos, die Veröffentlichungsplattform oder die User, die diese Inhalte anklicken. Sammelt zunächst arbeitsteilig Argumente für die verschiedenen Positionen und führt anschließend eine Debatte durch.

Themen einer Community-Richtlinie könnten z. B. sein:
- zugelassene Inhalte
- Werbung
- Darstellung von Gewalt
- verstörende Inhalte
- Drohungen
- Beleidigungen
- gefährliche Inhalte
- Persönlichkeitsschutz
- Urheberrecht
- …

Die Smartphone-Kamera öfter mal abschalten – gute Idee oder völlig überflüssiger Vorschlag? Begründe.

Debattieren → S. 16 ff.

Öffentlich ganz privat

Kommunikation im Digitalzeitalter

Wer heute etwas auf sich hält, meldet sich häufig auch über das Internet zu Wort. Da wird gebloggt, gechattet und gepostet, man ist YouTuber, Instagramer oder Snapchatter. Kommunikation wird zunehmend öffentlich, und was früher nur Prominenten vorbehalten war, ist heute jedem möglich: sein Privatleben mit aller Welt zu teilen.

Egal, ob persönliche Ansichten, private Sorgen oder berufliche Erfolge – viele Menschen entscheiden sich dazu, einen mehr oder weniger großen Teil ihres Lebens in die Öffentlichkeit zu verlagern. Dies kann den Kontakt mit Freunden und Bekannten erleichtern, bringt aber auch die Privatsphäre jedes Einzelnen in Gefahr, denn mit allen unseren Internetaktivitäten geben wir Informationen über uns preis und verursachen wir Datenspuren, die oft auch Jahre später noch auffindbar sind. Ein alberner Post oder ein unbedachter Kommentar kann einem dann peinlich sein – doch das Internet vergisst nichts. Spätestens dann wünscht sich manch einer die Flüchtigkeit des gesprochenen Wortes zurück.

1. Es gibt die Stimmen, die behaupten, eine Trennung zwischen öffentlichem und privatem Leben sei im Zeitalter der Digitalisierung überholt – würdet ihr dem zustimmen?

Kommunikation im Digitalzeitalter | Über die Funktion und Nutzung von Medien nachdenken

Die sogenannte JIM-Studie untersucht jedes Jahr das Mediennutzungsverhalten von Jugendlichen zwischen 12 und 19 Jahren in Deutschland. Im Jahr 2017 sind dabei unter anderem folgende Erkenntnisse gewonnen:

Jugendliche sind an Schultagen (nach eigener Aussage) im Schnitt täglich 221 Minuten online, zumeist mit dem Smartphone. Die meiste Zeit (38 %) nutzen sie für die Kommunikation miteinander, 30 % zur Unterhaltung, 20 %, um zu spielen, und 11 % für die Suche nach Informationen.

> **Tipp**
> Weitere Informationen zur JIM-Studie kannst du vom Medienpädagogischen Forschungsverband Südwest bekommen: www.mpfs.de.

Die beliebtesten Internetangebote (bei drei Nennungen) sind:

YouTube (62 %)
WhatsApp (40 %)
Instagram (27 %)
Snapchat (16 %)
Facebook (15 %)
Google (10 %)
Netflix (8 %)
Amazon (4,5 %)
Twitter (3,5 %)
Wikipedia (2,5 %)

- Kommunikation 38 %
- Unterhaltung 30 %
- Spiele 20 %
- Informationssuche 11 %

Instagram, Snapchat, Pinterest und Tumblr werden von deutlich mehr Mädchen als Jungen genutzt, bei Twitter und Skype ist es genau umgekehrt.

Jugendliche nutzen innerhalb einer Woche durchschnittlich sieben verschiedene Apps, Ältere etwas mehr als Jüngere, Jungen etwas mehr als Mädchen.

1. Überraschen dich die dargestellten Untersuchungsergebnisse? Welche hättest du erwartet, welche nicht? Begründe.
2. Fasse wesentliche Aussagen des Balkendiagramms in eigenen Worten zusammen.
2. Führt selbst eine Umfrage in der Klasse durch und vergleicht eure Ergebnisse mit denen der Studie. Deckt sich die Umfrage mit den Sehgewohnheiten in eurer Klasse?

Das kannst du jetzt lernen!
- Die Funktion sozialer Netzwerke zu unterscheiden .... S. 208
- Chancen und Risiken sozialer Netzwerke gegeneinander abzuwägen .... S. 210
- Den eigenen Umgang mit sozialen Netzwerken zu hinterfragen .... S. 212
- Den Umgang mit persönlichen Daten zu reflektieren .... S. 217
- Dir einen Überblick über die Mediengeschichte zu verschaffen .... S. 218

Soziale Netzwerke – was Freunde zusammenhält

In Zeiten der virtuellen Kommunikation via Facebook, Twitter und Co kann jeder mit jedem ständig in Verbindung stehen. Gleichzeitig lebt inzwischen jeder fünfte Deutsche alleine, besonders in Großstädten. Sind wir dadurch einsam?

Soziale Beziehungen vermitteln Wärme und Geborgenheit, und das ist wichtig für das subjektive Wohlbefinden eines Menschen. Eine höhere Lebenserwartung hat darum auch eher derjenige, der in einer glücklichen Beziehung lebt.
Eine unglückliche oder gar keine Beziehung ist umgekehrt schlecht für ein langes Leben. Doch auch wenn sich immer mehr Menschen dafür entscheiden, alleine zu leben – einsam und isoliert sind sie noch lange nicht. Dank modernster Technik und sozialer Netzwerke schaffen sie sich neue Beziehungen.
Gegenwärtig sind Menschen durch ihre beruflichen Wege, durch Mobilität, durch Veränderungen von Familienstrukturen und Patchworkfamilien immer wieder gezwungen, ihre Netzwerke neu aufzubauen, sei es im wirklichen Leben oder virtuell. Dies erfordert eine hohe Eigenleistung. Es gibt Menschen, die fallen aus sozialen Netzen heraus, weil etwa ihr Beruf so strapaziös ist. Oder sie verlieren ihr Netzwerk durch Trennung, weil es ausschließlich über den Partner oder die Partnerin lief.
Dabei kann man sich jederzeit ein neues Netzwerk aufbauen: Es gibt eine Reihe von Begleitern, die immer dabei sind, wie zum Beispiel die Eltern und die Geschwister. Und dann gibt es Freunde und Bekannte, die kommen und gehen.
Und das ist je nach Lebensphase sehr unterschiedlich. Insofern kann man sich in jeder Lebensphase neu vernetzen.
150 Kontakte – diese Zahl hat der britische Psychologe Robin Dunbar Anfang der 1990er-Jahre als Obergrenze für das menschliche Gehirn formuliert. Ob das in Zeiten der sozialen Netzwerke noch so ist, bezweifeln Netzwerkforscher. Was die sozialen Medien vor allem verändern: Man fügt bei Facebook und Twitter auch die sogenannten schwächeren Bindungen, also vage Bekannte und Kollegen, hinzu. Oder Leute, mit denen man nur einmal auf einer Party gesprochen hat.
Auch diese sogenannten „schwachen Bindungen", in der Soziologensprache[1] „Weak Ties" genannt, sind aber von Bedeutung für das Funktionieren eines Netzwerks. Denn in dem engen Kreis, mit den bekannten Leuten, redet man dauernd. Man hat eigentlich dieselbe Information. Da kommt wenig Neues von außen rein. Dagegen sind Leute, die eher vage Bekannte sind, in ganz anderen Netzwerken unterwegs. Wenn man also eine neue Wohnung oder eine neue Stelle sucht, dann sind gerade diese schwächeren Bindungen sehr hilfreich.
Bei jungen Leuten fällt noch etwas anderes auf: Sie posten vor allem positive Dinge, die sie am Wochenende oder im Urlaub gemacht haben. Junge Menschen beschweren sich zum Beispiel über Leute, die über Krankheiten oder andere negative Dinge schreiben, weiß Sonja Utz, Kommunikationswissenschaftlerin an der Freien Universität Amsterdam, aus ihren Untersuchungen zu berichten.

[1] **Soziologen** befassen sich mit dem Zusammenleben der Menschen.

Das wahre soziale Netz zeigt sich aber erst in der Krise. Es mag überraschen, aber tatsächlich tragen selbstgewählte Freundschaften in Krisen oft mehr als familiäre Bande. Psychologische Studien belegen: Speziell für die emotionale und psychische Gesundheit sind Freunde oft der wichtigere Faktor. Darum tut es so gut, in einem starken Freundschaftsnetz verankert zu sein.

1. Lies den Text, unterteile ihn in Abschnitte und gib jedem eine sinnvolle Überschrift. Fasse dann den wesentlichen Inhalt jedes Abschnitts in einem einzigen Satz zusammen.
2. Erkläre in eigenen Worten die Bedeutung von „schwachen Bindungen" und warum sich diese online besser pflegen lassen als offline.

3. Stelle einen Zusammenhang zwischen der Karikatur und dem Text her.
4. Stelle in einer Zeichnung dein Freundschaftsnetz dar. Unterscheide dabei grafisch zwischen stärkeren und schwächeren Bindungen und zwischen Online- und Offline-Freundschaften.

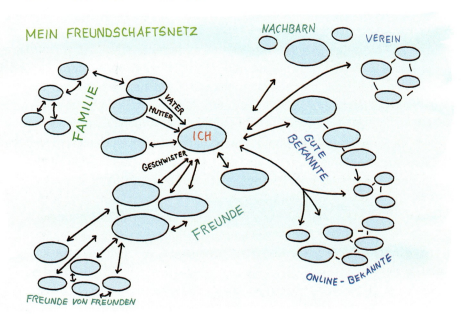

Lesestrategien anwenden → S. 182 f.

Social-Media-Nutzung schadet den Schulnoten nicht

Wenn der Sohn dauernd bei Facebook, Instagram und Snapchat aktiv ist, bringt er schlechtere Noten nach Hause. Viele Eltern befürchten das – möglicherweise zu Unrecht, wie eine Studie von Wissenschaftlern aus Bayern zeigt.

Forscher sehen nach einer aktuellen Analyse keinen alarmierenden Zusammenhang zwischen der Nutzung sozialer Netzwerke und dem Lernerfolg von Kindern und Jugendlichen. „Horrorszenarien über die mutmaßlich fatalen Auswirkungen von sozialen Netzwerken auf schulische Leistungen sind unbegründet", lautet das Fazit von Markus Appel von der Universität Würzburg. Der Kommunikationswissenschaftler hat mit Kollegen aus Bamberg und Würzburg die Ergebnisse von 59 Publikationen zum Zusammenhang zwischen Social-Media-Nutzung und Schulleistungen ausgewertet. Richtig genutzt könnten soziale Netzwerke die Schulnoten sogar leicht verbessern, berichten die Forscher [...].
Der Abgleich zeigte: Nutzen Schüler Social Media, um sich über schulbezogene Themen wie Hausaufgaben auszutauschen, schreiben sie im Mittel leicht bessere Noten. Von Multitasking – also Lernen oder Hausaufgaben machen und dabei soziale Medien nutzen – ist jungen Leuten dagegen abzuraten: Es verschlechtert die Leistung leicht. Auch die Intensität der Nutzung hat Einfluss auf die Schulleistungen. Schüler, die sehr oft bei Facebook, Snapchat, Instagram und Co. unterwegs sind, schreiben geringfügig schlechtere Noten. Ein spannender Aspekt der Würzburger Studie ist, dass junge Leute trotz intensiver Handyzeit offenbar nicht weniger lernen. „Es gibt keinen Beleg für die plausible Annahme, dass Social-Media-Zeit zulasten des Lernens geht", sagte Appel. Möglicherweise nutzten die Jugendlichen dafür die Phasen, die die Generation vor ihr vorm Fernseher verbracht habe. Damit hätte die Jugend von heute sogar einen kleinen Vorteil, so Appel. „Über den Fernseher konnte man sich nicht über Schulaufgaben austauschen." [...]
Noch unklar ist den Forschern zufolge, ob schlechtere Schüler eher zu umfassender Social-Media-Nutzung neigen, oder ob es die intensive Beschäftigung mit solchen Netzwerken ist, die zu leicht schlechteren Leistungen führt. Mit einer anderen Auswirkung von viel Zeit am Smartphone oder Laptop hatte sich kürzlich eine US-Studie beschäftigt: Immer mehr Zeit online zu verbringen heißt demnach nicht zwingend, sich immer besser zu fühlen. Am glücklichsten sind die Teens, die nur knapp eine Stunde täglich online sind, ergab die im Fachmagazin „Emotion" vorgestellte Analyse der San Diego State University.

1. Fasse die im Text genannten Untersuchungsergebnisse, die für eine moderate Nutzung von sozialen Medien sprechen, zusammen.
2. Formuliere weitere Gründe, die aus deiner Sicht für soziale Medien sprechen.
3. Die hier vorgestellten Ergebnisse überzeugen nicht alle Eltern. Formuliere auch die Gründe, die gegen eine Nutzung sprechen, aus.

Eine Argumentation untersuchen → S. 12 f.

Gefällt euch, wer ich bin?
Josefa Raschendorfer

Alle reden davon, dass wir uns im Internet anders präsentieren und verhalten als im wirklichen Leben. Stimmt das überhaupt?

Eine Box, eine Ratte, ein Hebel. Drückt die Ratte den Hebel, stimuliert ein Stromimpuls über eine winzige Elektrode eine Struktur in der Mitte ihres Gehirns. Ihr gefällt das so sehr, dass sie den Hebel immer wieder ansteuert. Die Forscher wissen nun: Sie haben das Belohnungszentrum des Gehirns entdeckt; durch dessen Stimulation erlebt die Ratte einen Glücksrausch nach dem anderen. Der Mensch hat keinen Schalter, den er einfach umlegen kann, um glücklich zu sein. [...] Etwas kommt dem Prinzip Glücksrausch auf Knopfdruck jedoch erstaunlich nahe: der Like-Button in sozialen Netzwerken. [...] Soziale Anerkennung wirkt somit wie eine Droge, für die wir fast alles tun würden. Das Problem: Das Gehirn gewöhnt sich schnell an das positive Feedback. Ein Like, noch eins und noch eins – dadurch passiert bei routinierten Postern nicht viel. [...] Damit ihre Erwartungen an Likes und Followern regelmäßig übertroffen werden, müssen die Nutzer immer bessere Inhalte abliefern. Darum werden Selbstinszenierungen in sozialen Netzwerken professioneller, Selfies waghalsiger. (Inzwischen sterben jährlich wesentlich mehr Menschen weltweit bei dem Versuch, ein Foto von sich zu schießen, als bei Hai-Angriffen.) [...]

Mit der kürzlich veröffentlichten Studie *Why We Post* mischten sich nun auch die Anthropologen in die Debatte um die digitale Selbstdarstellung ein. Neun Wissenschaftler haben 15 Monate lang in neun verschiedenen Regionen der Welt das Verhalten der Menschen im Social Web untersucht. Unter anderem kamen sie zu dem Ergebnis, dass jede Kultur ihre ganz eigenen Selfie-Vorlieben hat. In England dominiert neben dem klassischen Selfie und dem Groupie (einem Gruppen-Selfie) das sogenannte Uglie, bei dem das Foto mit Absicht aus einem so ungünstigen Winkel geschossen wird, dass Doppelkinn oder Segelohren betont werden. In Chile ist besonders das Footie beliebt; dabei liegen die Menschen auf der Couch vorm Fernseher und fotografieren ihre hochgelegten Füße, um zu demonstrieren: Ich bin entspannt. In Brasilien fotografieren sich junge Männer besonders gerne mit nacktem Oberkörper im Fitnessstudio, in Trinidad fotografieren Mädchen nicht nur gerne ihr Gesicht, sondern auch ihr Outfit (im Spiegel). Ob Selfie, Footie oder Groupie: Die Klicks bringen den Kick. [...] Unser Gehirn hat längst gelernt: Wer sich im Netz zeigt, wird mit einer Dosis Glück belohnt. Um uns selbst im Web nicht ganz so wichtig zu nehmen, sollten wir uns und die anderen im echten Leben vielleicht einfach mal ein bisschen häufiger loben.
Mal ehrlich: Dieser Text ist richtig gut und interessant geschrieben, oder?

1. Wie stellst du dich selbst im Netz dar? Unterscheidet sich auch dein Verhalten im Internet von dem im „wirklichen" Leben? Erkläre.

Tipp

Wem gelingen die besten Selfies, Footies oder Groupies? Probiert es aus und organisiert eine kleine Ausstellung mit dem Titel „Mein anderes Ich". Notiert zu jedem Ausstellungsbild einen kurzen Begleittext.
Schreibt für die Bilder, die euch besonders gefallen, ein kleines Lob auf Haftnotizen und klebt sie neben die Fotos.

Always on und up to date?

Always on – also immer erreichbar und mit dem Internet verbunden zu sein – wird für immer mehr Menschen zum Normalzustand. Für manch einen bedeutet dieser Zustand aber auch Stress – das Gefühl, immer erreichbar sein zu müssen, kann sogar regelrecht krank machen. Experten sprechen in diesem Zusammenhang von Fomo: Fear of missing out.

Laut einer Studie aus dem Jahr 2014 checken Jugendliche ihr Smartphone durchschnittlich alle 7 Minuten – täglich rund 135-mal.

Fomo gilt als die erste Social-Media-Krankheit. Dabei ist die Angst, etwas Wichtiges zu verpassen, wohl so alt wie die Menschheit selbst. Schon früher hat man Bücher gelesen oder Filme gesehen, die einen gar nicht interessieren, nur um hinterher mitreden zu können. Oder man blieb selbst auf langweiligen Partys bis zum Ende, um sicherzugehen, dass da auch ja nichts mehr passierte. Ob man tatsächlich etwas verpasst hatte, hat man (wenn überhaupt) erst später aus den Erzählungen von Freunden und Bekannten erfahren. Über die sozialen Netzwerke erfahren wir heute beinahe live, was überall dort passiert, wo wir nicht sind, sodass das unangenehme Gefühl entstehen kann, dass wir ständig am falschen Ort sind oder dass wir auf Anfragen oder Statusmeldungen unserer Freunde sofort irgendwie reagieren müssten. Dann fällt es uns schwer, den Moment zu genießen, und der unablässige Blick auf das Smartphone ist Zwang und Frust zugleich. Für Suchtexperten ist dieses Verhaltensmuster höchst alarmierend – denn der Weg zur Abhängigkeit ist dann nicht mehr allzu weit.

Was also tun? Das Smartphone zu verteufeln, wegzuschließen oder dauerhaft ganz darauf zu verzichten scheint keine Lösung zu sein. Das Gefühl, gar nichts mehr mitzubekommen – Kenner sprechen von Momo, Mystery of missing out –, ist für Jugendliche eher noch schlimmer als Fomo selbst. Der Schlüssel liegt wohl in einem bewussten Umgang mit unserem liebsten Spielzeug. Und der könnte beispielsweise so aussehen:

Effektives Arbeiten in Gegenwart eines Smartphones, das die Aufmerksamkeit auf sich zieht, ist alles andere als einfach. Schalte das Gerät also bewusst in der Zeit aus, in der du konzentriert arbeiten willst.

Text- und Bildnachrichten auf dem Smartphone sind Gesprächsangebote, die man nicht immer sofort annehmen muss – der Sender kann ja nicht wissen, ob man gerade beschäftigt ist. Übe dich also in Geduld – sowohl bei der Beantwortung einer Nachricht als auch beim Warten auf eine Rückmeldung von anderen. Abends kann das helle, blaue Bildschirmlicht dazu führen, dass du nur schwer einschlafen kannst – verzichte also mindestens eine Stunde vor dem Schlafengehen auf das Smartphone.

Tipp

Schalte auf deinem Smartphone mal die Farben aus – zeigt das Display nur noch Grautöne, sinkt bei vielen Menschen das Interesse an dem Gerät.

1. Fomo – für dich ein Problem? Begründe.
2. Beschreibe die Strategien, die du anwendest, um dich nicht übermäßig von deinem Smartphone ablenken zu lassen. Welche könntest du auch anderen empfehlen?

Eine eigene Position vertreten → S. 14 f.

Dabeisein ist nicht alles!

Ein Tag ohne Selfie ist ein verlorener Tag? Von wegen! Medien beherrschen oft unseren Alltag und lassen bei uns den Eindruck entstehen, es würde ohne sie gar nicht mehr gehen. Aber es gibt ein Allheilmittel gegen Fomo und die digitale Überforderung: Jomo!

Jomo ist die Abkürzung für *Joy of missing out*. Wer Jomo beherrscht, kann das Online-Geschehen um sich herum verfolgen, ohne daran selbst teilhaben zu müssen. Anhänger des Jomos berichten, dass das bewusste Sichraushalten, das genüssliche Verpassen von Dingen, die einem selbst eigentlich auch nicht besonders wichtig sind, die Lebensqualität und das persönliche Wohlbefinden ungemein steigern. Plötzlich hat man wieder Muße für Dinge, die man schon lange tun wollte, für die einem aber die Zeit fehlt, solange man ein Smartphone in den Händen hält.
Beine hoch – und das Handy zur Seite legen: Verfechter des Jomos sind in den sozialen Netzwerken nicht unsichtbar – sie sind nur ein klein wenig schlechter zu erreichen und posten eher selten, und dann kaum atemberaubende Statusmeldungen, sondern vielmehr Dinge wie beispielsweise hochgelegte Füße. Manchmal klicken sie noch auf Like-Buttons oder hinterlassen hier und da ein Emoji, enthalten sich aber meist jeden längeren Kommentars.
Jomos scheinen sich selbst genug – doch es wäre falsch, sie für Einzelgänger zu halten. Mit Jomos in der Offline-Welt unterwegs zu sein ist nämlich durchaus angenehm – meist sind sie gute Zuhörer, suchen Blickkontakt im Gespräch und vermitteln ihrem Gegenüber das Gefühl, ganz im Mittelpunkt des Geschehens zu stehen. Auch sind sie nicht ständig auf der Suche nach Hotspots und freien WLAN-Netzen. Sie sind einfach da und schauen höchst selten auf ihr Smartphone, wenn sie es denn überhaupt mit sich führen.
Wie lässt sich nun die Technik des Jomos erlernen? Ein bisschen Disziplin benötigt man am Anfang schon, doch mit ein wenig Übung und Durchhaltevermögen gelingt es recht schnell, das Smartphone zumindest zeitweise zu ignorieren. Mit der Zeit gelingt es dann immer besser, das Klingeln, Summen und Vibrieren zu ignorieren, wenn es gerade mal nicht so passt. Wenn man dann schließlich bemerkt, dass man das Smartphone nur dann noch zur Hand nimmt, wenn man es wirklich benötigt, und nicht immer dann, wenn es um Aufmerksamkeit bettelt, ist man fast schon am Ziel!
Und dazu auch in bester Gesellschaft: Immer mehr Menschen entscheiden sich bewusst für eine gelegentliche Auszeit von den sozialen Medien und dem Diktat der permanenten Erreichbarkeit – und fühlen sich bestens dabei. Von dem ein oder anderen werden sie dafür sogar im Stillen bewundert. In diesem Sinne: Happy Jomo!

3. Erkläre, was der Vorteil des Joy of missing out ist und warum er für viele schwierig zu erreichen ist. Würdest du ihn Freunden empfehlen?
4. Fomo, Momo, Jomo – was für ein Smartphone-Typ bist du? Begründe deine Einschätzung und belege sie mit Beispielen aus deinem Alltag.

Eine eigene Position vertreten → S. 14 f.

Spuren im Netz

Mit jedem Klick hinterlassen wir Spuren im Internet. Wer dort anonym unterwegs sein wollte, müsste auf viele Angebote des Netzes verzichten: Kein Google oder WhatsApp, kein Snapchat und kein Instagram – und natürlich auch kein Online-Shopping. Auch wenn oder gerade weil das nahezu unmöglich ist, sollte man sich sehr genau überlegen, wem man seine eigenen Daten anvertraut.

1. Beschreibe die Karikatur mit eigenen Worten. Welches Problem spricht die Karikatur an?
2. Erläutere den Titel „Informationsgesellschaft".
3. Recherchiere, welche Informationen sich von dir im Internet befinden.
4. Mit welchen persönlichen Daten sollte man im Internet besonders sorgfältig umgehen? Erstellt einen kleinen Ratgeber für jüngere Schülerinnen und Schüler, die sich noch nicht so gut mit sozialen Netzwerken auskennen, und erklärt ihnen, warum die Weitergabe persönlicher Daten im Netz problematisch sein kann. Berücksichtigt dabei, wo man überall Datenspuren hinterlassen kann.

Spuren im Netz
- Anmeldedaten auf Webseiten
- Zugriffsberechtigungen von Apps
- Suchanfragen
- Anmeldung bei Online-Spielen
- Teilnahme an Gewinnspielen
- Daten von Fitnessarmbändern u. a.
- Textbeiträge, Fotos und Videos in sozialen Netzwerken
- Dateien in Cloud-Diensten
- Geo-Daten von Smartphones
- freigegebene Adressbücher
- Like-Buttons
- ...

Digitale Selbstverteidigung

Deine Daten gehören dir! Aber was kannst du dagegen unternehmen, dass im Internet unaufhörlich Informationen von dir und über dich gesammelt werden? Mit folgenden Tipps kannst du deine Privatsphäre schützen:

Sichere Passwörter verwenden
Passwörter sollten möglichst lang sein, am besten ein Mix aus Groß- und Kleinbuchstaben, Zahlen und Sonderzeichen. Für jede Anwendung sollte ein anderes Passwort verwendet werden – und alle Passwörter sollten regelmäßig geändert werden.

Suchmaschinen
Viele Suchmaschinen versuchen, möglichst viele Informationen über dich zu bekommen – denn über deine Anfragen verrätst du viel über deine Person und deine Interessen. Nutze besser Suchmaschinen, die man anonym nutzen kann oder die deine Daten gar nicht erst dauerhaft speichern.

Cookies vermeiden
Die kleinen Internetkekse (eigentlich kleine Textdateien, die auf deinem Rechner gespeichert werden) eignen sich bestens, deinen Weg durch das Internet aufzuzeichnen. So erkennt eine Seite, ob der Rechner schon einmal zu Besuch war. Und auch andere Seiten können aus deinen Cookies herauslesen, mit was du dich sonst noch so beschäftigst. Wenn du in deinen Einstellungen alle Cookies verbietest, werden die meisten Online-Shops allerdings nicht mehr funktionieren. Bringe deinem Browser bei, bei Cookies stets bei dir nachzufragen – dann kannst du selbst entscheiden, welche Daten du von dir preisgibst.

Sichere Kurznachrichten und Chats
Es muss nicht immer WhatsApp sein! Da das Programm nur funktioniert, wenn man dem Unternehmen Facebook sein Adressbuch zur Verfügung stellt, verstoßen wohl fast alle Nutzer gegen das Gesetz – denn die Weitergabe dieser Daten darf nur mit dem Einverständnis aller betroffenen Personen erfolgen. Gute Messenger verzichten darauf – und bieten Verschlüsselung und eine quelloffene Software, die es erlaubt nachzuprüfen, was mit den gesendeten Daten geschieht.

Datensparsamkeit!
Und zuletzt die vielleicht wichtigste Regel: Was das Internet nicht über die weiß, kann es anderen auch nicht zur Verfügung stellen. Das gilt für Informationen über dich (und deine Freunde!) genauso wie für Videos oder Fotos. Vermeide die Weitergabe von persönlichen Daten, wo immer es geht.

1. Beschreibe, für wen deine persönlichen Daten interessant und wertvoll sind.
2. Welche Hinweise zum Datenschutz erscheinen dir besonders wichtig? Begründe.
3. Recherchiert im Internet nach weiteren Tipps und stellt die, die euch besonders wichtig erscheinen, auf einem Plakat dar.

Tipp
Du kannst deine Recherche bei www.klicksafe.de starten.

Medien – eine fast unendliche Geschichte

Schon immer hat der Mensch Medien genutzt, um sich mitzuteilen, um mit anderen zu kommunizieren oder um sich und andere zu unterhalten. Hier ein kurzer Überblick über die letzten 20.000 Jahre.

17.000 v. Chr. Höhlenmalereien von Lascaux

4.000 v. Chr. Schriftrollen aus Papyrus

3.200 v. Chr. Entstehung der Keilschrift

2. Jh. v. Chr. Dokumente auf Pergament

1445 Erfindung des modernen Buchdrucks

1650 erste regelmäßig erscheinende Tageszeitung in Deutschland

1839 Erfindung der Fotografie

1876 Erfindung des Telefons

1895 erste Filmvorführung

1931 Erfindung des Fernsehens

1967 Beginn des Farbfernsehens in Deutschland

1971 Versendung der ersten E-Mail

1993 Erfindung des World Wide Webs

2000 erstes kommerzielles Fotohandy

2005 Gründung von YouTube

2007 Der Siegeszug der Smartphones beginnt.

2010 Tablets erobern den Markt.

> **Tipp**
>
> Themen für den Kurzvortrag:
> - Wie die Bilder laufen lernten: Die Geschichte des Films
> - Tragbare Musikspieler: Vom Walkman zum iPod
> - Das gedruckte Buch hat eine beeindruckende Vergangenheit – aber hat es auch noch eine Zukunft?
> - Soziale Netzwerke im Wandel
> - Die Reichweite von Medien im Wandel der Zeit

1. Versuche, folgende Erfindungen/Ereignisse an passender Stelle in den Zeitstrahl einzuordnen:

   > Gründung von Wikipedia ■ Erscheinungsjahr von Snapchat ■ Versendung der ersten SMS ■ erste Kreidetafel im Unterricht ■ erster E-Book-Reader ■ Erfindung des Overhead-Projektors ■ erstes kommerziell erfolgreiches Mobiltelefon ■ Erfindung der CD

2. Recherchiere weitere Ereignisse der Mediengeschichte, die dir wichtig erscheinen, und ordne sie zeitlich ein.
3. Bereite einen Kurzvortrag zu einem der nebenstehenden Themen vor und halte ihn vor der Klasse.

Die Zukunft der Medien – die Medien der Zukunft

Kommunikation findet auch heute schon häufig mediengestützt statt. Durch die rasante Digitalisierung unseres Alltags wird sich daher auch die Art und Weise verändern, wie wir miteinander kommunizieren. Zukunftsforscher entwerfen dazu Szenarien, in denen sie beispielsweise beschreiben, wie unser Alltagsleben im Jahr 2035 aussehen könnte.

> Künstliche Intelligenz (KI) steuert unsere gesamte Haustechnik. Der Kühlschrank sorgt z. B. selbstständig dafür, dass er stets gut gefüllt ist und möglichst keine Lebensmittel schlecht werden.

> Computerchips befinden sich nicht mehr in Computern und Smartphones, sondern in Kleidungsstücken, Möbeln und allerlei Gebrauchsgegenständen.

> Fitnesstracker überwachen permanent unsere Gesundheitsdaten und schlagen Alarm, wenn mit unserem Körper etwas nicht stimmt.

> Autos, Staus und Verkehrsprobleme, wie wir sie heute kennen, wird es in der Zukunft nicht mehr geben. Umweltfreundliche Fortbewegungsmittel fahren autonom und kommunizieren untereinander, ohne dass die Fahrgäste viel davon mitbekommen.

> KIs werden nur noch über die Sprache gesteuert. Wir geben ihnen aber keine Befehle, sondern sprechen eher wie zu Freunden mit ihnen.

> Um zu verreisen, muss man nicht mehr zwangsläufig aus dem Haus gehen – ganz selbstverständlich bewegen wir uns in virtuellen Welten, die mal realistisch und mal phantastisch sind. Und wenn uns danach ist, schalten wir einfach Familienmitglieder und Freunde hinzu. So können wir dann rund um den Globus miteinander kommunizieren, als stünden wir uns gegenüber.

> Den klassischen Computerbildschirm sieht man nur noch selten. Spiegel, Türen, Fenster und Möbel werden zu interaktiven Touchmonitoren und sind in der Lage, Informationen darzustellen und zu verarbeiten.

1. Welche der vorgestellten Entwicklungen erscheinen dir in Zukunft realistisch, welche weniger? Begründe deine Einschätzung.
2. Beschreibe deinen eigenen Tagesablauf im Jahr 2035 – und wie du mit den dir dann zur Verfügung stehenden digitalen Medien umgehst.
3. Medienkritiker warnen schon seit Langem, dass die moderne Informationsgesellschaft die Menschen entmündigt und letztendlich sogar gefährdet. Nimm begründet Stellung zu dieser Befürchtung.

Eine eigene Position vertreten → S. 14 ff.

Sprachgebrauch und Sprachreflexion

Rückblicke und stilistische Ausblicke

Sätze und Satzglieder

In den letzten drei Jahren hast du mit den Topologis in der Satzwerkstatt experimentiert, um die Grammatik der deutschen Sprache zu verstehen und korrekt zu nutzen. Der dosenförmige Kommunikator, der dabei entstanden ist, wirkt überhaupt nicht mehr zeitgemäß. Deshalb versuchen die Topologis, alle grammatischen Funktionen in einem smarten Gerät unterzubringen. Damit soll die Sprachproduktion, z. B. beim Schreiben von Texten, intuitiv und intelligent erfolgen wie bei einem Smartphone.

1. Schreibe alle grammatikalischen Begriffe, die du im Bild oben findest, wie in einem Vokabelheft in der linken Spalte auf.
2. Klärt die Begriffe in der rechten Spalte und findet Beispiele.
3. Sammelt auf einem Plakat Themen, bei denen ihr euch noch unsicher fühlt.
4. Bildet Expertengruppen für bestimmte Themen, um diese zu wiederholen.

Wo liegt das Problem?
Wolf Schneider

Wer schreibt, möchte meistens Leser haben. Aber es wird unendlich viel mehr geschrieben als gelesen. Mails und Briefe haben noch Chancen, weil sie sich an bestimmte Adressaten richten – Blogs, Zeitungsartikel, Pressemitteilungen, Werbetexte landen blind in einer mäßig oder gar nicht interessierten Welt.
5 Sie müssen sich behaupten inmitten von Millionen gedruckter Wörter und der Milliarden, die täglich gemailt, gebloggt, gesimst und getwittert werden. *Nicht* gelesen zu werden (und schon gar nicht bis zum Schluss) ist ihr bei Weitem wahrscheinlichstes Schicksal.
Wer das Unwahrscheinliche schaffen will, der muss sich zwei Einsichten öffnen.
10 Erstens: Der Deutschunterricht hat mich absolut nicht darauf vorbereitet – es reicht nicht, dass die Grammatik stimmt. Ja, stimmen soll sie! Aber gewonnen ist damit noch nichts. Mit perfekter Grammatik lassen sich die scheußlichsten Sätze zimmern – in akademischen, bürokratischen und vielen journalistischen Texten täglich nachzulesen. Auf der Basis der korrekten Grammatik muss ich eine Kunst
15 erlernen, die in der Schule ignoriert worden ist: *wie man für Leser schreibt*.
Zweitens aber: Ganz ohne Plage geht das nicht. Am Anfang steht die Erkenntnis: Ein Text ist nicht schon deshalb gut, weil er a) korrekt und b) von mir ist. „Es trägt Verstand und rechter Sinn mit wenig Kunst sich selber vor": Dieser Satz ist von Goethe und völlig falsch. Mit wenig Kunst (oder gar von selbst) läuft gar
20 nichts in der Sprache. Auch Goethe hat *gefeilt* an seinen Texten.

1. Klärt, welches Problem Wolf Schneider anspricht. Wie seht ihr das?
2. Notiere alle Textformen, die genannt werden, in einer Tabelle. Sammle Merkmale der einzelnen Textformen (z. B. Adressat, Länge, Stil, Inhalt ...).
3. Tauscht euch aus und ergänzt eure Tabelle.
4. Wolf Schneider spricht von der Gefahr, dass Texte *nicht* gelesen werden (vgl. Z. 6). Sammelt Gründe dafür. Unterscheidet dabei die Textformen.
5. Entwickelt Ideen auf der Basis eurer eigenen Schreiberfahrungen, wie Texte besser ihre Leser erreichen können.
6. Der Text oben ist der Anfang des Buches „Deutsch für junge Profis" von Wolf Schneider. Formuliert er selbst interessant für dich als Leser?
7. Untersuche den ersten Satz. Bestimme den Verbletztsatz.
8. Was erreicht Wolf Schneider durch diesen ersten Satz?
9. Analysiere folgende Sätze in der Feldertabelle:
   Auf der Basis der korrekten Grammatik muss ich eine Kunst erlernen.
   Ein Text ist nicht schon deshalb gut, weil er a) korrekt und b) von mir ist.

Das kannst du jetzt lernen!
- Attribute und Attributsätze zu unterscheiden und zu nutzen .... S. 221
- Adverbiale zu unterscheiden und zu nutzen .... S. 222
- Komplexe Sätze zu untersuchen und Kommas richtig zu setzen .... S. 226
- Unmarkierte und markierte Sätze zu erkennen .... S. 227
- Mündlichkeit und Schriftlichkeit zu unterscheiden .... S. 228
- Schreibstile zu vergleichen und auszuprobieren .... S. 230

Sätze und Satzglieder
Was wissen wir alles?

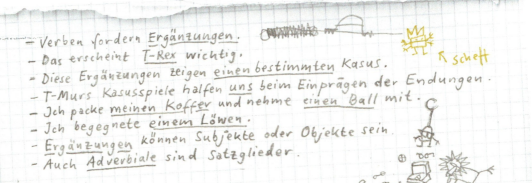

- Verben fordern Ergänzungen.
- Das erscheint T-Rex wichtig.
- Diese Ergänzungen zeigen einen bestimmten Kasus.
- T-Murs Kasusspiele halfen uns beim Einprägen der Endungen.
- Ich packe meinen Koffer und nehme einen Ball mit.
- Ich begegnete einem Löwen.
- Ergänzungen können Subjekte oder Objekte sein.
- Auch Adverbiale sind Satzglieder.

Tipp

```
         bewundern
         /       \
     jemand      jemanden
        |            |
  Ergänzung im   Ergänzung im
   Nominativ      Akkusativ
```

1. Schreibe die Sätze ab. Markiere die finiten Verben.
2. Bestimme die unterstrichenen Satzglieder. Achtung: Eine Unterstreichung ist kein Satzglied!
3. Zeichne für die Verben *entdecken, funktionieren, meinen, lernen, überzeugen* jeweils ein Ärmchenmodell. (vgl. Tipp)
4. Markiere die Hauptsätze (V2-Sätze) in den folgenden Sprechblasen. Sie können links oder rechts stehen.

Wir haben entdeckt, …

funktioniert mit den Ersatzproben perfekt.

Mich überzeugt, …

dass wir die Satzstruktur in der Feldertabelle übersichtlich darstellen können.

Satzglieder zu bestimmen …

lernt immer mehr.

Ich meine, …

dass Satzglieder mit eingesetzten Fragewörtern klar bestimmt werden können.

Wer fleißig forscht, …

wird immer gescheiter.

Info

dass Verben die wichtigsten Wörter im Satz sind,

Satzglieder können auch die Form von Verbletztsätzen haben (Gliedsätze: Subjekt-, Objekt-, Adverbialsätze).

5. Füge die Teilsätze zu sinnvollen Sätzen zusammen.
6. Bestimme dann die Verbletztsätze. Welche Satzglieder werden durch Gliedsätze ersetzt?

Nachschlagen: Merkwissen → S. 298

Smart ist Trumpf

Ein Tippen auf das Display. Noch einmal im Bett umgedreht und wenn man dann die Küche betritt, ist der Kaffee fertig. Diese Momente werden durch Produkte in unseren Alltag integriert.

1. In diesem Text fehlen die Attribute. Erweitere ihn mit den folgenden Attributen. Du musst dafür die Adjektive an die Nomen anpassen:

> smart ■ warm ■ klein ■ der Freude ■ kurz ■ des Smartphones ■ dampfend

2. Besprecht, wie sich der Text durch die Attribute verändert.
3. Bestimme die Attribute, die du eingesetzt hast.

Bei smarten oder intelligenten Produkten handelt es sich um Produkte, die einen Zusatznutzen zum reinen Produktnutzen bieten. Dieser zusätzliche Nutzen kommt durch Datensammlung zustande. Diese Daten können dann ausgewertet werden oder befähigen das Produkt, autonom Aktionen auszuführen. Auch durch die externe Steuerung über eine App wird ein Produkt smart, wie beim Einstiegsbeispiel der Kaffeemaschine. [...]

Überall wird vom „Internet der Dinge" oder „Internet of Things" geredet. Was bedeutet das? Es wird als ein Phänomen des Internetwandels beschrieben. Es wandelt sich von einer vom Menschen geschaffenen Datensammlung hin zu einer von Produkten (Dingen) geschaffenen Datensammlung. Diese Daten werden dann über Apps ausgewertet und dem Nutzer in analysierter Form wieder zur Verfügung gestellt. Ein inzwischen klassisches Beispiel sind die Fitnesstracker für den privaten Gebrauch. Bis vor einiger Zeit vielfach noch als Zusatzfunktion des Smartphones genutzt, geht der Trend zu kompakteren Geräten, die als Armband am Handgelenk getragen oder per Clip an der Kleidung befestigt werden können. Diese Produkte sammeln Daten, die dann via Bluetooth ans Smartphone übertragen und mittels einer App ausgewertet werden können.

Beim privaten Konsumenten ist der Trend längst angekommen und nimmt zum Teil merkwürdige Formen an. Der Prototyp des sich selbst regulierenden Gürtels, Belty, der sich je nach Position des Trägers und zugeführter Nahrungsmenge enger oder weiter stellt und die allgemeine Fitness überwacht, ist sicher eine lustige Idee. [...]

4. Fertige eine Tabelle an, in der du alle Attribute dieses Textes sammelst. Ordne sie nach ihrer Form (vgl. Infokasten).
5. Adverbattribute fehlen im Text. Formuliere selbst zwei Sätze mit einem Adverbattribut.
6. Zeige in der Feldertabelle, dass Attribute Satzgliedteile sind und keine selbstständigen Satzglieder.
7. Sammelt Vor- und Nachteile solcher smarten Geräte. Diskutiert.

Info

Attribute stehen *links* oder *rechts* von einem Bezugswort.
Sie erscheinen in Form von ...
- **Adjektivattributen:** *smarte* Produkte
- **Adverbattributen:** das Bild *unten*
- **Genitivattributen:** das Internet *der Dinge*
- **präpositionalen Attributen:** das Gerät *mit Zusatznutzen*
- **Appositionen:** Der Konsument, *der private Nutzer*, ist ...
- **Relativsätzen:** Die Daten, *die gesammelt werden*, ...

Satzglieder und Gliedsätze wiederholen | Sätze und Satzglieder

Dativobjekt (1x) ▪ Akkusativobjekt (1x) ▪ lokales Adverbial (3x) ▪ Temporalsatz (1x) ▪ Subjekt (4x)

Dativobjekt (1x) ▪ Attributsatz (Relativsatz) (1x) ▪ Präpositionalobjekt (1x) ▪ temporales Adverbial (3x)

kausales Adverbial (2x) ▪ Präpositionalobjekt (1x) ▪ temporales Adverbial (1x) ▪ Temporalsatz (1x)

Anekdoten berühmter Personen

1 Der Schriftsteller Mark Twain (1835–1910) befand sich auf einer Vortragstournee durch Europa. Da verbreitete sich in seiner Heimat das Gerücht von seinem plötzlichen Tod. Mark Twain telegrafierte daraufhin seinem Verleger die folgende Richtigstellung nach Amerika: „Nachricht von meinem Tode stark übertrieben."

2 Ernest Hemingway (1899–1961) ärgerte sich über einen Schriftsteller, der ihn hemmungslos kopierte. Doch eines Tages hatte er eine Idee und sagte: „Dem Schuft habe ich das Handwerk gelegt. Ich habe einfach zwei Jahre nichts mehr geschrieben. Dann war er pleite."

3 Die britische Königin Viktoria (1819–1901) stand als Mädchen unter der Obhut einer strengen Erzieherin. Wegen ihres schwachen Herzens wurde ihr der Genuss von Tee verboten und wegen der angeblich gefährlichen Inhalte durfte sie die Zeitung Times nicht lesen. Gleich nach ihrer Thronbesteigung befahl sie einem Diener, eine Tasse Tee mit Rum und die neueste Nummer der Times zu bringen. Als ihr Befehl ausgeführt wurde, ließ sie lächelnd beides wieder forträumen und sagte zu ihrer Umgebung: „Ich wollte nur einmal sehen, ob ich nun tatsächlich die Macht habe."

4 <u>Als König Alexander von Makedonien (356 bis 323 v. Chr.) Griechenland unterworfen hatte</u>, besuchte er einmal den Philosophen Diogenes (403 bis 323 v.Chr.). Diogenes war ein hochverehrter Denker dieser Zeit, <u>obwohl von ihm mancherlei seltsame Dinge erzählt wurden</u>.
Alexander der Große traf Diogenes am Strand von Korinth, wo dieser sich vor seiner Tonne, die ihm als Wohnung diente, wohlig sonnte.
Die Unterhaltung, bei der Diogenes ruhig liegen blieb, während der König vor ihm stand, amüsierte Alexander den Großen sehr. So bot er, <u>ehe er sich zum Fortgehen wandte</u>, Diogenes ein Geschenk an: „Welche Gnade erbittest du dir? Sie soll dir erfüllt sein."
„Nun denn", schmunzelte Diogenes, und er machte mit der Hand eine entsprechende Bewegung, „wenn ich bitten darf, König, so geh mir ein wenig aus der Sonne!"

Info
Adverbialsätze (Übersicht)
Temporalsatz (Zeit)
Lokalsatz (Ort)
Kausalsatz (Grund)
Modalsatz (Art und Weise)
Konsekutivsatz (Folge)
Konzessivsatz (Einräumung: trotz welcher Umstände?)
Finalsatz (Zweck)
Konditionalsatz (Bedingung)
Instrumentalsatz (Mittel)

1. Lest die Anekdoten. Sammelt mindestens drei Merkmale, die diese Texte gemeinsam haben und die sie als Anekdoten kennzeichnen.
2. Suche dir zwei der Anekdoten 1 bis 3 aus und schreibe sie ab.
   ▸ Markiere alle finiten Verben mit Kronen.
   ▸ Unterstreiche die Satzglieder mit unterschiedlichen Farben.
3. Bestimme die unterstrichenen Adverbialsätze in der vierten Anekdote.
4. Verkürze die vierte Anekdote, indem du die unterstrichenen Adverbialsätze in passende Adverbialen umwandelst.

Nachschlagen: Merkwissen → S.300

Sätze und Satzglieder | Adverbiale unterscheiden

Das Vorfeld-Quiz:
Historische Ereignisse – weißt du's?

1. In den folgenden Rätselsätzen fehlt das Satzglied im Vorfeld. Ergänze die Sätze. Die Adverbiale 1 bis 8 im Kasten darunter helfen dir.

	VF	LSK	MF	RSK
A	?	ließen	die französischen Brüder Mongolfier vom Marktplatz in Annonay den ersten unbenannten Heißluftballon	emporsteigen.
B	?	ereignete	sich 1755 ein verheerendes Erdbeben.	
C	?	wurde	44 v. Chr. der berühmte römische Feldherr und Staatsmann Cäsar	ermordet.
D	?	trug	während der Pest mangelnde Hygiene in vielen mittelalterlichen Städten	bei.
E	?	bestritten	um 1200 mittelalterliche Minnesänger ihren Lebensunterhalt.	
F	?	schlug	Martin Luther 1517 seine 95 Thesen an das Portal der Schlosskirche Wittenbergs.	
G	?	begann	Napoleon 1812 mit seinem Russlandfeldzug.	
H	?	hatten	während des Nordamerikanischen Bürgerkriegs (1861-1865) vor allem die schwächeren Südstaatler sichere Forts	angelegt.

1. Wegen seines Machtstrebens
2. Am 5. Juni 1783
3. Durch musikalische Vorträge an den Höfen
4. Für den Fall eines feindlichen Angriffs
5. Trotz massiver Drohungen der katholischen Kirche
6. In Lissabon
7. Zum Tod von 25 Millionen Menschen
8. Zur Durchsetzung seiner Machtinteressen

2. Bestimme die Adverbiale, die du eingesetzt hast:

konsekutiv (Folge) ▪ konditional (Bedingung) ▪ temporal (Zeit) ▪ modal (Art und Weise) ▪ lokal (Ort) ▪ final (Zweck oder Absicht) ▪ kausal (Grund) ▪ konzessiv (Einräumung oder Einschränkung)

Achtung: Die Reihenfolge stimmt nicht!

3. Erstelle ein ähnliches Quiz zu historischen oder auch gegenwärtigen Ereignissen, indem du Adverbiale im Vorfeld verwendest.

Schreibstile in der Literatur: Schachtelsätze oder einzigartige Kunstwerke?

Anekdote
Heinrich von Kleist

[1] **Bach** = gemeint ist der Komponist Johann Sebastian Bach
[2] **Anstalten machen** = Vorbereitungen treffen
[3] **Bedienter** = Diener
[4] **Trauerflor** = Blumenschmuck für den Sarg
[5] **abfordern hier** = um Geld bitten

Bach[1], als seine Frau starb, sollte zum Begräbnis Anstalten machen[2]. Der arme Mann war aber gewohnt, alles durch seine Frau besorgen zu lassen; dergestalt, dass, da ein alter Bedienter[3] kam und ihm für Trauerflor[4], den er kaufen wollte, Geld abforderte[5], er unter stillen Tränen, den Kopf auf einen Tisch gestützt, antwortete: „Sagt's meiner Frau."

1. Lest den Text mehrfach laut vor und klärt, worum es geht.
2. Sprecht darüber, wie dieser Text auf euch wirkt.
3. Wodurch wird diese Wirkung erzeugt?

Anekdote (verändert)

Bach sollte nach dem Tod seiner Frau zum Begräbnis Anstalten machen. Der arme Mann war aber die Fürsorge seiner Frau gewohnt. Ein alter Bedienter kam zu Bach. Er forderte für einzukaufenden Trauerflor Geld. Bach hatte den Kopf auf den Tisch gestützt. Er antwortete unter stillen Tränen: „Sagt's meiner Frau."

4. Lest diese veränderte Version der Anekdote ebenfalls laut vor.
5. Wie wirkt dieser Text? Begründet eure Meinung.
6. Untersuche die veränderte Fassung in der Feldertabelle. Übertrage dazu folgende Tabelle in dein Heft und ergänze sie.

> **Tipp**
> Du kannst auch deine laminierte Feldertabelle nutzen.

Vorfeld VF	LSK	Mittelfeld MF	RSK	NF
Bach	sollte	nach dem Tod …	machen.	
Der …	…	aber die Fürsorge seiner Frau	…	
Ein alter …	…	…		
…	…	für einzukaufenden Trauerflor …		
Bach	…	…		
…	…	unter stillen Tränen:		
	„Sagt	's meiner Frau."		

7. Welche Satzart dominiert in der veränderten Fassung?
8. Bestimme die unterstrichenen Satzglieder.
9. Welche Sätze übernehmen diese Satzgliedfunktion im Originaltext?

> **Info**
> **Parataxe:** Aneinanderreihung von Hauptsätzen
> **Hypotaxe:** Satzgefüge aus Hauptsätzen und untergeordneten Nebensätzen

Nachfolgend findest du einen Versuch, Kleists Originaltext in der Feldertabelle zu entflechten. Nebensätze besetzen typischerweise das Nachfeld oder auch das Vorfeld. Der „dergestalt, dass"-Satz nach dem Semikolon wurde nicht in einem Feld des übergeordneten Satzes platziert, sondern aufgrund seiner Felderstruktur analysiert.

VF		LSK	MF	RSK	NF
Bach,	als seine Frau starb,	sollte	zum Begräbnis Anstalten	machen.	
Der arme Mann		war	aber	gewohnt,	alles durch seine Frau besorgen zu lassen;
		dergestalt, dass,			da ein alter Bedienter kam und ihm für Trauerflor, den er kaufen wollte, Geld abforderte,
			er unter stillen Tränen, den Kopf auf einen Tisch gestützt,	antwortete:	
		„Sagt	's meiner Frau."		

 1. Markiere die Hauptsätze. Wie viele sind es?
2. Wie viele Verbletztsätze erkennst du?
3. Beschreibe, was die Feldertabelle inhaltlich sichtbar macht.
4. Vergleicht Kleists Text und die veränderte Fassung. Was drückt Kleist durch die besondere sprachliche Form zusätzlich aus?

Info

Jeder **Nebensatz (Verbletztsatz)** mit Satzgliedfunktion ist **eingebettet** in einem Feld des übergeordneten Satzes. Gleichzeitig haben Nebensätze selbst eine Felderstruktur.

Eingebettete Sätze darstellen

Da Nebensätze Hauptsätzen untergeordnet sind, aber auch Nebensätze in Nebensätzen eingebettet möglich sind, können „Bandwurmsätze" oder „Schachtelsätze" entstehen, wie dies z. B. bei Kleist der Fall ist. Mit einem Satzbild kann man die Unterordnung veranschaulichen:

Bach, sollte zum Begräbnis Anstalten machen.
HS, Teil 1   HS, Teil 2
        als seine Frau starb,
        NS 1, Temporalsatz

5. Setze in folgenden Sätzen die Kommas.
   ▸ Johann Sebastian Bach der 1685 in Eisenach geboren wurde verließ im Alter von 15 Jahren Thüringen weil er ein Stipendium in Lüneburg erhalten hatte.
   ▸ Als Bach 22 Jahre alt ist heiratet er seine Cousine Maria Barbara die ihm sieben Kinder schenkt.
6. Zeichne ein Satzbild dieser Sätze. Beschrifte es und bestimme die Funktion der Nebensätze wie im Beispiel oben.

Tipp

Sätze sind Königreiche mit einem finiten Verb als König. Die Reiche müssen durch Kommas getrennt werden.

Kleists Sprache – bis an die Grenze des Sagbaren
Ulrich Greiner

In einem satirischen Essay hat uns Mark Twain acht Vorschläge zur Verbesserung der deutschen Sprache unterbreitet, darunter den folgenden: „Siebtens würde ich die Parenthese abschaffen. Desgleichen die Überparenthese, die Oberüberparenthese, die Außenrumoberüberparenthese und schließlich auch die letzte, weitreichende, alles umfassende Hauptparenthese. […]"
Es gehört in der Tat zur Eigenart des Deutschen […], dass es die Hypotaxe (Mark Twain nennt sie Parenthese) besonders liebt, also die aus Haupt- und Nebensätzen gebildete Konstruktion. Wer sie beherrscht, erreicht eine größere Subtilität[1] und Genauigkeit. Im widrigen Fall jedoch entstehen die von Mark Twain gehassten, zumeist unverständlichen Schachtelsätze, bei denen man „das Verb mit dem Fernrohr suchen muss", wie er tadelnd bemerkte. Wenn Mark Twain Kleists Prosa gelesen hätte, dann wäre sie ihm zunächst als der schiere hypotaktische Horror erschienen. Vielleicht aber hätte er nach und nach bemerkt, dass die von Kleist errichteten Architekturen aus Haupt- und Nebensätzen einzigartige Kunstwerke sind.
Kleist machte das keineswegs zum Spaß. Seine syntaktischen Konstruktionen gleichen den Viadukten, wie sie in alten Filmen manchmal zu sehen sind, jenen aus zahllosen Verstrebungen und Verbindungen gebauten Brücken, die spinnwebhaft-filigran gewaltige Abgründe überspannen.

[1] **Subtilität** = Feinheit

1. Klärt, was Mark Twain an der deutschen Sprache beklagt.
2. Kleists Sprache: „Unverständliche Schachtelsätze" – „einzigartige Kunstwerke"? Diskutiert. Bezieht dabei eure Ergebnisse der Satzanalysen ein.

Kleist über das Glück

Bei dem ewigen Beweisen und Folgern verlernt das Herz fast zu fühlen; und doch wohnt das Glück nur im Herzen nur im Gefühl nicht im Kopfe nicht im Verstande. Das Glück kann nicht wie ein mathematischer Lehrsatz bewiesen werden es muss empfunden werden wenn es da sein soll. Daher ist es wohl gut es zuweilen durch den Genuss sinnlicher Freuden von Neuem zu beleben; und man müsste wenigstens täglich ein gutes Gedicht lesen ein schönes Gemälde sehen ein sanftes Lied hören – oder ein herzliches Wort mit einem Freunde reden um auch den schönern ich möchte sagen den menschlicheren Teil unseres Wesen zu bilden.
(Kleist in einem Brief an seine Schwester Ulrike von Kleist, 12. November 1799)

3. Damit Texte verständlich bleiben, müssen die Kommas richtig gesetzt werden. Schreibe den Text ab. Markiere die finiten Verben mit Kronen und setze die fehlenden Kommas.
4. Im Text fehlen nicht nur die Kommas zwischen Haupt- und Nebensätzen. Welche weiteren Kommaregeln hast du angewendet?

man muss was tun
Franz Mon

man muss was tun
muss man was tun
was muss man tun
tun muss man was

5 man hätte was getan
hätte man was getan
was hätte man getan
hätte man was getan

tun was man muss
10 was man tun muss
tun muss man was
was muss man tun

Franz Mon (geboren 1926 in Frankfurt a. Main) ist ein Dichter der Konkreten Poesie.

1. Lest das Gedicht von Franz Mon laut vor. Erprobt dabei unterschiedliche Betonungen.
2. Was sagt dir das Gedicht? Formuliere eine Deutungshypothese.
3. Untersuche die Machart des Gedichts. Wähle einen der Arbeitsaufträge:
   ▸ Verfasse ein Parallelgedicht. Du kannst mit folgendem Satz beginnen:
   man muss was sagen
   ▸ Schreibe das Gedicht von Franz Mon ab und setze alle Satzzeichen. Achtung: Du musst auch zwei Kommas setzen.
4. Analysiere die einzelnen Verse in der Feldertabelle und bestimme die Satzart (Verberst-, Verbzweit-, Verbletztsatz). Beachte den Tipp.

VF	LSK	MF	RSK
man	muss	…	

Tipp

Infinite Prädikatsteile (z. B. *tun*) können als Thema ins Vorfeld gestellt werden. Sie sind aber keine Satzglieder.

5. Kläre die Funktion der Sätze (Frage, Aussage …).
6. In Vers 4 und Vers 11 erscheint der Infinitiv „tun" im Vorfeld. Welche Wirkung hat das?
7. Bestimme die Satzglieder. Wie viele Verse musst du dafür untersuchen?
8. „man muss was tun": Sprecht darüber, ob dieser Satz korrektes Schriftdeutsch ist oder ob es eher nach mündlicher Aussage klingt. Begründet eure Meinung.

Info

Stehen die Satzglieder in einer gewohnten Reihenfolge, sind die Sätze **unmarkiert**. Werden Satzglieder auffällig verschoben, um eine bestimmte Wirkung zu erzielen, spricht man von **markierten Sätzen**.

Eine Deutungshypothese erstellen → S. 136

Schreibstile in einem modernen Jugendbuch

Die folgenden Textauszüge sind dem Jugendroman „Tanz der Tiefseequalle" von Stefanie Höfler entnommen. In diesem Roman kommen sich zwei sehr unterschiedliche Vierzehnjährige näher: die schöne Sera und der ziemlich dicke Niko. Erzählt wird die Geschichte abwechselnd aus der Ich-Perspektive Seras und Nikos.

Sera über Sera
Stefanie Höfler

> Wofür ich mich interessier? Musik, Kleidung, Filme. Sagt man so, klar. Der Rest ist Geheimnis. Das mit dem Klettern zum Beispiel. Ich pass auf, dass ich nicht auffalle, machen doch alle so. Gibt sonst nur Stress. Ich sag also zum Beispiel, dass ich mit meinen Eltern Ärger hab, sie aber auch mag. Was so ungefähr hinkommt. Dass mir Schule ziemlich egal ist, aber auch nicht ganz. Was auch so ungefähr hinkommt. Dass mir meine Herkunft wichtig ist. Melinda liebt Albanien, sagt sie. War zwar erst ein Mal da, aber trotzdem. Ja, und ich liebe Ägypten, sag ich. Dabei war ich noch nie da. Stell mir das irgendwie vor, klar, heiß und viel Wüste, und Kairo kenn ich von Babas[1] alten Fotos. Spielt aber eigentlich keine Rolle. Mein Name bedeutet Prinzessin, Baba nennt mich so. Vielleicht auch nur, weil ich bei uns das einzige Mädchen bin. Wir reden Deutsch zu Hause. Das Essen find ich leckerer als bei Melinda. Aber ob das jetzt so ist, weil das Essen ägyptisch ist, was weiß ich. Vielleicht kann meine Mutter einfach besser kochen. Ich seh auch nicht aus wie die Nofretete-Büste, die wir uns in Geschichte mal angesehen haben. Die berühmteste Ägypterin, hat Herr Frey gesagt. Haben sich natürlich alle gleich zu mir umgedreht. So nervig. Ist irgendwie alles nicht so wichtig für mich. Aber was ist schon wichtig? Das Zusammensein mit den anderen, das mag ich an der Schule. Das dauernde Gelaber und Gelächter und ich gehör dazu, bin mittendrin.

[1] **Baba** = gemeint ist Seras Vater

1. Sprecht über den Eindruck, den ihr von Sera gewinnt. Was für eine Person stellt sich hier vor?
2. Untersucht, wie Sera sich ausdrückt. Achtet dabei auf Satzbau und Wortwahl.
3. Inwiefern charakterisiert auch der Schreibstil Sera?

Niko über Sera
Stefanie Höfler

> Dass Sera mir plötzlich zuwinkt, irritiert mich einigermaßen. Wenn mir jemand zuwinkt, dann ist das normalerweise nicht ernst gemeint, sondern das Winken ist sozusagen mit ironischen Zacken versehen und beim näheren Hinsehen von einem fiesen Grinsen begleitet. Seras Winken aber ist zackenlos, freundlich, normal. [...]

Jugendliteratur → S. 114 ff.

> Sera ist Ägypterin, und ich glaube, das ist ihr auch relativ wichtig, denn sie betont es in beinahe jedem Gespräch, das ich bisher mitbekommen habe. Sie sieht ein bisschen aus wie Nofretete, deren Büste wir in Geschichte einmal angesehen haben. Sie hat lange schwarze Haare und ein völlig symmetri-
> 10 sches Gesicht, mit großen dunklen Augen und flügelförmig geschwungenen breiten Augenbrauen. Viel mehr könnte ich nicht über sie sagen.
> Als mein Freund Little und ich sie einmal im Supermarkt getroffen haben, erstarrte Little zwischen Obstkonserven und Gemüsedosen zur Salzsäule – was ziemlich verrückt aussah, weil Little sonst wirklich immer in Bewegung
> 15 ist. Seit man ihm attestiert hat, dass er hyperaktiv ist, tut er alles dafür, dass das auch wirklich jeder sofort merkt. Als er aus seiner Supermarktstarre erwachte, behauptete er, noch nie eine solche morgenländische Schönheit gesehen zu haben wie Sera. Little übertreibt gerne maßlos, nicht nur mit seinen Bewegungen, sondern auch verbal.

4. Welchen Eindruck habt ihr von Niko?
5. Analysiert, wie Niko spricht.
6. Klärt, wie Nikos Art, sich auszudrücken, ihn auch charakterisiert.
7. Lest Seras und Nikos Text laut vor. Vergleicht die unterschiedliche Wirkung und sammelt Merkmale.

Das Nähe-Distanz-Modell

Seras und Nikos Texte sind geschriebene Texte, doch sie unterscheiden sich in ihrer Sprache. Um die sprachliche Gestaltung zu beschreiben, haben Sprachwissenschaftler folgendes Nähe-Distanz-Modell entwickelt:

Medium: geschriebener Text

Konzeption: mündlich		gedrucktes Interview	privater Brief		Doktorarbeit	Konzeption: schriftlich
	vertrautes Gespräch	Interview		Predigt		

Medium: gesprochene Sprache

Sprache der Nähe
- Vertrautheit
- Gefühle
- Face-to-face-Interaktion
- Spontaneität
- Umgangssprache

Sprache der Distanz
- Fremdheit
- keine Gefühle
- räumliche/zeitliche Trennung
- überlegte Planung
- Standardsprache

8. Beschreibe das Schaubild. Achte dabei auf die Unterscheidung zwischen „Konzeption" und „Medium".
9. Ordne Seras und Nikos Text auf der Linie zwischen konzeptioneller Mündlichkeit und konzeptioneller Schriftlichkeit ein.

Jugendliteratur → S. 114 ff.

Raymond Queneau
(1903–1976) war ein französischer Dichter und Schriftsteller.

Stilübungen
Raymond Queneau

Raymond Queneau formuliert in über 100 Versionen eine eigentlich belanglose Alltagsbegegnung mit einem unfreundlichen Hutträger in einem Autobus. Die Idee, einen schlichten Text spielerisch nach bestimmten Regeln zu variieren, kam Queneau, als er in den 30er-Jahren ein Konzert von Johann Sebastian Bach hörte, in dem es um Variationen eines Themas ging. 1947 verfasste er seine „Exercices de style" (deutsch Stilübungen).

Variationen

A Im S, zur Stoßzeit. Ein Typ, ungefähr sechsundzwanzig, weicher Hut mit Kordel statt Band, zu langer Hals, als hätte jemand dran gezogen. Leute steigen aus. Besagter Typ regt sich über einen der Nebenstehenden auf. Der remple ihn jedes Mal an, wenn einer vorbeiwolle, beschwert er sich. Weinerlicher Ton, der aggressiv klingen soll. Er sieht einen freien Platz, springt hin. Zwei Stunden später sehe ich ihn auf der Cour de Rome vor der Gare Saint-Lazare. Er steht mit einem Freund da, der zu ihm sagt: „Du solltest dir einen zusätzlichen Knopf an den Mantel nähen lassen." Er zeigt ihm wo (am Ausschnitt) und warum.

B Eines Tages um die Mittagszeit erblickte ich auf der hinteren Plattform eines so gut wie voll besetzten Autobusses der Linie S (heute 84) beim Parc Monceau eine Person mit sehr langem Hals, die einen weichen, mit geflochtener Borte statt Band besetzten Filzhut trug. Dieses Individuum herrschte unvermittelt einen Nebenstehenden an und behauptete, dieser trete ihm absichtlich jedes Mal auf die Füße, wenn Fahrgäste zu- oder ausstiegen. Im Übrigen brach er die Auseinandersetzung schnell ab, um sich auf einen frei gewordenen Platz zu stürzen. Zwei Stunden später sah ich ihn vor der Gare Saint-Lazare wieder, ins Gespräch mit einem Freund vertieft, der ihm riet, den Ausschnitt seines Mantels zu verkleinern, ein fähiger Schneider solle ihm den obersten Knopf etwas höher setzen.

C Was war das ein Gedränge auf dieser Autobusplattform! Und wie albern, ja lächerlich dieser junge Mann aussah! Und was macht er? Wird er doch im Ernst einen Streit anfangen wollen mit einem Mann, der – angeblich! fand dieser Geck! – ihn anrempelte! Und danach hat er nichts Besseres zu tun, als sich schleunigst auf einen frei gewordenen Platz zu setzen! Statt ihn einer Dame zu überlassen!
Und ahnt man, wen ich zwei Stunden später vor der Gare Saint-Lazare wiedersehe? Denselben Vogel! Der sich gerade in Kleidungsfragen beraten lässt! Von einem Freund!
Du glaubst es nicht!

D Der Stil ist ein Zweibeiner mit sehr langem Hals, der die Busse der Linie S um die Mittagszeit heimsucht. Er befällt vor allem die hintere Plattform und steht dort rotznasig, auf dem Schädel eine Haube mit einem ringförmigen Auswuchs von Fingerdicke, Letzterer nicht ganz unähnlich einem Strick. Von reizbarem Wesen, greift gern Schwächere an, pflegt sich allerdings, wenn er auf beherzte Gegenwehr stößt, fluchtartig ins Innere des Fahrzeugs zurückzuziehen und nicht mehr weiter bemerkbar zu machen. […]

1. Fasse den Kern der Alltagsbegebenheit knapp zusammen.
   Tipp: Als Grundlage eignet sich die Variation B.
2. Die Variationen haben Überschriften, die einen Hinweis auf den Stil geben: „Porträt", „Bericht", „Notiert", „Überrascht". Ordne die Überschriften den Texten A bis D zu. Begründe.
3. Sammelt Merkmale, mit Hilfe derer ihr den Stil der Texte vergleichen könnt.
4. Untersucht den Schreibstil, den oder die möglichen Adressaten und die Wirkung typischer Textstellen mit Hilfe eurer Merkmale. Nutzt folgende Tabelle und ergänzt sie.

Text	Textstelle	Schreibstil	Adressat(en)	Wirkung
A	Im S, zur Stoßzeit. Ein Typ, ungefähr sechsundzwanzig, weicher Hut mit Kordel statt Band, zu langer Hals, als hätte jemand dran gezogen. Leute steigen aus.	unvollständige Sätze, eher parataktische Aneinanderreihung …	Notizen für den Schreiber selbst …	schnell notiert, umgangssprachlich, Zusammenhänge nicht immer verständlich …
B	Eines Tages um die Mittagszeit erblickte ich auf der hinteren Plattform eines so gut wie voll besetzten Autobusses der Linie S (heute 84) beim Parc Monceau eine Person mit sehr langem Hals, die einen weichen, mit geflochtener Borte statt Band besetzten Filzhut trug.			
C	…			
D	…			

5. Schreibe eine eigene Variation. Mögliche Überschriften, die den Stil vorgeben, könnten sein: „Amtlicher Brief", „Traum", „Genaue Angaben", „Reißerisch", „Geheimnisvoll" oder „Romantisch".
6. Präsentiert eure Stilübungen ohne Titel. Habt ihr den Stil getroffen?

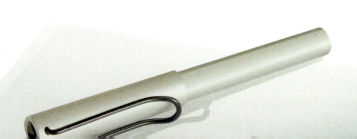

TESTE dich

Überprüfe dein Wissen und Können, indem du hier die Testaufgaben bearbeitest.

Ich kann ...	Können	Hilfe	Training
Nebensätze (Verbletztsätze) bestimmen.	😃😐😳	S. 222	S. 233 (8)

Testaufgabe 1
Bestimme, welche Satzglieder oder Satzgliedteile im folgenden Satz durch Nebensätze ausgedrückt werden.

> Heinrich von Kleist, der um 1800 lebte, stellt in seinen Texten besondere Ansprüche an den Leser, weil er die komplexe Welt in komplexen Sätzen beschreibt.

Ich kann ...	Können	Hilfe	Training
komplexe Sätze untersuchen.	😃😐😳	S. 225	S. 233 (1, 2)

Testaufgabe 2
Erstelle ein Satzbild des Satzgefüges in Testaufgabe 1.

Ich kann ...	Können	Hilfe	Training
unmarkierte und markierte Sätze erkennen.	😃😐😳	S. 227	AH S. 63

Testaufgabe 3
Kreuze an, ob folgende Sätze unmarkiert oder markiert sind.

	unmarkiert	markiert
1. Ich schreibe spannende Texte.	☐	☐
2. Krimis lese ich am liebsten.	☐	☐
3. Smarte Geräte sammeln viele persönliche Daten.	☐	☐
4. Gläsern wird der Mensch.	☐	☐

Ich kann ...	Können	Hilfe	Training
den Stil eines Textes beschreiben.	😃😐😳	S. 231	S. 233 (4)

Testaufgabe 4
Beschreibe die sprachliche Gestaltung der folgenden Variation von Queneau.

Regenbogen
Raymond Queneau

Eines Tages stand ich auf der hinteren Plattform eines violetten Autobusses. Dort befand sich auch ein ziemlich lächerlicher junger Mann: indigoblauer Hals, Kordel am Hut. Auf einmal beschwert er sich bei einem blauen Herrn. Und zwar wirft er ihm vor, mit grüner Stimme, er rempele ihn jedes Mal an, wenn Leute ausstiegen. Dann aber springt er doch zu einem gelben Platz und setzt sich hin.
Zwei Stunden später sehe ich ihn vor einem orangen Bahnhof wieder. Er steht mit einem Freund da, der ihm rät, sich noch einen Knopf an seinen roten Mantel nähen zu lassen.

TRAINING

So kannst du dein Wissen anwenden und deine Fähigkeiten trainieren:

Umständlich geredet und wenig gesagt

Ein Bürgermeister hält eine Rede. Dabei drückt er sich etwas umständlich aus.

1. Dass Sie mir nicht glauben werden, was ich Ihnen jetzt berichte, ist für mich kein Grund, dass ich es Ihnen dennoch hier vortrage.
2. Ich versichere Ihnen, dass jedes Wort wahr ist, das ich sage.
3. In meiner Liebe zur Wahrheit unterscheide ich mich von denen, die es mit der Wahrheit nicht so genau nehmen und die gerne etwas dazuerfinden, an das sie sich später nicht mehr erinnern, wenn man sie danach fragt.
4. Ich verspreche Ihnen, wenn Sie einen Kämpfer für die Wahrheit suchen, dass ich mich mit aller Kraft dafür einsetzen werde.

1. Ordne den Satzbauplan einem passenden Satz des Bürgermeisters zu.
2. Erstelle für die anderen Sätze ebenfalls Satzbaupläne.
3. Analysiere die Satzgefüge in der Feldertabelle.

Kleist über die Wahrheit

<u>Wenn alle Menschen statt der Augen grüne Gläser hätten</u> so würden sie urteilen müssen die Gegenstände <u>welche sie dadurch erblicken</u> sind grün – und nie würden sie entscheiden können <u>ob ihr Auge ihnen die Dinge zeigt</u> wie sie sind, oder ob es nicht etwas zu ihnen hinzutut was nicht ihnen, sondern dem Auge gehört. So ist es mit dem Verstande. Wir können nicht entscheiden ob das was wir Wahrheit nennen wahrhaft Wahrheit ist, oder ob es uns nur so scheint. Ist das Letzte, so ist die Wahrheit, <u>die wir hier sammeln</u>, nach dem Tode nicht mehr – und alles Bestreben, ein Eigentum sich zu erwerben, das uns auch in das Grab folgt, ist vergeblich –   *(An Wilhelmine von Zenge am 22. März 1801)*

4. Beschreibe den Stil dieses Textes.
5. Setze die fehlenden Kommas.
6. Fasse kurz zusammen, was Kleist über den Besitz von Wahrheit sagt.
7. Habt ihr schon mal erlebt, dass ein Ereignis von verschiedenen Menschen unterschiedlich wahrgenommen wurde? Sammelt Beispiele.
8. Bestimme die unterstrichenen Verbletztsätze.

Sprachgebrauch und Sprachreflexion

Von Gedanken und Wörtern

Wortarten

Facebook will Gedanken lesen

Facebook will Gedanken in Schrift auf dem Computer umwandeln. Es gehe zum Beispiel um die Möglichkeit, einem Freund eine Textnachricht zu schicken, ohne das Smartphone herauszuholen, sagte Facebookmanagerin Regina Dugan auf der hauseigenen Entwicklerkonferenz F8 im kalifornischen San José. Das aktuelle Ziel sei, auf 100 Worte pro Minute zu kommen. Dugan verwies auf aktuelle Forschungen an der Stanford-Universität. Dort konnte eine gelähmte Frau dank implantierten Elektroden im Gehirn acht Worte pro Minute in den Computer schreiben. Für eine Ausbreitung der Technologie seien Implantate aber nicht geeignet, es müsse sehr empfindliche Sensoren auf der Oberfläche des Kopfs geben. „Solche Technologie existiert heute nicht. Wir werden sie erfinden müssen", sagte Dugan. Bei Facebook arbeite ein Team aus 60 Forschern an dieser Vision.

Info

Der **Konjunktiv I** leitet sich vom Wortstamm des Infinitivs ab: *haben* → *er habe*.
Der **Konjunktiv II** wird aus der Präteritumform des Indikativs mit oder ohne Umlaut gebildet: *ich fuhr* → *ich führe*.

1. Klärt genau, was Facebook entwickeln möchte.
2. Untersucht, wie in diesem Bericht sprachlich deutlich gemacht wird, dass Aussagen von Regina Dugan wiedergegeben werden.
3. Schreibe alle Verben mit Subjekt heraus, die im Konjunktiv I verwendet werden. Ergänze bei jedem Verb den Konjunktiv II.
   Beispiel: *es gehe; es ginge.*
4. Sammelt Chancen und Risiken dieser neuen Technologie. Diskutiert.

Unaufhaltsam
Hilde Domin

Das eigene Wort,
wer holt es zurück,
das lebendige
eben noch ungesprochene
5 Wort?

Wo das Wort vorbeifliegt
verdorren die Gräser,
werden die Blätter gelb,
fällt Schnee.
10 Ein Vogel käme dir wieder.
Nicht dein Wort,
das eben noch ungesagte,
in deinen Mund.
Du schickst andere Worte
15 hinterdrein,
Worte mit bunten, weichen Federn.
Das Wort ist schneller,
das schwarze Wort.
Es kommt immer an,
20 es hört nicht auf, an-
zukommen.

Besser ein Messer als ein Wort.
Ein Messer kann stumpf sein.
Ein Messer trifft oft
25 am Herzen vorbei.
Nicht das Wort.
Am Ende ist das Wort,
immer
am Ende
30 das Wort.

1. Lest das Gedicht laut oder hört euch den Gedichtvortrag an.
2. Erklärt den Titel „Unaufhaltsam".
3. „Ein Vogel käme dir wieder" (V. 10).
   Bestimme die Verbform und kläre die Funktion.
4. „Ein Messer trifft oft am Herzen vorbei."
   Bestimme alle Wortarten in diesem Satz.
5. Schreibe fünf Adjektive heraus, mit denen „das Wort" beschrieben wird.
6. Klärt, was mit dem „schwarze[n] Wort" (V. 18) gemeint sein könnte.
7. Beschreibt Situationen, in denen ihr solche „schwarzen" Wörter schon erlebt habt.

Das kannst du jetzt lernen!
- Formen der Modalität zu verwenden .... S. 236
- Den Konjunktiv II und die würde-Umschreibung zu reflektieren .... S. 237
- Den Konjunktiv I der indirekten Rede zu verwenden .... S. 238
- Den Konjunktiv II zu verwenden .... S. 239
- Die Funktionen des Konjunktivs II zu erkennen und zu nutzen .... S. 240

Formen der Modalität wiederholen | **Wortarten**

Modalität

Der eingebildete Kranke
Eugen Roth

Ein Griesgram denkt mit trüber List,
Er wäre krank. (was er nicht ist!)
Er müsste nun, mit viel Verdruss,
Ins Bett hinein. (was er nicht muss!)
5 Er hätte, spräch der Doktor glatt,
Ein Darmgeschwür. (was er nicht hat!)
Er soll verzichten, jammervoll,
Aufs Rauchen ganz. (was er nicht soll!)
Und werde, heißt es unbeirrt,
10 Doch sterben dran. (was er nicht wird!)
Der Mensch könnt, als gesunder Mann,
Recht glücklich sein. (was er nicht kann!)
Möcht glauben er nur einen Tag,
Dass ihm nichts fehlt. (was er nicht mag!)

> **Info**
>
> **Modalität** bezeichnet die Perspektive des Sprechers, wie eine Aussage gemeint ist (als wirklich, möglich, unmöglich oder als Aufforderung).
> **Modalität** kann sprachlich ausgedrückt werden
> - durch den **Modus** (Pl. Modi) der Verben: **Indikativ** (Wirklichkeitsform), **Konjunktiv I und II** (Möglichkeitsformen), **Imperativ** (Befehlsform)
> - durch **Modalverben** (*müssen, sollen, dürfen, können, wollen, mögen*)
> - durch **Modalwörter** (*vielleicht, wahrscheinlich, vermutlich, möglicherweise usw.*)

1. Lest das Gedicht mit verteilten Rollen. Klärt dazu, wie viele Sprecher ihr braucht.
2. Erkläre den Titel: „Der eingebildete Kranke".
   Wie wird die „Einbildung" grammatikalisch deutlich gemacht?
3. Formuliere die ersten beiden Verse so um, dass es sich nicht um „Einbildung" handelt, sondern um „Tatsachen".
4. Kennzeichne alle sprachlichen Formen der Modalität (vgl. Infokasten).

Nocebo-Effekt: Gedanken können krank machen

Was genau ist der Nocebo-Effekt? „Er ist der böse Zwilling des Placebo-Effekts", erklärt Prof. Yvonne Nestoriuc, Psychologin. „Wenn nach Einnahme eines wirkstofffreien Medikaments eine Nebenwirkung auftritt, zum Beispiel ein Juckreiz, dann spricht man vom Nocebo-Effekt." Während der Placebo-Effekt die positive Wirkung eines Medikaments verstärkt, führt der Nocebo-Effekt zu unerwünsch- 5
ten Nebenwirkungen, die nicht durch die Inhaltsstoffe ausgelöst werden, [...].
„Wir gehen davon aus, dass diese Beschwerden dadurch zustande kommen, dass Patienten negative Erwartungen an die Einnahme haben", sagt Yvonne Nestoriuc. „Zum Beispiel weil sie sich sehr intensiv mit dem Beipackzettel und den Nebenwirkungen beschäftigt haben oder Nebenwirkungen bei anderen 10
beobachtet haben oder von anderen davon erfahren haben."

> **Info**
>
> **Indirekte Rede:** Zur Kennzeichnung einer fremden Meinung wird der **Konjunktiv I** (bei Formgleichheit der Konjunktiv II) verwendet.

5. Kläre, was der Nocebo-Effekt ist. Fasse dazu die Äußerungen der Forscherin mit Hilfe der indirekten Rede zusammen.

Nachschlagen: Merkwissen → S. 304

Der traurige Konjunktiv
Bastian Sick

Vergnügt schlendern Vater und Sohn durch den Sprachzoo [...] und kommen schließlich vor dem Käfig mit dem Konjunktiv an. „Der sieht immer so traurig drein", sagt der Sohn voller Mitgefühl, „der kann einem richtig leidtun!" – „Er würde sich bestimmt wohler fühlen, wenn es jemanden geben würde, der sich mit ihm unterhalten würde", sagt der Vater. Daraufhin stößt der Konjunktiv einen herzerweichenden Klagelaut aus. Der Sohn nickt und sagt: „Vielleicht fühlte er sich tatsächlich wohler, wenn es jemanden gäbe, der sich mit ihm unterhielte." Da hebt der traurige Konjunktiv den Kopf, schaut den Jungen an und lächelt dankbar.

1. Erkläre, warum in der Geschichte der Konjunktiv auf die Äußerung des Jungen hin den Kopf hebt.

Da sitzen wir [mein Freund Henry und ich] zusammen im Café und unterhalten uns über einen gemeinsamen Freund, und plötzlich sagt er: „Säßen wir jetzt nicht hier bei Kaffee und Kuchen, riefe ich ihn sofort an." [...] „Du meinst, würden wir jetzt nicht hier sitzen, würdest du ihn sofort anrufen?", frage ich nach. Henry sieht mich streng an: „Nein, ich meine *säßen* und *riefe*, du hast mich genau verstanden." [...] „Büke der Bäcker sein Brot mit mehr Gefühl, verdürbe es nicht so schnell", sagt Henry. „Spönnest du weniger, so stürbe ich nicht gleich vor Lachen!", entgegne ich. „Hübe jeder seinen Müll auf, gewönne die Stadt an Lebenswert", kontert Henry. „Gnade!", rufe ich. „Das ist ja nicht mehr auszuhalten! *Hübe* heißt es ganz bestimmt nicht!" – „Das ist veraltet", sagt Henry, „aber was alt ist, muss nicht gleich falsch sein. Kennte ich noch mehr alte Konjunktive, so würfe ich sie liebend gerne ins Gespräch ein!" [...]

2. Erläutere anhand des Textauszugs, welcher Sprachgebrauch im Alltag heute üblich ist und welche Schwierigkeiten beim „*würde*-losen" Sprechen entstehen.
3. Der folgende Text ist „*würde*-voll" formuliert. Schreibe eine Überarbeitung in dein Heft. Verwende die *würde*-Umschreibung nur, wo sie notwendig ist.

Wenn ich freien Eintritt in den Zoo haben würde, würde ich immer zu den Affenkäfigen gehen. Ich würde zusehen, wie die Affen ihr Futter fressen würden, das ihnen die Wärter bringen würden, und würde laut lachen, wenn sie mir eine ihrer Bananen durch die Gitterstäbe geben würden.

Info

Den **Konjunktiv II** verwendet man ...
- als Ersatzform in der indirekten Rede,
- um Möglichkeiten und erfüllbare Wünsche auszudrücken,
- um Vermutungen zu äußern,
- um höfliche Bitten und Aufforderungen zu formulieren,
- Zweifel und Vorbehalte zum Ausdruck zu bringen,
- um unerfüllbare Wünsche auszudrücken.

Den Konjunktiv I der indirekten Rede verwenden | Wortarten

Gedanken und Vorstellungen in Jugendbüchern

Schlaft gut, ihr fiesen Gedanken
John Green

Die 16-jährige Aza Holmes, die Ich-Erzählerin des Romans „Schlaft gut, ihr fiesen Gedanken" von John Green, sitzt mit ihren Mitschülern in der Cafeteria. Diese unterhalten sich über den verschwundenen Milliardär Russell Pickett. Aza ist in ihre eigenen Gedanken vertieft, als ihre Freundin Daisy sie zum Sohn des Milliardärs, Davis Pickett, befragt.

„Du warst doch mal mit ihm im Ferienlager, oder?", fragte mich Daisy.
„Mit wem?"
„Mit Davis Pickett."
„Mmh", sagte ich. „Warum?"
„Hast du nicht zugehört?", fragte Daisy.
Doch, ich habe zugehört, dachte ich. *Ich habe der Kakophonie meines Verdauungstraktes zugehört*. Ich wusste natürlich schon lange, dass ich der Wirt einer riesigen Menge parasitärer Organismen war, aber ich wurde nicht gerne daran erinnert. An der Anzahl der Zellen gemessen besteht der Mensch zu über 50 Prozent aus Bakterien, was bedeutet, dass die Hälfte der Zellen, die zu uns gehören, gar nicht unsere sind. Mein Mikrobiom zum Beispiel setzt sich aus tausendmal mehr Mikroorganismen zusammen, als es Menschen auf der Erde gibt, und ich bilde mir häufig ein, ich kann *spüren*, wie sie in und auf mir leben, sich fortpflanzen und sterben. Ich wischte mir die schweißnassen Hände an der Jeans ab und versuchte, kontrolliert zu atmen. Zugegebenermaßen leide ich unter einer Angststörung, aber ich finde es nicht irrational[1], wenn einem die Vorstellung zu schaffen macht, eine mit Haut überzogene Bakterienkolonie zu sein.
Mychal sagte: „Sein Vater sollte wegen Korruption oder so was verhaftet werden, aber in der Nacht, als sie ihn verhaften wollten, ist er abgetaucht. Auf seinen Kopf sind 100 000 Dollar ausgesetzt."
„Und du *kennst* den Jungen", sagte Daisy.
„Ich *kannte* ihn mal", stellte ich fest.

[1] irrational = vernunftwidrig

1. Aza verwendet in ihren Gedanken biologisches Fachvokabular. Wie wirkt das auf euch und was sagt das über Aza aus?
2. Schreibe alle Fremdwörter heraus und kläre ihre Bedeutung.
3. Fasse Azas Gedanken zusammen. Verwende Formen der indirekten Rede. Du kannst so beginnen:

Aza behauptet, sie wisse schon lange, dass sie der Wirt einer riesigen Menge parasitärer Organismen sei, aber dass sie nicht gern daran erinnert werde. An der Anzahl der Zellen gemessen bestehe der Mensch ...

Jugendliteratur → S. 114 ff.

| | Wortarten | Den Konjunktiv II verwenden |

Gedankenspirale
John Green

Während die anderen sich weiter über den Fall des verschwundenen Milliardärs unterhalten, schweifen Azas Gedanken wieder ab.

Ich hatte Dr. Singhs Stimme im Ohr, die mich ermahnte, das Telefon nicht herauszunehmen, nicht immer dieselben Fragen einzugeben, aber ich nahm das Telefon trotzdem heraus und las den Wikipedia-Artikel über das „menschliche Mikrobiom" zum hundertsten Mal. Wenn man der Spirale hineinfolgt, hört sie
5 nie mehr auf. Sie wird nur immer enger, ohne Ende.
Ich versiegelte das letzte Viertel meines Sandwichs in der wiederverschließbaren Tüte, stand auf und warf es in den überquellenden Mülleimer. Hinter mir fragte eine Stimme: „Wie viel Sorgen muss ich mir machen, weil du den ganzen Tag keine zwei Worte am Stück gesagt hast?" „Gedankenspirale", murmelte ich.
10 Daisy kannte mich, seit ich sechs war – lange genug, um Bescheid zu wissen. „Dachte ich mir. Tut mir leid, Holmesy. Lass uns heute Nachmittag abhängen." [...] „Wir gehen zu dir und sehen *Star Wars: Rebels*." Daisy war ein Riesen-Star-Wars-Fan – nicht nur von den Spielfilmen, auch von den Büchern, den Zeichentrickfilmen und der Kinderserie, bei der alle Figuren aus Lego waren. Sie schrieb sogar Fanfic-
15 tion über Chewbaccas Liebesleben. „Und wir verbessern deine Laune, bis du wieder in der Lage bist, drei oder sogar vier Wörter am Stück zu sagen. Klingt das gut?"
„Klingt gut."
„Und später fährst du mich zur Arbeit. Tut mir leid, aber ich brauche jemand, der ein Auto hat."
20 „Okay." Ich wollte mehr sagen, aber die Gedanken stürzten über mich herein, ungewollt und ungebeten. Wäre ich Herr meiner selbst, hätte ich längst aufgehört, über mein Mikrobiom nachzudenken. Ich hätte Daisy gesagt, wie sehr mir ihre Idee für Mychals Kunstprojekt gefiel, und ich hätte ihr erzählt, dass ich mich gut an Davis Pickett erinnerte, dass ich mich erinnerte, wie es war, als ich
25 elf war und immer eine undefinierbare Angst mit mir herumtrug. Ich hätte ihr gesagt, ich erinnerte mich, wie Davis und ich im Ferienlager nebeneinander auf dem Steg lagen, mit dem Rücken auf den rohen Holzplanken, und die Beine baumeln ließen, während wir zusammen in den wolkenlosen Sommerhimmel blickten. Ich hätte ihr gesagt, dass Davis und ich nie viel geredet oder uns angesehen
30 hatten, aber das war egal, weil wir zusammen denselben Himmel sahen, was viel intimer ist, als einander in die Augen zu sehen. In die Augen kann man jedem sehen. Aber jemanden zu finden, der dieselbe Welt sieht, ist ziemlich selten.

1. Beschreibe Azas Problem.
2. Unterstreiche alle Konjunktive im letzten Absatz.
3. Erkläre, welche Funktion der Konjunktiv hier hat.
4. Sprecht über Azas letzten Gedanken (Z. 32 f.). Kennt ihr das?

Jugendliteratur → S. 114 ff.

Die Funktionen des Konjunktiv II erkennen und nutzen | Wortarten

Schneeriese
Susan Kreller

Stell es dir so vor, würde er sagen, falls jemand auf einer Beschreibung bestünde, irgendwas Handfestes vielleicht, das die Sachlage einigermaßen erklärte. Stell dir das Meer vor, würde er sagen, ganz ungefähr nur, circa. So, dass es in etwa hinkommt. Kein übertriebenes Meer, keins wie auf Postkarten, viel schöner. Denk dir das Wasser hell und nur am Saum nächtlich blau, komm, denk es dir warm und zerzaust, pfeif auf den Winter und schau es dir an, dieses Meer, ein paar Fischer kämmen es mit morschen Booten, überall schwimmen Möwenschatten und ganz vorn, wo es flach ist, planschen Kinder, dicke Männer lassen Steine springen auf und auf und auf, und alles ist ganz still, alles ist ganz laut, versuch es zu sehen, versuch's, würde er sagen mit aller Kraft, wenn er bloß wüsste wie, stell dir vor, wie die Möwen schreien über ihren Schatten über dem Meer, denk, wie jedes Gewitter abprallt und wie der Regen einen Bogen macht um dieses Meer, stell es dir ziemlich genau vor. So, würde er sagen, wenn jemand eine Erklärung verlangte – irgendwas Handfestes vielleicht –, so und kein bisschen anders sind die Augen von Stella Maraun.

1. Dies ist der Anfang des Jugendbuchs „Schneeriese" von Susan Kreller. Sprecht darüber, worum es geht.
2. Formuliere die Frage, auf die die männliche Hauptfigur, der 14-jährige Adrian, hier eine Antwort versucht.
3. Unterstreiche die Wörter, die deutlich machen, dass hier kein reales Gespräch stattfindet.

Adrian, die 14-jährige und groß gewachsene Hauptfigur des Romans, und Stella Maraun sind Nachbarn und beste Freunde. Als im Dreitotenhaus gegenüber eine neue Familie einzieht, verändert sich ihre vertraute Beziehung. Nachdem er Stella zwei Wochen nicht gesehen hat, geht er zu ihr und klingelt.

Kann ich irgendetwas für dich tun?
Und Adrian dachte, ja, tatsächlich, da gäbe es zwei oder zehn Kleinigkeiten, die dringend mal für mich zu tun wären. Du könntest mich fragen, ob ich dein Gesicht zeichnen will, ich selber frag ja nicht, du könntest mich anrufen jeden Tag, du könntest vor meiner Zimmertür stehen und *Los, Beeilung!* rufen, du könntest mit mir und der Misses[1] auf der Schaukel sitzen und gar nichts tun, du könntest laut sagen, Dato, was für ein bescheuerter Name aber auch, wie kann einer bloß Dato heißen, du könntest mich einfach mal ansehen, du könntest mich *Einsneunzig*[2] nennen, du könntest sagen, tut mir leid, dass ich dich aus Versehen vergessen hab, das kommt nie wieder vor in den nächsten fünf Wochen.
Nein, sagte Adrian. Alles bestens.

[1] **Misses** = gemeint ist Misses Elderly, Stellas Großmutter

[2] **Einsneunzig** = Stellas Spitzname für Adrian

Jugendliteratur → S. 114 ff.

4. Warum sagt Adrian am Ende: „Alles bestens"?
5. Stelle dir eine Person vor, die dich fragt: „Kann ich etwas für dich tun?" Formuliere mögliche Gedanken. Beginne so: *„Ja, da gäbe es ..."*
6. Diskutiert, wie sich unser Zusammenleben verändern würde, wenn man Gedanken lesen oder sichtbar machen könnte.

Adrian überredet Stella, mit ihm ins Dreitotenhaus zu gehen. Dort ist die Atmosphäre gespannt und es wird klar, dass Stella in Dato, den Sohn der neu zugezogenen Familie, verliebt ist. Tief erschüttert geht Adrian nach Hause und legt sich verzweifelt auf den Boden.

Adrian hatte sich zu einem Halbmond gekrümmt, einer dunklen, nutzlosen Sichel mit Schlagseite, er fühlte das Blut nach unten in seine rechte Kopfhälfte fließen, er fühlte, wie hart dieser Teil des Kopfes auf dem Boden lag, seine Schulter schmerzte und sein rechtes Stück Hüfte, da, wo der Gürtel war, die rechte Seite
5 seines Oberschenkels und der Zorn in seinen Knochen und dann auch noch das zertretene Schienbein[3], alles, alles tat weh. Und wäre ein Igel vorbeigekommen, der ihm gezeigt hätte, wie das geht: Winterschlaf, einen Winter lang unsichtbar sein, ach, Adrian hätte sich schleunigst drauf eingelassen, Licht aus, bis später! Er wäre erst nach Monaten wieder aufgewacht, belaubt und erdverschmiert und
10 heil, im Frühjahr hätte er gegähnt und dann gewusst, das alles überstanden war, im Schlaf hätte er sich an die Dinge, wie sie waren, gewöhnt. Er hätte Dato vergessen und den still zerschundenen Blick von Tamar[4] und dann auch noch Stella Maraun und ...
Stella vergessen.
15 Ver-ges-sen.
Etwas, jemanden vergessen.
Sich an etwas, jemanden nicht mehr erinnern.
Ich **vergäße**.
Vergiss!

[3] Stella hat Adrian im Dreitotenhaus unter dem Tisch ans Schienbein getreten, damit er ruhig sei.

[4] **Tamar** = Datos Mutter

7. Besprecht, wie es Adrian geht und wie er mit der Situation umgeht.
8. Untersuche, wie Adrians Verzweiflung sprachlich ausgedrückt wird. Achte dabei auf die Modalität und den Satzbau. Belege deine Befunde am Text.
9. Bestimme die markierten Verbformen (Z. 18 f.) und kläre ihre Funktion.

TESTE dich ✓

Überprüfe dein Wissen und Können, indem du hier die Testaufgaben bearbeitest.

Ich kann ...	Können	Hilfe	Training
Formen der Modalität erkennen und ihre Funktion bestimmen.	😄 😏 😳	S. 236	S. 243, AH S. 75

Testaufgabe 1
Folgende Aufforderungen zeigen unterschiedliche sprachliche Formen. Bestimme, wie die Modalität ausgedrückt wird, und kläre die Sprechabsicht.

    a) Gib mir das Buch!
    b) Gibst du mir bitte das Buch?
    c) Könntest du mir bitte das Buch geben?
    d) Würdest du mir das Buch geben?
    e) Ich möchte, dass du mir das Buch gibst.
    f) Du sollst mir das Buch geben.

Ich kann ...	Können	Hilfe	Training
die indirekte Rede gebrauchen.	😄 😏 😳	S. 236/238	AH S. 29, 72 f.

Testaufgabe 2
Forme folgende Sätze in die indirekte Rede um. Verwende den Konjunktiv.

    a) Wer davon überzeugt ist, Schnupfen zu bekommen, wenn man bei Regen ohne Kopfbedeckung herumläuft, der wird auch Schnupfen bekommen. Selbst wenn nachgewiesen ist, dass das Fehlen einer Mütze natürlich nicht zwangsläufig zu Erkältungskrankheiten führt.
    b) Manche Personen, die den Beipackzettel eines Medikamentes lesen, entwickeln genau diese darin beschriebenen Nebenwirkungen.
    c) Auch Bergsteiger, die man vor einer Bergtour auf die Symptome der Höhenkrankheit hinweist, entwickeln oft die Symptome – ohne jedoch tatsächlich an vermindertem Blutsauerstoff zu leiden.

Ich kann ...	Können	Hilfe	Training
Funktionen des Konjunktivs II nutzen.	😄 😏 😳	S. 237	S. 243, AH S. 74

Testaufgabe 3
Bearbeite folgende Aufgaben:
▸ Erfinde drei irreale (unerfüllbare) Wünsche. Beginne so: *Ich wünschte, ich …*
▸ Formuliere folgende Befehle als besonders höfliche Aufforderungen:

    Steh auf! Putz die Tafel! Gib mir deine Mütze!

So kannst du dein Wissen anwenden und deine Fähigkeiten trainieren:

Die Geburtstagsparty

1. Formuliere Überschriften für die einzelnen Bilder.
2. Verfasse eine zusammenhängende Geschichte. Achte dabei auf die innere Handlung (Wünsche, Vorfreude, Gedanken usw.) und die äußere Handlung. Verwende alle dir bekannten Formen der Modalität sowie direkte und indirekte Rede. Verwende den auktorialen (allwissenden) Erzähler.

Sprachgebrauch und Sprachreflexion

Wörter im Wandel

Wortkunde

Was heißt denn das?

obskur	malerisch
pathetisch	übertrieben feierlich/gefühlvoll
heroisieren	(mit dem Feind) zusammenarbeiten
pittoresk	sachbezogen/praxisbezogen
pragmatisch	unklar/zweifelhaft/unverständlich
Odyssee	Schwankung
kollaborieren	verherrlichen
Fluktuation	Irrfahrt

Info

Als **Fremdwort** bezeichnet man ein Wort, das aus einer anderen Sprache übernommen wurde, wobei sich Laut, Betonung, Flexion und Schreibung (im Gegensatz zum Lehnwort) noch stark von der deutschen Sprache unterscheiden.

1. Ordne die Fremdwörter den entsprechenden deutschen Wörtern zu.
2. Bilde Sätze, in denen du die Fremdwörter sinnvoll verwenden kannst.
3. Finde heraus, aus welcher Sprache die Fremdwörter stammen. Überlege zunächst, ob du sie von einer dir bekannten Sprache ableiten kannst. Welches Wörterbuch kannst du dazu benutzen?

Wortkunde | **Fremdwörter richtig verwenden**

Rot oder Blau? – Wenn Sportreporter fragen …

Nach einem Fußballspiel muss ein Sportreporter einen Bericht schreiben. Folgende Informationen bekommt er von den Spielern:

- Wahrscheinlich werden die **Statisten** / **Statistiker** wieder ausrechnen, dass der Gegner überlegen war und unsere Mannschaft nur Glück hatte.

- Die Brasilianer sind uns als Einzelspieler überlegen, denn sie sind alle technisch sehr **versiert** / **serviert**.

- Nach einer Niederlage schläft man immer schlecht. Man lässt das ganze Spiel noch einmal **Paroli laufen** / **Revue passieren**.

- In der Kabine hatte ich Probleme mit dem Kreislauf. Die Sanitäter haben mir dann sofort eine **Invasion** / **Infusion** gelegt.

- Wir haben keine Krise in der Mannschaft. Das wird doch alles von den Medien **hochsterilisiert** / **hochstilisiert**.

- Ihre Bedenken für das nächste Spiel interessieren mich nicht. Wir müssen gewinnen, alles andere ist **primär** / **sekundär**.

- Ich habe die lange Verletzungszeit gut überwunden. Ich bin körperlich und **physisch** / **psychisch** topfit.

- Mit dieser Spieleraufstellung mussten wir schnell in die **Bredouille** / **Patrouille** kommen.

- Diese Niederlage tut weh. Unser Gegner war uns in allen Belangen überlegen. Das ist eine **Depression** / **Degradierung** ersten Grades.

- Die Mannschaft hat sich im Trainingslager toll **arrangiert** / **engagiert**.

1. Rot oder blau? Entscheide dich bei jedem Satz für eine Farbe und erkläre das jeweilige Fremdwort.
2. Bilde Sätze und verwende hierbei jeweils das verbleibende Fremdwort.
3. Untersucht Zeitungsartikel nach Fremdwörtern. Gestaltet ein eigenes Quiz.

Das kannst du jetzt lernen!

- Fremdwörter richtig zu verwenden .... S. 245
- Mit unterschiedlichen Wörterbüchern richtig umzugehen .... S. 246
- Fremd-, Erb- und Lehnwörter zu unterscheiden .... S. 248
- Sprachliche Bilder zu untersuchen .... S. 249
- Mit Wortfeldern und Wortfamilien umzugehen .... S. 251
- Wörter mit Hilfe von Präfixen/Suffixen zu bilden .... S. 253
- Denotation und Konnotation zu unterscheiden .... S. 254
- Synonyme und Antonyme zu unterscheiden .... S. 255

Verschiedene Wörterbücher kennenlernen | **Wortkunde**

Wortbedeutungen klären

Je nachdem, was du über ein Wort wissen möchtest (z. B. Schreibweise, Aussprache, Plural- und Genitivbildung, Flexion, Bedeutung, Herkunft etc.), können neben einem Rechtschreibwörterbuch der deutschen Sprache noch weitere Wörterbücher zum Nachschlagen nützlich sein:

Info

Ein **etymologisches Wörterbuch** informiert über die Geschichte einzelner Wörter und Wortteile. Mit *Etymologie* ist gemeint, dass einerseits die lautliche Entwicklung dargestellt wird, andererseits aber auch die Entwicklung ihrer Bedeutung. Spezielle Wörterbücher wie z. B. ein Wörterbuch der Redewendungen, der Familiennamen oder der Fremdwörter können noch weitere Informationen geben.

Etymologisches Wörterbuch
Friedrich Kluge

kabbeln *Vswrefl* „sich um etwas streiten" *per. ndd.* (19. Jh.), mndd. *kabbelen* „gegeneinanderlaufen (von Wellen), zanken". Sowohl lautlich (auch ↗ *kibbeln* u. Ä.) als auch semantisch ohne klare Abgrenzung. Herkunft deshalb unklar. Nach Knobloch zu 1. *capulus* „Fangschlinge", die beim Fechten eine Rolle spielen kann.
Knobloch (1973), 175.

Deutsches Wörterbuch
Jacob und Wilhelm Grimm

kabbeln, *nordd.*
1) *hadern, zanken, auch refl.:*
(*frau, die*) *wenn dirs früh im magen wabbelt, kirschbrantwein schenkt, und wenig kabbelt.*
      Voss 6, 137 *(4, 123);*
wôr õm (man) sõck hârtaget (rauft), kabbelt on schleit on glik den hungen on katten gegeit.
    Simon Dach, *Anke van Tharaw v.* 13;
es waren kindereien, worüber wir uns gekabbelt haben. Arndt *erinn.* 133; doch muszten sie sich im gespräch immer streiten und kabbeln. *wander.* 188. *osnabr.* kawweln, *auch* kawwen, *hamb.* kabblauen; *s. weiter* kibbeln, *auch* kampeln 4. *ostfries.* kabbeln ist nur schwatzen, faseln Stürenburg 100ᵃ, *vgl.* kafeln 3.
2) *bildl.* das wasser kabbelt, *wirft wellen*. Schütze *holst. id.; seemännisch* die see kabbelt, auch ‚geht kabbel', *wenn die wellen gegen einander laufen, bei plötzlich umspringendem winde, daher* kabbelsee *genannt (vgl.* klopfsee). *so nnl.* kabbelen *von starkem wellenschlag* (*bei* Kilian *nur* ‚vomere'), *ostfries. vom klingenden anpülen der wellen.* kabbelung, brandung u. Ä.

Das Herkunftswörterbuch
kabbeln,
sich (ugs. für:) „sich zanken, sich streiten, sich necken": Die Herkunft des aus dem Niederd. stammenden Verbs (mniederd. *kabbelen*) ist nicht sicher geklärt. Vielleicht handelt es sich um eine Schall- oder Bewegungsnachahmung.
Abl. **Kabbelei** (19. Jh.).

1. Das Verb *kabbeln* wird in den verschiedenen Wörterbüchern unterschiedlich erklärt. Vergleiche die Darstellung der Lexikoneinträge und notiere in einer Tabelle, welche Informationen dir die unterschiedlichen Wörterbücher bieten.
2. Das Deutsche Wörterbuch von Jacob und Wilhelm Grimm und das Herkunftswörterbuch von DUDEN gibt es auch online. Erstelle für deinen Partner eine Liste mit fünf Wörtern, deren Bedeutung, Verwendung, Herkunft etc. er im Wörterbuch oder Internet nachschlagen soll.
3. Überlegt gemeinsam, in welchen Situationen ihr welche Wörterbücher sinnvoll nutzen könnt.

Verschiedene Wörterbücher

A Dieses Werk stellt eine umfassende Zusammenstellung von alten und neuen Zitaten des Berliner Lehrers Georg Büchmann (1822–1884) dar. Dazu gehören Zitate deutscher und internationaler Schriftsteller sowie biblische und historische Zitate. Auch sind Erläuterungen zur Herkunft der jeweiligen Zitate enthalten.

B Dieses Wörterbuch macht Angaben zum Stil und zum Gebrauch von Wörtern. Diese werden gekennzeichnet, beispielsweise als gehoben, umgangssprachlich, familiär, scherzhaft, ironisch oder spöttisch usw. Es hilft dir dabei, stilsicher und ausdrucksstark zu formulieren.

C Dieses Wörterbuch ist ein Nachschlagewerk für Redewendungen und Sprichwörter und informiert zusätzlich über deren Herkunft, Bedeutung und Gebrauch.

D Dieser Sprachratgeber wird auf der Grundlage von mehreren Hunderttausend Anfragen an die Duden-Sprachberatung entwickelt. In diesem Wörterbuch werden typische Zweifelsfälle der deutschen Sprache behandelt und Antworten auf orthografische, grammatische und stilistische Fragen gegeben. Zusätzlich sind Formulierungshilfen und Erläuterungen zum aktuellen Sprachgebrauch enthalten.

E Dieses Wörterbuch hilft, in jeder Situation den passenden Ausdruck zu finden. Die Synonyme sind mit genauen stilistischen, regionalen, zeitlichen und fachsprachlichen Angaben versehen und helfen bei Formulierungsproblemen.

- Redewendungen
- Das Wörterbuch der sprachlichen Zweifelsfälle
- Das Synonymwörterbuch
- Geflügelte Worte: Zitatenschatz des Deutschen Volks
- Das Stilwörterbuch

4. Ordne die Erläuterungen dem passenden Wörterbuch auf der Randspalte zu.
5. Überlegt gemeinsam, welches Lexikon ihr für folgende Fragen nutzen könnt:
   ▸ Heißt es „in" oder „im Einklang mit der Natur leben"?
   ▸ Wann verwende ich besser das Wort „Gesicht", wann „Antlitz", „Visage" oder „Fratze"?
   ▸ Worin liegt der Bedeutungsunterschied zwischen „anscheinend" und „scheinbar"?
   ▸ Wann wurde der Ausdruck „die Jugend von heute" geprägt? Worauf geht die Bezeichnung „Pyrrhussieg" zurück? Wer sagte: „Gott würfelt nicht"?
   ▸ Was bedeutet es, wenn man „Eulen nach Athen trägt", „zum Lachen in den Keller geht" oder „jemanden über den Löffel balbiert"?
   Woher kommen diese Redewendungen?
   ▸ Welchem Stil entspricht es, wenn man „im Hafen der Ehe landet"?
6. Nennt alternative, auch digitale Recherchemöglichkeiten und überlegt, welche Vor- und Nachteile die einzelnen Medien haben.
7. Erstellt selbst Rechercheaufgaben für euren Partner.

Lehn- und Erbwörter erkennen | **Wortkunde**

Von Affe bis Tier

In einem Wörterbuch findest du folgende Informationen:

Affe, der: mittelhochdeutsch *affe*, althochdeutsch *affo*. Die weitere Herkunft ist unbekannt.

Banane, die: 16. Jahrhundert: aus portugiesisch *banana* (aus einer afrikanischen Sprache)

Bär, der: mittelhochdeutsch *ber*, althochdeutsch *bero*, eigentlich „der Braune". Aus der Furcht, durch die Nennung seines richtigen Namens das Tier zu reizen oder zum Erscheinen zu veranlassen, benutzten die Germanen einen verhüllenden Ausdruck.

Fabel, die (Tiererzählung): mittelhochdeutsch *fabell(e)* „Märchen, Erzählung", aus gleichbedeutend altfranzösisch *fable*, dies aus lateinisch *fabula*, eigentlich „Rede, Gerücht": erst seit dem 18. Jahrhundert in der heutigen Bedeutung

Hängematte, die: 17. Jahrhundert: aus niederländisch *hangmat* (älter: *hangmak*), über französisch *hamac*, spanisch *hamac* aus arawakisch (Indianersprache der Antillen) *[h]amaca* „Hängematte"

Montag, der: mittelhochdeutsch *mon-, mantac*, althochdeutsch *manetac*, frühe Lehnübersetzung von lateinisch *dies Lunae* „Tag der Mondgöttin Luna"; der lateinische Wochentagsname ist eine Lehnübersetzung von altgriechisch *hemera Selenes* „Tag der Mondgöttin Selene".

Sonne, die: mittelhochdeutsch *sunne*, althochdeutsch *sunna*. In den germanischen Sprachen ist „Sonne" – im Gegensatz zum Lateinischen und zu den romanischen Sprachen – gewöhnlich weiblich.

Tier, das: mittelhochdeutsch *tier*, althochdeutsch *tior*, wahrscheinlich eigentlich „atmendes Wesen" und ursprüngliche Bezeichnung für das Wildtier im Gegensatz zum Haustier

> **Info**
>
> **Erbwörter** sind Wörter der Gegenwartssprache, die in allen Vorstufen dieser Sprache vorhanden sind, also bereits im Althochdeutschen und im Mittelhochdeutschen. Ein **Lehnwort** ist ein Wort, welches aus einer anderen Sprache entlehnt ist. Im Unterschied zum **Fremdwort**, dem der fremdsprachige Ursprung noch anzumerken ist, ist das Lehnwort in Schreibweise und Betonung an den Sprachgebrauch der Zielsprache angepasst.

> **Info**
>
> Die **Unterscheidung** zwischen „Fremd-" und „Lehnwörtern" ist schwierig, da es viele Zweifelsfälle gibt. Man spricht deshalb oft nur von „Entlehnungen" bzw. „Lehnwörtern".

1. Ordne die Wörter in einer Tabelle den Begriffen Erbwort und Lehnwort zu. Nach welchen Kriterien bist du bei der Zuordnung vorgegangen?
2. Aus welcher Art von Wörterbuch stammen die Auszüge? Schlage bei Zweifelsfällen im Wörterbuch nach.
3. Erstelle für deinen Partner eine Liste mit weiteren Wörtern wie die oberen Beispiele. Tauscht die Listen aus und findet heraus, ob es sich dabei um Lehn- oder Erbwörter handelt.

Sprachliche Bilder

Der Dichter Don Pablo und der Briefträger Mario
Antonio Skarmeta

Aus: Antonio Skarmeta: *Mit brennender Geduld*

Der Briefträger Mario wäre zu gerne ein Dichter wie Pablo Neruda, um seiner angebeteten Beatriz all das sagen zu können, was er empfindet. Eines Tages erklärt ihm Neruda, was eine Metapher und ein Vergleich sind. Allerdings gelingt es ihm nicht, die beiden Bereiche deutlich abzugrenzen.

5 Den Dichter, der wieder ins Haus gehen wollte, ließ solch auffällige Beharrlichkeit nicht ungerührt. „Was ist los mit dir?" – „Don Pablo?" – „Du stehst da wie ein Laternenpfahl." – Mario wandte den Kopf und suchte von unten die Augen des Dichters. „Eingerammt wie eine Lanze?" – „Nein, still wie ein Turm auf dem Schachbrett." – „Noch unbeweglicher als eine Katze aus Porzellan?" – Ne-
10 ruda nahm die Hand vom Türgriff und strich sich über das Kinn. [...] „Es ist nicht recht von dir, mich mit allen möglichen Vergleichen und Metaphern hinzuhalten." – „Mit was, Don Pablo?" – „Metaphern, Mann." – „Was ist das?" – Der Dichter legte dem Jungen eine Hand auf die Schulter. „Um es dir ungefähr klarzumachen: Es ist eine Art, etwas auszudrücken, indem man es mit etwas anderem ver-
15 gleicht." – „Zum Beispiel?" – Neruda sah seufzend auf seine Uhr. „Also gut, wenn du sagst ‚der Himmel weint', was willst du dann damit sagen?" – „Ist doch klar! Dass es regnet, natürlich." – „Na also, das ist eine Metapher." – „Und warum hat eine so einfache Sache einen so komplizierten Namen?" [...]

1. Suche aus dem Text die Metapher und die Vergleiche heraus.
2. Was haben Metapher und Vergleich gemeinsam? Was unterscheidet sie?

Aus dem Leben eines Taugenichts
Joseph von Eichendorff

Das Rad an meines Vaters Mühle brauste und rauschte schon wieder recht lustig, der Schnee tröpfelte emsig vom Dache, die Sperlinge zwitscherten und tummelten sich dazwischen.

Jenseits von Eden
John Steinbeck

Das Salinas-Tal liegt in Nordkalifornien. Es ist eine lange schmale Rinne zwischen zwei Gebirgszügen, und der Salinas-Fluss krümmt und windet sich durch es hindurch, bis er sich schließlich in die Bucht von Monterey ergießt.

3. Untersuche die beiden Textanfänge. Finde alle sprachlichen Bilder und benenne deren Funktion.

> **Info**
>
> **Sprachliche Bilder**
> Ein **Vergleich** ist ein sprachliches Bild, das mit dem Wort *wie* eingeleitet wird.
> Beispiel: *Menschen wie Schatten.*
> Eine **Metapher** ist ein bildhafter Ausdruck mit übertragener Bedeutung. Sie ist ein verkürzter Vergleich (das *wie* fällt weg), bei dem sich zwei Vorstellungsbereiche überlagern.
> Beispiel: *Gespensterbaum.*
> Bei der **Personifizierung/Personifikation** werden Tieren, Pflanzen oder Gegenständen menschliche Eigenschaften oder Fähigkeiten zugesprochen.
> Beispiel: *Die Sonne lacht.*

Sprachliche Bilder in der Alltagssprache untersuchen | Wortkunde

Mit harten Bandagen kämpfen

Früher – in einer Zeit vor den Boxhandschuhen – wickelten sich die Boxer Bandagen um ihre Hände. Zum Schutz, könnte man aus heutiger Sicht schnell denken. Doch weit gefehlt: Die Bandagen dienten dazu, den Schlag noch härter zu machen. Je härter die Bandagen also, desto heftiger die Wirkung des Schlages. Wer mit harten Bandagen kämpft, tut alles, um zu gewinnen und am Ende als Sieger den Ring zu verlassen. Dabei werden keine Blessuren gescheut. Schon gar nicht die der anderen.
Das sprichwörtliche Handtuchwerfen hängt eng damit zusammen. Zeichnet sich ab, dass der Boxer mit den schwächeren Bandagen kurz vor dem K. o. steht, kann der Trainer den Kampf beenden. Dazu muss er nur ein Handtuch in den Ring werfen.

1. Finde ein Synonym oder eine kurze Erklärung zu den beiden Redewendungen.
2. Übertrage die beschriebenen Redewendungen auf alltägliche Situationen.

Ein Sportreporter berichtet …

… Klose ist im Sturm – Schweinsteiger als Staubsauger vor der Abwehr – Die Mannschaften tasten sich zunächst ab – Die Räume im Mittelfeld sind eng, die Spieler stehen sich auf den Füßen – In letzter Sekunde zieht Kroos die Notbremse – Neuer dirigiert die deutsche Mauer, bis sie richtig steht – Jetzt gibt der Schiedsrichter den Ball frei – Doch Neuer hält seine Kiste sauber – Die Erleichterung steht den Spielern ins Gesicht geschrieben – Schweinsteiger verteilt in der Schaltzentrale die Bälle – Götze spielt seinem Gegner Knoten in die Beine – Nach außen wirkt Löw ruhig, doch innerlich muss er kochen – Klose zaubert den Ball ins Tor – Neuer muss den Ball aus dem Netz fischen – Löw hat den Spielern in der Pause gehörig den Kopf gewaschen – Wenn sie gewinnen wollen, müssen sie noch eine Schippe drauflegen – Der Schiedsrichter hat Tomaten auf den Augen – Die Brasilianer glauben an eine Schwalbe – Müller reißt sich zusammen und haut das Ding rein – Schmelzer beackert unermüdlich die linke Seite – Es ist kein Durchkommen im Beinewald der Brasilianer – Klose staubt den Ball ab und nagelt ihn unter die Torlatte – Müller ist außer sich – Die Brasilianer gehen geknickt vom Spielfeld – Jogi Löw kommt unter die Sektdusche …

3. Erklärt euch gegenseitig die sprachlichen Bilder.
4. Wähle einen der folgenden Arbeitsaufträge:
- Suche fünf Wendungen aus, für die du jeweils ein Bild zeichnest.
- Suche in Zeitungen und Zeitschriften nach weiteren sprachlichen Bildern aus anderen Sportarten und präsentiere sie.

5. Überlegt, welche Funktion solche sprachlichen Bilder haben.
6. Verfasst eine eigene Reportage zu einem sportlichen Ereignis und verwendet dabei sprachliche Bilder.

Wörter bilden und verstehen

Der Tee
Heinrich Heine

… und als ich in den Bädern von Lucca war, lobte ich meinen Hauswirt, der mir dort so guten Tee gab, wie ich ihn noch nie getrunken. Dieses Loblied hatte ich auch bei Lady Woolen, die mit mir in demselben Hause wohnte, sehr oft angestimmt, und diese Dame wunderte sich darüber umso mehr, da sie, wie sie sagte, trotz allen Bitten von unserem Hauswirte keinen guten Tee erhalten konnte und deshalb genötigt war, ihren Tee per Estafette aus Livorno kommen zu lassen – „der ist aber himmlisch!" sagte sie und lächelte göttlich. „Milady", sagte ich, „ich wette, der meinige ist noch viel besser." Die Damen, die zufällig gegenwärtig, wurden jetzt von mir zum Tee eingeladen, und sie sagten, des andern Tages um sechs Uhr auf jenem heiteren Hügel zu erscheinen, wo man so traulich beisammensitzen und ins Tal hinabschauen kann.
Die Stunde kam, Tischchen gedeckt, Butterbrötchen geschnitten, Dämchen vergnügt schwatzend – aber es kam kein Tee. Es war sechs, es wurde halb sieben, die Abendschatten ringelten sich wie schwarze Schlangen um die Füße der Berge, die Wälder dufteten immer sehnsüchtiger, die Vögel zwitscherten immer dringender – aber es kam kein Tee. Die Sonnenstrahlen beleuchteten nur noch die Häupter der Berge, und ich machte die Damen darauf aufmerksam, dass die Sonne nur zögernd scheide und sichtbar ungern die Gesellschaft ihrer Mitsonnen verlasse. Das war gut gesagt – aber der Tee kam nicht. Endlich, endlich, mit seufzendem Gesichte, kam mein Hauswirt und frug: Ob wir nicht Sorbet statt des Tees genießen wollten? „Tee! Tee!", riefen wir alle einstimmig. „Und zwar denselben" – setzte ich hinzu – „den ich täglich trinke." – „Von demselben, Exzellenzen? Es ist nicht möglich!" – „Weshalb nicht möglich?", rief ich verdrießlich. Immer verlegener wurde mein Hauswirt, er stammelte, er stockte, nur nach langem Sträuben kam er zu einem Geständnis – und es löste sich das schreckliche Rätsel. Mein Herr Hauswirt verstand nämlich die bekannte Kunst, den Teetopf, woraus schon getrunken worden, wieder mit ganz vorzüglich heißem Wasser zu füllen, und der Tee, der mir so gut geschmeckt und wovon ich so viel geprahlt, war nichts anders als der jedesmalige Aufguss von demselben Tee, den meine Hausgenossin, Lady Woolen, aus Livorno kommen ließ. Die Berge rings um den Bädern von Lucca haben ein ganz außerordentliches Echo und wissen ein lautes Damengelächter gar vielfach zu wiederholen.

> **Info**
> Ein **Wortfeld** wird aus Wörtern einer Wortart gebildet, die ähnliche oder gemeinsame Bedeutungsmerkmale haben. Sie lassen sich einem gemeinsamen Oberbegriff zuordnen. Beispiel: Wortfeld *sagen*: nennen, reden, sprechen etc.

1. Lies den Text von Heinrich Heine aufmerksam. Was fällt dir auf, wenn du den ersten Abschnitt mit dem Rest des Textes vergleichst?
2. Schreibe alle verwendeten Sprechhandlungsverben, die zum Wortfeld *sagen* gehören, heraus.
3. Überlegt, wie der Text wirkt, wenn überall das Verb *sagen* eingesetzt wird.

> **Tipp**
> Achte dabei auf die Sprechhandlungsverben.

Zum Wortfeld „sagen"

ablehnen ■ absagen ■ abstreiten ■ anbieten ■ anbrüllen ■ andeuten ■ anfahren ■ anklagen ■ ankündigen ■ anmelden ■ anmerken ■ anordnen ■ ansagen ■ anschreien ■ anspornen ■ anstacheln ■ antworten ■ anvertrauen ■ anzweifeln ■ argumentieren ■ auffordern ■ aufklären ■ aufmuntern ■ auftragen ■ aufwiegeln ■ aufzählen ■ ausdrücken ■ ausplaudern ■ ausrichten ■ ausrufen ■ aussagen ■ äußern ■ aussprechen ■ sich bedanken ■ befehlen ■ begründen ■ begrüßen ■ behaupten ■ beichten ■ bejahen ■ bekanntgeben ■ bekennen ■ beklagen ■ bemerken ■ benachrichtigen ■ beraten ■ berichten ■ beruhigen ■ beschimpfen ■ beschließen ■ beschreiben ■ beschweren ■ beschuldigen ■ beschwören ■ bestätigen ■ bestimmen ■ bestreiten ■ beteuern ■ betteln ■ beurteilen ■ beweisen ■ bezeichnen ■ bezweifeln ■ billigen ■ bitten ■ brüllen ■ brummen ■ danken ■ dazwischenreden ■ deuten ■ drohen …

4. Ergänze die Liste um weitere Verben aus dem Wortfeld *sagen*, die du alphabetisch notierst.

5. Vergleicht eure Listen gegenseitig. Wer findet die meisten Verben?

6. Bilde mit den Wörtern aus dem Wortfeld *sagen* untergeordnete Wortfelder (z. B. „etwas leise sagen", „etwas laut sagen", „etwas wütend sagen") und ordne die dazu passenden Wörter zu.

7. Erstelle ein eigenes Wortfeld zu dem Verb *laufen*. Versuche, möglichst zu jedem Buchstaben des Alphabets ein entsprechendes Verb zu finden.

8. Stelle mit Hilfe einer Mindmap entsprechende Unterkategorien (z. B. „langsam laufen") dar, denen du entsprechende Wörter aus dem Wortfeld zuordnest.

9. Ersetze in den folgenden Sätzen das Wort *machen* durch besser geeignete Verben.

Eine Straftat „machen"   Eine Umfrage „machen"
Einen Schaden „machen"   Eine Rechenaufgabe „machen"
Spuren „wegmachen"   Ein Loch in die Erde „machen"

10. Überlegt gemeinsam, wann es sinnvoll ist, mit Wortfeldern zu arbeiten.

| Wortkunde | Mit Wortfeldern und Wortfamilien umgehen |

Verschiedene Wörter einer Wortfamilie können mit Hilfe von **Präfixen** (Vorsilben), **Suffixen** (Nachsilben) oder durch **Komposition** (Zusammensetzung) gebildet werden:
Bsp. Wortfamilie *leben* → Stamm: **leb**
Derivation:
mit Präfix: *er**leb**en, be**leb**end*
mit Suffix: ***leb**haft, **leb**enslang*
Komposition: ***Leb**ewesen, **Leb**ensmittel, **Leb**ensversicherung*

> **Info**
>
> Wörter unterschiedlicher Wortarten, die einen gemeinsamen Wortstamm haben, gehören zu einer **Wortfamilie**. Z. B. gehören *laufen, Lauf, Wettlauf* und *lief* zum Wortstamm „lauf".

11. Finde weitere Wörter, die zur Wortfamilie *leben* gehören, und ordne sie in einer Tabelle den Spalten „mit Präfix gebildet", „mit Suffix gebildet" und „Kompositum" zu.
Die Präfixe und Suffixe im Kasten können dir dabei helfen.

Mit Präfix gebildet	Mit Suffix gebildet	Kompositum
erleben	lebhaft	Lebewesen

> Mögliche Präfixe: ab- ■ an- ■ be- ■ ent- ■ er- ■ ge- ■ miss- ■ un- ■ ur- ■ ver- ■ zer-
> Mögliche Suffixe: -bar ■ -e ■ -en ■ -er ■ -heit ■ -ieren ■ -ig ■ -isch ■ -lich ■ -ling ■ -keit ■ -nis ■ -ung ■ -sam ■ -sen ■ -tum

> **Info**
>
> Bei der **Derivation (Ableitung)** entstehen neue Wörter durch Hinzutreten eines Affixes (Prä- oder Suffix).
> Beispiele:
> Präfix: *ver- + handeln =* ***ver**handeln*
> Suffix: *Freund + -lich =* *freund**lich***
> Häufig wird bei der Derivation ein Wort in eine andere Wortart überführt.
> Beispiele:
> Nomen → Adjektiv
> *Herz + -lich = herzlich*
> Adjektiv → Nomen
> *herzlich + -keit = Herzlichkeit*

12. Finde zu den folgenden Wortstämmen jeweils mindestens ein Verb, ein Nomen und ein Adjektiv. Wie bist du bei der Wortbildung vorgegangen?

> Freund ■ geb ■ Hand ■ Rat ■ denk

13. Leitet gemeinsam Regeln ab, mit welchen Präfixen bzw. Suffixen welche Wortarten erzeugt werden können.

14. Affixe, die besonders häufig für die Bildung neuer Wörter genutzt werden, nennt man produktiv. Überlegt, welche Prä- und Suffixe dazugehören und welche Bedeutung damit verbunden wird.

15. Das Deutsche ist wie keine andere Sprache auch bei der Bildung von Komposita sehr produktiv, sodass ganze Bandwurmwörter entstehen können. Bildet in der Gruppe Komposita mit möglichst vielen Wortbestandteilen, indem ihr abwechselnd ein passendes Wort anhängt.

> **Info**
>
> **Komposition** von lateinisch *compositio* „Zusammenstellung", „Zusammensetzung" nennt man eine Wortzusammensetzung aus mindestens zwei selbstständig vorkommenden Wörtern oder Wortstämmen.
> Beispiele: *Haus + Tür = Haustür*
> Neben der Derivation (Ableitung) ist die Komposition die wichtigste Art der Wortbildung.

> **Tipp**
>
> Neben dem bekannten *Donaudampfschifffahrtsgesellschaftskapitän* gibt es vor allem in der Gesetzgebung wahre Wortungetüme wie z. B. *Grundstücksverkehrsgenehmigungszuständigkeitsübertragungsverordnung*.

Denotation und Konnotation unterscheiden | **Wortkunde**

1. Schreibe auf, was du siehst.
2. Notiere anschließend, woran du bei der Betrachtung denkst. Welche Dinge, Gefühle und Eigenschaften und Vorstellungen fallen dir jeweils ein?
3. Wähle ein Symbol aus und ordne deine Konnotationen, indem du einen Bedeutungsfächer anlegst. Orientiere dich an dem Beispiel auf S. 111.

Denotat und Konnotat

> **Info**
>
> Die **Denotation** ist die „eigentliche" Bedeutung eines Wortes. Sie ist somit wertneutral.
> Beispiele:
> *Lehrer, Schule, Pferd, Mann, Frau*
> Die **Konnotation** ist die wertende Mit-/Nebenbedeutung eines Wortes.
> Sie kann positiv oder negativ besetzt sein.
> Beispiele:
> *Herz = inneres Organ* (Denotation)
> *Herz = Symbol für Liebe* (Konnotation)
> *Esel = Tier* (Denotation)
> *Esel = dummer Mensch* (Konnotation)

Viele sprachliche Äußerungen sind mehrdeutig. So hat das Wort *Hund* eine allgemein verbindliche Bedeutung (Denotat) und eine mit dem allgemeinen Begriff verbundene mitverstandene Bedeutung (Konnotat), wie z. B. die negative Konnotation *Köter* oder die positive Konnotation *Freund auf vier Beinen*.

4. Schlage in einem Lexikon die Bedeutung der jeweiligen Begriffe nach. Welche Lexika sind dafür hilfreich?
5. Überlege dir dann mindestens drei Konnotationen. Markiere hinter der Konnotation mit einem „+"- oder einem „–"-Zeichen, ob die konnotative Bedeutung eher positiv oder negativ ist.

Denotat	Konnotate
Gesicht	Antlitz (+), …
Schule	
essen	
Mund	
Schuhe	
Auto	

Bei der Konnotation handelt es sich um einen über die eigentliche Bedeutung des Wortes hinausreichenden, assoziativen, wertenden oder emotionalen Gedanken, der bei einem Begriff aufgrund seiner Verwendung mitverstanden wird. Deshalb spielt die Konnotation auch eine wichtige Rolle bei der Wahl des geeigneten Synonyms. Man spricht dann davon, dass bestimmte Wörter unterschiedlich „konnotiert" sind.

6. Erstelle ein Wortfeld zu dem Denotat *Junge* mit möglichst vielen Synonymen.
7. Notiere zu den Synonymen ihre Konnotationen (z. B. *Bengel: frech, durchtrieben*) und ordne die einzelnen Wörter unterschiedlichen Stilebenen und Verwendungsweisen zu. Welches Lexikon kann dir dabei helfen?

Symbole und Leitmotive im Text erkennen → S. 111

| Wortkunde | Synonyme und Antonyme unterscheiden |

1. Übertrage die Tabelle in dein Heft. Finde zu jedem Wort im Wörterkasten zwei Antonyme und zwei Synonyme.

	Antonyme	**Synonyme**
stark	schwach, …	kräftig, …

sorgfältig ▪ Duplikat ▪ verprassen ▪ Nachkommen ▪ stabil ▪ ablehnen ▪ redselig ▪ entlassen ▪ nie ▪ meistens ▪ herunterkommen

2. Bildet gemeinsam Sätze mit den gefundenen Wörtern.

Wie sich die Zeiten ändern …

Tina hat ihr Handy immer dabei, wenn sie aus dem Haus geht. Ab und zu telefoniert sie auch damit. Allerdings hat sie gerade im Internet eine Adresse recherchiert, weil sie vergebens eine Straße gesucht hat. Nach und nach findet sie ihre Orientierung wieder. Dann ist sie vorhin doch in die richtige Richtung gelaufen?

5　Jüngst hatte sie die gleiche Sorge. Deshalb hat sie beschlossen, fortan ihren ständigen Begleiter mitzuführen. Das gibt ihr fürderhin mehr Sicherheit, die sie weiland noch nicht genießen konnte. Dereinst wird
10　mit noch mehr Annehmlichkeiten zu rechnen sein.

3. Setze für die unterstrichenen Wörter jeweils ein passendes Synonym ein. Vorschläge für den ersten Abschnitt (Z. 1 bis 4) findest du im Wörterkasten.

oft ▪ manchmal ▪ stets ▪ nie ▪ meistens ▪ vor langer Zeit ▪ vor einem Moment ▪ noch nicht ▪ vorhin ▪ umsonst ▪ wieder ▪ plötzlich ▪ langsam ▪ schnell ▪ gestern

4. Vergleiche die beiden Textabschnitte. Was fällt dir auf?
5. Suche passende Synonyme für die unterstrichenen Wörter im zweiten Abschnitt. Hierfür kannst du Synonym-Vorschläge in Word finden, indem du mit der rechten Maustaste auf das entsprechende Wort klickst, in einem Synonymwörterbuch nachschlagen oder im Internet (z. B. http://www.synonyme.de/ oder https://www.openthesaurus.de/synonyme/) recherchieren.
6. Überlegt, zu welchem Zweck die Verwendung von Synonymen sinnvoll ist.

Info

Synonyme sind unterschiedliche Wörter, die die gleiche oder eine sehr ähnliche Bedeutung haben, z. B. *weich – geschmeidig – flauschig*. Man spricht dabei von Bedeutungsgleichheit (strikter Synonymie), wenn zwei Wörter die gleiche denotative Bedeutung haben und in allen Kontexten austauschbar sind.
Beispiel: *Orange – Apfelsine; Streichholz – Zündholz*
Bei vielen Synonymen ergeben sich (minimale) Bedeutungsunterschiede was den Stil oder die Wertung betrifft, z. B. *Gesicht – Visage – Fresse*. Sie haben eine unterschiedliche Konnotation.
Wörter mit gegensätzlicher Bedeutung bezeichnet man als **Antonyme**, z. B. *klein – groß; Tag – Nacht; öffnen – schließen*.
Manchmal kann das Antonym auch mit Hilfe des Präfixes *un-* gebildet werden: *dankbar – undankbar*.
Die jeweiligen Synonyme und Antonyme gehören immer zu derselben Wortart.

Tipp

Es bleiben Wörter übrig.

Sprachgebrauch und Sprachreflexion

Mythen und Legenden

Rechtschreibung

Das „Geheimnis von Loch Ness"

ACHTUNG: Fehler!

Von dem bedeutensten Seeungeheuer der Welt hat totsicher jeder schon einmal gehört: „Nessie", das Ungeheuer von Loch Ness in Schottland.
Der legenndäre See Loch Ness liegt in den Highlands Schottlands. Er mißt eine Länge von 37 Kilometern und eine Breite von 1,5 Kilometern und ist mit ungefähr 226 Metern auch ungewönlich tief. Morgends bedeckt meißtens Nebel den See, das Ufer ist bewalded und die nächste Stadt liegt in einiger Entfernung. Eigendlich ist das keine spanende Gegend, währen da nicht die misteriösen berichte, die von einem giganntischen Tier erzählen, dass in den Tiefen des Sees lebt. Dadurch erlangte „Loch Ness" Berühmtheit und jeder weis um die Legende von einem rießigen Ungeheuer.
Bereits im Jahr 565 soll die erste dockumentierte Begegnung mit Nessie gewesen sein. Damals hat nähmlich ein Heiliger einem schottischen Mann, der in den See viel, das leben gerettet. Angeblich wollte das Ungeheuer den Mann ferschlingen. Der Heilige hat das Monster in die Flucht geschlagen, indem er ein Kreuz in die Luft zeichnete und heilige Worte aussprach. Vieleicht war dies der Beginn der Legende. Seid diesem Ereigniss gab es immer wieder angebliche Sichtungen von Nessie. Manche halten Nessie für einen sehr großen Fisch, den ihre Grösse soll bis zu zehn Meter betragen. Andere wiedersprechen dieser Anahme und vermuten, das Nessie ein Exemplar der eigentlich lengst ausgestorbenen Plesiosaurier ist. Über die Jahre lies Mann eine ganze Reihe Bilder und Filme von Nessie sammeln und ihr Ruhm wuchs mit jedem neuen „Beweißstück". Obwohl sich die Meisten der Bilder und Filme mit entgültiger Sicherheit als Fälschung heraus gestellt haben, bleibt der Glaube an das Seeungeheuer Namens Nessie weiterbestehen.

Rechtschreibung — Die Rechtschreibstrategien wiederholen

1. In diesen Text haben sich einige Rechtschreibfehler eingeschlichen. Findest du sie?

fehlerhaftes Wort	korrekte Schreibung	Fehlerart	Strategie, die geholfen hätte
...	...	...	...

2. Übernimm die Tabelle in dein Heft und gehe so vor:
- Trage die gefundenen fehlerhaften Wörter in die erste Spalte ein.
- Markiere die Fehler und schreibe die Wörter richtig in die zweite Spalte.
- Finde mit Hilfe der Tabelle heraus, welche Art von Fehler gemacht wurde, und ergänze die Tabelle in Spalte 3.
- Überlege, welche Rechtschreibstrategie dir geholfen hätte, und ergänze das Strategiezeichen in einer weiteren Spalte (Spalte 4).

Fehlerart	Beispiel	korrekte Schreibung
Groß- und Kleinschreibung	abfahrt	Abfahrt
Getrennt- und Zusammenschreibung	fest halten	Festhalten
Silbentrennung	Sek-unden	Se-kun-den
Dehnung	mer	mehr
Schärfung	Zimer	Zimmer
s-Laute (s, ss, ß)	müßen	müssen
das – dass	dass Zimmer	das Zimmer
b/p	blatzen	platzen
d/dt/tt/t	dappen	tappen
ai/ei	ailt	eilt
äu/eu	Mäuterei	Meuterei
e/ä	lesst	lässt
ig/g/k/ch	zufällik	zufällig
f/v/pf	ferloren	verloren
ts/tz/z	Tseit	Zeit
Schreibung von Fremdwörtern	Preri	Prärie

 Ich spreche das Wort langsam und schwinge die Sprechsilben mit. Beim Schreiben kann ich unter dem Wort Schwungbögen anbringen.

 Ich verlängere das Wort. Bei Verben verwende ich den Infinitiv, bei Adjektiven die Steigerungsform und bei Nomen bilde ich den Plural.

 Ich leite das Wort vom Stamm eines anderen Wortes ab.

 Dieses Wort muss ich mir merken. Dazu benutze ich meine Merkwörterkartei.

 Ich erweitere das Wort und baue so einen Treppentext.

Tipp
Erstelle für deine Rechtschreibfehler bei den Aufsätzen einen solchen Analysebogen und übe gezielt noch einmal die Bereiche, in denen du die meisten Fehler gemacht hast.

Das kannst du jetzt lernen!
- Die bereits gelernten Rechtschreibstrategien verlässlich anzuwenden .... S. 257
- Schreibvarianten bei der Groß- und Kleinschreibung sowie bei der Getrennt- und Zusammenschreibung zu kennen .... S. 258
- Deine Kenntnisse der s-Schreibung weiter zu vertiefen .... S. 264
- Fremdwörter richtig zu schreiben .... S. 266
- Die Rechtschreibüberprüfung zu nutzen .... S. 268
- Deine Fehler in der Rechtschreibung zu analysieren .... S. 270

| Verben und Adjektive nominalisieren | Rechtschreibung |

Groß- und Kleinschreibung

Rätsel, Mythen und Legenden

Tipp

Auch Mengenangaben wie *etwas, alles, nichts, viel, wenig, allerlei, genug, manches, einiges* können Signalwörter für eine Nominalisierung sein.

Wir glauben alles zu **wissen**. Doch manchmal reicht unser **Wissen** nicht aus, um alles Mysteriöse erklären zu können. Manches erscheint uns noch immer mysteriös. Wir können uns nicht alles auf der Welt erklären – manchmal fehlt uns (noch) die wissenschaftliche Erklärung dafür. Unsere Erde ist komplett vermessen. Beim Vermessen wurde die Erdoberfläche in ein Koordinatensystem eingetragen, um so ein Grundrissbild der Erdoberfläche zu bekommen. Die Naturgesetze sind für uns nichts Fremdes – sie sind uns vertraut. Wir fliegen in den Weltraum und tauchen in die Tiefen der Ozeane. Bei jedem Flug brauchen wir das Vertrauen in die Technik. Beim Tauchen erfahren wir etwas Neues über Fische, Pflanzen und den Klimawandel. Und doch wissen wir immer noch nicht alles von unserem Erdball. Wir begegnen immer wieder Geschichten von Göttern und Hellsehern, von unerklärlichen Phänomenen und geheimnisvollen Orten. Vieles erscheint uns unmöglich – doch das Unmögliche reizt den Forscher. Überall auf der Welt gibt es solche Orte voller abenteuerlicher Rätsel, Mythen und Legenden. Das Abenteuerliche kann beginnen. Begegnungen mit dem Abenteuerlichen machen neugierig. Einigen von ihnen werden wir bei den folgenden Texten begegnen und hoffen, eure Neugierde geweckt zu haben. Vielleicht für eine nächste Reise.

1. Trage die Wörter, die zweimal vorkommen (einmal kleingeschrieben und einmal nominalisiert) in eine Tabelle ein. Bestimme die Wortart der kleingeschriebenen Wörter.

Kleinschreibung	Wortart	Nominalisierung
... alles zu **wissen**	Verb	unser **Wissen**

2. Bilde fünf Sätze mit nominalisierten Verben und Adjektiven und schreibe sie in dein Heft.
3. Wähle einen der beiden Arbeitsaufträge:
   ▶ Lege eine Folie über den Text und unterstreiche das jeweilige Signalwort für die Nominalisierung.
   ▶ Suche dir drei Nominalisierungen und bilde Treppentexte.

Nachschlagen: Merkwissen → S.308

Legendäre Reiseziele

Von Reisen kann man immer träumen und einige Reiseziele sind so legendär, dass man sie einfach besuchen muss – wenn auch nur im Traum …

- Wenn ich jemanden *französisch* sprechen höre, träume ich vom *Pariser* Eiffelturm und von *pariserischen* Bistros.
- Ich bin voll *guter* Hoffnung, dass ich irgendwann das Kap der *Guten* Hoffnung umsegeln werde.
- Im Winter träume ich im *Bayerischen* Wald von den vielen netten *bayerischen* Biergärten im Sommer.
- Wenn ich einmal das *große* Los ziehe, buche ich sofort einen Shuttleflug zum *Großen* Wagen.
- Ich würde so gerne einmal auf den *Schiefen* Turm von Pisa steigen, denn ich liebe *schiefe* Türme.
- Mit meinen *österreichischen* Bekannten träume ich von den leckeren *wienerischen* Spezialitäten in den *Wiener* Kaffeehäusern.
- Bei einer Tour durch Ostdeutschland würde ich gerne einige *brandenburgische* Städte besuchen und dazu die *Brandenburgischen* Konzerte hören. Kann man eigentlich das *Brandenburger* Tor in *Brandenburg* sehen?
- Auch im Ausland träume ich von den leckeren *Thüringer* Bratwürsten, die es nicht nur bei meinen *thüringischen* Freunden gibt.
- In mancher *stillen* Minute sehne ich mich nach dem *Stillen* Ozean.
- Meine *chinesischen* Freunde empfehlen mir immer einen Besuch auf der *Chinesischen* Mauer – ob's in meinem Leben noch klappt?
- Im *Roten* Meer zu tauchen und dann einem *rot* schimmernden Drachenkopf ganz nahe zu kommen, wäre die Erfüllung all meiner Taucherträume.

1. Begründe die unterschiedliche Schreibweise der Adjektive.
2. Formuliere Schreibregeln: Wie schreibt man Adjektive in Eigennamen? Wie schreibt man Adjektive in geografischen Namen?
3. Schreibe deine eigenen Reiseträume nieder. Benutze dabei Eigennamen und geografische Namen: britische/Britische/Londoner …

Getrennt- und Zusammenschreibung

Drei passen zusammen!

- Ich habe schreckliche Angst.
- Immer geben alle mir die Schuld.
- Ich lege Wert auf gutes Benehmen.
- Lass dir nicht Bange machen.
- Dieses Gesetz besteht zu Unrecht.
- Dir kann man doch kein Leid antun.
- Dein ewiges Gemeckere bin ich leid.
- Das ist mir recht.
- Diese Firma macht wohl auch bald Pleite.
- Jetzt macht er aber Ernst.
- Die Lage wird ernst.
- Ich handle hier nach bestem Recht und Gewissen.
- Du kannst mir keine Angst machen.
- Das darf dir nicht unrecht sein.
- Am Monatsende bin ich immer pleite.
- Sie hat ein großes Unrecht erlitten.
- Du bist schuld.
- Jeder hat selbst Schuld an seinem Unglück.
- Das ist ja eine schöne Pleite.
- Mir ist schon ganz angst und bange.
- Er hat keine Bange.
- Ein Schmuckstück behält immer seinen Wert.
- Ein teures Fahrrad bleibt auch nach Jahren viel wert.
- Mir ist es ernst damit.
- Geteiltes Leid ist halbes Leid.
- In dem Fall möchte ich Recht bekommen.

Angst ▪ angst
Bange ▪ bange
Ernst ▪ ernst
Leid ▪ leid
Recht ▪ recht
Unrecht ▪ unrecht
Pleite ▪ pleite
Schuld ▪ schuld
Wert ▪ wert

1. Die Wörter im Kasten kommen jeweils in drei Sätzen vor. Schreibe die Wendungen heraus und ordne sie nach Groß- und Kleinschreibung.
2. Formuliere eine Schreibregel für die Groß- und Kleinschreibung der Wörter. Tipp: Achte auf die Verben in den Sätzen.
3. Wie würdest du folgende Verbindungen laut deiner Schreibregel schreiben?
   LEID TUN – ERNST NEHMEN – ERNST MEINEN – RECHT GESCHEHEN – RECHT HABEN – RECHT BEHALTEN – PLEITE GEHEN
4. Schlage die Verbindungen im Wörterbuch nach. Was stellst du fest?

Verschiedene Wörterbücher kennenlernen → S. 246 f.

| Rechtschreibung | Subjunktionen und Fügungen mit so unterscheiden |

Auf den Spuren von Siegfried – der Held, Drachentöter und Besitzer des Nibelungenschatzes

Im letzten Schuljahr habt ihr schon viel über Siegfried gelesen. Folgende Satzhälften beziehen sich auf die Jugend und die Lehrjahre des Helden.

Zum Bild:
Benno Führmann kniet als Siegfried in der Neuverfilmung der Nibelungensage nach dem Sieg über den Drachen auf dem Boden.

1 Sobald Siegfrieds Wanderschaft begonnen hatte,

2 Soviel man über Siegfrieds Jugendjahre weiß,

3 Soweit er sehen konnte, saß im Pfuhl ein feuerspeiender Drache,

4 Sofern Siegfried seine unglaubliche Kraft einsetzen konnte,

5 In dem Drachenpfuhl tötete er alle Drachen,

6 Nachdem er den Drachen getötet hatte,

7 Siegfried konnte, solange er im Drachenblut saß, nicht erkennen,

8 Siegfried hielt sich seit dem Moment für unverwundbar,

a ... dass ein Lindenblatt so lange auf seiner Schulter klebte, dass dort kein Drachenblut hingelangen konnte.

b ... indem er ihnen seinen Speer in den Leib rammte.

c ... war ein Sieg über den Drachen nicht mehr so fern.

d ... badete Siegfried im Drachenblut und schaute nicht mehr nach dem Zwergenschmied.

e ... seitdem er in Drachenblut gebadet hatte.

f ... lernte er beim Zwergenschmied Mime so viel über Drachen, dass er in den Drachenpfuhl geschickt werden konnte.

g ... konnte er so bald nicht mehr nach Hause kommen.

h ... die gar nicht so weit von ihm entfernt lagerten.

1. Verbinde die passenden Satzhälften und schreibe die Sätze auf.
2. Erkläre die Getrennt- und Zusammenschreibung der Verbindungen mit *so*, die jeweils in beiden Satzhälften vorkommen.
3. Formuliere Sätze, in denen folgende Verbindungen getrennt und zusammengeschrieben vorkommen:
sodass/so, dass – sooft/so oft – daher/da ... her – sowohl/so wohl.
Diktiere die Sätze deinem Nachbarn.

Tipp

Bestimme die Wortarten.

Aus der griechischen Mythologie: Odysseus und Polyphem

Nach dem gewonnenen Krieg gegen Troja möchte der griechische Held Odysseus in seine Heimat zurücksegeln. Unterwegs muss er jedoch viele Abenteuer bestehen.

Odysseus landete auf einer Insel, die sich aus dem tiefblauen Meer erhob. Sie war dichtbewaldet/dicht bewaldet, an ihren Hängen weideten Schafe und dunkelbraune Ziegen. An einem der steil abfallenden Ufer konnten sie eine dichtbewachsene/dicht bewachsene Felsenhöhle erkennen. An ihrem Eingang hingen blau-weiß-rote Bänder herunter. Odysseus ging mit zwölf seiner tollkühnen Gefährten an Land. Sie trugen Schläuche mit rubinrotem Wein mit sich, die sie auf ihrer Reise erhalten hatten.
Die feuchtwarme Höhle war verlassen, aber sie fanden an einer besonders trockenen Stelle Körbe mit lauwarmer Ziegenmilch und richtig leckerem Käse. In einfach gezimmerten Pferchen standen riesig große Schafe. Hier wohnte der Riese Polyphem, und wie alle Kyklopen hatte er nur ein Auge auf der Stirn. Er war so extrem stark, dass er sogar Felsen durch die Luft schleudern konnte. Die äußerst ängstlichen Gefährten drängten Odysseus, die Höhle schnell zu verlassen. Doch Odysseus war superneugierig und wollte den gemeingefährlichen Riesen kennenlernen.

Bei seiner Rückkehr in die Höhle fand Polyphem die Fremdlinge und wurde BITTER?BÖSE. Mit einem RICHTIG?GROßEN Felsbrocken versperrte er den Zugang zur Höhle und machte so eine Flucht unmöglich. Odysseus verhielt sich UNHEIMLICH?MUTIG und sprach den Riesen mit EXTRA?FREUNDLICHER Stimme an. Doch der DUMM?DREISTE Polyphem lachte nur, packte zwei von Odysseus' Gefährten und fraß sie auf. Mit einem LEISE?SCHMATZENDEN Schnarchen schlief er ein. Odysseus war STINK?SAUER und wollte den Kyklopen sofort KALT?BLÜTIG töten. Doch wer hätte dann den SUPER?SCHWEREN Felsbrocken vom Eingang der Höhle weggerollt? ÄNGSTLICH?ZITTERND warteten sie auf den Morgen.
Wieder verschlang Polyphem HEIß?HUNGRIG zwei der Männer zum Frühstück, trieb seine Herde hinaus und verschloss den Eingang ÄUßERST?SORGSAM mit dem Felsen. Odysseus erdachte derweil einen BRAND?GEFÄHRLICHEN Plan: Von der Keule des Kyklopen, die in der Höhle lag, schlugen sie einen RICHTIG?GROßEN Pfahl ab und bearbeiteten ihn. Als Polyphem heimkehrte, aß er wieder zwei der für ihn LEICHT?VERDAULICHEN Gefährten des Odysseus. Odysseus aber bot ihm von dem VOLL?MUNDIGEN, WÜRZIG?SÜßEN Wein an. SUPER?SCHNELL trank der Riese davon und sprach dann GROß?SPURIG: „Nenne mir deinen Namen, damit auch ich dich bewirten kann." Odysseus antwortete mit TOD?ERNSTER Stimme: „Mein Name ist Niemand. Alle meine Freunde nennen mich Niemand."

| | Rechtschreibung | Verbindungen mit Adjektiv richtig schreiben |

Als der Kyklop sich STOCK**?**BETRUNKEN zum Schlafen niedergelegt hatte, holten die Griechen den Pfahl. Sie steckten die Spitze in die ROT**?**GLÜHENDE Asche, bis sie Feuer fing. Dann stießen sie den Pfahl kräftig in das Auge des Kyklopen. Das UNÜBERHÖRBAR**?**LAUTE Geschrei des VOLL**?**TRUNKENEN Polyphem hallte über die ganze Insel. Die anderen Kyklopen eilten herbei und fragten, was mit ihm los sei. Da rief Polyphem: »Niemand quält mich!« Die Kyklopen lachten nur und gingen davon.

Am nächsten Tag ließ Polyphem FRÜH**?**ZEITIG seine Schafe aus der Höhle heraus. GANZ**?**VORSICHTIG tastete der STOCK**?**BLINDE Riese ihre Rücken ab, um zu prüfen, ob die Fremden auf ihnen fliehen wollten. Doch diese hatten sich unter den Bäuchen der Schafe an das WOLLIG**?**WEICHE Fell geklammert. So täuschte Odysseus den Kyklopen und entkam von seiner Insel.

1. Schreibe aus dem ersten Abschnitt die unterstrichenen Zusammensetzungen mit Adjektiven heraus.
   Ordne sie nach ihrer Schreibung in einer Tabelle.
2. Trage die weiteren markierten Zusammensetzungen mit Adjektiven in deine Tabelle ein. Wende die Betonungsprobe an. Nutze im Zweifelsfall das Wörterbuch.

Kombinationen

Die Bausteine in Kasten 1 verstärken die Bedeutung der Bausteine in Kasten 2. Deshalb werden diese Verbindungen immer zusammengeschrieben.

Kasten 1

bitter- ▪ dunkel- ▪ extra- ▪ hell- ▪ früh- ▪ gemein- ▪ groß- ▪ grund- ▪ lau- ▪ klein- ▪ minder- ▪ super- ▪ tod- ▪ ultra- ▪ ur- ▪ voll- ▪ ganz- ▪ erz- ▪ stock-

Kasten 2

-langweilig ▪ -kalt ▪ -voll ▪ -violett ▪ -ernst ▪ -böse ▪ -rot ▪ -konservativ ▪ -automatisch ▪ -trunken ▪ -klimatisiert ▪ -jährig ▪ -cool ▪ -flach ▪ -kurz ▪ -sicher ▪ -müde ▪ -elend ▪ -fein ▪ -klug ▪ -bemittelt ▪ -taub ▪ -leicht ▪ -warm ▪ -wüchsig ▪ -qualifiziert ▪ -dunkel ▪ -dumm ▪ -alt ▪ -verschieden ▪ -tägig

3. Bilde aus den Bausteinen in Kasten 1 und 2 möglichst viele sinnvolle Zusammensetzungen. Achte darauf, dass du die entstandenen Verbindungen immer zusammenschreibst.
4. Entwerft mit diesen Wörtern kleine Minidiktate, die aus maximal fünf Sätzen bestehen, und diktiert sie euch gegenseitig.

Wörter bilden und verstehen → S. 251 ff.

Rechtschreibregeln

1. Übertrage das Schaubild in dein Heft und ergänze die fehlenden Angaben.

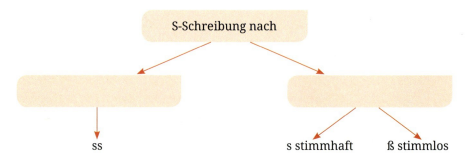

Steinfiguren „Mohai"

Die rätselhaften Steinriesen der Osterinsel sind stumme Zeugen einer wenig bekannten Vergangenheit. Wer hat diese großen Monumentalfiguren gemeißelt? Welche Bedeutung hatten sie? Vermutlich stammen sie von Polynesiern, welche die Insel zwischen dem 4. und 12. Jahrhundert besiedelt haben. Warum aber ist deren Kultur der Osterinsel untergegangen? Als James Cook die Insel besuchte, lagen die meisten Statuen umgeworfen am Boden. Auf der Insel, so heißt es in den Aufzeichnungen, gab es keinen Baum mehr. Die Menschen brannten alle Wälder nieder, um zusätzliche Anbauflächen zu gewinnen. Vielleicht hatte ein Aufstand der Hungernden, bei der am Ende die Ebenbilder der Herrscher zerstört wurden, die alte Kultur zerstört. Andere Quellen nennen ein Seebeben, dessen Flutwellen alles wegschwemmten, als Ursache. Es bleibt ein Rätsel.

2. Markiere alle s-Laute.
3. Sortiere aus dem Text die Wörter mit einem s-Laut den im Schaubild dargestellten Regeln zu.

Nachschlagen: Merkwissen → S. 309

Das oder dass?

- **Das** Lernen in der Schule gefällt mir nicht.
- **Das** langweilige Lernen, **das** mir in der Schule nicht gefällt, trägt seine Früchte.
- **Das** gefällt mir nicht.
- Mir gefällt nicht, **dass** wir in der Schule Rechtschreibung lernen müssen.

1. Erkläre mit Hilfe der Beispielsätze die Schreibung von *das* und *dass*.
2. Erstelle einen Spickzettel zum Gebrauch von *das* und *dass*.
3. Entscheide beim folgenden Text, ob du *das* oder *dass* einsetzen musst. Schreibe jeweils hinter das eingesetzte Wort, um welche Wortart es sich handelt. Du kannst deinen Spickzettel nutzen.

Tipp

Denke an die Ersatzprobe.

Abendstimmung am Uluru

Der zentrale Begriff der Mythologie der Aborigines in Australien ist die Traumzeit. Heutzutage weiß man, **?** für die Aborigines die Traumzeit, die spirituelle und moralische Ordnung des Kosmos darstellt. Die Traumzeit begründet die ungeschriebenen Gesetze der Aborigines. **?** Leben nach diesen Gesetzen ist für
5 die Ureinwohner Australiens Pflicht. Manifestiert wird diese Traumzeit in geografischen Landmarken wie etwa dem Uluru, bei uns auch bekannt als **?** Wahrzeichen Australiens: der Ayers Rock. Seit rund 65 Millionen Jahren steht dieser Sandsteinfelsen im sonnenverbrannten Nichts Zentralaustraliens, **?** von vielen Besuchern jedes Jahr aufgesucht wird. Für die Anangu, die Aborigines, die seit
10 Tausenden Jahren hier leben, ist Uluru ein heiliger Ort. **?** dieser Ort bewahrt werden muss, ist für uns heute eine Selbstverständlichkeit. **?** Bewahren von heiligen Orten muss jede Nation als ihren Auftrag ansehen und **?** muss von der Regierung auch gefördert werden. Die Entstehung wird durch den Kampf zwischen Kuniya, einer Python-Schlangenfrau, mit einer giftigen Liruschlange er-
15 klärt. Mit einem Stock tötete Kuniya die andere Schlange und bewacht bis heute die Felsen. **?** ist die Geschichte, die dahinter steht. Die tödlichen Verletzungen sind noch heute am Uluru sichtbar. **?** Verletzungen vorkommen, **?** ist bei vielen Naturvölkern
20 selbstverständlich. Alle Wesen der Traumzeit liebten und bekämpften sich und ihre Spuren haben sich in die Felsen eingeprägt. Jede Höhle, jede Schlucht
25 und jede Felsformation hat ihren Ursprung in der Schöpfungsperiode.

Nachschlagen: Merkwissen → S. 309

Fremdwörter richtig schreiben | **Rechtschreibung**

Wo kommen die Fremdwörter her?

Die meisten Fremd- oder Lehnwörter im Duden stammen aus dem Lateinischen, Griechischen, Englischen oder Französischen. Aber es gibt auch ein paar ganz alltägliche Wörter, deren Herkunft exotischer ist. Ein paar Beispiele:

[1] **Guarani** = verbreitet in Paraguay, Brasilien, Argentinien

Ananas → Guarani[1]   Joghurt → Türkisch   Marmelade → Portugiesisch
Loipe → Norwegisch   Schokolade → Aztekisch   Vampir → Serbokroatisch

1. Recherchiere weitere Beispiele für exotische Fremdwörter.

Bereits im 17. Jahrhundert hat man versucht, Fremdwörter zu verdeutschen. Manche dieser Eindeutschungen haben sich durchgesetzt, andere wiederum nicht.

■ Lateinisch
◆ Griechisch
○ Tschechisch
● Arabisch

Herkunft	Fremdwort	deutsches Wort	Versuch erfolgreich? ja	nein
■	Adresse	Anschrift	x	
■	Altar	Kirchentisch		x
■	Apposition			
◆	Botaniker			
■	Devise			
◆	Elektrisierung	Blitzfeuerregung		
■	Fenster	Tageleuchter		
■	Fundament			
■	Mortalität			
■	Natur	Zeugemutter		
◆	Parodie			
■	Passion			
◆	Patriot			
○	Pistole	Meuchelpuffer		
■	Rezension			
●	Sofa	Lotterbett		
■	Supplikant			
■	Zirkulation			

Tipp

Ist dir ein Wort unbekannt, schlage es in einem Fremdwörterbuch nach.

1. Ergänze für jedes Fremdwort ein deutsches Wort.
2. Entscheide im Anschluss, ob die Eindeutschung gelungen ist oder nicht.
3. Überlege mögliche Ursachen, warum bei manchen Wörtern die Eindeutschung gelungen ist und bei manchen nicht.

Fremdwörter richtig verwenden → S. 245

Knifflige Pluralformen im Deutschen

In den beiden Fremdsprachen Französisch und Englisch wird der Plural durch einfaches Anhängen von -s gebildet – von einigen wenigen Sonderfällen abgesehen. Im Deutschen jedoch gibt es viele Möglichkeiten.

1. Finde für folgende Möglichkeiten zur Pluralbildung im Deutschen jeweils ein Beispiel.

unverändert	mit -er
mit Umlaut	mit -er + Umlaut
mit -e	mit -se
mit -e + Umlaut	mit -ten
mit -n	mit -s
mit -en	

2. Bilde bei den folgenden Fremdwörtern den Plural und ergänze auch den Artikel. Achtung: Bei manchen Nomen gibt es auch mehrere Möglichkeiten!

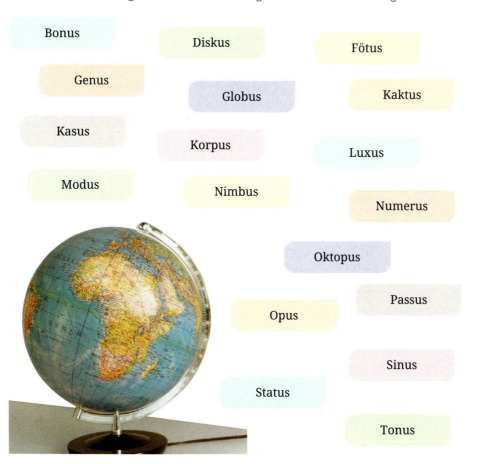

Bonus, Diskus, Fötus, Genus, Globus, Kaktus, Kasus, Korpus, Luxus, Modus, Nimbus, Numerus, Oktopus, Opus, Passus, Sinus, Status, Tonus

Info

Die Vielfalt der **Pluralformen** ist bei Wörtern, die auf -us enden, besonders groß.
- Manche sind unzählbar und stehen gar nicht im Plural: *Exitus*.
- Der Plural kann sich auch wie der Singular schreiben, wobei das -us lang gesprochen wird: *Lapsus*.
- Weitere Pluralformen enden auf -i, -en, -usse, -era, -een oder -oden: *Turnus* → *Turnusse*.
- Manchmal sind auch zwei Pluralformen möglich: *Fötus* → *Föten/Fötusse*.

Fremdwörter richtig verwenden → S. 245

Das Rechtschreibprogramm des Computers nutzen | Rechtschreibung

Der Dreamcatcher – eine indianische Legende

Wenn man einen Text am Computer tippt, kann man das Rechtschreibprogramm nutzen, um Fehler zu finden und zu verbessern.

Der Dreamcatcher – eine indianische Legende

Vor langer Zeit begab sich ein alter spirituraler Führer der Lakota-Sioux auf einen hohen Berg. Dort hatte er eine Vision: Ihm erschien Iktomi, der große Trixer und Lehrer der Weißheit, in Gestallt einer Spinne.
Iktomi sprach zu dem ältesten in einer Sprache die nur die geistichen Führer der Lakota verstehen konnten. Während er sprach, nahm Iktomi, die Spinne einen Weidenreifen, der mit Federn besetzt war einige Pferdehaare, Perlen und Opfergaben udn begann, eine Netz zu spinnen. Er sprach zu dem Ältesten über die Lebens zyklen: wier beginnen unser Leben als Säuglinge, bewegen und weiterzur Kindheit und dann zum Erwachsenealter. Schließlich erreichen wir das Alter, wo für den Zyklus vervollständigen.
»Aber«, sagte Iktomi, während er vortfuhr, sein Netz zu spinnen, „in jeder Zeit des Lebens begegnen uns gute und schlechte Kräfte. Wenn Du den guten Kräften zuhörst, werden sie dich in die richtige Richtung lenken. Hörtst du aber auf die schlechten Kräfte, werden sie Dich ferletzen und fehleiten."
Als Iktomi seine Erläuterugnen bendet hatte, gab er dem ältesten das Netz und sagte: „Schau, das Netz ist ein vollkommener Kreiß, aber da ist ein Loch im Zentrum des Kreises. Benutze das Netz, um dir und Deinem Stamm zu helfen, eure Ziele zu ereichen. Wenn du an den Großen Geist glaubst, wird das Netz deine wertvollen Ideen einfangen, während die schätlichen durch das Loch verschwinden."
Der Lakota-Älteste gab seine Vision an sein Volk weiter, und nun gebrauchen die Sioux-Indianer den Dreamcatcher als Netz des Lebens: Der Dreamcatcher wird über dem Bett aufgehängt, um die Träume zu sieben. Das gute der Träume wird im Lebensnetz gefangen und begleitet einen – aber das Böse rinnt durch das Loch im Zentrum und ist nicht länger ein Teil des Lebens. Die Sioux glauben, daß der Dreamcatcher ihre Zukumft entscheidet.

Rechtschreibung | **Das Rechtschreibprogramm des Computers nutzen**

Der Dreamcatcher – eine indianische Legende

Vor langer Zeit begab sich ein alter, spiritueller Führer der Lakota-Sioux auf einen hohen Berg. Dort hatte er eine Vision: Ihm erschien Iktomi, der große Trickser und Lehrer der Weisheit, in Gestalt einer Spinne.
Iktomi sprach zu dem Ältesten in einer Sprache, die nur die geistigen Führer der Lakota verstehen konnten. Während er sprach, nahm Iktomi, die Spinne, einen Weidenreifen, der mit Federn besetzt war, einige Pferdehaare, Perlen und Opfergaben und begann, ein Netz zu spinnen. Er sprach zu dem Ältesten über die Lebenszyklen: Wir beginnen unser Leben als Säuglinge, bewegen uns weiter zur Kindheit und dann zum Erwachsenenalter. Schließlich erreichen wir das Alter, wo wir den Zyklus vervollständigen.
„Aber", sagte Iktomi, während er fortfuhr, sein Netz zu spinnen, „in jeder Zeit des Lebens begegnen uns gute und schlechte Kräfte. Wenn du den guten Kräften zuhörst, werden sie dich in die richtige Richtung lenken. Hörst du aber auf die schlechten Kräfte, werden sie dich verletzen und fehlleiten."
Als Iktomi seine Erläuterungen beendet hatte, gab er dem Ältesten das Netz und sagte: „Schau, das Netz ist ein vollkommener Kreis, aber da ist ein Loch im Zentrum des Kreises. Benutze das Netz, um dir und deinem Stamm zu helfen, eure Ziele zu erreichen. Wenn du an den Großen Geist glaubst, wird das Netz deine wertvollen Ideen einfangen, während die schädlichen durch das Loch verschwinden."
Der Lakota-Älteste gab seine Vision an sein Volk weiter, und nun gebrauchen die Sioux-Indianer den Dreamcatcher als Netz des Lebens: Der Dreamcatcher wird über dem Bett aufgehängt, um die Träume zu sieben. Das Gute der Träume wird im Lebensnetz gefangen und begleitet einen – aber das Böse rinnt durch das Loch im Zentrum und ist nicht länger ein Teil des Lebens. Die Sioux glauben, dass der Dreamcatcher ihre Zukunft entscheidet.

1. Vergleiche den Screenshot mit dem korrigierten Text. Welche Fehler erkennt das Rechtschreibprogramm?

2. Seht euch den Text noch einmal genauer an. Einige Rechtschreibfehler wurden von der Rechtschreibhilfe nicht erkannt. Sucht diese und versucht zu erklären, warum das Rechtschreibprogramm diese nicht gefunden hat.

3. Erarbeitet einen Stichwortzettel für einen Kurzvortrag zum Thema: Chancen und Grenzen der Rechtschreibhilfe eine Textverarbeitungsprogramms.

| Rechtschreibfehler analysieren | Rechtschreibung |

Der Mythos Titanic

unsinkbar: Bei diesem Wort kann man die Schreibung klären, wenn man es langsam und deutlich spricht und in Sprechsilben zerlegt:

Unglück: das tragische, das tragische, unvorhersehbare Unglück
Ich kann einen Treppentext bauen → Nomen:

Vorahnungen: muss man sich einprägen

Träume: kommt von Traum, also Schreibung mit äu

genoss: so kann man den Doppelkonsonanten hörbar machen:

Am 14. April 1912 – vor fast genau hundert Jahren – sank das als **unsinkbar** geltende Kreuzfahrtschiff „Titanic" auf seiner **Jungfernfahrt**, nachdem es mit einem Eisberg kollidiert war. 1504 von 2208 Menschen, die sich an Bord befunden hatten, starben. Jeder kennt die Geschichte ... Was nur wenige wissen, ist, dass schon vor dem **Unglück** einige Menschen zum Teil sehr detaillierte **Vorahnungen** der Katastrophe hatten. Es geht dabei um Geschichten, die vor der **Abfahrt** des Luxusliners von diversen Autoren verfasst wurden und erschreckend dem ähnelten, was später tatsächlich mit der „Titanic" passierte. Außerdem gab es **Träume** von Angehörigen einiger Passagiere und der Mannschaft, die genau zu dem Zeitpunkt geträumt wurden, als der Ozeanriese **schließlich** sank.

Ein Beispiel für so eine mysteriöse **Vorahnung** ist der englische Journalist W. T. Stead. Er war einer der Passagiere der „Titanic". Bevor er die **Reise** antrat, überfiel ihn die Gewissheit, dass er auf See sterben würde. Als er seine **Angst**, auf der **aufwändig** gebauten „Titanic" zu reisen, äußerte, glaubte ihm niemand. Obwohl er seinen eigenen Tod voraussagte, ging er an Bord. Er hatte sich mit seinem Schicksal abgefunden. Überlebende Augenzeugen berichteten später, dass Stead, als das Schiff sank, in aller **Seelenruhe** ein Glas Champagner **genoss** und sich nicht einmal **bemühte**, die Katastrophe irgendwie zu überleben.

Solche Geschichten trugen dazu bei, dass sich um die **Fahrt** und das Wrack der „Titanic" noch heute zahlreiche Mythen ranken.

1. Erkläre bei den weiteren rot markierten Wörtern ebenfalls, wie dir die jeweilige Strategie hilft, die richtige Schreibung zu ermitteln.
2. Finde für jede Strategie vier weitere Beispielwörter heraus.

Willy Stoewer: Der Untergang der Titanic in der Nacht vom 14. zum 15. April 1912

Übungsdiktate zur Groß- und Kleinschreibung

Die folgenden Diktate enthalten gehäuft schwierige Fälle der Groß- und Kleinschreibung.

Die Poleposition

Der Begriff „pole" stammt aus dem Englischen und heißt im Deutschen „Pfosten". Das Seltsame daran ist, dass bei Autorennen der erste Platz die Poleposition ist. Beim Lesen fragt sich jeder, was der Erste mit dem Pfosten zu tun hat. Man ist sich darüber im Klaren, wenn man weiß, dass der englische Begriff aus dem Galoppsport kommt. Die Rennbahn ist im Allgemeinen mit Pfosten vom Raum im Inneren abgetrennt. Das innen startende Pferd läuft am engsten an diesen Pfosten vorbei. Sein Vorteil ist der kürzere Weg gegenüber dem längeren der außen Laufenden. *(93 Wörter)*

Die Kandahar-Abfahrt

Kandahar ist eine Stadt im bergigen Afghanistan. In Skiorten in den Bayerischen oder Schweizer Alpen finden Kandahar-Abfahrten statt. Dieser Name geht im Einzelnen zurück auf die britische Kolonialpolitik. Ein britischer Offizier siegte im Zweiten Afghanischen Krieg in der Nähe Kandahars und in Bezug darauf erhielt er den Beinamen „Robert of Kandahar". Des Weiteren stiftete dieser Offizier 1911 beim ersten alpinen Abfahrtslauf im schweizerischen Montana einen Wanderpokal. Kandahar wurde so zum Synonym für alle Abfahrtsrennen. Das erste Kandahar-Rennen fand 1928 im österreichischen Sankt Anton statt. Nach dem Zweiten Weltkrieg folgten weitere Orte. *(93 Wörter)*

> **Tipp**
>
> Vielleicht ist der Name „Kandahar" nicht bekannt? Dann hilf deinem Partner und buchstabiere ihn!

Die Marathonstrecke

Die Marathonstrecke als olympische Disziplin geht zurück auf den Lauf eines griechischen Boten. Er rannte 38 Kilometer von Marathon nach Athen, um den Sieg der griechischen Truppen über die persischen zu verkünden. Das englische Königshaus ist schuld daran, dass die Marathonstrecke heute 42 195 m lang ist. Im Jahr 1908 fanden die Olympischen Spiele in London statt. Die englische Königin legte Wert darauf, dass der Marathonlauf vor ihrem Fenster begann und an ihrer Loge im Stadion endete, und die Organisatoren entsprachen den Bitten der Königlichen Hoheit. Seitdem liegt diese Distanz der Marathonstrecke als Maßstab zu Grunde. *(96 Wörter)*

3. Diktiert euch diese Diktate als Partnerdiktate.
4. Überprüft anschließend gegenseitig eure Diktate, indem ihr sie verbessert.
5. Sucht nach der jeweiligen Rechtschreibregel eurer Fehler und tragt sie in den Fehleranalysebogen ein.

TESTE dich

Überprüfe dein Wissen und Können, indem du hier die Testaufgaben bearbeitest.

Ich kann ...	Können	Hilfe	Training
Nominalisierungen erkennen und begründen.	😄😕😳	S. 258	S. 273

Testaufgabe 1
Begründe die Schreibung der unterstrichenen Wörter.

> Das <u>Interessante</u> an den Ureinwohnern Hawaiis ist beispielsweise, dass sie sich Delfine tätowiert haben, um beim <u>Schwimmen</u> die Haie abzuschrecken. In einigen Völkern wird dieses Verfahren nicht nur zum <u>Schmücken</u> des Körpers genutzt. Die Personen glauben dann, das gewisse <u>Etwas</u> zu haben, um andere Menschen zu beeindrucken.

Ich kann ...	Können	Hilfe	Training
richtige Groß- und Kleinschreibung bei Eigennamen anwenden.	😄😕😳	S. 259	S. 273

Testaufgabe 2
Entscheide dich für die richtige Schreibweise und begründe diese bei den folgenden Eigennamen.

> a/Aristotelische Logik   c/Chinesische Seide   s/Schweizerische Uhrenindustrie
> w/Wiener Kaffeehäuser   b/Böhmische Dörfer   o/Ohmsche Gesetz

Ich kann ...	Können	Hilfe	Training
begründen, warum Wörter getrennt oder zusammengeschrieben werden.	😄😕😳	S. 260 ff.	S. 273

Testaufgabe 3
Begründe die Schreibweise der folgenden Wörter.

> Ich **durchlaufe** ein Auswahlgespräch. Ich bin **durch** die Eingangshalle **gelaufen**.
> Die Richterin hat ihn **freigesprochen**. Sie hat dabei **frei gesprochen**.
> Hat sie **schwarzgearbeitet**?
> Ich bin **Schlittschuh gelaufen**.

Ich kann ...	Können	Hilfe	Training
das **und** ***dass*** **unterscheiden.**	😄😕😳	S. 265	S. 273

Testaufgabe 4
Setze *das* oder *dass* ein und begründe die Schreibung.

> Das Mädchen, ? ich um Urlaub kennengelernt habe, schreibt mir regelmäßig Nachrichten.
> ? ? Mädchen regelmäßig schreibt, ? erfreut mich sehr.

TRAINING

So kannst du dein Wissen anwenden und deine Fähigkeiten trainieren:

Die Königin von Saba

Die Königin von Saba ist eine **b/Biblische Gestalt**, die im 10. Jahrhundert vor Christus eine Reise zum Hof König Salomons in Jerusalem unternommen haben soll. Außer im **a/Alten Testament**, der frühesten schriftlichen Erwähnung, erscheint sie auch im Koran und in äthiopischen Legenden. Ob ihr Reich tatsächlich in der Region um Aksumin gelegen hat, ist ebenso ungeklärt wie die Frage, ob die **l/Legendäre Königin** wirklich gelebt hat. Heute ist Aksum vor allem wegen seiner bis zu dreißig Meter hohen Stelen berühmt. Auch sie bleiben ein Rätsel. Aus einem einzigen Stück Granit gehauen, dienten sie wahrscheinlich dem **k/Krönen** von Gräbern. Beweise dafür gibt es keine. Das **b/Bewahren** und **b/Beschützen** des Glaubens war für die **ä/Äthiopischen Kaiser** oberstes Ziel.

> **1.** Entscheide dich bei den markierten Wörtern für die richtige Groß- und Kleinschreibung.

Der Machu Picchu

Machu Picchu, „Alter Gipfel" ist eine der größten Touristenattraktionen in Südamerika. Täglich besuchen mehr als 2.000 Personen die Sehenswürdigkeit – und das obwohl es im Juli in der Nacht BITTER?KALT, nämlich an die null Grad, werden kann. Die UNESCO fordert eine Reduktion, um das Kulturerbe nicht zu gefährden und wehrt auch sich vehement gegen den geplanten Bau einer Seilbahn nach Machu Picchu, die den Touristenstrom weiter ansteigen ließe. Die Touristen sollen dort nicht verweilen, SPAZIEREN?GEHEN und in ein mögliches Restaurant EIN?KEHREN. Ganz reale Probleme in einem Welterbe mit SO?VIELEN Rätseln, Mythen und Legenden. Über die Stadt existieren keine Überlieferungen, weshalb nur Vermutungen NACH?DEM Alter angestellt werden können. NACH?DEM die Forscher intensiv gegraben haben, geht man heute davon aus, dass die Stadt bis zu 4.000 Einwohner hatte und Mitte des 15. Jahrhunderts gebaut wurde. Auch das Ende von Machu Picchu ist bis heute ungeklärt. Ob ein anderes Volk an der Stadt RACHE?NEHMEN wollte? Vermutlich war mit dem Zusammenbruch des Inkareichs auch der Untergang dieser Stadt unabwendbar. Dann holte sich der Urwald die Häuser, Tempel und Mauern zurück. Die Inka-Stadt Machu Picchu fiel in einen dreihundertjährigen Schlaf. Viele Touristen besuchen heute FREUDE?STRAHLEND dieses Weltkulturerbe.

> **2.** Überlege, wie die richtige Schreibung der markierten Wörter aussehen muss.

Der Scho? von Mutter Erde

Da? Tal der Vézère, da? im Zentrum Frankreichs liegt, ist ein Paradie? für Archäologen. Die Schmelzwa?er der Gletscher höhlten den Kalksandstein so aus, da? ein natürlicher Schutz für die vielen Höhlen entstand. 1940 entdeckten einige Kinder beim Waldspaziergang die Höhlen von Lascaux. Da? sie dort die ältesten Höhlenzeichnungen der Welt fanden, obwohl da? Gebiet läng?t als erforscht galt, lie? nicht nur sie staunen. Heute spricht man von einem Wunder oder der „Sixtinischen Kapelle" der Vorgeschichte. Unzählige Malereien von Tieren und Menschen illu?trieren da? Leben zur damaligen Zeit. 1970 erhob die UNESCO den historisch wertvollen, etwa 40 Kilometer langen Flu?abschnitt zum Weltkulturerbe.

> **3.** Setze den richtigen s-Laut ein.

Sprachgebrauch und Sprachreflexion

Rollenbilder

Sprache und Identität

Video- und Computerspiele üben eine enorme Anziehungskraft auf Menschen nahezu aller Altersklassen aus, unabhängig von ihrem Bildungsstand, ihrem Einkommen und ihrer Lebenssituation. Doch obwohl Statistiken besagen, dass nur etwa die Hälfte der Spielerschaft männlich ist, gilt das Medium noch immer als Männerdomäne. Wie sieht es in eurer Klasse aus?

1. Macht eine Umfrage in eurer Klasse:
- Wer spielt regelmäßig Computerspiele?
- Welche anderen Familienmitglieder spielen regelmäßig solche Spiele?
- Welche Art von Spielen bevorzugt ihr?
- Wie beurteilt ihr die Darstellung von Männern und Frauen in diesen Spielen?

Wertet eure Ergebnisse aus und stellt sie in einer geeigneten Form dar.

Games sind schon lange keine reine Männerdomäne mehr – und doch werden Frauen in Computerspielen klischeehaft dargestellt.

Let's Play, Klischees & Vorurteile: Im Gespräch mit YouTuberin Kupferfuchs

spielbar: Gaming gilt häufig als von Männern dominiertes Feld – auch wenn Statistiken zeigen, dass es gegenläufige Trends gibt. Was sind deine Erfahrungen mit Stereotypen? Und was kann man deiner Meinung nach tun, um diesen Klischees entgegenzuwirken?

Nadine: Ich habe in meinem Freundeskreis insgesamt tatsächlich mehr weibliche Zockerfreundinnen als männliche Zockerfreunde. Ich denke auch, dass die Branche „Gaming" mittlerweile gar nicht mehr so eine Männerdomäne ist, wie sie vielleicht mal war, der Unterschied ist allerdings, dass viele weibliche Zockerinnen oft für sich bleiben und weniger Outgoing sind als die männlichen Kollegen. Ein Grund dafür dürfte der angesprochene Punkt mit den Klischees sein – als Frau hat man es je nach Plattform immer noch schwer, als „Gamerin" akzeptiert zu werden.
Man erlebt oftmals unpassende Kommentare oder wird von vornerein als schlechter als das männliche Gegenstück eingestuft.
Wichtig ist, dass solche Klischees endlich aus den Köpfen der Leute verschwinden und ich denke, dass die Zeit das mit sich bringen wird. Natürlich wird es immer Mädchen geben, die denken, dass ein Bikini die passende Bekleidung für einen LoL-Live-Stream ist, aber wenn man sich links und rechts ein bisschen umschaut, wird man sehr schnell merken, dass es schon eine Menge sehr unterhaltsamer und guter Let's-Playerinnen gibt. Ich denke, diese werden es auch schaffen, einfach mit ihrer Persönlichkeit, die Klischees nach und nach entstauben zu lassen.

1. Lies den Test und beantworte danach die Frage, was man unter einem Klischee oder klischeehaft versteht. Notiere dir eine Definition in dein Heft.
2. Kläre mit einem Partner die Bedeutung weiterer Fachbegriffe im Text.
3. Fasst mit eigenen Worten zusammen, wie die YouTuberin Nadine den Umgang mit Klischees im Zusammenhang mit Computerspielen beurteilt.

Das kannst du jetzt lernen!

- Fachbegriffe zu klären .... S. 275
- Ein Diagramm und Testberichte auszuwerten .... S. 276
- Ein Projekt durchzuführen .... S. 278
- Zeichen als Form von Sprache zu begreifen .... S. 279
- Sachtexte zum Thema „Kommunikation" zu lesen und zu verstehen .... S. 281

Rollenbilder untersuchen

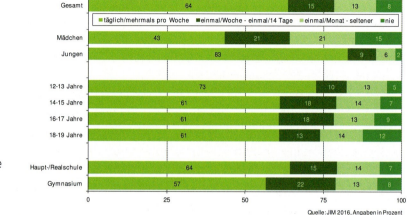

1. Werte das Diagramm aus und achte besonders auf das Verhältnis von Jungen und Mädchen.
2. Diskutiert: Ist es gerechtfertigt, dass Computerspiele hauptsächlich das männliche Geschlecht authentisch (= echt) darstellen?

Auf spielbar.de wurden die drei folgenden Computerspiele getestet:

Ein typisches Frauenspiel: „Lady Popular"

Eine pinkfarbene Spielumgebung, eine hübsche Frau mit Topmaßen und der Schriftzug „Hier dreht sich alles um dich: deine Mode, deine Frisuren, dein Make-up und vieles mehr." So präsentiert sich „Lady Popular", ein Browsergame, in dem die Spielenden in die Rolle einer jungen Frau schlüpfen, deren tägliche Bedürfnisse stillen und sie zu einer populären Lady formen. Das Spielziel laut Hersteller: eine „intelligente, talentierte und erfolgreiche Frau werden". Das steht im Widerspruch zum eigentlichen Spiel, besteht doch der Großteil der Handlungsmöglichkeiten darin, das Erscheinungsbild der eigenen Lady zu verändern. Und auch sonst wirft das Spiel ein sehr einseitiges Licht auf die Lebensziele eines Mädchens. Die Spielenden adoptieren ein Haustier, organisieren Gartenpartys, dekorieren ihre Wohnung – alles unter dem Motto „Glamour is Everything" (Glanz und Glitzer ist alles). Zwar besteht auch die Möglichkeit, einen Job zu erlernen und auszuführen, hier stehen allerdings typisch weibliche Berufe zur Wahl wie Friseuse, Krankenschwester oder Model. Bei Geldmangel empfiehlt das Spiel, sich einen festen Freund zuzulegen. Dieser „Boyfriend" bringt den Spielenden und ihrer Lady ein tägliches Einkommen, ohne dass sie selbst etwas dafür tun müssen.

Ein typisches Jungenspiel: „Fire Emblem Fates"

In dem Spiel „Fire Emblem Fates" geht es um zwei verfeindete Königreiche, Hoshido und Nohr. [...] Als Teil der Nohr-Familie durchschreitet man mit seinem selbst erstellten Charakter viele Kämpfe. In den Gefechten muss man sehr strategisch vorgehen, damit man seine Einheiten nicht verliert. Neben den Kämpfen hat das Spiel auch eine Handlung der verschiedenen Charaktere, in welcher man viel über sie erfährt.

Am Anfang gestaltet man den eigenen Charakter. Man wählt das Geschlecht, die Haarfarbe, die Frisur und unter anderem auch, in welcher Fähigkeit der Charakter gut ist und in welcher er dies eher nicht ist. Der eigene Charakter führt einen durch das Spiel. Man lernt dabei viele Charaktere kennen. Elise, Camilla, Xander und Leo sind die Geschwister in der Familie der Nohr, die Adoptivfamilie, für die man sich nach Kapitel 5 entscheiden kann. [...]

Die Ziele der einzelnen Missionen sind unterschiedlich. Mal muss man alle gegnerischen Einheiten besiegen, mal eine bestimmte Einheit besiegen, mal ein Feld für eine bestimmte Anzahl an Runden verteidigen. [...] Wenn man einen Gegner besiegt, bekommt der Charakter, welcher diesen besiegt hat, Erfahrungspunkte. Bei 100 Erfahrungspunkten steigt das Level an und man steigert die Fähigkeiten dieses Charakters. Hat man sein Ziel für diese Mission erfüllt, kommt es zu Dialogen zwischen unterschiedlichen Charakteren und der Handlungsstrang geht weiter.

Ein Spiel für Jungen und Mädchen: „Mount & Blade: Warband"

„Mount & Blade: Warband" ist ein alternatives Rollenspiel mit vielen Strategieelementen und einer offenen Spielwelt. Wie in vielen anderen Spielen ist es die Aufgabe der Spielenden, eine Armee aufzustellen und möglichst jeden Teil der spielbaren Welt zu erobern. Was das Spiel grundsätzlich von anderen unterscheidet, ist die Spielperspektive. Man selbst ist als Feldherr oder -herrin ein Teil der Armee und reitet mit in die Schlacht. Es gilt, eine eigene Armee sowohl zu verwalten, als auch in der Schlacht zu kommandieren.

Man muss immer im Hinterkopf behalten, dass man die Soldaten zufrieden halten muss, sei es der Sold oder die Verpflegung. Wie in der Realität kommt es auf eines an: Geld. Kein Geld, kein Sold und keine Verpflegung und das heißt keine Soldaten. Die Wahl der Einheiten ist den Spielenden überlassen, die drei Haupteinheiten einer Armee stellen die Schützen, die Kavallerie und die Fußsoldaten. Diese wiederum gliedern sich in kleinere Untergruppen wie zum Beispiel bei der Kavallerie leichte „Renner" und schwere „Ritter". Das Einheitensystem hängt mit den einzelnen Königreichen zusammen. Es gibt die Rhodocks mit den besten Lanzenkämpfern, die Kherghiten mit den schnellsten und besten berittenen Bogenschützen, die Nord mit den besten gepanzerten Fußsoldaten, die Vaegir mit den besten Bogenschützen und die Swadia mit der besten schweren Kavallerie. Möchte man nun zum Beispiel eine Einheit swadischer Ritter in seiner Armee, dann geht man zum nächsten swadischen Dorf und rekrutiert Landsmänner. Diese gewinnen an Erfahrung in gewonnenen Schlachten und steigen bis zum swadischen Ritter weiter auf.

Ein Projekt zu Rollenbildern in Computerspielen durchführen | Sprache und Identität

Info

Jedes Computerspiel wählt eine bestimmte **Spielerperspektive**, die den Spieler das Geschehen nahebringt. Wichtig ist hierbei, aus welcher Kameraperspektive die Handlung in den Computerspielen gezeigt wird. Man unterscheidet:
Bei der **Egoperspektive** oder Ich-Perspektive erfolgt die Darstellung der Spielwelt durch die Augen der Spielfigur. Diese Kameraperspektive ermöglicht, dass der Spieler scheinbar selbst die Position der Spielfigur einnimmt, anstatt sie von außen zu steuern.
Bei der **Third-Person-Perspektive** befindet sich der Punkt, an dem der Spieler in die Szenerie blickt, außerhalb der gesteuerten Spielfigur und die Spielfigur ist selbst im Bildausschnitt zu sehen.

Das Spiel ist sehr auf den individuellen Geschmack der Spielenden abgestimmt, denn er zeigt ganz eindeutig, wo es langgeht. Das zeigt sich gleich in der Charaktererstellung. Man wählt Geschlecht, Herkunft, Beruf, Gesinnung und Gründe für das Kommen nach Calraldia aus, dann erst geht es an das Aussehen. Trotz der etwas älteren Grafik des Spiels sind die Möglichkeiten bei der Festlegung des Äußeren zahlreich.

25

3. Erarbeite aus den Testberichten, was ein typisches Jungen- und ein typisches Mädchencomputerspiel ausmacht. Erstelle eine Tabelle.
4. Diskutiert, ob die Spielperspektive wichtig ist, damit Jungen oder auch Mädchen das Spiel spielen.

Projekt: **Gibt es geschlechterneutrale Computerspiele?**
Im Folgenden findest du allgemeine Fragen, wie du untersuchen kannst, ob ein Computerspiel deiner Wahl gender-faire (geschlechterneutral) aufgebaut ist.
Schau dir hierzu das Computerspiel anhand der folgenden Fragen an und mach dir Notizen. Im Anschluss daran diskutierst du deine Aufzeichnungen mit deinem Partner. Nach der Vorstellung in der Klasse kommt ihr zu einem abschließenden Urteil: Ist das Computerspiel geschlechterneutral?

▸ Welche Spielfiguren kommen im Computerspiel häufiger vor? Frauen oder Männer?
▸ Wer spielt die Hauptrolle? Welches Geschlecht hat/haben diese Figur/-en?
▸ Wen gibt es in den Nebenrollen? Welches Geschlecht haben sie?
▸ Mit welchen Attributen sind die Rollen ausgestattet (Interessen, Fähigkeiten, Kompetenzen ...)?
▸ Formen sie stereotype Rollenbilder?
▸ Um was geht es in dem Computerspiel? Nenne das Thema.
▸ Technik, Naturwissenschaft und Autorennen für die Jungs; Tiere, Babypflege und Mode für die Mädchen: Gibt es Ausnahmen von diesen Stereotypen?

Tipp

Eine stereotype Rollenverteilung in unserer Gesellschaft ist z. B., dass sich eine Frau um das Haus kümmern muss oder ein Mann immer stark ist.

Zeichensprachen

Hieroglyphen von heute

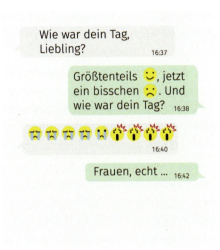

> **Tipp**
>
> Informiere dich über Hieroglyphen im Internet.

1. Kannst du mit Hilfe der Überschrift zwischen den beiden Texten einen Zusammenhang herstellen?

Emojis

Emojis, die kleinen Gesichter und Zeichen auf der Handytastatur, gibt es seit den späten 1990er-Jahren. Zunächst nur auf japanischen Telefonen installiert, gewannen sie weltweite Popularität, als 2011 die ersten iPhones mit eigener Emoji-Tastatur aufkamen. Damals ergänzten Emojis die Schriftsprache nur, um
5 beispielsweise Ironie zu kennzeichnen oder Gefühle zu transportieren. Heute werden die Bildchen immer unabhängiger und sind weiter verbreitet als die internationale Plansprache Esperanto.

2. Teile deinem Sitznachbarn deine Stimmung mit Hilfe von Emojis mit.

Auf Partys wird nicht mehr Tabu gespielt, sondern Filmtitel werden auf Emoji erraten. Vom Literaturklassiker Moby Dick gibt es schon eine Emoji-Überset-
10 zung, genannt Emoji Dick, und auch eine Emoji-Bilderbibel wurde für die Generation Y erdacht. Der Autohersteller Chevrolet veröffentlichte 2015 sogar eine Pressemitteilung komplett auf Emoji. Nur ein Marketinggag? Emojis sind aus unserer modernen Kultur nicht mehr wegzudenken. „Die australische Außenministerin Julie Bishop benutzt Emojis in ihren Reden oder etwa, um diploma-
15 tische Beziehungen zu beschreiben", sagt Jurga Zilinskiene. Auch ihre Kunden interessieren sich dafür, wie man Emojis über Marketingzwecke hinaus nutzen

kann. „Die Übersetzung von Emojis ist zum Beispiel bei Gerichtsverfahren wichtig, in denen SMS als Beweismittel eingesetzt werden", sagt sie. Schwierig sei allerdings, dass sich Emojis zwar schnell verbreiten, die Bilder aber häufig offen für Interpretationen blieben und in unterschiedlichen Kulturen unterschiedliche Dinge bedeuten. „Das Symbol der gekreuzten Finger beschreibt in Vietnam das weibliche Geschlechtsteil, während wir in Großbritannien damit Glück wünschen", sagt Zilinskiene.

Laut Stellenausschreibung soll ihr Emoji-Spezialist die privaten Tagebücher eines Kunden übersetzen, monatliche Trendberichte schreiben und über Emojis forschen, um interkulturelle Missverständnisse in der Verwendung der Minibilder zu vermeiden. Dafür bilde man auch Forschungskooperationen mit Universitäten in anderen Ländern, etwa den Universitäten Paris-Diderot und Saint-Boniface in Frankreich.

Die traditionellen Alphabete, meint Zilinskiene, reichen nicht mehr, um die visuell fokussierten Anforderungen der stark technologisierten Kommunikation des 21. Jahrhunderts zu erfüllen: „Es ist nicht verwunderlich, dass eine bildhafte Sprache wie Emoji versucht, diese Lücken zu füllen."

3. Begründe mit Hilfe des Textes, warum man beim Gebrauch von Emojis auch die Kultur berücksichtigen muss.
4. Diskutiert in der Klasse, ob Emoji die am schnellsten wachsende Sprache der Welt ist.
5. Buchstabierst du noch oder symbolisierst du schon? Erfinde Emoji-Rätsel, z.B. zu den Themen Songs oder Filmtitel, und stelle sie deinem Lernpartner vor.
6. Erstelle ein Lernplakat über die Gemeinsamkeiten von Hieroglyphen und Emojis.

Emojis – wie Bildzeichen die Kommunikation verändern
Klaus Lüber

In E-Mails, Chat- und Messenger-Nachrichten werden kleine Zeichensymbole immer wichtiger. Welche Emojis benutzen die Deutschen besonders gerne und wie beeinflussen sie unsere Sprache?

TEIL I: Die Deutschen sorgen sich um ihre Sprache. Warum nur, fragte sich die Journalistin Johanna Adorjan im Juni 2015 in der Frankfurter Allgemeinen Zeitung, kommen wir im Alltag kaum ohne kleine Bildchen aus, wenn wir schreiben? Twitter, Facebook, WhatsApp oder SMS: Hier herrscht ein einziges Gemisch
5 aus Texten, Gesichtern und Symbolen. Verlernen wir, uns durch Worte auszudrücken? Trauen wir unseren Sätzen nur noch dann, wenn wir sie mit Minibildern garnieren? [...] Womit haben wir es hier eigentlich zu tun? Mit einer neuen Sprache oder sogar mit modernen Hieroglyphen, die demnächst vielleicht ganz ohne Text auskommen?

10 „Wir haben es hier mit einer sehr interessanten Entwicklung zu tun", findet der Sprachwissenschaftler Michael Beißwenger. Er forscht seit Jahren zu internetbasierter Kommunikation. Für ihn sind die Bildzeichen Ausdruck einer Veränderung im Gebrauch von Texten. „Onlineunterhaltungen nähern sich immer mehr dem mündlichen Dialog an. Gleichzeitig gibt es natürlich einen gewaltigen
15 Unterschied zwischen Schreiben und Sprechen. Beim Texten fehlen Mimik und Gestik. Mit den Bildzeichen versucht man, das zu kompensieren."

Emojis bereichern das Gespräch

Beißwenger ist nicht verwundert, dass man diese Entwicklung besonders in Deutschland auch kritisch sieht: „Die These vom Sprachverfall geistert schon
20 seit Jahrzehnten durch die Öffentlichkeit." Nur habe es für diese Besorgnis eigentlich noch nie triftige Gründe gegeben. „Sprache ist keine abstrakte Einheit, für deren Qualität wir als Sprachanwender verantwortlich sind. Sie steht immer im Dienst der Sprecher." Es sei also widersinnig anzunehmen, dass die Sprache so verändert werde, dass sie weniger leiste als vorher. „Das Gegen-
25 teil ist der Fall." Folgt man dem Sprachwissenschaftler Beißwenger, bereichern Emojis eine digitale Unterhaltung dadurch, dass sie den geschriebenen Text dialogischer machen. Dass man Bildzeichen zu diesen Zwecken verwendet, ist übrigens kein neues Phänomen. Die Idee ist so alt wie der vernetzte Computer selbst.

30 **TEIL II: Die Geburt des Smileys**

Als Menschen Anfang der 1980er-Jahre begannen, in Onlineforen zu kommunizieren, merkten sie schnell, dass es ein Problem gab, zum Beispiel ironische von ernsten Nachrichten zu unterscheiden. Der US-amerikanische Informatiker Scott Fahlmann fand die Lösung: Ein auf der Seite liegendes lachendes Gesicht, zusammen-
35 gesetzt aus Doppelpunkt, Bindestrich und Klammer, sollte als Zeichen für Humor oder Ironie fungieren. Der mittlerweile berühmte Smiley war das erste Emoticon.

Sachtexte zum Thema „Kommunikation" lesen und verstehen | Sprache und Identität

Die aus Zeichen zusammengesetzten Gesichter stehen für eine bestimmte Emotion – deshalb auch der Begriff, eine Kombination aus Emotion und Icon.
Anders als Emoticons sind Emojis eigenständige Bildzeichen, deren Repertoire sich auf weit mehr als nur Gesichter erstreckt. Entwickelt wurden sie Ende der 1990er-Jahre von einem japanischen Software-Ingenieur als Gimmick für die jugendlichen Nutzer eines Pager-Textprogramms: 176 Pixelbilder, inspiriert von Mangakultur und Kalligrafie, darunter ein Kussmund und eine Glühbirne. 2010 wurden die Symbole in den sogenannten Unicode aufgenommen, eine weltweite Normierung von Schriftzeichen und Textelementen, die für eine plattform- und geräteunabhängige Kommunikation sorgen soll. Seither tauchen vor allem in Chats, E-Mails oder Onlineforen Jahr für Jahr immer mehr davon auf. Auch Werbeagenturen, Zeitungsredaktionen und Verlage experimentieren mit den neuen Zeichen.

TEIL III: Länderspezifische Vorlieben
[...] Im April 2015 veröffentlichte der Entwickler von Tastatur-Apps für Smartphones und Tablets die Emoji-Nutzung von rund einer Million User aus 16 Ländern. Die Medien deuteten die Daten als ersten weltweiten Emoji-Report, der vor allem auch länderspezifische Vorlieben erkennen ließe – wenn auch mit einem gewissen Spielraum für Interpretationen. Laut Swiftkey-Analyse verschicken Deutsche – wie alle anderen Länder – am meisten positive Emojis, nämlich lachende Gesichter. An zweiter Stelle folgen Herzen in allen Variationen, schließlich traurige Symbole. Ganz hinten liegen bei den Deutschen Handgesten wie Klatschen oder das Peace-Zeichen. Auch wenn es um Geld-Icons geht, bilden deutsche Nutzer zusammen mit den Franzosen die Schlusslichter. Außerdem verschicken die Deutschen in der Kategorie Säugetier am liebsten eine Maus. Doch welche Aussagekraft haben diese Ergebnisse? Sind wir also alle gut gelaunte Langweiler, fragte man sich, leicht amüsiert, in der deutschen Presse.

Tipp
Nutze bei unbekannten Wörtern ein Fremdwörterbuch.

1. Erkläre mit Hilfe von Teil I, wie die Bildzeichen die Kommunikation verändern.
2. Der Sprachwissenschaftler Beißwenger meint, durch die Emojis wird ein Text dialogischer (Z. 26). Was meint er damit? Erläutere die Aussage mit eigenen Worten.
3. Verfasse einen Lexikoneintrag, der erklärt, wie sich die Symbole entwickelt haben (Teil II).
4. Diskutiert, ob auch bei Emojis eine geschlechterspezifische Rollenzuschreibung vorgenommen wird (Teil III).
5. Erfinde selbst Emojis und verfasse eine Erklärung dazu.

Länder im Vergleich

Die Firma einer Tastatursoftware hat analysiert, wo welche der digitalen Hieroglyphen beliebter sind. Eine (nicht repräsentative) Auswahl:
- Spitzenreiter im Verschicken des Herzsymbols sind die **Franzosen**.
- **Russen** schicken sich die meisten Romantik-Emojis, etwa Kussmünder.
- Emojis mit religiöser Symbolik wie dieses sind bei den **Brasilianern** besonders populär.
- Nein, nicht die Deutschen, die **Australier** liegen bei der Nutzung des Bier-Emojis vorn.
- Manche Klischees werden bestätigt: Beim Einsatz von Party-Symbolen liegen **Italiener und Spanier** vorne.
- Hätte man sich denken können: Das Kamel-Emoji wird vor allem von Nutzern in den Ländern **Arabiens** verschickt.
- Na, und die **Deutschen?** Sie senden häufiger als andere das Maus-Emoji. Echt jetzt.

> 6. Finde die passenden Emojis zu den Beschreibungen.
> 7. Nenne Gründe für die unterschiedliche Nutzung der Emojis in den einzelnen Ländern.

„Komplexer als Sprache" – Emoji-Dolmetscher gesucht

Die Minigrafiken zieren Handy-Nachrichten rund um den Globus – die Bedeutung der sogenannten Emojis ist oft aber missverständlich oder unklar. Ein Londoner Übersetzungsbüro hat deshalb eine völlig neuartige Stelle ausgeschrieben: Es sucht einen „Emoji-Dolmetscher". Der neue Mitarbeiter soll monatliche
5 Berichte über aktuelle Trends in der Emoji-Nutzung erstellen, kulturelle Unterschiede beim Verständnis der kleinen Kommunikationsgrafiken aufzeigen und geeignete Übersetzungen anbieten, teilte die Firma Today Translations mit. [...] „Wir haben noch sehr viel Arbeit vor uns, um die Emoji-Kultur rund um den Globus zu verstehen", sagte die Geschäftsführerin von Today Translations, Jurga Zi-
10 linskiene. „Da es keine Muttersprachler gibt, sollte der erfolgreiche Jobbewerber seine Leidenschaft für Emojis demonstrieren und zudem ein Bewusstsein für Missverständnisse und kulturelle Unterschiede zeigen." So würde zum Beispiel der vor Tränen lachende Emoji – so wird er zumindest im Westen aufgefasst – im arabischen Raum als traurig interpretiert.

> 8. Fasse den Text mit eigenen Worten zusammen.
> 9. Begründe die Notwendigkeit eines Emoji-Dolmetschers.

Argumente entfalten → S. 25

Sprechen und Zuhören – Schreiben – Lesen

Argumentieren und linear erörtern Seite 10–35

Mündlich argumentieren

Im alltäglichen Leben gibt es immer wieder Situationen, in denen man mündlich argumentieren muss, z. B. in Diskussionen, Debatten oder in Stellungnahmen.

In Argumentationssituationen will man jemanden von etwas überzeugen. Eine grundlegende Fragestellung für das Verhalten und Sprechen in solchen Situationen lautet deshalb: Was will ich bei wem und wie erreichen?

Ein erfolgreiches Argumentationsverhalten kann von Situation zu Situation unterschiedlich sein.

Manchmal hilft es, Emotionen zu zeigen oder auch Emotionen bei den Zuhörern zu wecken. Ein anderes Mal ist es sinnvoll, sachlich und ruhig zu bleiben sowie an die Einsicht des Gegenübers zu appellieren.

Eine entsprechende Gestik und Mimik sowie die Körperhaltung unterstützen die jeweilige Gesprächsstrategie.

Wichtig ist ebenfalls, klar und deutlich zu sprechen sowie in angemessener Lautstärke seine Argumente vorzutragen. Von entscheidender Bedeutung ist aber, ob der Sprecher treffende und stichhaltige Argumente vorträgt. Es ist für den Zuhörer unbefriedigend, wenn die Sprecher nur Behauptungen vortragen und diese nicht durch Begründungen unterstützen. Auch reicht es oft nicht, nur mit einem Weil-Satz zu begründen: Die Zuhörer möchten noch weitere Ausführungen (Belege, Beispiele) hören, um überzeugt zu werden.

Hilfreiche Argumentationsstrategien sind …
- durch Beispiele zu veranschaulichen,
- sich auf Autoritäten zu berufen,
- Gegenargumente abzuschwächen und zu widerlegen,
- Argumente infrage zu stellen,
- Statistiken zu zitieren.

Sachlich argumentieren

In vielen alltäglichen Situationen behaupten Sprecher nur etwas. Diese bleibt unbefriedigend, denn der Hörer oder Leser möchte Genaueres wissen. Besonders überzeugend sind Meinungen, die durch **Argumente** gestützt sind. Argumentieren bedeutet, den eigenen Standpunkt zu begründen. Eine **Behauptung** (These) braucht immer eine **Begründung**, die wiederum mit einem **Beispiel** veranschaulicht wird.

Um jemanden von einer Sache zu überzeugen, werden Argumente **gesammelt und anschließend gewichtet** (1 = besonders wichtig, 2 = wichtig, 3 = weniger wichtig). Eine gelungene Argumentation beginnt mit den weniger wichtigen Argumenten und endet mit einem besonders wichtigen Argument. Dies bleibt dem Gegenüber im Gedächtnis.

Wer Argumente überzeugend entfalten will, sollte darauf achten, wie er sie sprachlich miteinander verknüpft. Die **sprachliche Verknüpfung** entscheidet darüber, ob die Darstellung logisch und die Argumentation einleuchtend ist. Wichtige sprachliche Mittel, mit denen die Satzverknüpfungen der Argumentation hergestellt werden, sind vor allem die Subjunktionen *denn*, *weil* sowie bestimmte Adverbien (*außerdem*, *also*).

Die lineare Erörterung

Auch in der Schule wird in Form einer **Erörterung** schriftlich argumentiert. Die Themen, die erörtert werden können, sind breit gestreut (z. B. Welche Eigenschaften mein bester Freund/meine beste Freundin haben sollte … Warum Mode für Jugendliche wichtig ist …).

Um ein Thema zu erschließen, braucht man geeignete **Informationen**. Hier bieten sich zwei grundlegende Methoden an: Man sammelt selbst spontan alle Ideen und Einfälle zum Thema (z. B. durch Brainstorming, Zettellawine, Abecedarium) oder man wertet Textmaterial gezielt nach Informationen aus. In beiden Fällen entsteht eine Stoffsammlung in Form einer Stichwortliste als Grundlage der weiteren Erörterung.

Vor der Niederschrift der Erörterung ist es notwendig, das ungeordnete Material aus der Stoffsammlung zu **gliedern**. Auch hier bieten sich zwei Möglichkeiten an, unter denen man individuell auswählen kann:

Eine einprägsame Abbildung von Zusammenhängen ist die **Mindmap**. Im Mittelpunkt steht das Thema, von dem Haupt- und Nebenäste abgehen, die die wichtigsten Gesichtspunkte und ihre Beispiele veranschaulichen. Auf diese Weise gewinnt man eine anschauliche Übersicht über das Stoffgebiet.

Die **Dezimalgliederung** gibt die Haupt- und Nebenaspekte eines Themas in anderer Form wieder: Die Hauptaspekte werden fortlaufend durchnummeriert, die dazugehörigen Beispiele und Unteraspekte tauchen unter den einzelnen Nummern als Dezimalzahlen auf. Diese Darstellung kann als Schreibplan bei der Niederschrift eine Schreibhilfe sein.

Damit eine Erörterung gelingt, muss der Schreiber in der **Einleitung** den Leser für das Thema interessieren und das Problem für den Leser deutlich benennen. Dazu bietet sich z. B. ein persönliches Erlebnis oder ein Zitat als Ausgangspunkt an, aber auch ein knapper geschichtlicher Überblick, die Definition eines wichtigen Begriffs oder eine Hintergrundinformation zum Thema.

Bei der Niederschrift der Erörterung ist im Hauptteil der **steigernde Aufbau** der Argumentation sinnvoll. Die Aspekte werden nach ihrer Bedeutung für den Schreiber angeordnet. Dies muss auch sprachlich deutlich werden, indem die wichtigsten Aspekte benannt und durch eine entsprechende Formulierung hervorgehoben werden („Am wichtigsten ist ... Der entscheidende Aspekt ist ...").

Eine Erörterung sollte nicht ohne **Schluss** enden. Dem Leser kann durch eine knappe Zusammenfassung der wichtigsten Aspekte das Ergebnis der Erörterung vorgestellt werden. Man kann seine Argumentation aber auch durch einen Appell abschließen oder eine Ausweitung des Themas vornehmen, indem man einen Bezug zu verwandten Themen herstellt und weitere Argumentationsgebiete andeutet.

Erzählen   Seite 36–47

Einstiege in das Erzählen

Als Einstieg in das Erzählen bieten sich folgende Arbeitsvorgänge an: Sammeln von Erzählmaterial, Entwicklung von Ideen und Festhalten der Ideen, z. B. in einem Cluster.

Einen literarischen Text mit Hilfe der Fünf-Schritt-Lesemethode erschließen

Die **Fünf-Schritt-Lesemethode** hilft dir, auch komplexere Sachtexte oder literarische Texte zu erfassen.

Schritt 1: Einen Überblick gewinnen
Überschrift lesen, auf hervorgehobene Wörter und ggf. vorhandenes Bildmaterial achten (Wovon könnte der Text handeln?)

Schritt 2: Fragen an den Text stellen
am Rand W-Fragen (Wer? Was? Wann? Wo?) notieren

Schritt 3: Den Text gründlich lesen und bearbeiten
unbekannte Begriffe klären und Schlüsselwörter markieren

Schritt 4: Fragen beantworten und Wichtiges zusammenfassen
wichtige Textstellen unterstreichen und Notizen am Rand hinzufügen, den Text abschnittsweise gliedern und Überschriften für die einzelnen Textabschnitte finden

Schritt 5: Rückblick und Endkontrolle
zur Wiederholung die Markierungen und Notizen am Rand anschauen und sie in eigenen Worten formulieren; Inhalt z. B. in Form eines Plakats, einer Mindmap oder einer Skizze darstellen

Die Zeitgestaltung
Die Zeit bildet eines der elementaren Merkmale des Erzählens. Ein Mittel dabei ist die **Rückblende**, die den Fortgang der Erzählung unterbricht und ein zurückliegendes Geschehen an einem bestimmten Punkt der Handlung zeigt.

Äußere und innere Handlung (innerer Monolog)
Eine Geschichte muss verständlich darstellen, was passiert. Das nennt man die **äußere Handlung**. Für eine spannende Geschichte ist es wichtig, dass auch die Gedanken und Gefühle der Figuren deutlich werden, also auch eine **innere Handlung** erzählt wird.

Ein wichtiger Bestandteil der inneren Handlung ist der **innere Monolog**. Er macht Gedanken und Gefühle einer literarischen Figur für den Leser deutlich. Man spricht auch von der Gedankenrede. Da aus Sicht einer bestimmten Figur geschrieben wird, steht der innere Monolog in der Ich-Form. Für aktuelle Gedanken und Gefühle benutzt man dabei das Präsens, von vergangenen Ereignissen berichtet man im Perfekt.

Beim Verfassen eines inneren Monologs zu einem Text hilft dir folgen Checkliste weiter:
- Wird die Ausgangssituation aus Sicht der Figur verständlich dargestellt?
- Kann man sich gut in die Gefühlswelt der Figur hineinversetzen?
- Entspricht die Gefühlslage der ausgewählten Textstelle?
- Passt der Sprachstil zur Figur?
- Kommen unvollständige Sätze und Ausrufe vor?
- Ist der innere Monolog insgesamt nachvollziehbar?

Die erweiterte Inhaltsangabe
Seite 48–61

Die erweiterte Inhaltsangabe
Die erweiterte Inhaltsangabe fasst den Inhalt eines Textes zusammen, informiert den Leser in geraffter Form über wichtige Inhalte des Textes und formuliert zum Schluss die Deutung einer zentralen Leerstelle des Textes. Sie beantwortet alle **W-Fragen** und macht Zusammenhänge deutlich. Das Tempus ist das **Präsens**.

Der **Basissatz** (Einleitungssatz) nennt Verfasser, Textsorte, Titel und Thema des Textes.

Das Thema eines Textes formuliert sehr knapp, worum es auf einer allgemeinen Ebene geht. Häufig kann das Thema als Nomen gefasst werden. Themen von Texten können sein: Liebe, Rache, Verrat, Zeitverschwendung, Mord, Freundschaft, Vertrauen usw.

Wörtliche Rede muss durch **indirekte Rede** bzw. durch eine **geraffte Redewiedergabe** ersetzt werden.

Der Stil einer erweiterten Inhaltsangabe ist nüchtern, sachlich und knapp.

Der **Erweiterungsteil** liefert die Deutung einer selbstgewählten Leerstelle oder eine eigenständige Bewertung bzw. Charakterisierung einer Figur oder beantwortet eine Frage zum Text.

Vorarbeiten: Um den Text zu verstehen, muss man ihn mehrmals und genau lesen. Um **Wichtiges von Unwichtigem** zu unterscheiden, ist eine **Gliederung in Handlungsschritte** hilfreich. Die einzelnen Abschnitte werden dann in einem kurzen Satz oder einer Überschrift zusammengefasst. Auch ein **Exzerpt**, in dem Wichtiges festgehalten wird, ist nützlich. **Leerstellen** eines Textes findet man, indem Fragen an den Text formuliert.

Überarbeiten: Mit Hilfe des **Überarbeitungsbogens** (S. 59) sollte die erste Fassung einer erweiterten Inhaltsangabe überprüft werden.

Redewiedergabe in der Inhaltsangabe

Es gibt verschiedene Möglichkeiten, die direkte Äußerung einer Figur als indirekte Rede wiederzugeben:

- Die direkte Rede wird mit der indirekten Rede (Konjunktiv I bzw. Konjunktiv II) wiedergegeben:
  Fritz klagt, er habe zu viele Hausaufgaben.
- Die indirekte Rede steht in einem Nebensatz, der mit *dass* eingeleitet wird:
  Fritz klagt, dass er zu viele Hausaufgaben hat.
- Die indirekte Rede wird deutlich durch den Gebrauch von Modalverben (z. B. „sollen"):
  Fritz soll seine Hausaufgaben sorgfältig machen.
- Die geraffte Redewiedergabe dient der Zusammenfassung längerer Redepassagen in eigenen Worten:
  Die Deutschlehrerin erinnert an den Sinn von Hausaufgaben.

Szenisches Spiel Seite 62–71

Erzähltexte szenisch umsetzen

Ein Erzähltext eignet sich auf vielfältige Weise für das szenische Spiel: Man kann Figuren und ihre Haltung darstellen, Standbilder bauen, Szenen improvisieren, Handlungsschritte in Auftritte umformen, Zusatzszenen gestalten und Erzählausschnitte dialogisieren.

Wenn du von einem Erzähltext, z. B. einer Kurzgeschichte, eine Dialogfassung erstellst, müssen Rede und Gegenrede für Lebendigkeit sorgen und die Handlung vorantreiben. Kurze Äußerungen genügen manchmal, um Personen zu charakterisieren und Konflikte zu verschärfen.
Soll die Dialogfassung zum Spieltext werden, so musst du einige Dinge beachten:

- Kläre zunächst, wie du die Handlung in spielbare Abschnitte teilen kannst, die als Bilder oder Szenen dargestellt werden können (ein Ort = eine Szene, zweiter Ort = zweite Szene), und welche Personen mitspielen sollen.
- Was die einzelnen Personen sagen, steht hinter ihrem Namen nach dem Doppelpunkt.
- Überlege, welche Regieanweisungen (in Klammern) nötig sind, um genauere Hinweise zu geben, z. B. zur Gestik, Mimik oder zur Sprechweise der Personen.

Die **Regieanweisungen** stehen meist drucktechnisch mit einer anderen Schriftart (z. B. kursiv) vom restlichen Text abgesetzt. In ihnen macht der Autor Angaben zu …

- Ort und Zeit der Handlung,
- deren Gesten, Sprechweisen und Bewegungen,
- und beschreibt das Verhalten der Figuren.

Eine Rollenbiografie verfassen

Die **Rollenbiografie** ist eine schriftliche Selbstdarstellung einer Person in der Ich-Form.

Sie beinhaltet z. B. Eigenarten, Vorlieben, Ängste, Lebensverhältnisse und Beziehungen zu anderen.

Es ist sinnvoll, vor dem Verfassen einer Rollenbiografie zunächst eine Rollenkarte zu erstellen, die stichwortartig die wichtigsten Merkmale enthält.

Eine szenische Lesung durchführen

Das laute Lesen kann das Verständnis eines literarischen Textes verdeutlichen. Dabei wird der Text durch eine zuvor erprobte Sprechweise und mit Gestik, Mimik und Bewegung im Raum gestaltet. Den Text halten die Sprechenden dabei in der Hand.

Subtexte gestalten

Der **Subtext** ist die unausgesprochene Bedeutung des Gesagten, das, was „zwischen den Zeilen" steht. Er kann ausdrücken, was eine Figur wirklich denkt, während sie vielleicht etwas ganz anderes sagt oder tut. Der Subtext wird in der Ich-Form wiedergegeben und ist eine Art Selbstgespräch.

Mit der **Hilfs-Ich-Technik** können Gedanken im Spiel hörbar gemacht werden. Dabei stellt sich ein „Hilfs-Ich" hinter die Figur und äußert beim Auflegen der Hand auf die Schulter deren Gedanken, Gefühle, Erwartungen usw.

Ein Figureninterview durchführen
Eine Figur aus dem literarischen Text wird durch andere Personen/Zuschauer zu ihrer Rolle und ihrem Rollenverhalten befragt.

Eine Szene improvisieren
Bei der **Improvisation** werden Ideen im szenischen Spiel ohne Textvorlage spontan umgesetzt.

Leerstellen gestaltend interpretieren
Leerstellen bezeichnen Unausgesprochenes in literarischen Texten, die erschlossen werden müssen. Das Ausfüllen einer Leerstelle kann je nach Leser unterschiedlich ausfallen, muss sich aber auf den Text beziehen.

Gestaltendes Interpretieren ist eine Form des Schreibens, die von den Leerstellen literarischer Texte ausgeht und diese zum Ausgangspunkt des Schreibens macht. Dabei geht es primär um das Verstehen von Literatur. Die bevorzugten Textsorten sind: Innerer Monolog, Dialog, Brief und Tagebucheintrag. Diese literarischen Textprodukte weisen einen engen Bezug zur Vorlage auf: Sie sollen sich an die thematischen, motivischen und sprachlichen Vorgaben der literarischen Textvorlage halten. Voraussetzung dafür ist eine vertiefte Textkenntnis und sprachliches Gestaltungsvermögen. Für das Verfassen und die Beurteilung solcher Schreibprodukte sind folgende Aspekte wichtig:
- **Angemessenheit:** Ist die Vorlage verstanden? Ist der Impuls der Leerstelle richtig erfasst?
- **Textzusammenhang:** Ist dem Verfasser ein zusammenhängender, in sich stimmiger Text mit sinnvollem Aufbau gelungen?
- **Stilebene:** Passt die sprachliche Gestaltung zur Vorlage?
- **Originalität:** Hat der Verfasser eigene, vielleicht ungewöhnliche, überraschende Einfälle?
- **Gestaltungsvermögen:** Werden Gestaltungsmittel entsprechend der Vorlage gefunden und funktional verwendet?

Lesen Seite 72–83

Lesetechniken anwenden
Verschiedene Lesetechniken helfen dir, Texte zu lesen und zu verstehen:

Überfliegendes Lesen bzw. Scannen: zum Verschaffen eines ersten Überblicks über den Inhalt eines Textes, ohne dabei in die Tiefe zu gehen; der Blick geht von oben nach unten und von links nach rechts. Hilfen: Abbildungen, Überschriften oder Hervorhebungen

Slalomlesen: Der Blick gleitet an den wichtigen Wörtern entlang von links nach rechts und wieder nach links usw. (wie beim Slalomfahren).

Im Weitwinkel lesen: Suche nach einem wichtigen Wort und dabei Wahrnehmung der zusammenhängenden Wortgruppe um das Wort herum

Informationen aus Texten entnehmen und visualisieren
Das Erstellen einer **Mindmap** ist eine besonders gehirngerechte Methode, um Texte oder bestimmte Zusammenhänge zu strukturieren und zu visualisieren (veranschaulichen).

Du gehst dabei folgendermaßen vor: Den Ausgangsbegriff schreibst du in die Mitte. Auf Ästen stehen Oberbegriffe, von denen Zweige für Unterbegriffe abgehen.

Eine weitere Möglichkeit, wesentliche Inhalte eines Textes zu erfassen, ist die Erstellung eines **Exzerpts**. Wichtiges aus einem Text in Form eines Stichwortzettels herauszuschreiben (lat.: *excerpere*: herausnehmen, auslesen), nennt man **exzerpieren**. Wichtig sind die Informationen, die man braucht, um einen Text zu verstehen. Dazu gehören Antworten auf die W-Fragen.

Diagramme, Schaubilder und Tabellen lesen, auswerten und verstehen

Diagramme, Schaubilder und Tabellen vermitteln Informationen in grafischer Form und helfen so, schnell und anschaulich zu informieren. Um Diagramme bzw. Schaubilder zu erklären, bietet es sich an, sie in **kurze Informationstexte** umzuschreiben. Dabei musst du die einzelnen Elemente und den Aufbau genau beachten, um in der Beschreibung alle wichtigen Informationen erwähnen zu können.

Tipps zum Auswerten von Schaubildern:
In einem Schaubild können Informationen zu einem Thema anschaulich dargestellt und Zusammenhänge zwischen verschiedenen Begriffen, Inhalten und Aussagen aufgezeigt werden.
- die Bestandteile des Schaubilds und ihre Bedeutung benennen
- beschreiben, wie die einzelnen Teile zueinander angeordnet sind
- erklären, in welcher Beziehung die einzelnen Anordnungen zueinander stehen
- Thema und Kernaussage(n) des Schaubilds benennen

Diagrammformen unterscheiden

Man unterscheidet Diagramme nach ihrer Form.
- Das **Kreisdiagramm** ähnelt einer Torte und zeigt (meist prozentuale) Anteilsverhältnisse einer Gesamtheit. Dazu dient ein Kreis, in dem die Flächen entsprechend der Anteile an 100 Prozent dargestellt werden.
- Das **Säulen- und das Balkendiagramm** stellen Größenverhältnisse im Vergleich dar. Im Balkendiagramm werden die Daten durch waagerecht liegende, im Säulendiagramm durch senkrecht stehende Balken dargestellt.
- Das **Liniendiagramm** zeigt an, wie sich etwas in einer bestimmten Zeit entwickelt. Es hat zwei Achsen zur Darstellung (x- und y-Achse).

Um ein Diagramm zu lesen und auszuwerten, kannst du dich an folgenden **Leitfragen** orientieren:
- Welche Informationen enthält das Diagramm?
- Auf welche Fragen gibt es Antworten?
- Warum wurde diese Art des Diagramms gewählt?
- Werden Entwicklungen, Vergleiche oder Teile einer Gesamtheit aufgezeigt?

Texte und Medien

Kurzprosa   Seite 84–101

Kurzprosa
Literarische Kurzprosa umfasst alle erzählenden Texte, die sich durch ihre Kürze und der damit verbundenen Komplexität auszeichnen. Hierzu gehören z. B. Fabeln, Anekdoten, Kalendergeschichten, Kurzgeschichten.

Merkmale der Kurzgeschichte
Die Kurzgeschichte ist eine literarische Form, die in Deutschland nach dem Zweiten Weltkrieg in Anlehnung an die amerikanische *short story* entstanden ist. Wolfdietrich Schnurre bezeichnet die Kurzgeschichte als „ein Stück herausgerissenes Leben". In diesem Sinn hat sie besondere Merkmale:
- Kurzgeschichten haben in der Regel **keine Einleitung**, sondern springen mitten hinein in die erzählte Situation oder das Ereignis.
- Die Handlung wird ohne Nebenhandlung **geradlinig** erzählt.
- Thema können Situationen und Ereignisse des **alltäglichen Lebens** sein.
- Die Kurzgeschichte ist in Bezug auf Zeit, Raum und Personen meist sparsam ausgestattet. Sie spielt oft in einem **bestimmten Augenblick** an einem **bestimmten Ort**.

- Die Handlung wird **auf das Ende** hin **angelegt**.
- Kurzgeschichten enden meist **offen** und abrupt. Teilweise wird der Schluss durch eine **überraschende Wende** in der Handlung oder eine **Pointe** eingeleitet.
- Ihren realistischen Inhalten entsprechend wird häufig die **Alltagssprache** verwendet.
- Der offene Schluss regt zum **Nach- und Weiterdenken** an.

Eine Kurzgeschichte lesen und verstehen

Das „Haus des Fragens" hilft dir, eine Kurzgeschichte zu lesen und zu verstehen. Du kannst es auf alle Kurzgeschichten anwenden.

Im **Erdgeschoss** stehen Fragen, bei denen die **Antworten im Text** stehen.

Im **Obergeschoss** findest du Fragen zu **Beziehungen innerhalb des Textes** (z. B. zu den Figuren).

Im Dachgeschoss **beurteilst** und **reflektierst** du das **Geschehen**. Dabei kannst du auch kreativ tätig werden (z. B. Bildcollage anfertigen, Figurencasting).

Literarische Figuren charakterisieren

Das Ziel einer Figurencharakterisierung ist, eine literarische Figur genauer zu verstehen. Dabei musst du alle äußeren und inneren Merkmale sammeln und schriftlich im Zusammenhang beschreiben und deuten. Literarische Figuren können **explizit** (direkt) vom Erzähler, von anderen Figuren oder von der Figur selbst charakterisiert werden, indem Charaktereigenschaften **direkt** genannt werden. Oder die Charaktereigenschaften sind nur **implizit** vorhanden, d. h., du musst aus dem Verhalten oder aus Äußerungen der Figur die Charaktereigenschaften **indirekt** erschließen.

Aspekte einer Figurencharakterisierung sind: **äußere Merkmale** (Geschlecht, Alter, Aussehen, Tätigkeiten, soziale Lage usw.), **innere Merkmale** (Gefühle, Gedanken, Charaktereigenschaften usw.), die **Beziehung zu anderen Figuren** sowie die **Entwicklung** der Figur.

Textbelege

Deutungen müssen am Text belegt werden. Bei sinngemäßer Wiedergabe belegt man mit einem Hinweis in Klammern (vgl. Z. 5 f.), bei wörtlichen Zitaten in Anführungszeichen mit der Angabe der Textstelle (Z. 8).

Novelle Seite 102–113

Merkmale der Novelle

Die Novelle gehört zu den **umfangreicheren erzählenden Texten**. Aufgrund besonderer Kennzeichen kann man sie von anderen epischen Formen unterscheiden:

Goethe, der selbst Novellen schrieb, nannte sie **„eine sich ereignete unerhörte Begebenheit"**, d. h., es muss etwas Besonderes, Aufsehenerregendes in ihr passieren und dies könnte sich tatsächlich ereignet haben oder zumindest möglich sein. Das Wort Novelle kommt von dem italienischen *novella* = (kleine) Neuigkeit.

Die Novelle hat einen **klaren und geradlinigen Aufbau** und wird mit Blick auf das Wichtigste ohne Nebenhandlungen oder Abschweifungen erzählt. Außerdem muss die Handlung einen **deutlichen Höhe- und Wendepunkt** aufweisen.

Der Aufbau der Novelle lässt sich auch grafisch darstellen:

Raumgestaltung

In vielen Erzählungen unterstützt die Raumgestaltung die Wirkung und Aussage des Textes.

Dazu gibt es z. B. folgende Möglichkeiten:
- 1. Bestimmte landschaftliche, kulturelle oder soziale Räume werden als das **Gegenteil** voneinander dargestellt, z. B. enge Täler – weite Meere, Stadt – Land, arm – reich.

- 2. **Kontraste** werden betont, z. B. eng – weit, nah – fern, außen – innen.
- 3. Bestimmten Räumen wird eine **Funktion** zugesprochen, z. B. Orte des Glücks, Orte der Kindheit, Orte der Ruhe usw.
- 4. Räume werden **detailreich** und **anschaulich** geschildert mit Gegenständen, die eine bestimmte Bedeutung haben, z. B. für eine bestimmte Gesellschaftsschicht stehen.
- 5. Beschreibt ein personaler Erzähler einen Raum, so drückt dies häufig die **Stimmungen und Gefühle** aus, die er mit dem Raum verbindet.

Zeitgestaltung

In erzählenden Texten unterscheidet man **Erzählzeit**, also die Zeitspanne, die der Leser für die Lektüre eines Textes braucht, und **erzählter Zeit**, dem Zeitraum, über den sich die Handlung erstreckt. Es gibt drei Möglichkeiten der Zeitgestaltung:

- **Zeitdehnung:** Die Handlung wird gedehnt und läuft in Zeitlupe ab bzw. kommt zum Stillstand. Wahrnehmungen, Gedanken und Gefühle während des Geschehens werden ausführlich geschildert.
- **Zeitraffung:** Die Handlung wird gerafft, indem längere Zeiträume zusammengefasst werden. Die extremste Form ist der Zeitsprung.
- **Zeitdeckung:** Erzählzeit und erzählte Zeit sind gleich lang. Dies ist z. B. bei der Wiedergabe von Dialogen der Fall.

Eine Deutungshypothese aufstellen

Die Deutungshypothese gibt kurz und prägnant wieder, was die grundsätzliche Aussage eines literarischen Textes sein könnte. Sie kann sich im Laufe der Analyse des literarischen Textes verän-dern und neuen Erkenntnissen anpassen. Dabei sollte man über den Inhalt des Textes hinausgehen, indem man z. B. das Geschehen verallgemeinert.

Die Figurenkonstellation

Unter der Figurenkonstellation versteht man das **Beziehungsgeflecht**, in dem die Figuren zueinander stehen und das die Handlung mitbestimmt. So trennt man zwischen **Hauptfiguren** (die in fast allen Textabschnitten zu finden sind und um deren Leben oder Schicksal es geht) und **Nebenfiguren** (spielen nur an einer oder an wenigen Stellen eine Rolle).

Die Figuren eines Textes stehen in der Regel in ganz bestimmter **Beziehung** zueinander: als (Liebes-)Paar, als Kontrahenten und Gegner, als Freunde, als Vertraute.

Eine als **Grafik** dargestellte Figurenkonstellation erleichtert es, den Überblick über einen Text zu gewinnen, da man mit ihrer Hilfe die Handlungen einzelner Figuren leichter einordnen kann. Manchmal ist es nötig, an zwei oder drei Stellen des Textes ein solches Schaubild zu entwickeln, damit auch Veränderungen in dem Beziehungsgeflecht deutlich werden.

Um die Beziehungen zwischen den Figuren klarzumachen, werden folgende Möglichkeiten der grafischen Veranschaulichung benutzt:

- unterschiedliche **Linien** (evtl. als Pfeile), die ausdrücken, wie wichtig die Personen für die einzelne Figur sind: sehr wichtig (dicke, durchgezogene Linie), wenig wichtig (dünne, gestrichelte Linie);
- unterschiedliche **Linienfarben**, die ausdrücken, welches Verhältnis die Figuren untereinander haben: grün: Figuren mögen sich und sind füreinander wichtig; rot: Figuren, zwischen denen es Probleme gibt; den Raum auf unserem Blatt (an der Tafel), um darzustellen, wem die Figur nahesteht und zu wem sie Abstand hält;
- **oben und unten**, um zu verdeutlichen, wer das Sagen hat, wie die Hierarchieverhältnisse sind;
- aussagekräftige **Symbole:** ♥ ? ↯ ⇔ ↔ ☺.

Jugendliteratur Seite 114–127

Symbol

Ein häufiges Stilmittel in literarischen Texten, z. B. auch in Jugendromanen, sind bildkräftige Zeichen und Gegenstände, die mehr bedeuten als nur der bloße Gegenstand. Solche **Symbole (Sinnbilder)** verweisen auf eine höhere Ebene, auf etwas nicht Wahrnehmbares und müssen gedeutet werden. Kommt ein bestimmtes Symbol immer wieder vor, handelt es sich um ein **Leitmotiv**.

Beispiel: Azas Pflaster an ihrem Finger ist ein Symbol für ihre Verletzlichkeit, für ihr fehlendes Selbstbewusstsein, für ihre Krankheit. Es taucht an wichtigen Stellen im Roman leitmotivisch immer wieder auf.

Rezension

In einer **Rezension**, auch Buchkritik oder Buchbesprechung genannt, wird der Inhalt zusammengefasst (ohne den Schluss zu verraten!) und eine persönliche Bewertung gegeben. Der Titel und die Einleitung sollten das Interesse des Lesers wecken, aber auch wichtige Informationen zum Buch nennen.

Liebeslyrik Seite 128–143

Äußere Form: Vers und Strophe

Gedichte haben in der Regel eine besondere Sprache und Form. Sie sind oft durch Verse, Strophen und Reime gekennzeichnet.
Vers: Zeile eines Gedichts
Strophe: Abschnitt im Gedicht

Das lyrische Ich

So wie jede Geschichte einen Erzähler hat, gibt es in Gedichten einen **Sprecher**, den man als **lyrisches Ich** bezeichnet. Dieser Sprecher kann **neutral** oder eine **erkennbare Figur** sein oder in einer **Rolle** sprechen (**Rollenlyrik**). Er gibt Eindrücke in der Ich- oder Wir-Form wieder. Er darf jedoch nicht mit dem Dichter / der Dichterin gleichgesetzt werden.

Klangliche Stilmittel: Reim, Kadenz, Metrum, Rhythmus, Assonanz und Alliteration

Reim: Gleichklang vom letzten betonten Vokal an; unterschiedliche Formen:
- *Paarreim:* Zwei aufeinander folgende Verse reimen sich am Ende *(aabb …)*.
- *Kreuzreim:* Jeweils der erste und dritte sowie der zweite und vierte Vers reimen sich *(abab …)*.
- *umarmender Reim:* Ein Paarreim wird von zwei Versen umschlossen, die sich ebenfalls reimen *(abba …)*.
- unreiner Reim: Laute, die sich beim Endreim nur fast gleich anhören (aá).

Reimschema: Kennzeichnung aller Endreime durch Kleinbuchstaben

Wie beim Reim betrachtet man für die **Kadenz** den Versschluss von der letzten betonten Silbe an. Man unterscheidet:
- einsilbiger (auch männlicher oder stumpfer) Versschluss (m) = Abschluss mit einer betonten Silbe (Beispiel: *Hérz – Schmérz*);
- zweisilbiger (auch weiblicher oder klingender) Versschluss (w) = Abschluss mit einer betonten und einer unbetonten Silbe (Beispiel: *Lében – schwében*).

Metrum (Versmaß) nennt man den regelmäßigen Wechsel von betonten (x́) und unbetonten (x) Silben nach einem festen Schema. Man unterscheidet:
- Jambus: xx́
- Trochäus: x́x
- Daktylus: x́xx
- Anapäst: xxx́.

Der **Rhythmus** ist die natürliche **Sprechmelodie** eines Gedichts. Er wird einerseits durch das Metrum (Versmaß), andererseits durch die bewusste Betonung zentraler Wörter und Silben (meist Wortstämme, die eine Bedeutung tragen) beim Vortrag bestimmt.

Als **Assonanz** (Gleichklang von Vokalen; von lat. *ad* „zu, an" + *sonare* „klingen") bezeichnet man einen vokalischen Halbreim, bei dem eine oder mehrere Silben den gleichen vokalischen Laut (z. B. *i* und *o*) besitzen. Die Assonanz beginnt wie beim Reim meist mit einer betonten Silbe.

Bei der **Alliteration** (von lat. *ad* „zu, an" + *litera/littera* „Buchstabe") besitzen die betonten Stammsilben benachbarter Wörter (oder Bestandteile von Zusammensetzungen) den gleichen Anlaut (z. B. *wenn wir wollten …*).

Semantische Stilmittel (inhaltliche Gestaltung): Vergleich, Metapher, Personifikation und Oxymoron

Neben der äußeren formalen Gestaltung eines Gedichts sind es vor allem die **semantischen Stilmittel**, die für die Aussage wichtig sind. Gemeint ist damit die **inhaltliche Bedeutung** von Wörtern und Sätzen.

Ein **Vergleich** ist ein sprachliches Bild, das mit dem Wort *wie* eingeleitet wird.

Beispiel: *Menschen* wie *Schatten*

Eine **Metapher** ist ein bildhafter Ausdruck mit übertragener Bedeutung. Sie ist ein verkürzter Vergleich (das *wie* fällt weg), bei dem sich zwei Vorstellungsbereiche überlagern.

Beispiel: *Flussbett*

Bei der **Personifizierung/Personifikation** werden Tieren, Pflanzen oder Gegenständen menschliche Eigenschaften oder Fähigkeiten zugesprochen.

Beispiel: *Die Sonne lacht.*

Ein Gegensatzpaar aus zwei sich widersprechenden Begriffen nennt man **Oxymoron**.

Beispiel: *Hassliebe*

Eine **Parodie** ist eine verspottende, verzerrende oder übertreibende Nachahmung eines schon vorhandenen ernst gemeinten Werkes unter Beibehaltung der äußeren Form, jedoch mit anderem Inhalt.

Syntaktische Stilmittel (Satzbau): Parallelismus, Anapher, Enjambement

Bei einem **Parallelismus** wird dieselbe Wortreihenfolge in zwei oder mehreren aufeinanderfolgenden Sätzen wiederholt. Beispiel: *Glück ist … / Glück ist …*

Die **Anapher** (von griech. *anaphorá* „zurückführen") bezeichnet die Wiederholung eines Wortes bzw. einer Wortgruppe am Anfang aufeinanderfolgender Verse oder Strophen (z. B. *ich will*).

Dadurch werden Texte strukturiert bzw. rhythmisiert und als besonders bedeutsam hervorgehoben.

Enjambement (von frz. *überspringen/überschreiten*) bzw. **Zeilen-/Verssprung**: Ein Enjambement tritt dann auf, wenn der Satz oder die Sinneinheit über das Ende eines Verses oder einer Strophe hinausgeht und auf den ihm folgenden Vers übergreift. Wenn hingegen das Satzende mit dem Versende zusammenfällt, spricht man von **Zeilenstil**.

Häufig ergeben sich durch Enjambements neue Bedeutungen, da die Versstruktur nicht unmittelbar vorgibt, welche Wörter zueinander gehören. Auch können dadurch Bezugswörter hörbar gemacht werden, deren Dynamik nicht an den Versenden haltmacht.

Beispiel:
dû bist beslozzen
in mînem herzen:
(Deutung: Das Eingeschlossensein im Herzen wird durch das Enjambement auch äußerlich wahrnehmbar. Beim Lesen verschmelzen die beiden Verse.)

Ein Gedicht vortragen

Gedichte entfalten ihre Wirkung erst beim lauten Vortrag. Um dein Gedicht wirkungsvoll präsentieren zu können, solltest du auf …

▸ eine angemessene Betonung (/),
▸ Sprechpausen (| bzw. ||),
▸ Lautstärke (< bzw. >),

- Sprechtempo (→ bzw. ←) und
- die Veränderung deiner Stimmlage (↗ bzw. ↘) achten.

Gedichte können auch von mehreren Personen (gleichzeitig) gesprochen und an verschiedenen Orten gelesen werden. Durch den Vortrag drückst du dein Verständnis des Gedichts aus.

Ein Gedicht beschreiben und deuten

Bei der Beschreibung und Deutung von Gedichten ist es wichtig, dass **Form und Inhalt** des Gedichtes zueinander **in Beziehung** gesetzt werden.

Nach mehrmaligem Lesen wird eine **Deutungshypothese** aufgestellt und in der **Einleitung** formuliert: Das ist eine Vermutung, was die Kernaussage des Gedichts sein könnte. Diese Deutungshypothese wird dann im Verlauf einer genaueren Analyse des Gedichts im **Hauptteil** geprüft und durch geeignete Textstellen belegt. Im **Schlussteil** wird geklärt, ob sich die Deutungshypothese bestätigt hat oder nicht und ein Fazit gezogen.

Balladen Seite 144–159

Merkmale von Balladen

Balladen sind **dramatische Erzählungen in Strophenform**. Als Textform enthält die Ballade **epische, dramatische und lyrische Elemente**. Sie erzählt von Ereignissen, wirkt z. B. durch Dialoge, Aufbau von Spannung oder Einteilung in Szenen dramatisch und besitzt wie ein Gedicht Strophen, Vers, Reim, Rhythmus und Metrum.

Die **Handlung** der Ballade wird entweder von **einzelnen Menschen** oder auch von anonymen Kräften wie dem **Schicksal**, **Magie** oder **Naturgewalten** bestimmt. Balladen erzählen von Menschen in **außergewöhnlichen, oft lebensbedrohlichen Situationen**, z. B. bei der Rettung eines Schiffsbrüchigen oder bei einem Schiffsunglück. Oft sind die Menschen **Naturgewalten** wie Sturm, Flut, Nebel oder Feuer ausgesetzt oder geraten in den Bann von naturmagischen Erscheinungen.

Dabei ist es von Ballade zu Ballade unterschiedlich, ob es den Figuren gelingt, sich aus den lebensbedrohlichen Situationen zu befreien oder ob sie in ihnen untergehen.

Balladentypen

Vom Inhalt her unterscheidet man grundsätzlich zwischen zwei wichtigen Typen: die naturmagische Ballade und die Heldenballade.

In der **naturmagischen Ballade** geht es um die Begegnung des Menschen mit den gewaltigen Kräften der Natur oder mit der Macht des Übernatürlichen. Gängige Themen sind Naturkatastrophen, bei denen Menschen zu Schaden kommen, oder unheimliche Ereignisse, bei denen Gespenster und Geister den Menschen das Fürchten lehren.

Die **Heldenballade** handelt von Menschen, die etwas Außerordentliches tun. Gegenstand ist ein Held, also eine herausragende Persönlichkeit, und ihre großartige Tat, oder das vorbildliche Verhalten einer Person, die in einer schwierigen Situation über sich selbst hinauswächst und ein Beispiel für andere wird.

Drama Seite 160–179

Elemente des Dramas

Der Text eines Theaterstücks/Dramas besteht aus zwei ganz unterschiedlichen Teilen: Am wichtigsten sind die **Dialoge**, d. h. der Sprechtext, den die Schauspieler auf der Bühne sagen sollen. Im Text steht der Name der Figur und nach dem Doppelpunkt das, was sie spricht. Darauf folgt, wie in einem echten Gespräch, die Antwort einer anderen Figur. Redet eine Figur längere Zeit allein, nennt man dies **Monolog**. Meist drucktechnisch mit einer anderen Schriftart davon abgesetzt stehen die **Regieanweisungen**. In ihnen macht der Autor des Theaterstucks Angaben zu Ort und Zeit der Handlung, beschreibt das Verhalten von Figuren, deren Gesten, Sprechweisen und Bewegungen.

Ein Theaterstück wird in **Akte** und **Szenen** eingeteilt. Ein Akt besteht aus mehreren Szenen. In der Regel sind Szenen durch Ortswechsel oder Figurenwechsel voneinander abgegrenzt. Kürzere Theatertexte von wenigen Seiten nennt man ebenfalls Spielszenen oder einfach Szenen.

Das Theater lebt vom Gespräch auf der Bühne. Ohne Dialoge kein Schauspiel. Damit Schauspieler und Publikum sich leichter tun, sich die gespielte Situation vorzustellen, wird meist ein **Bühnenbild** zu dem Stück entworfen, treten die Schauspieler geschminkt und in **Kostümen** auf und werden **Requisiten** eingesetzt.

Das Personenverzeichnis untersuchen

Dem **Personenverzeichnis**, das dem Theaterstück/Drama vorangestellt ist, kann man **Informationen über den Schauplatz und die Dramenfiguren** entnehmen. Die Informationen können dir schon Hinweise geben auf ...

- die möglichen Verhaltensweisen,
- das Verhältnis der Figuren zueinander,
- die Gefühlslage der Figuren,
- die Lebensumstände der Figuren.

Der Konflikt

Ein **Konflikt** oder mehrere Konflikte bilden in den meisten Jugendbüchern, Romanen und Theaterstücken den **Kern der Handlung**. Das Wort Konflikt (lat.: *conflictus*) bedeutet: Auseinandersetzung, Zusammenstoß, Streit. Konflikte – im Leben und in der Literatur – entstehen, wenn unterschiedliche oder gegensätzliche Ansichten und Absichten von Menschen und Figuren aufeinanderstoßen. Ein Konflikt kann aber auch im Inneren einer Figur stattfinden.

Spieler und Gegenspieler

Der **Antagonist** = „Gegenspieler" im Drama ist der hauptsächliche Gegner des **Protagonisten** = Spieler und diejenige Kraft der Erzählung, die sein Handeln behindert. Die Rolle des Gegenspielers besteht darin, dem Protagonisten seine Handlungsabsichten zu durchkreuzen. Protagonist und Antagonist sind oft auch durch äußerliche Merkmale voneinander zu unterscheiden, etwa über Geschlecht, Alter und Ansichten.

Aufbau des klassischen Dramas

Das **klassische Drama** ist nach antikem Muster aus **drei bzw. fünf Akten** aufgebaut, diese wiederum sind in **Szenen** unterteilt.

Der Handlungsverlauf folgt meist einem festen Schema: Aus der Vorgeschichte (**Exposition**) entwickelt sich die Handlung bis hin zu einem Wendepunkt (**Peripetie**) und zum Finale, das in die Zukunft weist.

Weitere dramatische Elemente, wie **Prolog** (Einleitung) und **Epilog** (Nachspiel), werden ebenfalls häufig verwendet.

Der Verlauf der Handlung wird von einem **zentralen Konflikt** zwischen den Figuren bestimmt. Das Drama ist auf seine szenische Umsetzung auf einer Bühne hin angelegt. Sein wichtigstes Gestaltungsmittel ist der Dialog.

Sachtexte Seite 180–193

Lesestrategien

Lesestrategien helfen, Informationen aus Sachtexten besser zu verstehen und im Gedächtnis zu behalten. In allen Phasen der Lektüre können Strategien angewendet werden. Mindestens eine Strategie pro Phase sollte bei jedem Text angewendet werden.

Vor der Lektüre:

- Bevor man einen Text liest, sollte man sich gedanklich mit dem Thema beschäftigen. So aktiviert man **Vorwissen** und kann die neuen Informationen leichter einordnen.
- die **Überschrift** in eine **Frage** umformulieren
- eine **Mindmap** mit Gedanken und Fragen zum Thema erstellen
- die einzelnen Abschnitte **überfliegen** und Themen in **Stichwörtern** notieren.

Während der Lektüre:
- **unbekannte Wörter** unterstreichen und klären
- **Schlüsselwörter** und Fakten farblich markieren
- Textabschnitte in eigenen Worten **zusammenfassen**

Nach der Lektüre:
- die eigene **Mindmap** um neu Gelerntes **erweitern**
- ein **Quiz** zum Textinhalt **erstellen**
- **Fragen** zum Thema stellen, die der Text noch nicht beantwortet

Bericht und Interview

Ein **Interview** gibt ein Gespräch zwischen einem Interviewer und einem Interviewten wieder. Die **Fragen** in einem Interview können je nach Intention **suggestiv** (die Antwort wird indirekt vorgegeben), **geschlossen** (nur kurze Antworten werden ermöglicht) oder **offen** sein.

Zeitungsberichte sind nach dem **Prinzip der sachlichen Wichtigkeit** aufgebaut. Das Wesentliche steht in den Schlagzeilen und im Vorspann (**Lead**); im weiteren Verlauf des Artikels folgt eine zunehmende Spezifizierung der Information, sodass der Leser, wenn er sich nicht für die Details interessiert, seine Lektüre jederzeit abbrechen kann, ohne wesentliche Informationen zu versäumen.

Appellative Texte

Appellative Texte können Werbeanzeigen, Handlungsanweisungen, Plakate oder auch Reden sein. Sie wenden sich an einen Adressaten und möchten bei ihm durch Ansprache seiner Gefühle bestimmte Reaktionen bewirken. Um die Funktion eines appellativen Textes bestimmen zu können, muss man sich seine Wirkung bewusst machen. Bei Plakaten muss man hierzu die Anordnung von Bild- und Textelementen und ihre Gestaltung (Schrifttypen, Farben) untersuchen. Bei einer **Rede** achtet man auch sprachliche Mittel, wie z. B. Zitate, Wiederholungen, rhetorische Mittel (z. B. Alliteration = Wiederholung der Anfangsbuchstaben in aufeinanderfolgenden Wörter: Beispiel: *Milch mach müde Männer munter*).

Diagramme auswerten

Neben dem **Flussdiagramm** gibt es weitere Formen von Schaubildern und Diagrammen: **Säulen-, Balken-, Kuchen- und Liniendiagramm**.

So wertest du ein Diagramm aus:

Gliedere deinen Text in Einleitung, Hauptteil und Schluss. Beginne mit einem **Basissatz**, der den Titel, das Thema, die Quelle und den Diagrammtyp enthält. Im **Hauptteil** werden die optische Darstellung zusammengefasst und die wichtigsten Aussagen des Themas wiedergegeben. Der **Schluss** rundet die Beschreibung ab, indem er auf wichtige Aspekte hinweist, die im Schaubild eventuell fehlen, oder mögliche künftige Entwicklungen beschreibt.

Realitätsdarstellung in den Medien
Seite 194–205

Videoplattformen nutzen

Videoplattformen gehören zu den beliebtesten Internet-Angeboten für Jugendliche. Marktführer ist das 2005 gegründete Videoportal **YouTube**. Auf zahlreichen Kanälen werden Videos zu den unterschiedlichsten Themen angeboten. Bekannt und beliebt sind beispielsweise Let's-Play-Videos, bei denen man Gamern beim Spielen zusehen kann, Lifehacks, in denen YouTuber auf unterhaltsame Art Alltagsprobleme lösen, oder Shopping Hauls, bei denen Bloggerinnen ihre Einkäufe präsentieren. Neben **professionellen Videoclips** lebt das Portal vor allem von den unzähligen Amateuraufnahmen. Nutzer können sich beliebige Videos ansehen und auch selbst produzierte Filme für andere freigeben. Der Abruf der Videos ist **kostenfrei**, das Portal finanziert sich vor allem durch die Einblendung von **Werbung**.

Blogs und Vlogs nutzen

Immer mehr Menschen führen öffentliche Online-Tagebücher, sogenannte **Blogs**. Bestehen sie hauptsächlich aus Videos, spricht man vom Video-Blogging. Die Themenvielfalt dieser **Vlogs** ist groß – da es kaum Hürden bei der Veröffentlichung gibt, findet sich zu bald jedem Themengebiet und Hobby ein passendes Angebot.

Befürworter der Internettagebücher loben die **Meinungsvielfalt**, die so entsteht. Kritiker bemängeln den **Verlust der Privatsphäre**, der mit einem Leben in der Öffentlichkeit verbunden ist.

Erfolgreiche Blogger können mit ihren Beiträgen auch **Geld** verdienen, indem sie direkt oder indirekt **Werbung** für verschiedene Produkte oder Dienstleistungen machen. Allerdings kann nur eine sehr kleine Minderheit allein von ihren Online-Tagebüchern leben.

Glaubwürdigkeit im Internet hinterfragen

Da prinzipiell jeder Mensch ohne großen technischen Aufwand eigene Inhalte im Internet publizieren kann, kommt der Frage nach der **Glaubwürdigkeit** der bereitgestellten Informationen eine besondere Bedeutung zu. Nutzer sollten sich also nicht nur auf eine einzige **Quelle** verlassen, sondern immer umfassend recherchieren, um sich vor **Fehlinformationen** und **Abzocke** zu schützen. Personen, die im Internet sehr präsent sind und bei vielen Nutzern ein hohes Ansehen genießen, sind für die Werbeindustrie interessant. Diese **Influencer** versuchen, das Kaufverhalten ihrer Follower gezielt zu beeinflussen.

Mit dem Medienangebot verantwortungsvoll umgehen

Das Internet ist ein Medium, das jeder Nutzer als **Konsument** oder als **Produzent** auftreten kann. Um Einfluss zu gewinnen und hohe Klickzahlen zu generieren, die für die Werbeindustrie interessant sind, schreckt mancher Anbieter nicht davor zurück, auch **fragwürdige Inhalte** im Netz bereitzustellen. Die Konsumenten entscheiden durch ihr Surfverhalten und die verteilten „Likes" mit, welche Angebote erfolgreich sind und welche nicht. Damit können sie **Einfluss** auf das Medienangebot nehmen.

Kommunikation im Digitalzeitalter Seite 206–217

Soziale Netzwerke verstehen

Soziale Netzwerke sind keine Erfindung des Digitalzeitalters. **Freundschaftliche Beziehungen** waren schon immer für das **Wohlbefinden** der Menschen von großer Bedeutung. Mit der rasanten Verbreitung des Internets werden **Kontakte** zunehmend über das **Internet** gepflegt. Während früher Netzwerke im **persönlichen Umfeld** geknüpft wurden und auf eine überschaubare Anzahl von Kontakten beschränkt waren, ermöglichen die digitalen sozialen Netzwerke, fast beliebig viele **Kontakte weltweit** zu pflegen. Dabei besteht die Gefahr, enge persönliche Beziehungen zu vernachlässigen. Andererseits lassen sich die sogenannten „**schwachen Bindungen**", die für ein funktionierendes Netzwerk von großer Bedeutung sind, recht einfach mit Hilfe der digitalen Angebote pflegen.

Medien sinnvoll nutzen

Inwiefern die **Nutzung** des Internets und der sozialen Netzwerke sich negativ auf den Lernerfolg von Heranwachsenden auswirkt, ist **wissenschaftlich umstritten**. Vorteilhaft scheint jedoch eine nur **moderate Nutzung** der digitalen Medien zu sein.

Eine gelungene **Selbstdarstellung im Internet** kann zu sozialer **Anerkennung** und einer Steigerung der **Lebenszufriedenheit** führen. Andererseits stellt die Veröffentlichung von Selfies, Groupies und anderer persönlicher Informationen eine **Bedrohung der Privatsphäre** dar.

Das Gefühl, ständig erreichbar sein zu müssen, kann **Stress** auslösen und **suchtähnliche Ver-**

haltensmuster auslösen. Daher entscheiden sich Menschen auch bewusst dafür, das Smartphone zumindest zeitweise zu ignorieren oder ganz auszuschalten.

Die Privatsphäre schützen

Mit jedem Klick im Internet hinterlassen wir **Datenspuren**, die auf unsere Person und unser Verhalten schließen lassen. Diese Daten sind beispielsweise für die **Werbeindustrie** von großem Interesse. Möglichkeiten, seine Daten zu schützen, sind unter anderem die Verwendung sicherer **Passwörter**, Vermeidung von **Cookies** und anonyme Nutzung von **Suchmaschinen**. Der wichtigste Grundsatz ist allerdings die **Datensparsamkeit**: Daten, die gar nicht erst im Internet landen, können dort auch nicht gesammelt und ausgewertet werden.

Über die Geschichte und die Zukunft der Medien nachdenken

Seit mindestens 20.000 Jahren nutzt der Mensch Medien, um sich auszudrücken und mit anderen zu kommunizieren. Die ältesten bekannten **Höhlenmalereien** der Welt stammen aus der Altsteinzeit und wurden in Frankreich und Spanien gefunden.

Mit der **Entwicklung der Schrift** wurden Informationen meist auf Papyrus, Pergament oder Papier verbreitet. Bis zum Mittelalter wurden schriftliche Werke ausschließlich per Hand überliefert und waren daher nur einem kleinen Kreis von Experten zugänglich.

Die **Erfindung des modernen Buchdrucks** im 15. Jahrhundert ermöglichte es, **Bücher** und **Zeitungen** kostengünstig und in größerer Auflage zu produzieren und so einem größeren Publikum zugänglich zu machen.

Im Zuge der **industriellen Revolution** verbreiteten sich in der zweiten Hälfte des 19. Jahrhunderts neue Informations- und Kommunikationsmedien wie **Fotografie**, **Film** und **Telefon**. Im 20. Jahrhundert kamen **Radio** und **Fernsehen** dazu.

Mit der Erfindung des **Computers** und vor allem mit der **Verbreitung des World Wide Webs** am Ende des 20. Jahrhunderts begann die **digitale Revolution**, die nahezu **alle Lebensbereiche** grundlegend veränderte und auch weiterhin rasant verändern wird.

Wie die **Zukunft der Medien** aussieht, lässt sich allenfalls erahnen, denn ziemlich sicher werden wir schon bald mit Medien und Technik umgehen, die heute noch gar nicht erfunden sind.

Sprachgebrauch und Sprachreflexion

Sätze und Satzglieder   Seite 218–233

Die Felderstruktur

Im Satz regiert das **Prädikat** wie ein König und weist den Satzgliedern ihren Platz zu. Dies hat die Felderstruktur des deutsches Satzes zur Folge. Da das Prädikat sehr häufig **zweiteilig** ist, entsteht die für das Deutsche typische **Satzklammer**. Sie kann mit der **Feldertabelle** (auch Satzklammertabelle genannt) beschrieben werden. Sie kann um ein Koordinationsfeld vor dem Vorfeld für die Konjunktion erweitert werden.
Beispieltabelle siehe S. 299.

Satzarten unterscheiden

Je nach der **Stellung des finiten Verbs** unterscheiden wir folgende Satzarten:

Verbzweitsatz (V2): Das Vorfeld ist besetzt, das finite Verb steht an **zweiter** Stelle (Sätze 1, 3, 4, 6, 8). Verbzweitsätze sind häufig Aussagesätze. Sie können durch Konjunktionen verbunden werden.

Verberstsatz (V1): Das Vorfeld ist leer, das finite Verb steht an **erster** Stelle (Satz 9). Mit Verberstsätzen kann man Fragen und Befehle ausdrücken.

Verbletztsatz (VL): In zusammengesetzten Sätzen steht das finite Verb **im abhängigen Nebensatz** an **letzter** Stelle (Satze 2). Die Subjunktion (in Satz 2

Nachschlagen | Merkwissen

	Koord.	Vorfeld VF	LSK	Mittelfeld MF	RSK	Nachfeld NF
1		Nick Dunmore	will	die DVD, die auf dem Schulhof weitergegeben wird, unbedingt	haben,	
2			weil	sie sehr geheimnisvoll	wirkt.	
3		Brynne	gibt	ihm schließlich die DVD(,)		
4	und	Nick	kann	es nicht	erwarten,	
5				die DVD in den Computer	zu schieben.	
6		Nick	macht	seine Tür sorgfältiger	zu	als sonst,
7			um	nicht gestört	zu werden.	
8		Was	erwartet	Nick?		
9			Wird	Erebos wirklich so spannend	sein?	

weil, in Satz 6 *um*) besetzt die linke Satzklammer und blockiert das Vorfeld. Dadurch wird das finite Verb (*bekam*) bzw. der Infinitiv mit *zu* in die rechte Satzklammer geschoben. Der Infinitivsatz (Satz 5, 7) kann durch die Subjunktionen *um, statt, ohne, anstatt* usw. eingeleitet (Satz 7) werden oder uneingeleitet sein (Satz 5). Nebensätze besetzen das Nachfeld, können aber genauso in der Feldertabelle wie in den Beispielen oben analysiert werden.

Satzreihe (Satz 3, 4): Aneinanderreihung von gleichartigen Sätzen durch **Konjunktionen** (*und, denn, oder, doch, aber, sondern*). Die Konjunktion steht vor dem Vorfeld im Koodinationsfeld (Koord.).

Satzgefüge (Satz 1 und 2, 6 und 7): Unterordnung von Nebensätzen (VL-Sätze) unter Hauptsätze (meist V2-Sätze) durch **Subjunktionen** (*weil, obwohl, da, sodass, während* usw.). Haupt- und Nebensätze werden durch Komma getrennt.

Wortgruppen erkennen

Wortgruppen sind eine Folge von Wörtern mit einem Kern, der bestimmt, was zur Wortgruppe gehört. **Nominalgruppen** haben ein **Nomen** als Kern: „der funktionsfähige **Kommunikator**".

Präpositionalgruppen haben eine **Präposition** als Kern. Die Präposition verlangt einen bestimmten Kasus: „**auf** dem Barhocker" (*auf* mit Dativ). Damit die Rollen im Satz klar verteilt sind, stehen die **Nomen** in einem bestimmten **Kasus**, der vom Prädikat oder einer Präposition gefordert wird. Mit Hilfe der **Ersatzprobentabelle** kann der Kasus bestimmt werden:

dir/dich-Probe	Topo-Probe	Fragewort-Probe	Fall (Kasus)
du	der Topo	wer? was?	Nominativ (Wörterbuch-Fall)
dir	dem Topo	wem?	Dativ
dich	den Topo	wen? was?	Akkusativ
deiner	des Topos	wessen?	Genitiv

Satzglieder unterscheiden

Ein Satzglied ist eine Wortgruppe, die allein das Vorfeld eines Satzes besetzen kann (**Vorfeldtest**). Wir unterscheiden folgende Satzglieder:

Subjekt: Das Subjekt ist das Satzglied, das das Verb in Person (1., 2., 3. Person) und Numerus (Singular, Plural) bestimmt. Es steht im Nominativ. Subjekte können auch mit *wer* erfragt werden.

Objekte: Ergänzungen im Dativ, Akkusativ, Genitiv oder mit einer vom Prädikat bestimmten Präposition (Präpositionalobjekt)

Adverbiale Bestimmungen (Adverbialen): Adverbiale sind Satzglieder, die über die näheren Umstände informieren. Sie können mit der **Frageprobe** (Wann?, Wo?, Warum? usw.) ermittelt werden und in unterschiedlicher Form erscheinen: als **Präpositionalgruppe** *(in der Satzwerkstatt)*, als **Adverb** *(heute, dort)*, als unverändertes **Adjektiv** (Erebos scheint *lebendig* zu sein.), als **Wortgruppe im Genitiv oder Akkusativ** *(eines Tages, jeden Morgen)* oder als **Adverbialsatz**, der durch eine **Subjunktion** eingeleitet wird.

Beispieltabelle siehe unten.

Prädikativ: Das Hilfsverb *sein* verlangt neben dem Subjekt ein weiteres Satzglied, das **Prädikativ**. Es kann ein Nomen, eine Nominalgruppe oder ein Adjektiv sein. Beispiel: *Ich bin ein Spieletester. Ich bin intelligent.* Das Prädikativ ergänzt das Verb und bestimmt zugleich das Subjekt näher. Weitere Verben, die häufig ein Prädikativ verlangen, sind: *werden, bleiben, heißen*.

Adverbial – Adverbialsatz	nähere Umstände	Frageprobe	einleitende Subjunktion des Adverbialsatzes
temporales Adverbial – Temporalsatz	Zeit	Wann? Wie lange? Seit wann?	nachdem; während; bis; wenn; seitdem; als; ehe
kausales Adverbial – Kausalsatz	Grund, Ursache	Warum? Weshalb?	weil; da; zumal
modales Adverbial – Modalsatz	Art und Weise	Wie? Auf welche Weise? Womit?	indem; wie; (in der Art), dass; ohne dass; als ob; (anders) als; (so) wie
finales Adverbial – Finalsatz	Zweck, Absicht	Wozu? Zu welchem Zweck? Wofür?	damit; dass; auf dass
konditionales Adverbial – Konditionalsatz	Bedingung	Unter welcher Bedingung?	wenn; falls; unter der Bedingung, dass; sofern
konsekutives Adverbial – Konsekutivsatz	Folge, Wirkung	Mit welcher Folge? Mit welcher Wirkung?	sodass; als dass; so ... , dass
konzessives Adverbial – Konzessivsatz	Einräumung	Trotz welcher Umstände?	obwohl; obgleich; obschon; wenngleich; wenn auch
instrumentales Adverbial – Instrumentalsatz	Mittel	Womit?	indem; dadurch, dass
lokales Adverbial – Lokalsatz	Ort	Wo? Wohin? Woher?	Relativadverbien: wo; wohin; woher

Markierung

Stehen die Satzglieder in einer gewohnten Reihenfolge, sind sie **unmarkiert**. Werden Satzglieder auffällig verschoben, um eine bestimmte Wirkung zu erzielen, sind sie **markiert**.

Subjektsätze und Objektsätze

Verbletztsätze können als Ergänzung eines Prädikats an Satzgliedstelle stehen. Solche **Gliedsätze** sind Verbletztsätze und haben die Funktion eines Satzgliedes. Sie können wie die Adverbialsätze durch ein entsprechendes Satzglied ersetzt werden.

Sarius erfährt, *dass er einen Auftrag erfüllen muss*. (Objektsatz: Ergänzung im Akkusativ)

Dass Lelant den Wunschkristall findet, ärgert Sarius. (Subjektsatz: Ergänzung im Nominativ)

Attribute

Will man eine Person oder eine Sache genauer beschreiben, so benutzt man **Attribute**. Sie bestimmen ein Bezugswort (z.B. ein Nomen) näher. Man spricht deshalb auch von **Beifügungen**. Attribute sind **Teile von Satzgliedern (Satzgliederweiterungen)**, die beim Vorfeldtest nicht alleine verschoben werden können. Attribute stehen immer in der Nähe ihres Bezugswortes (vorgestellt oder nachgestellt).

Wo in einem Satz Attribute stehen, kann man mit der **Weglassprobe** und der **Erweiterungsprobe** erkennen.

Attribute werden nach ihrer grammatischen Form unterschieden.

- **Adjektivattribute:** Das sind Adjektive, die vor einem Nomen stehen und dieses näher beschreiben. *Ein gewaltiger Drache lag in der dunklen Höhle.*
- **Präpositionale Attribute:** Das sind Attribute, die durch eine Präposition an das Bezugswort angehängt sind. *Bilbo Beutlin aus dem Auenland ist ein Hobbit mit viel Mut.*
- **Genitivattribute:** Einem Nomen wird eine weitere Nominalgruppe im Genitiv angefügt oder vorangestellt. Genitivattribute sind sehr häufig. *Bilbos Höhle ist sehr gemütlich. Die Gäste des Hobbits fühlen sich sehr wohl.*
- **Apposition:** Das ist eine nachgestellte Beifügung. Sie ist vom Bezugswort durch Kommas abgetrennt, steht aber im gleichen Kasus. *Gandalf, der Zauberer, besuchte Bilbo Beutlin, den Hobbit.*
- **Relativsätze** sind **Attributsätze**, die ein Bezugsnomen näher bestimmen. Sie werden eingeleitet durch das Relativum (Relativpronomen) **der/die/das/welcher/welche/welches**. Wie alle Verbletztsätze wird auch der Attributsatz durch Komma abgetrennt. *T-Saster, der verschwunden ist, hat Albträume.*

Stil

Der Ausdruck **Stil** bezeichnet die Art und Weise, wie jemand spricht oder schreibt, also die **Gestaltungsweise** eines mündlichen oder schriftlichen Textes.

Mündlichkeit und Schriftlichkeit

Im „**Nähe-Distanz-Modell**" werden die Unterschiede zwischen **gesprochener** und **geschriebener** Sprache beschrieben. Die **Mündlichkeit** ist hinsichtlich ihrer **Konzeption** durch eine **Sprache der Nähe** gekennzeichnet (Vertrautheit, Gefühle, Umgangssprache usw.), die **Schriftlichkeit** durch eine **Sprache der Distanz** (Fremdheit, keine Gefühle, Planung, Standardsprache usw.). Betrachtet man das **Medium** der Sprache, dann können diese konzeptionellen Merkmale in unterschiedlicher Ausprägung sowohl in Texten gesprochener Sprache als auch in geschriebenen Texten vorkommen.

Beispiele: Der **Chat** ist zwar ein medial schriftlicher Text, hinsichtlich seiner sprachlichen Gestaltung weist er jedoch viele Merkmale des konzeptionell Mündlichen auf (z.B. Gefühle, Umgangssprache, Sprache der Nähe). Umgekehrt ist die **Verteidigungsrede** eines Anwalts vor

Gericht zwar medial mündlich, sie weist jedoch viele Merkmale von konzeptioneller Schriftlichkeit auf (z. B. Standardsprache, keine Gefühle, Planung usw.).

Wortarten   Seite 234–243

Wortarten unterscheiden

Wörter unterscheidet man nach **veränderlichen** (flektierbaren) und **unveränderlichen** (nicht flektierbaren) Wörtern. Die Grafik unten gibt dir eine Übersicht über die Wortarten.

Verben erkennen und unterscheiden

Verben kannst du an ihrer Königsrolle im Satz erkennen. Sie bilden die **Satzklammer**.

Verben sind veränderliche Wörter, die mit der **du-Probe** ermittelt werden können. Sie ändern sich in Abhängigkeit von Person und Numerus, sie werden konjugiert.

Verbformen, die nicht in Person und Numerus festgelegt sind, heißen **infinite Verbformen**: Infinitiv, Partizip I und Partizip II. Beispiel: *gehen, gehend, gegangen*

Das **Partizip I** kann nur **adjektivisch** verwendet werden. Es drückt Gleichzeitigkeit aus. Beispiel: *Das frierende Kinde zog die Jacke an. (Das Kind fror und zog die Jacke an.)*

Bei **schwachen Verben** ändert sich bei den Stammformen (Infinitiv, Präteritum, Partizip II) der Stammvokal nicht (*lachen – lachte – gelacht*). **Starke Verben** hingegen verändern ihren Stammvokal (*gehen – ging – gegangen*).

Die Befehlsform des Verbs nennt man **Imperativ**. Der Imperativ wird gebraucht, wenn jemand zu einer Handlung aufgefordert werden soll: *Gib mir das Buch!*

Modalverben (*dürfen, können, mögen, müssen, sollen, wollen*) drücken einen Wunsch, eine Notwendigkeit, eine Erlaubnis, ein Verbot oder eine Möglichkeit aus.

Hilfsverben (*sein, haben, werden*) werden zur Bildung zusammengesetzter Tempusformen gebraucht.

Tempusformen unterscheiden

Das **Tempus** ist der Oberbegriff für alle sechs Zeitformen, die das Verb bilden kann: Präsens, Perfekt (Präsensperfekt), Präteritum, Plusquamperfekt (Präteritumperfekt), Futur I und Futur II.

Präsens: Das Präsens drückt Handlungen aus, die gerade jetzt stattfinden (*ich lese*), sich regelmäßig wiederholen (*ich lese jeden Tag*) oder allgemein zutreffen (*Menschen lernen ein Leben lang*).

Übersicht über die Wortarten

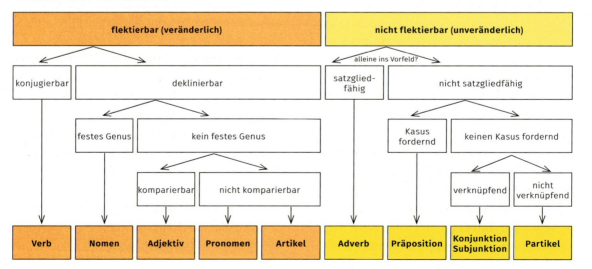

Das Präsens kann auch Zukünftiges ausdrücken: *Ich gebe morgen mein ausgeliehenes Buch zurück.*
Perfekt (Präsensperfekt): Das Perfekt brauchst du, wenn du mündlich über Vergangenes berichtest oder erzählst. Das Perfekt ist eine zusammengesetzte Zeitform aus dem **Hilfsverb im Präsens** und dem **Partizip Perfekt** des Vollverbs (**Präsensperfekt**): *lesen – ich habe gelesen.*
Präteritum: Das Präteritum brauchst du, wenn du schriftlich über Vergangenes berichtest oder erzählen willst. Man nennt es auch einfache Vergangenheitsform, weil es mit nur einem Verb gebildet wird: *lesen – ich las.*
Plusquamperfekt (Präteritumperfekt): Das Plusquamperfekt brauchst du, wenn du im Präteritum erzählst und ausdrücken möchtest, dass ein Ereignis noch weiter zurückliegt. Es ist eine zusammengesetzte Zeitform aus dem **Hilfsverb im Präteritum** und dem **Partizip Perfekt** des Vollverbs (**Präteritumperfekt**): *Er hatte das Buch gelesen, bevor er es verlieh.*
Futur I: Du nutzt es, wenn du Zukünftiges ausdrücken willst. Es wird gebildet aus einer Personalform des Hilfsverbs *werden* und einem Infinitiv: *Wir werden lesen.*
Futur II: Du nutzt es, wenn du vermutest, dass eine Handlung zu einem bestimmten Zeitpunkt abgeschlossen sein wird. Es wird gebildet aus einer Personalform von *werden*, dem Partizip II des Vollverbs und dem Hilfsverb *haben* oder *sein*: *Er wird das Buch schnell fertig gelesen haben.*

Aktiv und Passiv unterscheiden

Mit dem Passiv kann man eine bestimmte Blickrichtung auf einen Sachverhalt ausrücken. Beim **Aktivsatz** richtet sich der Blick auf denjenigen, der etwas tut (*Sarius kämpft gegen den Skorpion.*). Beim **Passivsatz** richtet sich der Blick auf denjenigen, mit dem etwas geschieht (*Der Skorpion wird von Sarius bekämpft.*). Dabei muss der Urheber der Handlung nicht einmal genannt werden (*Der Skorpion wird bekämpft.*).

Das Passiv kann wie das Aktiv alle Zeitstufen und Tempora bilden:

	Aktiv	**Passiv**
Präsens	Ich empfehle ein Hörgerät.	Ein Hörgerät wird empfohlen.
Perfekt (Präsensperfekt)	Du hast es zweimal abgeschrieben.	Es ist zweimal von dir abgeschrieben worden.
Präteritum	Die Römer tranken Wein.	Wein wurde von den Römern getrunken.
Plusquamperfekt (Präteritumperfekt)	Ich hatte Zahlen gewählt.	Zahlen waren von mir gewählt worden.
Futur	Er wird einen Artikel schreiben.	Ein Artikel wird von ihm geschrieben werden.

Das Passiv kann unterschieden werden in **Vorgangspassiv** und **Zustandspassiv**:
Der Ausgang wird verschlossen. – Der Ausgang ist geschlossen.
Das *werden*-Passiv drückt einen Vorgang aus, das *sein*-Passiv das Ergebnis des Vorgangs.

Alternativen zum Passiv: Ersatzformen

In Passivsätzen ist die handelnde Person nicht wichtig und wird häufig weggelassen. Um eine Häufung von Passivkonstruktionen zu vermeiden, können Ersatzformen verwendet werden. Obwohl diese Sätze im Aktiv stehen, geben sie keine Auskunft über die handelnde Person.
Passiv: *Die Schrift kann gut gelesen werden.*
Passivalternativen können sein:
Sätze mit *lassen*: *Die Schrift lässt sich gut lesen.* (Passiv: *Die Schrift kann gut gelesen werden.*)
Sätze mit *man*: *Man kann die Schrift gut lesen.*

Nominalformen: *Das Lesen der Schrift* klappt gut.

Sätze mit *bekommen*: *Die Topologis bekommen ein Buch vorgelesen.* (Passiv: *Ein Buch wird den Topologis vorgelesen.*)

Modalität

Modalität bezeichnet die Perspektive des Sprechers, wie eine Aussage gemeint ist (als wirklich, möglich, unmöglich oder als Aufforderung).

Modalität kann sprachlich ausgedrückt werden durch

- den **Modus** (Pl. Modi) der Verben: **Indikativ** (Wirklichkeitsform), **Konjunktiv I und II** (Möglichkeitsformen), **Imperativ** (Befehlsform),
- die *würde*-Ersatzform,
- **Modalverben** (*müssen, sollen, dürfen, können, wollen, mögen*),
- **Modalwörter** (*vielleicht, wahrscheinlich, vermutlich*).

Der **Konjunktiv I** wird zur Kennzeichnung der fremden Meinung in der **indirekten Rede** gebraucht. Er leitet sich vom Wortstamm des Infinitivs ab: *hab-en → er hab-e*.

Sind der Indikativ und der Konjunktiv I identisch, werden **Ersatzformen** verwendet: der **Konjunktiv II** oder die Umschreibung mit *würde*.

Der **Konjunktiv II** (Irrealis) drückt aus, dass etwas nicht unbedingt der Wirklichkeit entspricht, sondern nur möglich, gewünscht oder vorgestellt ist. Er dient auch als Ersatzform in der indirekten Rede. Er wird aus der Präteritumform des Indikativs gebildet: *ich fuhr → ich führe*.

Im **mündlichen Sprachgebrauch** wird oft anstelle des Konjunktivs II die *würde*-**Umschreibung** gewählt.

Nomen erkennen und erweitern

Nomen bilden den Kern einer Nominalgruppe. Sie sind wichtige Informationsträger im Satz und werden großgeschrieben. Nomen können erweitert werden durch Artikel und Adjektive (Erweiterungsprobe, Bildung von Treppentexten: *das kleine krumme Männlein*).

Im Wörterbuch stehen die Nomen unmarkiert im Nominativ. In Sätzen erscheinen die Nomen oft in der Form verändert (markiert), damit ihre Rolle klar wird. Sie stehen in einem bestimmten Kasus, d. h. in einem bestimmten Fall. Die Formveränderung der Nomen nennt man Deklination. Nomen werden **dekliniert** nach **Numerus** (Zahl), **Genus** (Geschlecht) und **Kasus** (Fall).

Pronomen unterscheiden

Das **Personalpronomen** (persönliches Fürwort: *ich, du, er/sie/es, wir, ihr, sie*) tritt als Stellvertreter des Nomens auf. Darüber hinaus bezeichnet es Rollen im Gespräch. Es zeigt an, wer spricht (*ich, wir*), wer angesprochen wird (*du, ihr*) und über welche Person gesprochen wird (*er/sie/es* und im Plural *sie*).

Das **Reflexivpronomen** (rückbezügliches Fürwort) bezieht sich auf das Subjekt, d. h., wenn Subjekt und Objekt eines Satzes dieselbe Person oder Sache sind. Es hat die Bedeutung „sich selbst" oder „(mit-)einander": *T-Saster wäscht sich*. ACHTUNG: Sind Subjekt und Objekt unterschiedliche Personen, handelt es sich um ein Personalpronomen: *T-Saster wäscht ihn (den Hund)*.

Bei bestimmten Verben wie *sich ereignen* oder *sich konzentrieren* usw. muss immer ein Reflexivpronomen stehen. Diese Verben heißen auch **echte reflexive Verben**.

Das **Possessivpronomen** (besitzanzeigendes Pronomen) steht vor Nomen und zeigt ein Besitzverhältnis an *(mein Buch)* oder allgemein eine Zugehörigkeit *(mein Freund, mein Verein)*. Possessivpronomen werden dekliniert.

Das **Demonstrativpronomen** (Hinweispronomen) weist ausdrücklich auf etwas hin. Es kann als **Begleiter** eines Nomens verwendet werden *(dieser Stier)* oder als **Stellvertreter** alleine stehen *(Das ist mir noch nie passiert)*.

Das **Indefinitpronomen** (Unbestimmtheitspronomen) wird verwendet, wenn etwas noch nicht näher bestimmt ist: *alle, irgendein, man, kein ...*

Adjektive unterschiedlich gebrauchen

Adjektive sind Wörter, die vor einem Nomen stehen können und sich mit ihm verändern. Sie bezeichnen die Merkmale von Personen, Gegenständen oder Sachverhalten und werden auch Eigenschaftswörter genannt. Adjektive machen eine Person oder eine Sache anschaulich und helfen uns, sie zu beschreiben und zu unterscheiden. Adjektive werden attributiv, prädikativ und adverbial gebraucht.

- Der **attributive** Gebrauch meint die typische Verwendung von Adjektiven vor einem Nomen. Es richtet sich in Genus, Numerus und Kasus nach diesem Nomen *(der giftige Pilz)*.
- Beim **prädikativen** Gebrauch mit dem Hilfsverb *sein* wird das Adjektiv nicht verändert: *Der Pilz ist giftig.*
- Beim **adverbialen** Gebrauch hat das Adjektiv die gleiche Funktion wie ein Adverb. Es bleibt unverändert und kann wie ein Adverb ein Satzglied bilden und alleine im Vorfeld stehen. Es bestimmt die Umstände des Geschehens näher. *Der Pilz sieht giftig aus. Giftig sieht der Pilz aus.*

Adverbien erkennen

Adverbien sind **unveränderliche Wörter**, die **alleine ein Satzglied** bilden können, meist eine adverbiale Bestimmung (Vorfeldtest). Sie zeigen in einem Satz an, unter welchen **Umständen** etwas geschieht, d. h. zu welcher **Zeit**, an welchem **Ort**, auf welche **Weise** und aus welchem **Grund** *(plötzlich, überall, zweifellos, deswegen)*. Fast alle Adjektive können auch als Adverbien gebraucht werden.

Adverbien können sich auf verschiedene Wörter beziehen: z. B. auf Verben *(Er läuft rückwärts)*, auf Adjektive *(Die Wurst ist sehr heiß)*, auf ein anderes Adverb *(Solambo steht ganz rechts)*, auf ein Nomen *(Die Katze dort ist frech)*.

Sie können sich auch auf einen ganzen Satz beziehen *(Vermutlich wird es schönes Wetter)*.

Präpositionen unterscheiden

Präpositionen nennt man auch Verhältniswörter. Sie geben Verhältnisse oder Beziehungen an, die Nomen untereinander oder zu anderen Wortarten haben.

Die meisten Präpositionen kannst du nach ihrer Aufgabe sortieren: **lokal** (Ort): Wo? *auf, unter, neben ...*, **temporal** (Zeit): Wann? *nach, bis, vor ...*, **kausal** (Grund): Warum? *wegen, aufgrund, aus ...*, **modal** (Art und Weise): Womit? Wie? *mit, durch, aus ...*

Präpositionen bestimmen den Kasus des Nomens oder Pronomens, vor dem sie stehen. Manche Präpositionen können zwei Kasūs (Dativ und Akkusativ) regieren *(Ich stehe auf dem Platz/ich gehe auf den Platz)*.

Bindewörter unterscheiden

Bindewörter verknüpfen **Wortteile** *(an- oder abstellen)*, **Wörter** *(schön, aber unpraktisch)*, **Wortgruppen** *(Beim Grillen und beim Abbau sind alle dabei)* und **Sätze**. Sie werden unterschieden in nebenordnende Bindewörter, die **Konjunktionen**, und unterordnende Bindewörter, die **Subjunktionen**.

Konjunktionen *(und, denn, oder, doch, aber, sondern)* reihen gleichartige Wörter, Wortgruppen oder Sätze (z. B. V2-Sätze) aneinander. Es entsteht eine **Satzreihe**. *Nick fühlt sich nicht wohl, denn er fühlt sich beobachtet.*

Subjunktionen *(dass, weil, sodass, während, obwohl ...)* leiten einen Verbletztsatz (Nebensatz) ein. Sie ordnen ihn dem Hauptsatz unter. Es entsteht ein **Satzgefüge**. *Nick geht es nicht gut, weil er den Kampf gegen die Ritter verloren hat.*

Wortkunde   Seite 244–255

Lehn-, Erb- und Fremdwörter

Auch **Wörter aus anderen Sprachregionen** haben Einzug in die deutsche Sprache gehalten. Ein **Lehnwort** ist hierbei ein Wort, welches aus einer anderen Sprache entlehnt ist (z. B. *murus* [lat.] = Mauer), in Schreibweise und Betonung aber an den Sprachgebrauch der Zielsprache **angepasst** ist. **Fremdwörtern** hingegen ist der fremdsprachige Ursprung sowohl in der **Aussprache** als auch in der **Schreibweise** noch anzumerken. Im Gegensatz zum Lehnwort sind sie in ihrer Lautung und/oder Schreibweise und/oder Flexion nicht oder nur teilweise dem deutschen Sprachsystem angepasst. So muss ein Wort wie *Revue* gemäß dem französischen Regelsystem gesprochen und geschrieben werden. Ein Fremdwörterbuch enthält die entsprechenden Informationen zu Bedeutung, Grammatik und Aussprache eines Fremdworts. **Erbwörter** sind Wörter der Gegenwartssprache, die in allen Vorstufen dieser Sprache vorhanden sind, also bereits im Althochdeutschen und im Mittelhochdeutschen.

Die Unterscheidung zwischen „Fremd-" und „Lehnwörtern" ist schwierig, da es viele Zweifelsfälle gibt. Man spricht deshalb oft nur von „Entlehnungen" bzw. „Lehnwörtern".

Wörterbücher

Ein **etymologisches Wörterbuch** informiert über die Geschichte einzelner Wörter und Wortteile. Mit Etymologie ist gemeint, dass einerseits die lautliche Entwicklung dargestellt wird, andererseits aber auch die Entwicklung ihrer Bedeutung.

Ein **Fremdwörterbuch** enthält die entsprechenden Informationen zu Bedeutung, Grammatik und Aussprache eines Fremdworts.

Es gibt noch **weitere spezielle Wörterbücher** wie z. B. ein Wörterbuch der Redewendungen, der Familiennamen, der sprachlichen Zweifelsfälle, der geflügelten Worte sowie Synonym-, Zitat- und Stilwörterbücher, die gezielte Informationen zu bestimmten sprachlichen Phänomenen geben können.

Wortfeld und Wortfamilie

Ein **Wortfeld** wird aus Wörtern einer Wortart gebildet, die ähnliche oder gemeinsame Bedeutungsmerkmale haben. Sie lassen sich einem gemeinsamen Oberbegriff zuordnen.

Beispiel: Wortfeld *sagen: nennen, reden, sprechen* etc.

Wörter unterschiedlicher Wortarten, die einen **gemeinsamen Wortstamm** haben, gehören zu einer **Wortfamilie**. Z. B. gehören *laufen, Lauf, Wettlauf* und *lief* zum Wortstamm „lauf".

Wortbildung

Viele Wörter sind durch ein Wortbildungssystem entstanden. Die wichtigsten Arten der Wortbildung sind Zusammensetzung (Kompositum), Ableitung (Derivation) und Entlehnung aus anderen Sprachen. Bei der **Komposition** (von lat.: *compositio* = „Zusammenstellung", „Zusammensetzung") werden zwei oder mehrere Wörter zu einem neuen Wort zusammengefügt (*fein + Staub + Plakette → Feinstaubplakette*). Bei der **Derivation** (Ableitung) entstehen neue Wörter durch Hinzutreten eines Affixes (Prä- oder Suffix). Beispiele: Prafix: *ver- + handeln = verhandeln*; Suffix: *Freund + -lich = freundlich*. Häufig wird bei der Derivation ein Wort in eine andere Wortart überführt: Beispiele: Nomen → Adjektiv: *Herz + -lich = herzlich*; Adjektiv → Nomen: *herzlich + -keit = Herzlichkeit*.

Beispiele für die Entlehnung aus einer anderen Sprache finden sich häufig im Bereich der Kommunikation und Informationstechnologie (z. B. *googeln, ansimsen*).

Auch **Kopfwörter** (*Kriminalroman → Krimi*), **Endwörter** (*Omnibus → Bus*) und **Kurzwörter** (*Lastkraftwagen → LKW*) gehören in den Bereich der Wortbildung.

Denotation und Konnotation

Die **Denotation** ist die „eigentliche" Bedeutung eines Wortes. Sie ist somit wertneutral.

Beispiele: *Lehrer, Schule, Pferd, Mann, Frau*.

Die **Konnotation** ist die **wertende Mit-/Nebenbedeutung** eines Wortes. Sie kann positiv oder negativ besetzt sein. Beispiele: Herz = inneres

Organ (Denotation) vs. Herz = Symbol für Liebe (Konnotation); Esel = Tier (Denotation) vs. Esel = dummer Mensch (Konnotation).

Synonyme und Antonyme

Synonyme sind unterschiedliche Wörter, die die **gleiche oder eine sehr ähnliche Bedeutung** haben, z. B. weich – geschmeidig – flauschig.

Man spricht von Bedeutungsgleichheit (strikter Synonymie), wenn zwei Wörter die gleiche denotative Bedeutung haben und in allen Kontexten austauschbar sind. Beispiel: Orange – Apfelsine; Streichholz – Zündholz.

Bei vielen Synonymen ergeben sich (minimale) Bedeutungsunterschiede, was den Stil oder die Wertung betrifft, z. B. Gesicht – Visage – Fresse. Sie haben eine unterschiedliche Konnotation.

Wörter mit gegensätzlicher Bedeutung bezeichnet man als **Antonyme**, z. B. klein – groß; Tag – Nacht; öffnen – schließen. Manchmal kann das Antonym auch mit Hilfe des Präfixes *un-* gebildet werden: dankbar – undankbar.

Die jeweiligen Synonyme und Antonyme gehören immer zu derselben Wortart.

Rechtschreibung   Seite 256–273

Die deutsche Rechtschreibung ist schwierig, denn man schreibt viele Wörter nicht so, wie man sie spricht. Rechtschreibfehler lassen sich durch verschiedene Rechtschreibstrategien vermeiden:

Rechtschreibstrategien kennen und anwenden

Strategie: Silben mitschwingen
Bei dieser Strategie zerlegst du die Wörter durch langsames und deutliches Sprechen in Silben. Dazu kannst du noch die Sprechsilben als Schwungbögen unter das geschriebene Wort zeichnen: *Ab-wehr-spie-ler*.
Die Strategie hilft dir dabei zu erkennen, wie die Silbentrennung am Zeilenende funktioniert. Die Schreibung nach kurzen Vokalen (Schärfung) kann ebenfalls durch die Strategie des Silbenschwingens geklärt werden. Wenn ein Vokal in einer betonten Silbe kurz gesprochen wird, folgen immer zwei Konsonanten (*Karte*) oder der darauffolgende Konsonant wird verdoppelt (*Hammer*). Nach kurzem Vokal wird k zu ck, z wird als Doppelkonsonant zu tz (*backen, blitzen*).

Strategie: Wörter verlängern
Du verlängerst Nomen, indem du den Plural bildest (*der Held → die Helden*), und Verben, indem du den Infinitiv (*klebt → kleben*) bildest. Bei den Adjektiven musst du die Steigerung vornehmen (*mutig → mutiger*).

Die Strategie hilft dir, gleich und ähnlich klingende Konsonanten zu unterscheiden (g oder k, d oder t, p oder b?). Auch die Schreibung von Doppelkonsonanten im Auslaut kann durch Verlängerung des Wortes geklärt werden: *Ba? → Bälle*, also *Ball*.

Strategie: Wörter ableiten
Bei dieser Strategie musst du immer den Wortstamm bilden, z. B. *Lesebuch, gelesen* und *er liest* wird vom Wortstamm *lesen* abgeleitet.

Am Wortstamm kann man dann erkennen, wie ein Wort geschrieben wird.

Viele Rechtschreibprobleme und Unsicherheiten lassen sich lösen, wenn man weiß, zu welcher Wortfamilie mit welchem Wortstamm ein Wort gehört.

Strategie: Erweiterungsprobe
Die Erweiterungsprobe hilft dir herauszufinden, wann man Wörter großschreibt. Diese Wörter (= nominaler Kern) können erweitert werden. Die Strategie hilft dir also bei der Groß- und Kleinschreibung sowie beim Erkennen von Nomen: Erweiterung mit Adjektiven: *schöne, neue Welt*.
Signalwörter für Nomen können sein:
- Artikel: *Das Ballspielen ist verboten!*
- Artikel + Präposition: *Im (in + dem) Lesen ist er gut.*

- Mengenwörter: _alles_ Gute
- Possessivpronomen: _sein_ Lachen.

 Strategie: Merkwörter

Rechtschreibfehler lassen sich durch Üben mit einer Merkwortkartei vermeiden. Die Wörter, die man falsch geschrieben hat, solltest du in die Kartei aufnehmen.

Die Strategie hilft dir vor allem bei schwierigen Wörtern, Fremdwörtern und Dehnungswörtern _(siehe Tabelle unten)_.

Groß- und Kleinschreibung

Nomen und Satzanfänge werden immer großgeschrieben.

Auch **Verben und Adjektive**, die **als Nomen gebraucht** werden, schreibt man groß. Man spricht dann von Nominalisierung. Wie erkennt man, ob ein Verb oder Adjektiv als Nomen gebraucht wird? Am besten erkennt man es, wenn vor dem Verb/Adjektiv ein Begleiter steht.

Steht ein **Artikel** vor dem Verb/Adjektiv, dann wird es großgeschrieben: _Im Flur und im Hof ist das Ballspielen verboten. Das Schöne ist, dass man am Nachmittag spielen kann._ Manchmal ist der Artikel mit einer Präposition verschmolzen. _Im (in dem) Lesen ist er gut._

Steht kein Artikel davor, kann die Erweiterungsprobe gemacht werden: _Füttern und Anfassen der Tiere ist verboten → Das Füttern und das Anfassen der Tiere ist verboten._

Stehen die **Mengenwörter** _viel, nichts, etwas, allerlei, alles_ vor einem Adjektiv, dann wird das Adjektiv großgeschrieben: _Alles Gute, viel Böses, etwas Seltenes._

Steht ein **Possessivpronomen** vor dem Verb/Adjektiv, dann wird es großgeschrieben: _sein Warten, ihr Schönes._

Als Nomen gebrauchte **Zahlwörter** sind wie die anderen Wortarten nominalisiert und werden nach den gleichen Regeln großgeschrieben _(die Eins, ein Zwanziger)_. Als Adjektive gebrauchte Zahlwörter schreibt man klein _(der erste Mai)_.

Gehören Adjektive zu **Eigennamen**, werden sie großgeschrieben (z.B. _der Stille Ozean, der Schiefe Turm von Pisa_).

Bei Adjektiven, die von geografischen Namen abgeleitet sind, unterscheidet man zwei Regeln:
- **Adjektive auf -er** schreibt man immer groß (_das Ulmer Münster, Schweizer Käse, der Pariser Eiffelturm_),
- **Adjektive auf -isch** oder die von einem Adjektiv auf -isch abgeleitet sind, schreibt man klein (_italienischer Salat, griechische Oliven_), wenn sie nicht Teil eines Eigennamens sind (_Brandenburgische Konzerte_).

langer Vokal	Dehnungszeichen nicht vorhanden	Dehnung durch Verdopplung	Dehnung durch h	Dehnung durch e	Dehnung durch eh
a	das Lager	der Saal	die Fahne		
e	legen	das Beet	kehren		
i	mir		ihr	niesen	das Vieh
o	die Dose	das Boot	wohnen	Itzehoe	
u	das Ruder		die Kuhle		
ä	der Käse		die Fähre		
ö	lösen		die Söhne		
ü	spüren		fühlen		

Getrennt- und Zusammenschreibung

Betonungsprobe 1:
Nomen, Adjektive und Partikeln (= unveränderliche Wrter oder Wortteile) können mit Verben untrennbare Zusammensetzungen bilden. Die Betonung liegt auf dem Verbstamm (z. B. *vernéhmen, überwínden*). Der erste Wortteil bleibt unbetont. Man schreibt sie immer zusammen.

Betonungsprobe 2:
Nomen, Adjektive oder Partikeln können mit Verben trennbare Zusammensetzungen bilden. Nur in Kontaktstellung (Infinitiv, Partizip I und II, Verbletztstellung) schreibt man sie zusammen. Andernfalls trennen sie sich und bilden die Satzklammer. Der erste Wortteil trägt die Betonung (z. B. *aúfbauen – ich baue auf – wenn ich aúfbaue; mítspielen – ich spiele mit – wenn ich mítspiele*).

Manche **Zusammensetzungen** mit *so* haben unterschiedliche Bedeutungen (*solange – so lange*) und werden entsprechend getrennt- oder zusammengeschrieben. Bei der Schreibung muss man sich im Klaren sein, welcher Wortart die Zusammensetzungen angehören: **Konjunktionen** (*solange, sobald*) schreibt man zusammen, **Verbindungen von anderen Wortarten** (z. B. Adverb und Adjektiv: *so lange*) schreibt man getrennt.

Bestimmte Zusammensetzungen mit Adjektiven (Nomen / Adjektiv / Wortstämme+Adjektiv) können auf drei verschiedene Arten geschrieben werden:

- zusammen, z. B. *bitterkalt, feuchtwarm, dunkelrot*, wenn es sich um gleichrangige Adjektive handelt und wenn der erste Bestandteil der Zusammensetzung die Bedeutung des Adjektivs verstärkt oder abschwächt,
- getrennt, z. B. *unheimlich böse, leise lachend*, wenn das vorangestellte Adjektiv auf -ig, -lich oder -isch endet oder wenn es gesteigert bzw. steiger-bar ist,
- mit Bindestrich, z. B. *schwarz-rot-gold, römisch-katholisch*, wenn es sich um lange Verbindungen handelt.

das und dass unterscheiden

Das Wort *das* kann mit s oder ss geschrieben werden:

Das Wort **das** mit einem s kann ein **Artikel** (*das Mädchen*) oder ein **Relativpronomen** (*Das Mädchen, das neben uns wohnt, ist nett*) sein. Du kannst es mit der Ersatzprobe herausfinden: *dieses, welches, jenes*.

Die **Konjunktion dass** leitet einen Nebensatz ein: *Das Mädchen sagt, dass es sich gerne ein neues Buch ausleihen möchte.*

s-Laute unterscheiden und schreiben

Der s-Laut wird am **Wortanfang** nur mit s geschrieben (*Sahne*). Im **Wortinnern** gelten folgende Regeln:

- s nach kurzem oder langem Vokal oder Diphtong (*Hase, Gläser*)
- ss nach kurzem Vokal (*blass*)
- ß nach langem Vokal oder Diphtong (*Maß, Gefäß*).

Fremdwörter

Fremdwörter sind Wörter, die **aus fremden Sprachen** übernommen wurden. Ihre Aussprache und auch ihre Schreibung richten sich meist nach den **Regeln ihrer Herkunftssprache**, z. B. *Teenager*. Viele Fremdwörter kannst du an ihren Endungen (= Suffixe) erkennen, z. B. *demonstrieren, Demonstration, Kreativität*.

Adjektive haben oft die Suffixe *-iv* wie bei *aktiv* oder *-(i)ell* wie bei *kriminell* oder *offiziell*.

Argumentieren und linear erörtern Seite 10–35

Teste dich: S. 34, Aufgabe 1
Bei der Einleitung fehlt die Überleitung zum Hauptteil. Hier musst du benennen, was du in deinem Text tun wirst. Dabei kannst du mittels *ich* und *mein* auf dich verweisen oder eine andere Formulierung wählen. Beispiel: *Im Folgenden thematisiere ich die Frage, ob elektronische Spiele schädlich sind oder nicht.*

Teste dich: S. 34, Aufgabe 2
Es hängt vom persönlichen Geschmack und vom Lernertyp ab, welche Gliederungsmöglichkeit gewählt wird. In dem Beispiel liegt eine **Dezimalgliederung** vor. Die Dezimalgliederung erfordert eine Chronologie, die der Schreiber vorab festlegen muss. Die fortlaufende Nummerierung stellt gleichzeitig eine Hierarchie dar, in der das wichtigste Argument am Schluss kommt. Insofern kann die Dezimalgliederung als Schreibplan genutzt werden.
Der Vorteil der **Mindmap** als alternative Möglichkeit liegt darin, dass es ein offenes Modell ist, das beliebig ergänzt werden kann. Außerdem ist diese Form der Gliederung visuell einprägsam und anschaulich. Was bei der Mindmap noch geleistet werden muss, ist eine Hierarchisierung der Aspekte.

Teste dich: S. 34, Aufgabe 3
Zunächst möchte ich die finanziellen Folgen erwähnen. Zwar kann man die Spiele oft kostenlos herunterladen, wie z. B. *Fortnight*, aber spielen lässt sich dann nur die Grundversion. Immer wieder werden Spieler dazu aufgefordert, Zusatzinhalte, sogenannte Add-ons zu kaufen. Mit deren Hilfe lassen sich die nächsten Levels schneller erreichen, wodurch sie den Spieler sehr stark zum Kauf animieren. Vielen gelten sie daher auch als Abzocke, gegen die man sich im Spielfluss kaum wehren kann. Andere Spiele sind schon in der Anschaffung so teuer, dass sie für Jugendliche kaum erschwinglich sind.
Neben den Finanzen leidet bei vielen Spielern auch die Gesundheit. Sie klagen über Kopfweh und Sehstörungen. Als Ursache dafür liegt das Starren auf den Bildschirm nahe. Außerdem geht häufiges Spielen fast immer mit Bewegungsmangel einher. Wer spielt, sitzt in der Regel stundenlang in gleichbleibender Position, was zu anhaltenden Schäden, z. B. Rückenproblemen, führen kann. Überdeckt die Spielbegeisterung alle Sinne und Bedürfnisse, kommt auch häufig das Essen zu kurz. Man hat wenig Zeit, ist zu schnell und zu ungesund, um sich baldmöglichst wieder dem Spielen zuwenden zu können.
Weil man in den meisten Fällen alleine vor dem PC sitzt, leiden viele Spieler unter sozialer Vereinsamung. Einerseits ist die Tätigkeit des Spielens etwas, was gut alleine durchgeführt werden kann, andererseits fehlt einem die Zeit, um sich mit seinen echten Freunden zu treffen. Wer nach Schule und Hausaufgaben noch zwei Stunden Zeit übrig hat, spielt selbstverständlich zur Entspannung ein Computerspiel statt sich noch zu verabreden. Freunde trifft man an manchen Tagen nur noch virtuell. Besonders schlimm werden die Folgen sozialer Vereinsamung spürbar, wenn der Aufenthalt in den virtuellen Spielwelten zur Abkehr von der normalen, echten Welt führt und man z. B. den Computer jedem Erlebnis in der realen Welt vorzieht. Dann entstehen wirkliche Gefahren für die Persönlichkeit, weil sich die Welten kaum mehr unterscheiden und trennen lassen. Es kann zu Wahrnehmungsstörungen kommen und – mitverursacht durch massiven Bewegungsmangel – zu Aggressivität.

Teste dich: S. 34, Aufgabe 4
Nach meiner Meinung ist es nicht empfehlenswert, häufig Computerspiele zu spielen, weil die Jugendlichen dadurch vielfältigen Gefahren ausgesetzt sind. Dabei denke ich besonders an die finanziellen und gesundheitlichen Folgen. Aber auch die Gefahren für die Persönlichkeit sind nicht zu unterschätzen und können unter Umständen das ganze Leben beeinflussen. Jeder sollte vorsichtig sein im Umgang mit Computerspielen und sich selbst genau beobachten. Am besten legt jeder für sich selbst Regeln, z. B. zeitliche Begrenzungen, fest.

Training: S. 35, Aufgabe 1
Behauptung: „… beeindruckt auf den ersten Blick …" → Begründung: „… herausfordernd, märchenhaft und voller Tiefe …"
Behauptung: „… fantastische Ästhetik …" → Begründungen: „… Liebe zum Detail und eine exzellente Artdirection …"; „… Ungewöhnliche Charaktere, traumgleiche Schauplätze und ein atmosphärischer Soundtrack …"; „… funktioniert intuitiv, ist gekonnt gestaltet und ausbalanciert …"
Behauptung: „Ein ungewöhnliches Kinderspiel, … → Begründung: … das Kindern etwas zutraut." → Beispiel: „… Strategien entwickelt, Grundprinzipien der subtraktiven Farbmischung (z. B. Rot und Blau ergibt

Violett) verinnerlicht und kognitive Fähigkeiten trainiert werden."

Training: S. 35, Aufgabe 2
Individuelle Lösung

Die erweiterte Inhaltsangabe
Seite 48–61

Teste dich: S. 60, Aufgabe 1
Im Text „Mein Schrank" von Johanna Walser geht es darum, dass der Ich-Erzähler dem Alltag entfliehen möchte. Im Dunkel des Schrankes stellt sich der Ich-Erzähler vor, dass Gänge „irgendwohin führe[n]" (Z. 2 f.), dass ihn seine Gedanken „weglocken" (Z. 3) und er „abhauen" (Z. 4) möchte.

Teste dich: S. 60, Aufgabe 2
Im Text „Mein Schrank" von Johanna Walser geht es darum, dass der Ich-Erzähler dem Alltag entfliehen möchte.
Angesichts eines etwas geöffneten Schrankes hat der Ich-Erzähler die Idee, dass im Dunkel vielleicht eine „Höhle" (Z. 2) oder auch Wege seien, die ihn von seinem Ort wegführen könnten. Er stellt sich vor, dass Gänge „irgendwohin führe[n]" (Z. 2), dass ihn seine Gedanken „weglocken" (Z. 3) und er möchte „abhauen" (Z. 4). Diese Flucht aus dem Alltag sieht er jedoch kritisch und möchte sich solche Fantasien verbieten. Er vermutet, dass es „Feigheit" (Z. 4) sei, die ihn das Angebot des Schrankes annehmen lässt und zur Flucht anregt. Dabei scheint ihn der Schrank sehr genau zu kennen.

Teste dich: S. 60, Aufgabe 3
Mögliche Fragen: Warum wird betont, dass die Höhle oder der Gang „so nah" bei ihm seien? Warum will sich der Ich-Erzähler die Gedanken verbieten? Was ist mit der „Feigheit" gemeint? Warum will er überhaupt abhauen? Wovor will er fliehen? Was ist mit dem letzten Satz gemeint?

Teste dich: S. 60, Aufgabe 4
Etwas unvermittelt vermutet der Ich-Erzähler am Ende, dass es ein Zeichen der „Feigheit" (Z. 4) sei, wenn er in die Dunkelheit abhauen möchte. Diese Flucht ins Ungewisse zieht ihn an, was er jedoch nicht zulassen will. Offensichtlich ist der Alltag des Erzählers so, dass schon ein geöffneter Schrank den Erzähler von seinem Tun, vielleicht seiner Arbeit ablenkt. Die Aufgaben, die der Ich-Erzähler zu erledigen hat, erscheinen ihm wohl so herausfordernd, vielleicht auch überfordernd und anstrengend, dass es feige wäre, vor diesen wegzulaufen. Bemerkenswert ist, dass das Ungewisse und Unheimliche des Dunkels verlockender erscheint als das Leben im Licht außerhalb des Schrankes. Möglicherweise stellt die plötzlich wahrgenommene andere Seite des Schrankes auch nur das Gewohnte in Frage.

Training: S. 61, Aufgabe 1
Im Text „Der Pressluftbohrer und das Ei" von Franz Hohler misst sich ein Ei mit einem Pressluftbohrer. Dabei gibt das Ei an, wie stark es sei, und provoziert den Pressluftbohrer. Dieser warnt das Ei, dass er es sehr leicht zerstören kann. Dies geschieht am Ende auch, weil das Ei nicht aufhört, mit seiner vermeintlichen Stärke zu prahlen.

Training: S. 61, Aufgabe 2
Das Thema des Textes „Der Pressluftbohrer und das Ei" ist Selbstüberschätzung.

Training: S. 61, Aufgabe 3
Das Ei prahlt, es sei viel stärker.
Gelassen droht der Pressluftbohrer, dass es das Ei in seine Einzelteile zerlegen kann/könne.
Ratlos angesichts der Dummheit des Eis will der Pressluftbohrer Genaueres wissen.
Kämpferisch droht das Ei, den Pressluftbohrer mit seinem Dotter zu Brei zu machen.

Training: S. 61, Aufgabe 4
Mögliche Fragen: Was bedeutet der Widerspruch im Titel „Planlos strukturiert"? Warum wird der Wecker schon zwei Stunden vor der eigentlichen Aufstehzeit gestellt? Warum lässt er sich alle 15 Minuten wieder wecken? Was will er damit zeigen? Ist der Morgen tatsächlich „genau strukturiert" (Z. 1)? Wie kann man Zeit „sinnvoll totschlagen" (Z. 7)?

Training: S. 61, Aufgabe 5
In der Kurzgeschichte „Planlos strukturiert" von René Oberholzer geht es um die Kritik an einem genau durchgeplanten und durchgetakteten Alltag.
Der Ich-Erzähler erläutert zunächst seine Angewohnheit, den Wecker bereits um 5 Uhr zu stellen, obwohl er erst um 7 Uhr aufstehen muss. In diesen zwei Stunden wird er alle 15 Minuten wieder geweckt, worauf er immer wieder einschläft. Auf diese Weise erscheint ihm der Morgen bis zum Aufstehen „genau strukturiert" (Z. 1). Als er jedoch eines Morgens nicht wieder einschlafen kann, behält er wohl seine Routine

bei und stellt den Klingelton alle Viertelstunde ab, obwohl er die ganze Zeit wach ist. Dabei hat er jedoch das Gefühl, die Zeit totzuschlagen.

Der Titel „Planlos strukturiert" weist darauf hin, dass es wohl auch strukturierende Maßnahmen gibt, die zwar den Zeitablauf in einen Plan zwingen, aber wenig sinnvoll sind. Offensichtlich ist der Erzähler bemüht, Ordnung und Struktur in seinen Alltag zu bringen, weil er seiner Natur nach wohl eher chaotisch ist, was die Bemerkung „Zumindest bis zum Aufstehen." (Z. 1) zeigt. Die Pointe am Schluss lässt alle planenden und strukturierenden Vorgaben als Maßnahmen, die Zeit totzuschlagen, erscheinen.

Lesen Seite 72–83

Teste dich: S. 82, Aufgabe 1
– ARD mit ihrem „Faktenfinder"-Team sowie die Seite hoaxmap.org und das Recherchebüro Correctiv Lügen prüfen Gerüchte aus den sozialen Medien und stellen fehlerhafte Meldungen richtig.
– Multiplikation von Falschnachrichten durch Ausbreitung der sozialen Medien vereinfacht: Ziel der Desinformation oder Verunsicherung, aus persönlichen Gründen oder kommerziellen Zwecken
– aber auch in den klassischen Medien Halbwahrheiten durch selektive Ausschnitte zu finden
– tsunamiartige Wirkung von sozialen Netzwerken: Aufmerksamkeit gewinnen oder mit möglichst vielen Klicks Werbekunden anlocken
– Gefahr beispielsweise in der Nutzung von Facebook als einziger Informationsquelle, so Martin Emmer von der Freien Universität Berlin
– Befürchtung, dass man nur personalisierte Beiträge angezeigt bekomme und dadurch nicht nur einseitig informiert werde, sondern auch davon überzeugt sei, dass alle so denken würden.

Teste dich: S. 82, Aufgabe 2
Das dritte Schaubild zeigt auf den ersten Blick den steilsten Anstieg, was ein positives Bild der Umsatzzahlen in der Öffentlichkeit widerspiegelt. Das liegt daran, dass die y-Achse erst bei Hundert beginnt und die Skala in Einerschritten eingeteilt ist. Im Vergleich zum linken Schaubild ist die x-Achse gestaucht.

Teste dich: S. 82, Aufgabe 3
Es ist wichtig, Nachrichten aufmerksam zu prüfen. Das beginnt bereits mit der Überschrift und etwaigen Bildern. Folgende Fragen können dabei als Leitlinie dienen:

– Soll mit der Schlagzeile eine Sensation verbreitet werden?
– Soll Stimmung gemacht werden, indem – ohne Erklärung – einseitig nur eine Meinung vertreten wird?
– Werden Zahlen und Zitate ohne Quellen genannt?
– Kannst du nachprüfen, wer die Nachricht verbreitet hat und ob sie aus einer zuverlässigen Quelle stammt (Im Impressum müssen Name, Adresse und Kontaktmöglichkeiten der verantwortlichen Person angegeben sein)?
– Verbreiten noch weitere (namhafte) Medien diese Nachricht?
– Ist die Rechtschreibung und Zeichensetzung korrekt?

Bei Zweifeln an der Echtheit solltest du die Nachricht lieber nicht liken und verbreiten.

Internetportale wie mimikama.at, politifact.com oder ARD faktenfinder.de überprüfen Meldungen auf ihren Wahrheitsgehalt.

Training: S. 83, Aufgaben 1 und 2
Gründe, warum es vermehrt zur Verbreitung von Fake News kommt:
– schnellere Verbreitung durch soziale Medien möglich
– Nachrichten werden z. T. ungeprüft gelikt oder weiterverbreitet
– einseitige Nutzung bestimmter Informationsquellen, z. B. Facebook
– fehlende Medienkompetenz der Nutzer

Möglichkeiten, Fake News zu entlarven:
Vgl. hierzu die Lösung zur Testaufgabe 3, S. 82.

Ziele von Falschmeldungen:
– (gezielte) Desinformation
– Verunsicherung
– persönliche Gründe
– Sensationsgier
– kommerzielle Zwecke
– mediale Aufmerksamkeit
– übertriebene und damit vermeintliche Relevanz
– (politische) Propaganda
– Stimmungsmache
– Wahlkampf
– Verzerrung der öffentlichen Debatten
– bewusste Vermischung von wahren und falschen Informationen bzw. Nachrichten und Werbung
– Manipulation
– krimineller Betrug und Datenmissbrauch

Auswirkungen von Falschmeldungen:
– Einige der genannten Ziele beinhalten bereits die Auswirkungen.

– kann zum Problem für die Demokratie und den öffentlichen Diskurs werden

Kurzprosa Seite 84–101

Teste dich: S. 100, Aufgabe 1
innere Merkmale der Ich-Erzählerin: ist belesen (vgl. Z. 2), höflich (weiß, dass man sich zuerst vorstellt, vgl. Z. 3), selbstironisch, hat Humor (vergleicht sich mit einer „Pflaume", Z. 9; auch „Straßenköter-Haarschnitt", Z. 11), liebt ausländische Köstlichkeiten (vgl. Z. 20 ff.), lebt gerne in ihrem „Multikulti"-Viertel (vgl. z. B. „wirklich tolle Läden", Z. 20), kann sich sprachlich gut ausdrücken (ganzer Text)
äußere Merkmale der Ich-Erzählerin: ist Schriftstellerin (Z. 1), 13 Jahre alt (Z. 2), hat längere Haare (vgl. Z. 5 f.), geht auf die St Augustine's Academy (Z. 8), trägt eine Schuluniform (Z. 9), kümmert sich nicht sehr um ihr Aussehen (Z. 10 f.), schminkt sich nicht (Z. 13), weiße Hautfarbe (Z. 16), wohnt in einer kleinen Wohnung in einem multikulturellen Stadtteil von London (vgl. Z. 17 ff.)

Teste dich: S. 100, Aufgabe 2
a) explizit: „Dies hier ist mein erstes Buch" (Z. 1)
b) explizit: „scheußliche Schuluniform" (Z. 9)
c) implizit: Sie schwärmt von ihrem Viertel: „wirklich tolle Läden" (Z. 20), „alle möglichen Köstlichkeiten" (Z. 21)
c) implizit: „in der ich wie eine Pflaume aussehe" (Z. 9), „Straßenköter-Haarschnitt" (Z. 11)

Training: S. 101, Aufgabe 1
In der Kurzgeschichte „Mittagspause" von Wolf Wondratschek geht es um eine berufstätige junge Frau, die ihre Mittagspause täglich im Straßencafé verbringt und ihren Gedanken nachhängt. Sie ist hübsch und zeigt dies auch. Die Mittagspause im überfüllten Café ist für sie ein Spiel. Sie nimmt die Männer wahr, die sie anschauen, doch sie bleibt allein, auch wenn sie angesprochen wird. Die Vorstellung einer „Katastrophe", die passieren könnte in der Mittagspause, gefällt ihr.

Training: S. 101, Aufgabe 2
Die junge Frau ist hübsch, sie sitzt im Straßencafé und möchte von Männern gesehen werden. Um ihre Unsicherheit und Unerfahrenheit zu verbergen, versteckt sie sich gerne hinter einer großen Sonnenbrille oder einer Modezeitschrift. Sie verwendet Lippenstift, um sich zu maskieren, mag ihn aber eigentlich nicht (vgl. Z. 13). Attraktive Mädchen im Café empfindet sie als Konkurrenz (vgl. Z. 12 f.). Sie kleidet sich modebewusst und möglicherweise aufreizend („Der Rock ist nicht zu übersehen.", Z. 43 f.). Ihre ängstlichen Eltern versucht sie damit zu beruhigen, dass die Mittagspause „ungefährlich" (Z. 36) sei. Tatsächlich verhält sie sich angepasst und vermeidet direkte Kontakte mit Männern. Sie sehnt sich jedoch genau solch eine „Katastrophe" (Z. 48) herbei, die wohl vor allem im Verlieben bestehen würde, was möglicherweise eine weitere „Katastrophe" zur Folge haben könnte, dass sie sich nämlich im Büro verspätet.

Training: S. 101, Aufgabe 3
Die junge Frau sehnt sich nach einer Liebesbeziehung, die jedoch vermutlich aufgrund ihrer Unerfahrenheit und als Folge ihrer Erziehung als Gefahr empfunden wird. Gleichwohl erscheint diese Gefahr verlockend. Für dieses Unbekannte, das ungeahnte Auswirkungen haben könnte, verwendet sie das Wort „Katastrophe". Dabei versucht sie einerseits als angepasste Tochter, diese „Katastrophen" zu verhindern, indem sie z. B. direkte Kontakte mit Männern vermeidet, andererseits präsentiert sie sich in jeder Mittagspause öffentlich, um der angepassten Langeweile zu entgehen.

Liebeslyrik Seite 128–143

Teste dich: S. 142, Aufgabe 1
Es geht um das typische Dienstverhältnis der Hohen Minne, in dem eine unerreichbare Dame von einem Minnesänger verehrt wird.

Teste dich: S. 142, Aufgabe 2
Stilmittel: Kreuzreim mit abwechselnd weiblichen und männlichen Kadenzen → wirkt harmonisch
Der Daktylus unterstreicht die tänzelnde Bewegung der Segel auf den Wellen.
Die Anapher „Zwei Segel" und der Parallelismus der Verse 1 und 3 unterstreicht die Parallelbewegung der beiden Segelschiffe.
Pars pro toto: Die Segel stehen für zwei Segelschiffe.
e-Assonanz in Vers 1 und 3 → betont den Gleichklang der zwei Segel
u-Assonanz in Vers 4 → betont die Flucht ins Ungewisse
Insgesamt bewirken die klanglichen Stilmittel einen harmonischen, friedlichen Eindruck.

Lösungen

Teste dich: S. 142, Aufgabe 3
Im Gedicht „Das Schönste" von Rose Ausländer wird die Liebe als magischer Zufluchtsort bildlich beschrieben.

Training: Seite 143, Aufgabe 2
Das lyrische Ich in Elisabeth Steinkellners Gedicht „Herzklopfen" fühlt sich mit einem Partner an seiner Seite als der glücklichste Mensch auf Erden.

Training: Seite 143, Aufgabe 3
Im gesamten Weltall sind die Menschen nur kleine, unbedeutende Punkte, die zu einem anonymen „Punktemeer" verschmelzen. Doch das überirdische, grenzenlose Glück des lyrischen Ichs hebt es aus dieser unbedeutenden Masse hervor.

Training: Seite 143, Aufgabe 4
Mögliche erste Eindrücke: ein Definitionsversuch von Liebe, in der kein lyrisches Ich vorkommt; keine vollständigen Sätze; viele Widersprüche

Training: Seite 143, Aufgabe 5
Wichtiges: kunstvolles Reimschema (aabba ccddc); Oxymora: „reiche Armut" (V. 1), „In Zagheit Mut" (V. 2); „in Freiheit gefangen" (V. 2); „In Stummheit Sprache" (V. 3); „Lebendiger Tod" (V. 6) usw.

Training: Seite 143, Aufgabe 6
Die Liebe im Gedicht „Liebe" von Karoline von Günderrode wird als sehr widersprüchlich dargestellt.

Training: Seite 143, Aufgabe 7
Im Gedicht „Liebe" von Karoline von Günderrode wird versucht, die Liebe zu definieren. Dabei wird die Liebe als sehr widersprüchlich dargestellt.
Das Gedicht besteht aus zwei fünfversigen Strophen, die ein kunstvolles Reimschema aufweisen (aabba ccddc). Dadurch, dass der fünfte Vers jeder Strophe sich wieder mit den beiden ersten Versen reimt, wird der widersprüchliche Inhalt durch den Gleichklang versöhnlich gelöst. Zu Beginn herrschen jambische Verse vor, doch in Vers 4 und 5 wird das regelmäßig alternierende Metrum des Jambus unterbrochen durch einen zwei- und dreihebigen Daktylus. Dies unterstreicht die emotionale Aufgewühltheit des Sprechers, obwohl kein lyrisches Ich im Gedicht direkt greifbar ist.
Der Inhalt der einzelnen Verse besteht in beiden Strophen aus einer Aneinanderreihung von Oymora. Bereits der Seufzer „O reiche Armut!" (V. 1) zu Beginn gibt programmatisch den Ton an und führt schließlich im letzten Vers zur Erkenntnis: „Leben im Traum und doppelt Leben." (V. 10) Alle Gegensätzlichkeiten und Widersprüche, die die Liebe mit sich bringt, z. B. schüchtern und mutig gleichzeitig zu sein (vgl. V. 2 und 5), sich sowohl frei als auch gefangen zu fühlen (vgl. V. 2), bereichern und verdoppeln das Leben.
Zwar ist in diesem Gedicht kein lyrisches Ich genannt, dennoch ist es in seiner emotionalen Aufgewühltheit von Anfang unmittelbar zu spüren. Vor allem die Zerrissenheit und die widersprüchlichen Gefühle, die die Liebe auslöst, werden durchgehend gestaltet. Schließlich gelangt das pointierte Aufzählen dieser Gegensätze zu dem Schluss, dass, wer liebt, ein doppeltes Leben führt.

Balladen Seite 144–159

Teste dich: S. 158, Aufgabe 1
Die Ballade erzählt wie in **epischen Texten** eine zusammenhängende Geschichte über eine interessante Begebenheit Ähnlich wie im **Drama** kommen dabei Figuren in direkter Rede zu Wort und vermitteln dem Hörer oder Leser den Eindruck, hautnah dabei zu sein. Wie ein **Gedicht (Lyrik)** ist die Ballade in Verse und Strophen gefasst und enthält meistens auch Reime.

Teste dich: S. 158, Aufgabe 2
In der **naturmagischen** Ballade geht es um die Begegnung des Menschen mit den gewaltigen Kräften der **Natur** oder mit der Macht des Übernatürlichen. Gängige Themen sind **Naturkatastrophen**, bei denen Menschen zu Schaden kommen, oder unheimliche Ereignisse, bei denen Gespenster und Geister den Menschen das Fürchten lehren.
Die **Heldenballade** handelt von Menschen, die etwas Außerordentliches tun. Gegenstand ist ein **Held**, also eine herausragende Persönlichkeit und ihre großartige Tat, oder das vorbildliche **Verhalten** einer Person, die in einer schwierigen Situation über sich selbst hinauswächst und ein **Beispiel/Vorbild** für andere wird.

Teste dich: S. 158, Aufgabe 3
Die Ballade „Loreley" von Heinrich Heine handelt von einem Schiffer, der seine Augen nicht von einer Frau nehmen kann, welche auf dem Felsen sitzt, und dadurch einen Schiffsbruch erleidet.
Episch: Das lyrische Ich nimmt die Position des Beobachters und Erzählers ein und schildert dabei auch

seine eigenen Gefühle: Ein Schiffer fährt über den Rhein und erblickt eine Frau, welche auf einem Felsen sitzt, ihr goldenes Haar kämmt und ein Lied singt Der Schiffer beobachtet nur die Frau und übersieht dabei die Felsenriffe, weshalb es zum Schiffsbruch kommt, welcher nach Meinung des lyrischen Ichs, auf den Gesang der Frau zurück zu führen ist.
Lyrik: Reimschema: Kreuzreim
Dramatik: keine direkte Rede

Training: S. 159, Aufgabe 1
Erichs Kästners geschriebene Ballade „Der Handstand auf der Loreley" mit dem Untertitel „Nach einer wahren Begebenheit" beschreibt den Mythos der Loreley und nimmt Bezug zu neuen Heldenmythen. Dies geschieht durch die Erzählung von einem Turner, der auf dem Loreleyfelsen einen Handstand macht, und infolge des Gedankens an den Loreleymythos abstürzt, stirbt und so zum Helden wird.

Training: S. 159, Aufgabe 2
Episch: Das lyrische Ich nimmt die Position des Beobachters und Erzählers ein.
Lyrik: Reimschema: Kreuzreim
Dramatik: keine direkte Rede, aber dramatische Handlung, die auf einen Höhepunkt zuläuft (Absturz)

Training: S. 159, Aufgabe 4
Man kann sie der **naturmagischen Ballade** zuordnen, da versucht wird, Schiffsunglücke mit dem Gesang einer Frau zu erklären. In Erich Kästners Ballade wird jedoch ein **Held** beschrieben, der im Sinne eines Anti-Helden am Ende stirbt.
In den ersten beiden Strophen wird der Mythos der Loreley als überholt dargestellt. „Man stirbt nicht mehr beim Schiffen, nur weil ein blondes Weib sich kämmt" zeigt Kästners Bezug zu Heine und die damit einhergehende Verwandlung der romantischen Motive bis hin zur Veralberung derselbigen. „Der Rhein ist reguliert und eingedämmt" steht im Gegensatz zur romantischen Darstellung der Natur. Ab der dritten Strophe wird die Bildung neuer Heldenmythen kritisch dargestellt, wobei die dritte Strophe die Überleitung bildet und Heldensagen als „steinzeitlich" darstellt. Ein Turner, der auf dem Loreleyfelsen einen Handstand macht, stürzt beim bloßen Gedanken an „die Loreley von Heine" ab und bricht sich das Genick. Der Turner starb also nicht, weil er die „echte" Loreley sah und gegen den Felsen fuhr, sondern weil der Gedanke an Heines Gedicht ihn traurig machte („Da trübte Wehmut seinen Turnerblick"). Kritisiert wird nun die Heroisierung des toten Turners, indem sie und des Turners Tat als unverantwortlich und sinnlos dargestellt werden („Der Turner hinterließ uns Frau und Kind").

Training: S. 159, Aufgabe 5
Die **Bildpostkarte** nimmt Bezug zu Heines Gedicht: Vers 5 bis 20. Darstellung der Atmosphäre, der Loreley, wie sie sich die Haare kämmt, und des Fischers, der zur Loreley heraufsieht
Das **Foto** zeigt ein Schiffsunglück am Fuße der Loreley. Hier geht es aber wie bei Kästner um die Entmythisierung der Loreley.

Sachtexte   Seite 180–193

Teste dich: S. 191, Aufgabe 1
– neues Leistungszentrum des VFB Stuttgart ab Oktober
– Investition von 10 Millionen Euro
– mit Sichtweite auf das Stadion als Ansporn für den Nachwuchs
– Nutzfläche von 2000 Quadratmetern auf drei Etagen verteilt
– statt 6 nun 17 Umkleidekabinen
Lead-Stil meint, dass das Wesentliche in den Schlagzeilen und im Vorspann steht: Im fettgedruckten Vorspann steht hier die wichtigste Information: die Eröffnung des neuen Leistungszentrums für den Nachwuchs des VFB Stuttgart im Oktober.

Teste dich: S. 191, Aufgabe 2
Hier bieten sich verschiedene Möglichkeiten an: Eine bestünde darin, zwei Kreisdiagramme zu erstellen, wobei zu den mit Prozenten genannten Spielen ein zusätzliches Feld mit „sonstige Spiele" ergänzt werden müsste. Eine weitere Möglichkeit wäre, ein Säulendiagramm mit jeweils farblich unterschiedlich gekennzeichneten Balken für Haupt-/Realschule und Gymnasium er erstellen. Auf den Achsen müssten dann die Spiele einerseits und die Prozentzahlen der Nutzer andererseits erscheinen.

Teste dich: S. 192, Aufgabe 3
Der Interviewer stellt Leon Goretzka eher offene Fragen, auf die der Fußballer ausführlich antworten kann. Er fragt aber auch konkret nach („Im sozialen Bereich?") und geht somit auf die Antworten des Fußballers ein. Suggestivfragen stellt er keine.

Teste dich: S. 192, Aufgabe 4
Appellative Texte wenden sich **direkt** an den Leser und bewirken eine bestimmte **Reaktion**. Sie treten in einer Vielzahl von Formen auf, etwa als Werbetexte, Handlungsanweisungen oder politische **Reden**. Ein rhetorisches Mittel, das man in appellativen Texten findet, ist z. B. die **Alliteration** (alternative Antworten möglich).

Training: S. 193, Aufgabe 1
Mögliche Gliederung des Textes „Eine junge engagierte Zivilgesellschaft ist kein Selbstläufer – Engagementförderung durch Jugendverbände im Sport verstetigen":
Positive Kraft durch selbstorganisiertes, zivilgesellschaftliches Engagement im Ehrenamt (Z. 1–11)
– Ehrenamtliche und freiwillige Helfer in der Flüchtlingshilfe seit 2015 aktiv
– auch junge Menschen dabei engagiert
– Beispiel dafür, dass sich aus ehrenamtlichem Engagement Positives entwickeln kann
Junge Helferinnen und Helfer im Sportverein (Z. 11–18)
– viele haben bereits Erfahrungen mit ehrenamtlichen Aufgaben im Sportverein
– dadurch Erkenntnis junger Menschen, dass eigene Unterstützung gesellschaftlichen Nutzen hat
Kernaufgaben der Deutschen Sportjugend (Z. 19–24)
– freiwilliges Engagement von Jugendlichen und jungen Erwachsenen zu ermöglichen, zu fördern und zu unterstützen
– gute Rahmenbedingungen zu schaffen
Positive Folgen von freiwilligem Engagement im Sportverein (Z. 24–38)
– hilft bei politischen Willensbildung und Entscheidungsfindung
– wirkt Ausgrenzungen entgegen
– Neues wird gewagt, nachhaltige Entwicklungen und Veränderungen angeregt
Appell, Kinder- und Jugendarbeit im Sport weiterzuentwickeln (Z. 38–Ende)
– Ausbau und Förderung des gemeinnützig organisierten Kinder- und Jugendsports
– Potenzial des Sports hierbei ausnutzen

Training: S. 193, Aufgaben 2 und 3
Der Text zeigt informativ auf, was ehrenamtliches Engagement gesellschaftlich positiv bewirken kann. Zum Schluss („Dafür gilt es, …", Z. 38) wird appellativ dazu aufgefordert, die Jugendarbeit im Sport weiterzuentwickeln und somit den gemeinnützig organisierten Kinder- und Jugendsport als Plattform für solches Engagement zu nutzen.

Sätze und Satzglieder   Seite 218–233

Teste dich: S. 232, Aufgabe 1
„der um 1800 lebte" = Attribut (Attributsatz/Relativsatz)
„weil der die komplexe […] beschreibt." = kausales Adverbial (Kausalsatz)

Teste dich: S. 232, Aufgabe 2
siehe nächste Seite oben

Teste dich: S. 232, Aufgabe 3
unmarkiert sind: 1 und 3 (Subjekt im Vorfeld)
markiert sind: 2 und 4

Teste dich: S. 232, Aufgabe 4
Der Text zeichnet sich durch einen attributreichen Stil aus, v. a. Farbadjektive werden sehr häufig verwendet. Dadurch wird ein ebenso detailliertes wie buntes Bild der Situation gezeichnet.

Training: Seite 233, Aufgabe 1
Der Satzbauplan passt zu Satz 3.

Training: Seite 233, Aufgabe 3

1
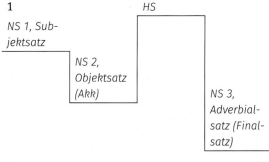

2

4

Heinrich von Kleist, *HS, Teil 1*		stellt in seinen Texten besondere Ansprüche an den Leser, *HS, Teil 2*	
	der um 1800 lebte, *NS 1, Attributsatz*		weil er die komplexe Welt in komplexen Sätzen beschreibt. *NS 2, Kausalsatz*

Training: Seite 233, Aufgabe 4
Hypotaktischer Satzbau; komplexe Sätze, die verschiedene Umstände gleichzeitig in den Blick rücken; die komplexe Welt wird so durch die Form der Hypotaxe dargestellt

Training: Seite 233, Aufgabe 5
<u>Wenn alle Menschen statt der Augen grüne Gläser hätten</u>, so würden sie urteilen müssen, die Gegenstände, <u>welche sie dadurch erblicken</u>, sind grün – und nie würden sie entscheiden können, <u>ob ihr Auge ihnen die Dinge zeigt</u>, wie sie sind, oder ob es nicht etwas zu ihnen hinzutut, was nicht ihnen, sondern dem Auge gehört. So ist es mit dem Verstande. Wir können nicht entscheiden, ob das, was wir Wahrheit nennen, wahrhaft Wahrheit ist, oder ob es uns nur so scheint.

Training: Seite 233, Aufgabe 6
Kleist sagt, dass wir als Menschen nicht feststellen können, ob das, was wir sehen, auch wirklich die Wahrheit ist oder nur die subjektive Wahrnehmung eines Einzelnen. Das bedeutet, dass wir Menschen die Wahrheit nicht erkennen können.

Training: Seite 233, Aufgabe 8
Wenn alle Menschen statt der Augen grüne Gläser hätten, (Konditionalsatz)
welche sie dadurch erblicken, (Relativsatz)
ob ihr Auge ihnen die Dinge zeigt, (Objektsatz/Akkusativsatz)
die wir hier sammeln, (Relativsatz)

Wortarten Seite 234–243

Teste dich: S. 242, Aufgabe 1
a) Imperativ; Befehl/Aufforderung
b) Frage (Verberstsatz); Bitte
c) Frage mit Modalverb (Verberstsatz); sehr höfliche Bitte
d) Frage im Konjunktiv II (Verberstsatz); höflich-vorsichtige Bitte
e) Verbzweitsatz mit Modalverb (mögen); Wunsch
f) Verbzweitsatz mit Modalverb (sollen); Befehl

Teste dich: S. 242, Aufgabe 2
a) Wer davon überzeugt sei, Schnupfen zu bekommen, wenn man bei Regen ohne Kopfbedeckung herumläuft, der werde auch Schnupfen bekommen. Selbst wenn nachgewiesen sei, dass das Fehlen einer Mütze natürlich nicht zwangsläufig zu Erkältungskrankheiten führe.
b) Manche Personen, die den Beipackzettel eines Medikaments läsen, entwickelten (würden ... entwickeln) genau diese darin beschriebenen Nebenwirkungen.
c) Auch Bergsteiger, die man vor einer Bergtour auf die Symptome der Höhenkrankheit hinweise, entwickelten (würden ... entwickeln) oft die Symptome – ohne jedoch tatsächlich an vermindertem Blutsauerstoff zu leiden.

Teste dich: S. 242, Aufgabe 3
a) Beispiele: Ich wünschte, ich könnte fliegen. Ich wünschte, alle Menschen wären reich. Ich wünschte, man könnte die Zeit zurückdrehen.
b) Beispiele: Könntest du bitte aufstehen? Wäre es möglich, dass du die Tafel putzt? Würdest du mir bitte deine Mütze geben?

Training: Seite 243, Aufgabe 1
Überschriften-Vorschläge:
Wer hat denn da Geburtstag? – Machen wir eine Party? – Der Feind hört mit – Ich liebe dich! – Schlmpf! – Lecker die zwei Kleinen – Was geht ab? – Coole Party – Mir ist schlecht

Training: Seite 243, Aufgabe 2
Mögliche Lösung:
Irgendwo im Ozean hatte ein kleiner Fisch Geburtstag – sein erster Geburtstag, was für kleine Fische Volljährigkeit bedeutet! Und schon tauchten zwei kleine Fische auf, Holly und Happy, die fröhlich mit-

einander blubberten. Holly hatte die Idee, dass sie eine große Party machen könnten. Happy grinste breit und dachte, das wäre großartig. Derweil näherten sie sich einem großen Raubfisch namens Hektor, der sich dösend im Wasser treiben ließ. Hoffentlich merkte der nichts! Holly malte die Party in den buntesten Farben aus: „Wir könnten Popcorn futtern und Playstation spielen. Wir sollten viele coole Gäste einladen, dann würdest du viele Geschenke bekommen. Selbstverständlich bräuchten wir auch was Leckeres zu trinken!" Inzwischen war Hektor hellwach, hörte mit und hatte eine viel bessere Idee: „Ich sollte diesem nervigen Geblubber ein Ende bereiten!" Sprach's, öffnete sein gefährliches Maul – und wartete. Gerade als Happy Holly gestand, wie toll er das alles fände und wie lieb sie sei – hörten sie nur noch ein lautes „Schlmpf!" und fanden sich in tiefster Dunkelheit wieder. Holly und Happy überlegten nicht lange, was zu tun sei, setzten ihre Discokugel in Gang und hatten richtig Spaß mit den alkoholischen Getränken, die sie dort fanden. „Hätte ich die zwei Knalltüten bloß nicht gefressen! Was für ein Gerumpel!", ärgerte sich Hektor. Inzwischen erreichte die Stimmung ihren Höhepunkt, es hätte nicht besser sein können! Doch jäh war die Party zu Ende, die Flaschen leer, Happy schien ganz grün im Gesicht zu werden und musste sich übergeben. Auch Hektor ging's immer schlechter ...

Rechtschreibung Seite 256–273

Teste dich: S. 272, Aufgabe 1
Das Interessante: Großschreibung, da als Nomen gebraucht; Signalwort Artikel *das*
beim Schwimmen: Großschreibung, da als Nomen gebraucht; Signalwort Artikel + Präposition *beim*
zum Schmücken: Großschreibung, da als Nomen gebraucht; Signalwort Artikel + Präposition *zum*
Etwas: Großschreibung, da als Nomen gebraucht; Signalwort Adjektiv *gewisse*
Zur Überprüfung kann auch die Erweiterungsprobe genutzt werden.

Teste dich: S. 272, Aufgabe 2
aristotelische Logik: Von Eigennamen abgeleitete Adjektive schreibt man klein.
chinesische Seide: Endet das Adjektiv auf -isch wird es kleingeschrieben.
die Schweizerische Uhrindustrie: Mehrteilige Eigennamen werden großgeschrieben.
die Wiener Kaffeehäuser: Mehrteilige Eigennamen werden großgeschrieben.
böhmische Dörfer: Von geografischen Namen abgeleitete Adjektive schreibt man klein.
ohmsche Gesetz: Von Eigennamen abgeleitete Adjektive schreibt man klein.

Teste dich: S. 272, Aufgabe 3
Ich **durchlaufe** ein Auswahlgespräch:
untrennbare Zusammensetzung; Betonung liegt auf der Präposition
Ich bin **durch** die Eingangshalle **gelaufen**.
Präposition ist austauschbar → Ich bin in die Eingangshalle gelaufen → keine feste Zusammensetzung
Die Richterin hat ihn **freigesprochen**.
Zusammensetzung aus Adjektiv und Verb, die man nicht wörtlich, sondern nur im übertragenen Sinn verstehen kann
Sie hat dabei **frei gesprochen**.
im Sinne von ohne Manuskript gesprochen
Hat sie **schwarzgearbeitet**?
Zusammensetzung aus Adjektiv und Verb, die man nicht wörtlich, sondern nur im übertragenen Sinn verstehen kann.
Ich bin **Schlittschuh gelaufen**.
Wortgruppe aus Nomen und Verb werden getrennt geschrieben.

Teste dich: S. 272, Aufgabe 4
Das Mädchen, **das** (Relativpronomen) ich im Urlaub kennengelernt habe, schreibt mir regelmäßig Nachrichten.
Dass (Subjunktion) **das** (Artikel) Mädchen regelmäßig schreibt, **das** (Demonstrativpronomen) erfreut mich sehr.

Training: Seite 273, Aufgabe 1
Die Königin von Saba ist eine **biblische** (Adjektiv) **Gestalt**, die im 10. Jahrhundert vor Christus eine Reise zum Hof König Salomons in Jerusalem unternommen haben soll. Außer im **Alten Testament (Eigenname)**, der frühesten schriftlichen Erwähnung, erscheint sie auch im Koran und in äthiopischen Legenden. Ob ihr Reich tatsächlich in der Region um Aksumin gelegen hat, ist ebenso ungeklärt wie die Frage, ob die **legendäre** (Adjektiv) **Königin** wirklich gelebt hat. Heute ist Aksum vor allem wegen seiner bis zu dreißig Meter hohen Stelen berühmt. Auch sie bleiben ein Rätsel. Aus einem einzigen Stück Granit gehauen, dienten sie wahrscheinlich dem **Krö-**

nen (Nominalisierung) von Gräbern. Beweise dafür gibt es keine. Das **Bewahren** (Nominalisierung) und **Beschützen** (Nominalisierung) des Glaubens war für die **äthiopischen Kaiser** (von geografischen Namen abgeleitete Adjektive) oberstes Ziel. Äthiopien ist eines der ersten Länder, in dem im 4. Jahrhundert das Christentum zur Staatsreligion erklärt wurde.

Training: Seite 273, Aufgabe 2
Machu Picchu, „Alter Gipfel" ist eine der größten Touristenattraktionen in Südamerika. Täglich besuchen mehr als 2.000 Personen die Sehenswürdigkeit – und das obwohl es im Juli in der Nacht **bitterkalt**, nämlich an die null Grad, werden kann. Die UNESCO fordert eine Reduktion um das Kulturerbe nicht zu gefährden und wehrt auch sich vehement gegen den geplanten Bau einer Seilbahn nach Machu Picchu, die den Touristenstrom weiter ansteigen ließe. Die Touristen sollen dort nicht verweilen, **spazieren gehen** und in ein mögliches Restaurant **einkehren**. Ganz reale Probleme in einem Welterbe voller Rätsel, Mythen und Legenden wären dann: Die Speisen auf der Speisekarten **feststellen, so viele** Speisen, dass einem die Auswahl **schwerfällt**. Über die Stadt existieren keine Überlieferungen, weshalb nur Vermutungen **nach dem** Alter angestellt werden können. **Nachdem** die Forscher intensiv gegraben haben, geht man heute davon aus, dass die Stadt bis zu 4.000 Einwohner hatte und Mitte des 15. Jahrhunderts gebaut wurde. Auch das Ende von Machu Picchu ist bis heute ungeklärt. Ob ein anderes Volk an der Stadt **Rache nehmen** wollte? Vermutlich war mit dem Zusammenbruch des Inkareichs auch der Untergang dieser Stadt unabwendbar. Dann holte sich der Urwald die Häuser, Tempel und Mauern zurück. Die Inka-Stadt Machu Picchu fiel in einen dreihundertjährigen Schlaf. Viele Touristen besuchen heute **freudestrahlend** dieses Weltkulturerbe.

Training: Seite 273, Aufgabe 3
Das Tal der Vézère, **das** im Zentrum Frankreichs liegt, ist ein **Paradies** für Archäologen. Die **Schmelzwasser** der Gletscher höhlten den Kalksandstein so aus, **dass** ein natürlicher Schutz für die vielen Höhlen entstand. 1940 entdeckten einige Kinder beim Waldspaziergang die Höhlen von Lascaux. **Dass** sie dort die ältesten Höhlenzeichnungen der Welt fanden, obwohl **das** Gebiet **längst** als erforscht galt, ließ nicht nur sie staunen. Heute spricht man von einem Wunder oder der „Sixtinischen Kapelle" der Vorgeschichte. Unzählige Malereien von Tieren und Menschen **illustrieren** das Leben zur damaligen Zeit. 1970 erhob die UNESCO den historisch wertvollen etwa 40 Kilometer langen **Flussabschnitt** zum Weltkulturerbe.

Schluss der Novelle „Das reiche Haus gegenüber" von Joseph Roth:

Sehr geehrter Herr,
ich habe, wie Sie sehen, Ihren Namen in Erfahrung gebracht. Warum? Weil ich Sie liebgewonnen habe. Sie waren der einzige Mensch, der mein Freund hätte werden können. Denn Sie behielten, obwohl ich Ihnen sympathisch war, die Distanz und, obwohl sie neugierig waren, die Schweigsamkeit. Ich hinterlasse nur Schulden. Sonst wären Sie mein Erbe. Behalten Sie mir ein freundliches Andenken.
Ihr I. B.
Am nächsten Tag zog ich in eine andere Gasse.

Infokästen

Adverbialsätze 222
Alliteration 188
Antagonist 168
Antonym 255
Appellative Texte 188
Argumentationsstrategien 13
Attribute 221

Balkendiagramm 189
Balladentypen 152

Clustering 39

Denotation 254
Derivation 253
Deutungshypothese 113, 136
Direkte Rede in der Inhaltsangabe 53
Drama, Aufbau des klassischen 179
Drama, Elemente 166

Epik 145
Erbwort 248
Erörterung 20
Erzählperspektiven 89
Etymologisches Wörterbuch 246
Exzerpt 77

Figurenbeziehungen untersuchen 94
Figurencharakterisierung, Technik 91
Figureninterview 69
Figurine 125
Fragen, hilfreiche zum Einfühlen in eine Figur 65
Fremdwort 244
Fünf-Schritt-Lesemethode 41

Handlung, innere und äußere 44
Hilfs-Ich-Technik 68
Hypotaxe 224

Improvisation 70
Indirekte Rede 236
Inhaltsangabe, Checkliste 56
Inhaltsangabe, erweiterte 57
Interviewfragen, Arten 186

Kadenz 135
Komposition 253
Konflikt 163
Konjunktiv I 234
Konjunktiv II 234, 237
Konnotation 254
Konstruktive Kontroverse 11
Kopfstandmethode 116
Kreisdiagramm 81
Kurzgeschichte, Merkmale 52

Lautwandel 133
Leerstellen 70
Lehnwort 248
Lyrisches Ich 134

Markierte Sätze 227
Menetekel 148
Modalität 236
Monolog, innerer 45

Nebensatz 225

Oxymoron 131

Parataxe 224
Parodie 135, 155
Personenbeschreibung 88
Pluralformen 267
Protagonist 168

Raumgestaltung 105
Redeeinleitende Verben 53
Rezension 127
Rollenbiografie 65, 167

Rückblende 44, 68

Säulendiagramm 190
Schluss 27
Spielerperspektive 278
Sprachliche Bilder 139, 249
Standbild 160
Streitfrage 19
Subtext 68
Symbol 112, 126
Synonym 255
Syntaktische Stilmittel 139
Szenische Lesung 67

Textbelege 94

Überleitung 24

Verbletztsätze 220

Wortfamilie 253
Wortfeld 251

Zeitgestaltung 108
Zeitungsbericht 184
Zitate, wörtliche 133

Sachregister

Adverbialsatz 222
Akt 179
Alliteration 188
Anapher 139
Antagonist 168
Antonym 255
appellative Texte 188
Argumentation 12 ff.
Argumentationsstrategien 13
Attribut 221
Außensicht 88

Balkendiagramm 189, 195
Ballade 144 ff.
– Typen 152
Basissatz 56
Bedeutungsfächer 111
Begründung 26 ff.
Behauptung 26 ff.
Beispiel 26 ff.

Beobachtungsbogen 15
Bericht 184

Charakterisierung 88, 91, 99, 122 ff.
– direkt 91
– indirekt 91
Cluster 39

das 265
dass 265
Debatte 16 ff.
Denotation 254
Derivation 253
Deutungshypothese 113, 136
Dezimalgliederung 23
Dialog 166
Dingsymbol 112
Direkte Rede 53
Drama 160 ff.

Dramatik 145

Emoji 279 ff.
Epik 145
Epilog 179
Erbwort 248
Erörterung 20 ff.
Erweiterungsteil 57
Erzähler
– auktorial 89
– neutral 89
– personal 89
erzählte Zeit 108
Erzählzeit 108
Exzerpt 77

Figur 65
Figurenbeziehung 94
Figurenrede 175
Figureninterview 69
Figurine 125

Fremdwort 244, 266
Fünf-Schritt-Lesemethode 41, 181

Gedankenrede 45
Gedichtbeschreibung
– Checkliste 141

Handlung
– äußere 44
– innere 44
Haupttext 166
Haus des Fragens 85
Heldenballade 152
Hieroglyphe 279
Hypotaxe 224

Ich-Erzähler 89
Improvisation 79
indirekte Rede 236
Inhaltsangabe 48 ff.

Innensicht 88
innerer Monolog 45
Interviewfragen 186

Jugendliteratur 114 ff.

Kadenz 135
Karikatur 209, 214
Kommunikation 206 ff., 281 ff.
Komposition 253
Konflikt 163, 170
Konjunktiv I + II 53, 234, 237
Konnotation 254
Konstruktive Kontroverse 11
Kreisdiagramm 81
Kurzgeschichte 51 ff., 84 ff.

Länderbezeichnungen 259
Lautwandel 133
Lead 184
Lehnwort 248
lineare Erörterung 20 ff.
Lyrik 145
lyrisches Ich 134

markierte Sätze 227

materialgestützt Argumentieren 28 ff.
Medien 194 ff., 216 f.
Metapher 139, 249
Mikrodebatte 18
Mindmap 22
Modalität 236
Modalverben 236
Modalwörter 236
Modus 236
Monolog 166
– innerer 45

Nähe-Distanz-Modell 229
naturmagische Ballade 152
Nebentext 166
Nominalisieren 258 f.
Novelle 102 ff.
– Bauplan 109

Oxymoron 131

Parallelismus 139
Parataxe 224
Parodie 135, 155
Personenbeschreibung 88
Personifikation 139, 249
Pluralformen 267

Prolog 179
Protagonist 168

Raum 105
Rechtschreibprogramm 268 f.
Rechtschreibregeln 264 ff.
Rechtschreibstrategien 257
Redewiedergabe 53
Regieanweisung 175
Rezension 127
Rolle 134
Rollenbild 276 ff.
Rollenbiografie 65, 69, 167
Rückblende 44, 68

Sachtexte 180 ff.
Sätze 218 ff.
Satzglieder 218 ff.
Säulendiagramm 190
Schaubild 78 ff.
s-Laut 264
Sprechweisen 66 f.
Standbild 160
Statistik 78 ff.
Stil 230 f.
Subtext 68
Symbol 112, 126

Synonym 255
Szene 64
Szenische Lesung 67

Textbelege 94

Überarbeitungsbogen 59
Überleitung 24
Unboxing 116 ff.
Ur-Ei 144

Verbletztsatz 220, 225
Vergleich 139, 249

Wendepunkt 179
Wörterbuch
– etymologisch 246
– Stilwörterbuch 247
– Synonymwörterbuch 247
Wortarten 234 ff.
Wortfamilie 251 ff.
Wortfeld 251 ff.

Zeichen 279 ff.
Zeitdeckung 108
Zeitdehnung 108
Zeitraffung 108
Zitat 133

Textsortenverzeichnis

Anekdoten
Anekdoten berühmter Personen 224
H. v. Kleist: Anekdote 224

Autobiografische Texte
M. Ernst: Eine Vision im Halbschlaf 36
F. Giammarco: Instagram: Mein Leben als Influencer 198

Balladen
A. H. v. Hoffmann von Fallersleben: Der kleine Vogelfänger 145
H. Heine: Belsazar 146
F. Schiller: Die Bürgschaft 149
H. Heine: Loreley 158
E. Kästner: Der Handstand auf der Loreley 159

Biblischer Text
Belsazar in der Bibel 148

Dramenauszüge
L. Hübner: Das Herz eines Boxers 163, 164, 169, 172, 173, 175, 176

Erzählungen / Kurzgeschichten / Kurzprosa
M. Röder: Schwarzfahren für Anfänger 41
W. Schnurre: Kultivierung 48

F. Hohler: Die ungleichen Regenwürmer 49
F. Hohler: Mord in Saarbrücken 50
M. Suter: At the top 51
H. Böll: Anekdote zur Senkung der Arbeitsmoral 54
C. Nöstlinger: Morgenworte 53
C. J. Setz: Eine sehr kurze Geschichte 58
J. Walser: Mein Schrank 60
F. Hohler: Der Pressluftbohrer und das Ei 61
R. Oberholzer: Planlos strukturiert 61
Helga M. Novak: Eis 66
M.-L. Kaschnitz: Hobbyraum 85
C. Reinig: Skorpion 86
R. Kunze: Fünfzehn 87
I. Brender: Eine 89
D. Bischoff: Du bist alles, was ich brauche 90
W. Borchert: Nachts schlafen die Ratten doch 92
K. Laskowski: About a girl 96
W. Wondratschek: Die Mittagspause 101
R. Queneau: Stilübungen 230, 232
H. v. Kleist: Über das Glück 226
H. Heine: Der Tee 251

Gedichte
B. Brecht: Wiedersehen 84
H. v. Hofmannsthal: Sünde des Lebens 112
Dû bist mîn, ich bin dîn 128

R. Ausländer: Das Schönste **129**
E. C. Homburg: Was ist Liebe **130**
Walther von der Vogelweide: Saget mir ieman, was ist minne? **130**
R. Gernhardt: Ebbe und Flut **131**
Reinmar von Zweter: Schule der Minne **132**
Reinmar von Hagenau: Hohe Minne **133**
Walther von der Vogelweide: Under der linden **134**
H. Heine: Minnegruß **135**
R. M. Rilke: Ich liebe! **136**
J. v. Eichendorff: Neue Liebe **137**
J. W. v. Goethe: Neue Liebe, Neues Leben **137**
U. Hahn: Bildlich gesprochen **138**
C. F. Meyer: Zwei Segel **138**
J.-A- Wulf: Teddybären küssen nicht **138**
D. Müller: Ich möchte dein Navi sein **139**
J.-A- Wulf: Du Wasser **139**
N. Hanisch: Schnelle Liebe **140**
M. Seiterle: Liebeskummer 1.0 **140**
Walther von der Vogelweide: Ir vil minneclîchen ougenblicke **142**
K. v. Günderrode: Liebe **143**
E. Steinkellner: Herzklopfen **143**
B. Brecht: Der Schneider von Ulm **156**
F. Mon: man muss was tun **227**
H. Domin: Unaufhaltsam **235**
E. Roth: Der eingebildete Kranke **236**

Interviews
T. Lindemann: Videospiele machen schlau – und fett **12**
Wasserspringen: „Artistik im Grenzbereich" **186**
Leon Goretzka über seine Leistungssteigerung im Interview mit 11Freunde **192**
Let's Play, Klischees & Vorurteile: Im Gespräch mit YouTuberin Kupferfuchs **275**

Jugendbuchauszüge
O. Preußler: Die kleine Hexe **29**
S. Nicholls: Eine Insel für uns allein **100**
S. Höfler: Tanz der Tiefseequalle **118, 120, 123, 126, 230**
B. Albertalli: Nur drei Worte **119, 121, 124, 126**
J. Green: Schlaft gut, ihr fiesen Gedanken **120, 122, 126, 238, 239**
S. Kreller: Schneeriese **240**

Karikaturen
„Freundschaft" **209**
„Informationsgesellschaft" **214**

Klappentexte
Outcast zwischen zwei Kulturen **49**
Klappentexte **115**

Novellenauszüge
J. Roth: Das reiche Haus gegenüber **105, 106, 107, 108, 109**
T. Storm: Der Schimmelreiter **110**
J. v. Eichendorff: Aus dem Leben eines Taugenichts **249**

Nichtlineare Texte
Mindmap „Warum sind Computerspiele …?" **22**
Die Taschengeldtabelle **79**
Entwicklung des Kindergeldes **80, 81**
Umsatzdaten einer großen Firma **82**
Mindmap „Figurencharakterisierung" **99**
Checkliste: Ein Gedicht beschreiben **141**
Non-mediale Freizeitaktivitäten 2016 **189**
Onlinezeit von Jugendlichen **190**
YouTube: Nutzung 2017 **195**
Medien **216**

Rede
Jugend trainiert für Olympia. Rede des damaligen Bundespräsidenten Christian Wulff … **187**

Rezensionen/Besprechungen
Bestes Kinderspiel: She Remembered Caterpillars **35**
Ein tolles Jugendbuch **127**
„Fettauge und Lästermaul" **127**
Herzerwärmend mit viel Humor **127**
Ein typisches Frauenspiel: „Lady Popular" **276**
Ein typisches Jungen-Spiel: „Fire Emblem Fates" **276**
Ein Spiel für Jungen und Mädchen: „Mount & Blade: Warband" **277**

Romanauszüge
A. Skarmeta: Der Dichter Don Pablo und der Briefträger Mario **249**
J. Steinbeck: Jenseits von Eden **249**

Sachtexte/Lexikontexte/Zeitungstexte
Political Correctness / Politische Korrektheit **29**
Verlag streicht „Neger" und „Zigeuner" aus Kinderbuch **29**
P. Hahn: Rettet die Kinderbücher vor der Sprachpolizei! **30**
D. Hugendick: Von Zensur kann keine Rede sein **31**
Das Internet wurde als demokratischstes Medium … **74**
C. Becker: Die Mär vom „schlimmsten Winter" **75**
D. Borchers: Safer Internet Day 2017 **76**
Apple-Chef Tim Cook will neues Schulfach **76**
Fake News **77**
Fake News: Der Lackmustest für die politische Öffentlichkeit **78**
Die Fake-Jäger **85**
Bombennächte im Luftschutzkeller **95**
Was als Spiel begann … **95**
E.-M. Magel: Dann hauen wir beide eben zusammen ab **127**
E. v. Thadden: Fingerspitze ohne Gefühl **127**
H. de Boor: Minnedienst **132**
Lexikoneintrage „Held" **136**
F. Osterloh: Gewalt gegen alte Menschen **171**
Nachwuchstalente im Fußball **182**
Juniorsportler des Jahres **184**
Schwerer Unfall beim Training für Raabs Turmspringen **184**
Teamärztin: „So einen Unfall habe ich noch nie erlebt" **185**
D. Jaschek: Viel Platz zum Kicken **191**
Eine junge engagierte Zivilgesellschaft ist kein Selbstläufer **193**

E. Kühl: YouTube: Spaß so lange, bis einer stirbt 204
Soziale Netzwerke – Was Freunde zusammenhält 208
J. Raschendorfer: Gefällt euch, wer ich bin? 211
Social-Media-Nutzung schadet den Schulnoten nicht 218
W. Schneider: Wo liegt das Problem? 219
Smart ist Trumpf 223
U. Greiner: Kleists Sprache 226
Facebook will Gedanken lesen 234
Nocebo-Effekt 236
B. Sick: Der traurige Konjunktiv 237
J. u. W. Grimm: Deutsches Wörterbuch [Eintrag kabbeln] 246
F. Kluge: Etymologisches Wörterbuch [Eintrag kabbeln] 246
Das Herkunftswörterbuch [Eintrag kabbeln] 246
Mit harten Bandagen kämpfen oder das Handtuch werfen 250

Rätsel, Mythen und Legenden 258
Aus der griechischen Mythologie: Odysseus und Polyphem 262
Steinfiguren „Mohai" 264
Wo kommen die Fremdwörter her? 266
Der Dreamcatcher – eine indianische Legende 268
S. Weber: Emojis 279
K. Lüber: Emojis – wie Bildzeichen die Kommunikation verändern 281
„Komplexer als Sprache" – Emoji-Dolmetscher gesucht 283

Songtexte
P. Poisel: Erkläre mir die Liebe 131
B. Wartke: Die Bürgschaft 153

Autoren- und Quellenverzeichnis

Texte, die nicht im Autoren- und Quellenverzeichnis aufgeführt sind, sind Eigentexte der Autorinnen und Autoren dieses Buches.

Albertalli, Becky: Die Erpressung, S. 121; Nur drei Worte, S. 119; Simon/Simon und Blue, S. 124, 126. Aus: Albertalli, Becky: Nur drei Worte. Aus dem Amerikanischen von Ingo Herzke. Hamburg: Carlsen Verlag 2016. S. 26f., 7, 11f., 23f., 42, 61.

Ausländer, Rose: Das Schönste, S. 129. Aus: Hiltrud Gnüg (Hrsg.): Nichts ist versprochen. Stuttgart: Reclam 2003. S. 33.

Becker, Christin: Die Mär vom „schlimmsten Winter", S. 75. Aus: http://faktenfinder.tagesschau.de/inland/berichte-mega-winter-101.html; aufgerufen am 5. Februar 2018.

Bischoff, David: Du bist alles, was ich brauche, S. 90. Aus: David Bischoff: Wargames-Kriegsspiele. Übersetzung von Hans Maeter. München: Heyne Verlag 1985.

Böll, Heinrich: Anekdote zur Senkung der Arbeitsmoral, S. 54. Aus: Heinrich Böll: Werke. Bd.4. Romane und Erzählungen 1961–1970. Köln: Kiepenheuer & Witsch 1994, S. 267–269.

Borchers, Detlef: Safer Internet Day 2017: Vereint für ein besseres Internet, S. 76. Aus: www.heise.de/newsticker/meldung/Safer-Internet-Day-2017-Vereint-fuer-ein-besseres-Internet-3618760.html; aufgerufen am 5. März 2018.

Borchert, Wolfgang: Nachts schlafen die Ratten doch, S. 92. Aus: Wolfgang Borchert: Das Gesamtwerk. Hamburg: Rowohlt 1959, S. 216–219.

Brecht, Bertolt: Der Schneider von Ulm, S. 156. Aus: Bertolt Brecht: Bertolt Brecht Die Gedichte. Frankfurt a. M.: Suhrkamp 2007. Wiedersehen, S. 84. Aus: Bertolt Brecht: Geschichten vom Herrn Keuner. Frankfurt a. M.: Suhrkamp Verlag 1979, S. 26.

Brender, Irmela: Eine, S. 89. Aus: Irmela Brender: Fenster sind wie Spiegel. München: Franz Schneider Verlag 1983.

de Boor, Helmut: Minnedienst, S. 132. Aus: Helmut de Boor: Geschichte der deutschen Literatur von den Anfängen bis zur Gegenwart. Band II: Die höfische Literatur: Vorbereitung, Blüte, Ausklang; 1170–1250 München10: C.H. Beck'sche Verlagsbuchhandlung 1979, S. 207 ff.

Domin, Hilde: Unaufhaltsam, S. 235. Aus: Hilde Domin: Sämtliche Gedichte. Frankfurt: S. Fischer 2009. S. 82.

Eichendorff, Joseph von: Aus dem Leben eines Taugenichts, S. 249. Aus: Joseph von Eichendorff: Aus dem Leben eines Taugenichts. Stuttgart: Reclam 1992. S. 5; Neue Liebe, S. 137. Aus: Joseph von Eichendorff: Gedichte, Versepen. Hrsg. von H. Schulz. Frankfurt a. M.: Deutscher Klassiker Verlag 1987.

Ernst, Max: Eine Vision im Halbschlaf, S. 36. Aus: Max Ernst: Beyond Painting. New York 1948. Übertragen von Loni Pretzell (Übersetzung sprachlich leicht verändert). Zitiert nach: Württembergischer Kunstverein (Hrsg.): Ausstellungskatalog: Max Ernst. 24. Januar bis 15. März 1970. Stuttgart 1970. S. 42.

Gernhardt, Robert: Ebbe und Flut, S. 131. Aus: Robert Gernhardt: Gesammelte Gedichte: 1954–2006. Frankfurt a. M.: S. Fischer Verlag 2012.

Giammarco, Francesco: Instagram: Mein Leben als Influencer, S. 198. Aus: Die ZEIT 25/2017, S. 58 f.

Goethe, Johann Wolfgang von: Neue Liebe, Neues Leben, S. 137. Aus: Hamburger Ausgabe in 14 Bänden, hg. von Erich Trunz, Bd. 1. München: dtv 1998. S. 27.

Green, John: 100 000 Dollar!, S. 120; Aza, S. 126; Aza Holmes und das Doppel-Date, S. 122; Schlaft gut, ihr fiesen Gedanken, S. 238; Gedankenspirale, S. 239. Aus: John Green: Schlaft gut, ihr fiesen Gedanken. Übersetzung von Sophie Zeitz. München: Carl Hanser Verlag 2017. S. 19f., 11, 44, 108, 96f., 7, 8f. und 13f.

Greiner, Ulrich: Kleists Sprache, S. 226. Aus: Ulrich Greiner: Bis an die Grenzen des Sagbaren. In: Die ZEIT 02/2011.

Grimm, Jacob und Wilhelm: Deutsches Wörterbuch [Eintrag

kabbeln], S. 246. Aus: Deutsches Wörterbuch von Jacob und Wilhelm Grimm. 16 Bde. in 32 Teilbänden. Leipzig 1854–1961. Quellenverzeichnis Leipzig 1971. Online-Version vom 02.02.2018.

Günderrode, Karoline von: Liebe, S. 143. Aus: Karoline von Günderrode: Gedichte. Gedichte und Phantasien. Poetische Fragmente. Melete. Gedichte aus dem Nachlaß. Berlin: Verlag der Contumax GmbH & Co. KG (Sammlung Hofenberg), S. 66.

Hahn, Peter: Rettet die Kinderbücher vor der Sprachpolizei!, S. 30. Aus: www.bild.de/politik/kolumnen/peter-hahne/rettet-die-kinderbuecher-vor-der-sprach polizei-28072564.bild.html; aufgerufen am 2. Februar 2018

Hahn, Ulla: Bildlich gesprochen, S. 138. Aus: Ulla Hahn: Liebesgedichte. München: Deutsche Verlagsanstalt 1993. S. 22.

Hanisch, Nicole: Schnelle Liebe, S. 140. Aus: www.lyrikmond.de/gedichte-thema-14-140.php#1356; aufgerufen am 5. März 2018.

Heine, Heinrich: Belsazar, S. 146. Aus: Sämtliche Schriften, Bd. 1. Hrsg. Klaus Briegleb. München: Hanser 1968 S. 107; Der Tee, S. 251. Aus: Heinrich Heine: Sämtliche Schriften, Band 2. München: Hanser Verlag 1969, S. 651 f.; Loreley, S. 158. Aus: www.lyrikwelt.de/gedichte/heineg4.htm; aufgerufen am 5. März 2018; Minnegruß, S. 135. Aus: Heinrich Heine: Sämtliche Werke (1867). Reprinted from 1867. ReInk Books 2017

Höfler, Stefanie: Die Arschbombe, S. 120; Niko und Frau Mast, S. 123; Sera über Sera/Niko über Sera, S. 230; Sera und Marko, S. 123; Sera und Niko, S. 126; Tanz der Tiefseequalle, S. 118. Aus: Stefanie Höfler: Tanz der Tiefseequalle. Weinheim, Basel: Beltz & Gelberg 2017. S. 29 f., 33 f., 15, 18, 36, 43, 106, 5.

Hoffmann von Fallersleben, August Heinrich von: Der kleine Vogelfänger, S. 145. Aus: Kinderlieder, Hildesheim/New York 1976. S. 151–152.

Hofmannsthal, Hugo von: Sünde des Lebens [Auszug], S. 112. Aus: Hugo von Hofmannsthal: Gesammelte Werke in zehn Einzelbänden. Band 1: Gedichte, Dramen, Frankfurt a. M. 1979. S. 101–106.

Hohler, Franz: Der Pressluftbohrer und das Ei, S. 61. Aus: Franz Hohler: 111 einseitige Geschichten. Darmstadt und Neuwied: Hermann Luchterhand Verlag 1983, S. 69; Die ungleichen Regenwürmer, S. 49. Aus: Wegwerfgeschichten. Bern: Zytglogge 1970; Mord in Saarbrücken, S. 50. Aus: Franz Hohler: 112 einseitige Geschichten. München: Luchterhand Literaturverlag 2007. S. 20.

Homburg, Ernst Christoph: Was ist Liebe, S. 130. Aus: http://www.lyrikmond.de/gedichte/gedichttext.php?g=1048; aufgerufen am 5. März 2018.

Hübner, Lutz: Das Herz eines Boxers, S. 163, 164, 169, 172, 173, 175, 176. Aus: Lutz Hübner: Das Herz eines Boxers. Stuttgart und Leipzig: Ernst Klett Schulbuchverlag.

Hugendick, David: Von Zensur kann keine Rede sein, S. 31. Aus: www.zeit.de/kultur/literatur/2013-01/kinder buecher-kommentar; aufgerufen am 5. März 2018.

Jaschek, Dominika: Viel Platz zum Kicken, S. 191. Aus: www.stuttgarter-zeitung.de/inhalt.print.38ea85f2-6a5a-484e-86d6-9aa2ec0e46ec.presentation.print.v2.html; aufgerufen am 5. März 2018

Kästner, Erich: Der Handstand auf der Loreley, S. 159. Aus: Erich Kästner: Bei Durchsicht meiner Bücher. Zürich: Atrium o. J. S. 21 f.

Kaschnitz, Marie-Luise: Hobbyraum, S. 85. Aus: M.-L. Kaschnitz: Steht noch dahin. Neue Prosa. Frankfurt am Main: Suhrkamp 1970.

Kleist, Heinrich von: Anekdote, S. 224; Über das Glück, S. 226. Aus: Heinrich von Kleist: Sämtliche Erzählungen und Anekdoten. Hrsg. von Helmut Semdner. München: dtV 1978. S. 268.

Kluge, Friedrich: Etymologisches Wörterbuch [Eintrag kabbelln], S. 246. Aus: Friedrich Kluge: Etymologisches Wörterbuch der deutschen Sprache. Berlin: Walter de Gruyter 2002.

Kreller, Susan: Schneeriese, S. 240. Aus: Susan Kreller: Schneeriese. Hamburg: Carlsen Verlag GmbH 2014. S. 9, S. 53 und S. 69/70.

Kühl, Eike: YouTube: Spaß so lange, bis einer stirbt, S. 204. Aus: http://www.zeit.de/digital/internet/2018-01/youtube-logan-paul-suizid-video; aufgerufen am 5. März 2018.

Kunze, Reiner: Fünfzehn, S. 87. Aus: Reiner Kunze: Die wunderbaren Jahre. Prosa. Frankfurt a. M: S. Fischer Verlag 1976, S. 27 f.

Laskowski, Katrin: About a girl, S. 96. Aus: Schule des Schreibens (Hrsg.): Preisgekrönt. Prämierte Kurzgeschichten 2017. Berlin: epubli GmbH 2017, S. 59 ff.

Lindemann, Thomas: Videospiele machen schlau – und fett, S. 12. Aus: https://www.welt.de/wirtschaft/webwelt/article2325745/Videospiele-machen-schlau-und-fett.html vom 20.08.2008; aufgerufen am 5. März 2018.

Lüber, Klaus: Emojis – wie Bildzeichen die Kommunikation verändern, S. 281. Aus: www.goethe.de/de/kul/med/20693483.html; aufgerufen am 5. März 2018.

Magel, Eva-Maria: Dann hauen wir beide eben zusammen ab, S. 127. Aus: Frankfurter Allgemeine Zeitung, 15.09.2017 http://www.faz.net/aktuell/feuilleton/buecher/rezensionen/kinderbuch/buchbesprechung-stefanie-hoeflers-tanz-der-tiefseequalle-15036435.html; aufgerufen am 16. Februar 2018. © Alle Rechte vorbehalten. Frankfurter Allgemeine Zeitung GmbH, Frankfurt. Zur Verfügung gestellt vom Frankfurter Allgemeine Archiv

Meyer, Conrad Ferdinand: Zwei Segel, S. 138. Aus: Conrad Ferdinand Meyer: Sämtliche Werke. Band 2. München: Droemer Knaur 1950.

Mon, Franz: man muss was tun, S. 227. Aus: Franz Mon: Zuflucht bei Fliegen. Lesebuch. Hrsg. von Michael Lentz. Frankfurt a. M.: S. Fischer Verlag GmbH 2013. S. 92.

Müller, Dörte: Ich möchte dein Navi sein, S. 139. Aus: www.lyrikmond.de/gedichte-thema-14-143.php#1351; aufgerufen am 5. März 2018.

Nicholls, Sally: Eine Insel für uns allein, S. 100. Aus: Sally Nichols: Eine Insel für uns allein. Aus dem

Englischen von Beate Schäfer. München: dtV Verlagsgesellschaft mbH und Co.KG (Reihe Hanser) 2017. S. 11–12.

Nöstlinger, Christine: Morgenworte, S. 53. Aus: Christine Nöstlinger: Ein und alles. Weinheim: Beltz und Gelberg 1992.

Novak, Helga M.: Eis, S. 66. Aus: Helga M. Novak: Geselliges Beisammensein. Prosa. Neuwied/Berlin: Luchterhand Literaturverlag 1968. S. 130–132.

Oberholzer, René: Planlos strukturiert, S. 61. Aus: https://www.e-stories.de/view-kurzgeschichten.phtml?41264 , veröffentlicht auf e-Stories.de am 14.07.2016; aufgerufen am 30.10.17.

Osterloh, Falk: Gewalt gegen alte Menschen: „Der Beratungsbedarf ist riesig", S. 171. Aus: http://www.aerzteblatt.de/archiv/127261/Gewalt-gegen-alte-Menschen-Der-Beratungsbedarf-ist-riesig; aufgerufen am 10. September 2013

Poisel, Philipp: Erkläre mir die Liebe, S. 131. Aus: http://www.songtexte.com/songtext/philipp-poisel/erklare-mir-die-liebe-43337b6b.html; aufgerufen am 5. März 2018 © BMG Rights Management GmbH, Berlin

Preußler, Otfried: Die kleine Hexe, S. 29. Stuttgart: Thienemann 1957 und 2013.

Queneau, Raymond: Stilübungen, S. 230 und 232. Aus: Raymond Queneau: Stilübungen. Aus dem Französischen und mit einem Nachwort von Frank Heibert und Hinrich Schmidt-Henkel. Berlin: Suhrkamp Verlag 2016. S. 7, 22, 12.

Raschendorfer, Josefa: Gefällt euch, wer ich bin?, S. 211. Aus: www.zeit.de/zeit-wissen/2016/05/soziale-netzwerke-internet-likes-verhaltenspsychologie; aufgerufen am 5. März 2018.

Reinig, Christa: Skorpion, S. 86. Aus: Christa Reinig: Orion trat aus dem Haus. Neue Sternbilder, Reinbek: Rowohlt Verlag 1980.

Reinmar von Hagenau: Hohe Minne, S. 133. Aus: Kasten, Ingrid/Kuhn, Margaritha: Deutsch Lyrik des frühen und hohen Mittelalters. Übersetzung von Margaritza Kuhn. Frankfurt a. M.: Suhrkamp Verlag 2005.

Reinmar von Zweter: Schule der Minne, S. 132. Aus: Die Gedichte Reinmars von Zweter. Hrsg. von Gustav Roethe. Leipzig: Verlag von S. Hirzel 1887, S. 426 (online verfügbar: http://www.mgh-bibliothek.de/dokumente/b/b011255.pdf).

Rilke, Rainer Maria: Ich liebe!, S. 136. Aus: Rainer Maria Rilke: Sämtliche Werke. Hrsg. vom Rilke-Archiv. In Verbindung mit Ruth Sieber-Rilke besorgt durch Ernst Zinn. Dritter Band. Wiesbaden (Insel Verlag) 1959, S. 34 f.

Röder, Marlene: Schwarzfahren für Anfänger, S. 41. Aus: Marlene Röder: Melvin, mein Hund und die russischen Gurken. Erzählungen. Ravensburg: Ravensburger Verlag 2011. S. 105 ff.

Roth, Eugen: Der eingebildete Kranke, S. 236. Aus: Eugen Roth: Der Wunderdoktor. München: Hanser Verlag 1950. S. 72.

Roth, Joseph: Das reiche Haus gegenüber, S. 105, 106, 107, 108, 109. Aus: Roth, Joseph: Werke IV, Romane und Erzählungen 1916–1929. Köln: Kiepenheuer&Witsch 1989. S. 497.

Schneider, Wolf: Wo liegt das Problem?, S. 219. Aus: Wolf Schneider: Deutsch für junge Profis. Berlin: Rowohlt 2010. S. 9.

Schnurre, Wolfdietrich: Kultivierung, S. 48. Aus: Weiter heiter! Kurze Geschichten. Zusammengestellt von Alexander Reck. Stuttgart: Reclam Verlag 2011. S. 147.

Seiterle, Michael: Liebeskummer 1.0, S. 140. Aus: www.lyrikmond.de/gedichte-thema-14-141.php#1366; aufgerufen am 5. März 2018.

Setz, Clemens J.: Eine sehr kurze Geschichte, S. 58. Aus: Clemens J. Setz: Die Liebe zur Zeit des Mahlstädter Kindes. Berlin: Suhrkamp Verlag 2011, S. 255.

Schiller, Friedrich: Die Bürgschaft, S. 149. Aus: F. Schiller. Sämtliche Werke. Hrsg. v. G. Fricke und H. G. Göpfert: München: Hanser 1962.

Sick, Bastian: Der traurige Konjunktiv, S. 237. Aus: Bastian Sick: Der Dativ ist dem Genitiv sein Tod. Folge 2. Neues aus dem Irrgarten der deutschen Sprache. Köln: Kiepenheuer und Witsch 2005. S. 77 ff. (Text leicht geändert)

Skarmeta, Antonio: Der Dichter Don Pablo und der Briefträger Mario, S. 249. Aus: Antonio Skarmeta: Mit brennender Geduld. Aus dem Spanischen von Willi Zurbrüggen. München: Piper 1987. S. 22 f.

Steinbeck, John: Jenseits von Eden, S. 249. Aus: John Steinbeck: Jenseits von Eden. Deutsch von Harry Kahn. München: dtv 1992. S. 9.

Steinkellner, Elisabeth: Herzklopfen, S. 143. Aus: Elisabeth Steinkellner: die Nacht der Falter und ich. Innsbruck: Verlagsanstalt Tyrolia 2016. S. 89.

Storm, Theodor: Der Schimmelreiter, S. 110. Aus: Theodor Storm: Der Schimmelreiter. Frankfurt a. M.: Ullstein Verlag 1994.

Suter, Martin: At the top, S. 51. Aus: Martin Suter: Unter Freunden und andere Geschichten aus der Business Class. Zürich: Diogenes 2007. S. 65 f.

von Thadden, Elisabeth: Fingerspitze ohne Gefühl, S. 127. Aus: Die Zeit, 10.01.2018 http://www.zeit.de/2018/03/schlaft-gut-ihr-fiesen-gedanken-john-green-jugendroman; aufgerufen am 16. Februar 2018.

Walther von der Vogelweide: Ir vil minneclîchen ougenblicke, S. 142; Under der linden, S. 134; Saget mir ieman, was ist minne?, S. 130. Aus: Walther von der Vogelweide: Werke. Gesamtausgabe. Hrsg. und kommentiert von Günther Schweikle. Stuttgart: Philipp Reclam jun. GmbH & Co. KG 1998, 2011, S. 228, 368.

Walser, Johanna: Mein Schrank, S. 60. Aus: Johanna Walser: Vor dem Leben stehend. Frankfurt a. M.: S. Fischer Verlag 1982. S. 102.

Wartke, Bodo: Die Bürgschaft, S. 153. Aus: www.songtextemania.com/die_burgschaft_songtext_bodo_wartke.html; aufgerufen am 5. März 2018.

Weber, Silke: Emojis, S. 279. Aus: www.zeit.de/2017/12/emoji-sprache-zeichen-smileys-uebersetzung; aufgerufen am 5. März 2018.

Wondratschek, Wolf: Die Mittagspause, S. 101. In: Wolf

Wondratschek, Früher begann der Tag mit einer Schusswunde. München: Hanser Verlag 1969. S. 52 f.

Wulf, Jo-Achim: Du Wasser, S. 139; Teddybären küssen nicht, S. 138. Aus: http://www.deutsche-liebeslyrik.de/gegenwart/joachim_wulf.htm; aufgerufen am 5. März 2018. (c) Jo-Achim Wulf

Texte ohne Verfasserangabe und Texte unbekannter Verfasser

Anekdoten berühmter Personen, S. 224. Aus: Noch mehr Anekdoten über berühmte Personen; nach www.anekdoten-online.de; aufgerufen am 28. Dezember 2017.

Apple-Chef Tim Cook will neues Schulfach, S. 76. Aus: www.kindersache.de/bereiche/nachrichten/neues-schulfach-fake-news vom 15. Februar 2018.

Aufbau und Ablauf einer Debatte, S. 17. Nach: Hielscher, F., Kemmann, A. u. a.: Debattieren unterrichten. Kallmeyer in Verbindung mit Klett 2010 [verändert].

Aus der griechischen Mythologie: Odysseus und Polyphem, S. 262. Aus: www.mythentor.de/griechen/odyssee2.htm [verändert]

Belsazar in der Bibel, S 148. Zit. nach: www.die-bibel.de/nc/online-bilbeln/elberfelder-bibel/lesen-im-bibeltext/bibelstelle/daniel%205/anzeige/context/#iv; aufgerufen am 7. Mai 2012; Elberfelder Übersetzung 2006, © 1995/1991 R. Brockhaus Verlag, Witten.

Bestes Kinderspiel: She Remembered Caterpillars, S. 35. Aus: https://deutscher-computerspielpreis.de/preistraeger; aufgerufen am 5. März 2018

Bombennächte im Luftschutzkeller, S. 95. Aus: www.planet-wissen.de/politik_geschichte/drittes_reich/kriegskinder/index.jsp; aufgerufen am 14. Dezember 2011. (Autorin: Claudia Heidenfelder)

Das Herkunftswörterbuch [Eintrag kabbeln], S. 246. Aus: Das Herkunftswörterbuch. Etymologie der deutschen Sprache. Dudenredaktion (Herausgeber). Duden 2013.

Das Internet wurde als demokratischstes Medium ..., S. 74. Aus: www.deutschlandfunkkultur.de/joerg-kachelmann-ueber-deutsche-medien-die-groesste-fake.1008.de.html?dram:article_id=400587; aufgerufen am 20. Dezember 2017.

Der Dreamcatcher – eine indianische Legende, S. 268. Nach: www.andreac.de/laksites/Legenden.html

Die Fake-Jäger, S. 85. Aus: DB Mobil 9/2017. S. 46/47.

Die Königin von Saba, S. 273. Nach: wikipedia.

Diskutieren oder Debattieren?, S. 16 – 19. Aus: Frank Hielscher, Ansgar Kemmann, Tim Wagner: Debattieren unterrichten. Seelze: Kallmeyer in Verbindung mit Klett 2017 (6. Auflage).

Dû bist mîn, ich bin dîn, S. 128. Aus: Kurt O. Seidel / Renate Schophaus: Einführung in das Mittelhochdeutsche, Wiesbaden: Akademische Verlagsgesellschaft Athenaion 1979.

Eine junge engagierte Zivilgesellschaft ist kein Selbstläufer – Engagementförderung durch Jugendverbände im Sport verstetigen, S. 193. Aus: https://www.dsj.de/fileadmin/user_upload/Mediencenter/News/dsj-Positionspapier_Engagementoerderung.pdf; aufgerufen am 5. März 2018.

Ein Spiel für Jungen und Mädchen: Mount & Blade: Warband, S. 277. Aus: www.spielbar.de/spiele/147674/mount-blade-warband; aufgerufen am 5. März 2018

Ein Sportreporter berichtet ..., S. 250. Mitschrift nach: www.youtube.com/watch?v=mf72t9B_CEI (© WDR)

Ein tolles Jugendbuch, S. 127. Aus: www.vorablesen.de/buecher/schlaft-gut-ihr-fiesen-gedanken/rezensionen/ein-tolles-jugendbuch-3; aufgerufen am 5. Februar 2018.

Ein typisches Frauenspiel: „Lady Popular", S. 276. Aus: www.spielbar.de/neuigkeiten/145911/stereotypisierung-von-frauen-in-computerspielen; aufgerufen am 5. März 2018

Ein typisches Jungen-Spiel: Fire Emblem Fates, S. 276. Aus: www.spielbar.de/spiele/149132/fire-emblem-fates; aufgerufen am 5. März 2018

Facebook will Gedanken lesen, S. 234. Aus: www.welt.de/wirtschaft/webwelt/article163847677/Facebook-App-soll-das-Gedankenlesen-lernen.html; aufgerufen am 5. Februar 2018.

Fake News, S. 77. Aus: Gerd Schneider / Christiane Toyka-Seid: Das junge Politik-Lexikon von www.hanisauland.de, Bonn: Bundeszentrale für politische Bildung 2017. (www.bpb.de/nachschlagen/lexika/das-junge-politik-lexikon/239951/fake-news)

Fake News: Der Lackmustest für die politische Öffentlichkeit, S. 78. Aus: www.bpb.de/dialog/netzdebatte/245095/fake-news-der-lackmustest-fuer-die-politische-oeffentlichkeit vom 26. April 2017.

„Fettauge und Lästermaul", S. 127. Insa, Schülerin. Aus: Les(e)bar. 30.11.2017 http://www.lesebar.uni-koeln.de/27056.html

Hundertausendbuecher: Herzerwärmend mit viel Humor, S. 127. Aus: www.lovelybooks.de/autor/John-Green/Schlaft-gut-ihr-fiesen-Gedanken-1480562841-w/; aufgerufen am 16. Februar 2017.

Jugend trainiert für Olympia. Rede des damaligen Bundespräsidenten Christian Wulff zur Abschlussveranstaltung des Schulwettbewerbs am 22.1.2010, S. 187. Aus: www.bundespraesindent.de/SharedDocs/Reden/DE/Christian-Wulff/Reden/2010/09/20100922_Rede.hatml

Juniorsportler des Jahres, S. 184. Aus: www.juniorsportlerdesjahres.de/; aufgerufen am 5. März 2018

Klappentexte, S. 115. Klappentext 1: Green, John: Schlaft gut, ihr fiesen Gedanken. München: Carl Hanser Verlag 2017; Klappentext 2: Albertalli, Becky: Nur drei Worte. Hamburg: Carlsen Verlag 2016; Klappentext 3: Höfler, Stefanie: Tanz der Tiefseequalle. Weinheim Basel: Beltz & Gelberg 2017.

„Komplexer als Sprache" – Emoji-Dolmetscher gesucht, S. 283. Aus: www.welt.de/vermischtes/article160272233/Komplexer-als-Sprache-Emoji-Dolmetscher-gesucht.html; aufgerufen am 5. März 2018

Länder im Vergleich, S. 283. Aus: www.zeit.de/2015/19/emojis-smartphone-technik-kommunikation [Auszug]; aufgerufen am 5. März 2018.

Leon Goretzka über seine Leistungssteigerung im Interview mit 11Freunde, S. 192. Aus: www.11freunde.de/artikel/leon-goretzka-ueber-die-kommerzialisierung-des-fussballs; aufgerufen am 5. März 2018.

Let's Play, Klischees & Vorurteile: Im Gespräch mit YouTuberin Kupferfuchs, S. 275. Aus: www.spielbar.de/neuigkeiten/148260/im-gespraech-mit-youtuberin-kupferfuchs; aufgerufen am 5. März 2018

Lexikoneintrage „Held", S. 136. 1. Eintrag: Ein Held ...; aus: www.wikipedia.de; 2. Eintrag: Held: ...; aus: Etymologisches Wörterbuch des Deutschen, 4. Auflage 1999, S. 528; 3. Eintrag: Die Herkunft ...; aus: www.relilex.de

Mit harten Bandagen kämpfen oder das Handtuch werfen, S. 250. Aus: Stefan Gottschling: Lexikon der Wortwelten. Das So-geht's-Buch für bildhaftes Schreiben. Augsburg: SGV-Verlag e. K. 2008. S. 87.

Nachwuchstalente im Fußball, S. 182. Aus: www.t-online.de/-/id_79772292/tid_pdf_o/vid_68384412/index (gekürzt); aufgerufen am 5. März 2018

Nocebo-Effekt: Gedanken können krank machen, S. 236. Aus: www1.wdr.de/wissen/mensch/nocebo-effekt-104.html; aufgerufen am 5. Februar 2018. (Autorin: Christina Sartori)

Outcast zwischen zwei Kulturen, S. 49. Klappentext von Sherman Alexie: Das absolut wahre Tagebuch eines Teilzeitindianers. München: Deutscher Taschenbuchverlag.

Political Correctness / Politische Korrektheit, S. 29. Aus: www.bpb.de/politik/grundfragen/sprache-und-politik/42730/politische-korrektheit?p=all; aufgerufen am 5. März 2018 (Autorin: Iris Forster)

Rätsel, Mythen und Legenden, S. 258. Aus: www.swr.de/schaetze-der-welt/spezial/raetsel-mythen-legenden-schaetze-der/-/id=7870852/did=9045852/nid=7870852/14wqp9r/index.html; aufgerufen am 5. März 2018 [Text verändert]

Schwerer Unfall beim Training für Raabs Turmspringen, S. 184. Aus: www.derwesten.de/panorama/schwerer-unfall-beim-training-fuer-raabs-turmspringen-id7297976.html; aufgerufen am 5. Februar 2018.

Smart ist Trumpf, S. 223. Aus: www.itizzimo.com/smart-ist-trumpf-warum-produkte-intelligent-werden/; aufgerufen am 15. Januar 2018.

Social-Media-Nutzung schadet den Schulnoten nicht, S. 218. Aus: www.spiegel.de/lebenundlernen/schule/social-media-nutzung-schadet-den-schulnoten-nicht-a-1195299.html; aufgerufen am 5. März 2018.

Soziale Netzwerke – Was Freunde zusammenhält, S. 208. Aus: www.br.de/themen/wissen/soziale-netzwerke-vernetzung-kommunikation-100.html; aufgerufen am 5. März 2018

Spurensuche, S. 37. Die Ideen für die Anregungen stammen aus: Keri Smith: Wie man sich die Welt erlebt. Das Alltags-Museum zum Mitnehmen. Aus dem Englischen von Heike Bräutigam. München: Verlag Antje Kunstmann 2011. S. 28, 41, 48, 56, 72, 127.

Steinfiguren „Mohai", S. 264. Aus: www.swr.de/schaetze-der-welt/spezial/raetsel-mythen-legenden-schaetze-der/-/id=7870852/did=9045852/nid=7870852/14wqp9r/index.html; aufgerufen am 5. März 2018 [Text verändert]

Teamärztin: „So einen Unfall habe ich noch nie erlebt", S. 185. Aus: www.focus.de/sport/mehrsport/nachturmspringen-unfall-von-duerr-teamaerztin-so-einen-unfall-habe-ich-noch-nie-erlebt_aid_862538.html; aufgerufen am 5. März 2018.

Verlag streicht „Neger" und „Zigeuner" aus Kinderbuch, S. 29. Aus: www.focus.de/kultur/buecher/ottfried-preusslers-kleine-hexe-verlag-streicht-neger-und-zigeuner-aus-kinderbuch_aid_892351.html; aufgerufen am 5. März 2018

Was als Spiel begann ..., S. 95. Aus: www.planet-wissen.de/politik_geschichte/drittes_reich/kriegskinder/index.jsp; aufgerufen am 14. Dezember 2011. (Autorin: Claudia Heidenfelder)

Wasserspringen: „Artistik im Grenzbereich", S. 186. Aus: Der Spiegel 11/2010. S. 123.

Wo kommen die Fremdwörter her?, S. 266. Nach: Duden: Sprache in Bildern. Zahlen, Fakten & Kurioses aus der Welt der Wörter Berlin 2017. S. 82 f.

Zitate, S. 11. Prof. Dietrich Dörner: Aus: www.welt.de/wirtschaft/webwelt/article2325745/Videospiele-machen-schlau-und-fett.htmlvom 20.08.2008; Prof. Dr. Christian Pfeiffer: Aus: Computerbild vom 4.1.2009; Manfred Spitzer: Aus: www.zeit.de/2012/37/Jugendliche-Medienkonsum-Spitzer-Vorderer/komplettansicht vom 6. Sep-tember 2012; Peter Vorderer: Aus: www.zeit.de/2012/37/Jugendliche-Medienkonsum-Spitzer-Vorderer/komplettansicht vom 6. September 2012 vom 6. September 2012

Zitate, S. 21. A und G: Aus: www.neukoelln-jugend.de/projekt/cspiele1.htm; aufgerufen am 12, März 2018; B: Aus: www.schuelerseite.otto-triebes.de, Isabel, 17 Jahre; C: Aus: www.medienpass.nrw.de/de/inhalt/was-fasziniert-viele-kinder-und-jugendliche-computerspielen; D: Aus: Dein Spiegel 1/2015; E: Aus: www.bitkom.org/Presse/Presseinformation/Kinder-und-Jugendliche-zocken-taeglich-rund-zwei-Stunden.html vom 12. Mai 2017): F: Aus: Olivier Steiner, Fachhochschule Nordwestschweiz, Dezember 2008, zitiert nach pegi.info

Bildquellen

akg-images GmbH, Berlin: 93, 110, 130, 133, 137, 144, 149, 247, 279; PARAMOUNT PICTURES / Album 66; RIA Nowosti 95; Szene aus „Der Schimmelreiter", Film 1934 108. | alamy images, Abingdon/Oxfordshire: © Tim Myers 62. | Atrium Verlag, Zürich, Hamburg: Erich Kästner, Das doppelte Lottchen © Zürich 1949. 28. | Baaske Cartoons, Müllheim: Thomas Plaßmann 214. | Blickwinkel, Witten: 180. | bpk – Bildagentur, Berlin: 156. | Bridgeman Images, Berlin: Hamburger Kunsthalle 135. | Butschkow, Peter, Langenhorn: 209. | Carl Hanser Verlag, München: Cover zu John Green: Schlaft gut, ihr fiesen Gedanken/aus dem Englischen von Sophie Zeitz, © 2017 118, 238. | Carlsen Verlag GmbH, München: Becky Albertalli, Nur drei Worte © 2016 119; Susan Kreller, Schneeriese © 2014 240. | Caro Fotoagentur, Berlin: 24; Teschner 160. | ddp images GmbH, Hamburg: Breuel-Bild 196. | DIE ZEIT, Hamburg: 198. | DRAMA. Agentur für Theaterfotografie, Berlin: 163. | dreamstime.com, Brentwood: Klorklor 265. | Fabian, Michael, Hannover: 15, 278. | Focus Photo- u. Presseagentur GmbH, Hamburg: Herlinde Koelbl 131. | fotolia.com, New York: 213, 254; Ars Ulrikusch 160; by-studio 254; Claboss 180; contrastwerkstatt 23; fotohanse 75; grafikplusfoto 79; graphixmania 282; K. Eppele 22; Kara 47; klangfarbenmusic 254; lenets_tan 252; mates 111; Michael Klug 111; Michael Rosskothen 256; Mischa Krumm 48; Piotr Skubisz (Tee) 251; Voyagerix 211; © schinsilord 202. | Gemeinnützige Hertie-Stiftung, Frankfurt: 16, 19. | Getty Images, München: 2017 Redferns 153; Daly and Newton 160; Don Hammond/Design Pics 259; Frazer Harrison 204. | Image & Design – Agentur für Kommunikation, Braunschweig: 160. | IMAGNO brandstaetter images GmbH, Wien: Anonym 136. | Imago, Berlin: Future Image 131; PicturePerfect 113. | Interfoto, München: TV-Yesterday 216. | iStockphoto.com, Calgary: 40, 72; Antonio Diaz 255; Christopher Futcher 187; CREATISTA 194. | J & J LUBRANO MUSIC ANTIQUARIANS LLC, Syosset: 130. | jumpsuit entertainment: 35. | Keystone Pressedienst, Hamburg: dpa 92. | Mertins, Harald, Vollbüttel, Gemeinde Ribbesbüttel: 267. | mpfs – Medienpädagogischer Forschungsverbund Südwest c/o Landesanstalt für Kommunikation Baden-Württemberg (LFK), Stuttgart: 276; JIM-Studie 2016 189. | OKAPIA KG – Michael Grzimek & Co., Frankfurt/M.: 145. | Panther Media GmbH (panthermedia.net), München: olgamarc 40. | photothek.net GbR, Radevormwald: Thomas Imo 188. | Picture-Alliance GmbH, Frankfurt/M.: 27, 250, 258; / Arco Images 264; AAP-images / Lueders 196; akg-images 111; AP Photo 184; CTK/CandyBox 180; Denkou Images 128; dpa 137, 159, 216; dpa / dpaweb 261; dpa-Zentralbild 196; dpa/F. Kleefeldt 278; dpa/Jörg Carstensen 216; dpa/Kay Nietfeld 111; Eibner-Pressefoto 184; Eventpress Fuhr 196; Geisler-Fotopress 184, 274; Lösel, Jürgen 10; Marcus Führer 40; ROPI 113; Westend61 / Maartje van Caspel 40; ZB/Lander, Andreas 160. | Pitopia, Karlsruhe: 111. | plainpicture, Hamburg: wildcard 102. | Shutterstock.com, New York: Africa Studio 197; FELIPE TRUEBA/EPA-EFE/REX 196; romakoma 102. | stock.adobe.com, Dublin: drubigphoto 84; © sutthinon602 206. | Süddeutsche Zeitung – Photo, München: ddp images / AP 104. | Thienemann-Esslinger Verlag GmbH, Stuttgart: Michael Ende: Jim Knopf und Lukas der Lokomotivführer 28; Preussler, Otfried: Die kleine Hexe 28. | Tierbildarchiv Angermayer, Holzkirchen: Reinhard 112. | Tom Pingel Fotografie, Hamburg: 167; „Das Herz eines Boxers" Produktion JES Stuttgart 2007 165, 168, 170, 173. | TV-yesterday, München: W. M. Weber / 216. | ullstein bild, Berlin: 146; AKG Pressebild 159; Willy Stöwer 270. | UNICEF Deutschland, Köln: @Unicef Video 113, 113. | Universitätsbibliothek Heidelberg, Heidelberg: Große Heidelberger Liederhandschrift (Cod. Pal. germ. 848); fol. 22v 128. | vario images, Bonn: 207. | Verlag Friedrich Oetinger GmbH, Hamburg: Eine Woche voller Samstage von Paul Maar 28. | Verlagsgruppe Beltz, Weinheim: 118. | VG BILD-KUNST, Bonn: (c) 2018 36; Miro. Katalog: M. Rowell, Edition Praeger, München 1973, Farbtafel Nr. 67 / (c) Successió Miró / VG Bild-Kunst, Bonn 2018 39. | Visum Foto GmbH, Hannover: Buellesbach, Alfred 160. | wikimedia.commons: 65.